U0578004

本书的出版得到

国家重点文物保护专项补助经费资助

宁夏回族自治区文物考古研究所丛刊之三十八

宁夏贺兰山东麓古代文化遗存考古调查报告

宁夏回族自治区文物考古研究所　编著

朱存世　主　编

柴平平　白婷婷　副主编

文物出版社

图书在版编目（CIP）数据

宁夏贺兰山东麓古代文化遗存考古调查报告 / 宁夏回族
自治区文物考古研究所编著. -- 北京：文物出版社,2023.12
ISBN 978-7-5010-8174-5

Ⅰ.①宁… Ⅱ.①宁… Ⅲ.①贺兰山—文化遗存(考
古学)—调查报告 Ⅳ.①K872.430.5

中国国家版本馆CIP数据核字(2023)第167272号

宁夏贺兰山东麓古代文化遗存考古调查报告

编　　著：宁夏回族自治区文物考古研究所

封面设计：秦　彧
责任编辑：秦　彧　刘雅馨
责任印制：张　丽

出版发行：文物出版社
社　　址：北京市东城区东直门内北小街2号楼
邮　　编：100007
网　　址：http://www.wenwu.com
经　　销：新华书店
印　　刷：北京荣宝艺品印刷有限公司
开　　本：889mm×1194mm　1/16
印　　张：32.5　插页：4
版　　次：2023年12月第1版
印　　次：2023年12月第1次印刷
书　　号：ISBN 978-7-5010-8174-5
定　　价：460.00元

本书版权独家所有，非经授权，不得复制翻印

Archaeological Investigation Report of Ancient Cultural Remains in the Eastern Foothills of Helan Mountain, Ningxia

by

Ningxia Institute of Cultural Relics and Archaeology

Chief Editor: Zhu Cunshi
Vice-chief Editor: Chai Pingping, Bai Tingting

Cultural Relics Press

内容简介

　　宁夏贺兰山东麓古代文化遗存主要分布于贺兰山各山口、山谷内及山前洪积扇上，从文献记载和历次考察结果来看，贺兰山东麓有近 40 个沟口，其中较大的 27 个。本次调查范围为贺兰山东麓文化遗存分布比较集中的石嘴山市至青铜峡市段，主要文化遗存有岩画、石刻、建筑遗址、墓葬、瓷窑址、长城与烽燧等。

　　此次调查实地踏查记录文物点 102 个（新发现文物点 55 个），其中建筑遗址 27 个、瓷窑址 3 个、墓地 2 个、墓葬 60 余座、烽火台 38 座、长城遗迹 11 个、岩画遗迹 2 处、摩崖石刻 4 处、石堆遗迹 21 个、塔基遗迹 2 个。本次调查对发现的重要遗迹进行了测绘与航拍，获得较多重要的发现与认识。建筑遗址可分寺庙与宫殿建筑两类，寺庙类主要有插旗口鹿盘寺、贺兰口沟口 1 号台地、贺兰口皇城台子、拜寺口大寺台子、镇木关皇城台子与青铜峡四眼井遗址等，时代上均始建于西夏，其中拜寺口双塔遗址在蒙元时期仍在延续使用；宫殿建筑类主要有大枣沟沟口遗址、大水沟遗址、大口子沟遗址、青羊沟遗址等，也始建于西夏时期。摩崖石刻类中大枣沟、涝坝沟石刻塔为西夏开凿；苏峪口摩崖石刻造像、朱峰沟摩崖石刻为清代所凿。墓葬中归德沟墓地初步推测为唐代时期墓葬，大窑沟则是西夏时期墓葬。三处瓷窑遗址在时代上均为西夏所建。长城、烽火台中除麻黄沟长城属于秦汉时期所修筑外，其余均为明代所修筑。在调查中采集了大量的遗物，主要是陶器、瓷器、建筑构件、铜钱、铁器等，以各种瓷片最多。这次调查收集的众多遗迹、遗物对研究本区域古代文化提供了翔实的实物资料。

Abstract

The ancient cultural relics of the eastern foothills of Helan Mountain in Ningxia are mainly distributed in the mountain passes, valleys and alluvial fans of Helan Mountain. Judging from the documentary records and previous survey results, there are nearly forty ditch mouths at the eastern foot of Helan Mountain, among which the twenty-seven are larger. The scope of this survey is in the eastern foothills of Helan Mountain from Shizuishan City to Qingtongxia City where cultural relics are relatively concentrated. The main cultural relics include rock paintings, stone carvings, architectural sites, tombs, porcelain kiln sites, the Great Wall and beacons, etc.

This survey recorded one hundred and two cultural relic sites, including twenty-seven architectural sites, three porcelain kiln sites, two cemeteries, over sixty tombs, thirty-eight beacon towers, eleven residuals of the Great Wall, two rock painting sites, and four cliff carvings, twenty-one remains of stone piles and two tower base ruins. Among them, fifty-five are newly discovered. The investigator conducted surveying, mapping and aerial photography of the important relics discovered, and has obtained many important discoveries and understandings.

Architectural ruins can be divided into temples and palace buildings. The temple sites include Lupan Temple at Jiaoqikou and other temple sites at Helankou Goukou No.1 Terrace, Helankou Huangcheng Taizi, Baisikou Dasi Taizi, Zhenmuguan Huangcheng Taizi and Qingtongxia Siyanjing, etc. All were originally built in the Western Xia period. Among them, the Baisikou Twin Pagoda was still in use during the Mongolian period and the Yuan dynasty. The palace buildings mainly include ruins at Dazaogou Goukou, Dashui Gou, and Dakouzi Gou, Qingyanggou etc., which were also originally built in the Western Xia period.

Among the cliff stone carvings, the stone tower at Dazaogou and Laobagou were built in the Western Xia period and the stone sculptures at Suyukou and carvings at Zhufenggou were carved in the Qing dynasty.

Among the tombs, Guidegou Cemetery is initially estimated to established in the Tang dynasty, while Dayaogou Cemetery is dated to the Western Xia period. The three porcelain kiln sites are also dated to the Western Xia period.

Except for the ruins at Mahuanggou, which was deemed to be built during the Qin and Han dynasties, the rest sections of the Great Wall as well as the beacon towers were thought to be built during the Ming dynasty.

A large number of relics were collected during the investigation, mainly including pottery, porcelain, building components, copper coins, ironware, etc., with the largest number of various porcelain fragments. The numerous ruins and relics discovered during this survey will provide detailed material data for the study of ancient culture in this region.

目　录

插图目录

彩版目录

第一章　绪论

第一节　自然环境与历史沿革

（一）自然环境

贺兰山坐落于宁夏回族自治区与内蒙古自治区交界处，位于宁夏银川平原与内蒙古阿拉善盟高原之间，是北温带草原向荒漠过度的地带，属阴山山系。山体横空出世，整体山势呈西南—东北走向，南北长约 250、东西宽 20 ～ 50 千米，绵延 200 余千米。中部峰峦重叠，沟谷狭窄，地形险要，两端相对坡缓，海拔一般为 2000 ～ 3000 米。主峰贺兰口敖包疙瘩海拔 3556 米，高出银川平原 2000 余米。贺兰山巍峨高大，重叠绵亘的山体，成为银川平原的一道天然屏障，削弱了南下的西伯利亚高压冷气流，阻截了腾格里沙漠的东侵；是温带荒漠草原与温带荒漠、季风气候区与非季风气候区、内陆流域与外流流域的分水岭，也是半农半牧区与纯牧区的分界线。"没有贺兰山，就没有宁夏川"，贺兰山是银川平原的天然屏障。习惯上把贺兰山分为南、中、北三段，三关口以南为南段，山体较矮，三关口至大武口为中段，山体陡峭，大武口以北为北段，山体矮缓。

贺兰山迄今经历了近 25 亿年的地质历史演变，自太古代、元古代、古生代至新生代，积累了总厚约 4000 米的沉积。地质构造复杂，尤以煤和非金属矿产资源丰富。

贺兰山东麓水系属黄河水系黄河上游下段宁夏黄河左岸分区，共有大小沟道 67 条，多数沟道为季节性河流，植被较好的沟道常流水径流深可达 20 毫米，流域面积大于 50 平方千米的沟有 13 条，其中大武口沟是贺兰山区最大的河流，流域面积约 574 平方千米。由于受地形地貌及气候影响，沿山沟道水流具有暴涨暴落特性。

贺兰山是我国西部重要的气候和植被分界线，也是连接青藏高原、蒙古高原和华北植物区系的枢纽。经调查统计，宁夏贺兰山自然保护区植物群落类型可划分为 12 个植被型 69 个群系，其中，野生维管植物 84 科 329 属 647 种 17 个变种，苔藓植物 30 科 81 属 204 种，森林覆盖率 14.3%；共有脊椎动物 5 纲 24 目 56 科 139 属 218 种。然而，在北起麻黄沟，南至三关口的自然保护区内，86% 以上都是荒山。

历史上的贺兰山自然环境如何，经考古调查与文献记载可知，唐代以前植被良好。如自治区林业部门调查发现的六处炭迹，经同位素碳 -14 测定，距今约 4000 ～ 2090 年，从而说明在汉代以前，贺兰山多次发生大火，造成对森林的破坏。首先，通过森林自身的更新，过上若干年，又是郁郁葱葱。其次，丰富多彩的岩画的发现，是贺兰山古代自然环境良好的反映。第三，文献记载"贺兰山条"云："山有树木青白"，这是文献中首次对贺兰山森林植被的直接记载。"贺兰山下果园成，塞北江南旧有名，水木万家朱户暗，弓刀千队铁衣鸣"，将边塞风光与水乡景色融为一体，是贺兰山植被良好的生动反映。

宋、西夏、元时，特别是西夏，在贺兰山修建了众多的离宫别苑，有的位于山口，有的位于山腹，规模不等，分布范围较广，这也间接反映了当时贺兰山良好的植被状态。

明代时，由于修筑长城，移民戍边，对贺兰山的植被产生相对严重的破坏。如建造营房、炊事取暖等，导致浅山区"陵谷变迁，林莽毁伐，樵猎蹂贱，浸浸成路"，林木"皆产于悬崖峻岭之间"的状况。更为甚者，在今三关口与青铜峡大坝之间，在嘉靖十年，"役屯丁万人"，挖修壕堑，结果是"风扬沙塞，数日即平"，"随挑随淤，人不堪其困苦"，这些说明部分地区植被破坏严重，开始出现沙化现象，但总体上贺兰山植被并不是"不堪设想"。《嘉靖宁夏新志》载："贺兰山，在城西六十里，峰峦苍翠，崖壁险削，延亘五百余里，边防倚以为固。上有颓寺百余所，并元昊故宫遗址，自来为居人畋猎樵牧之所。弘治八年，丑虏为患，遂奏禁之。然未禁之前，其患尚少，既禁之后，而患愈多。何也？盖樵牧之人，依穷岩绝壁结草庐，畜鸡犬。虏骑乘夜而入，鸡鸣犬吠达于瞭台，烽炮即举。每每兵至山麓，虏方进境，扼之无所掠矣；或闻炮即回。禁后，止以瞭台为恃，风雨晦冥，耳目皆所不及，往往获利出境始觉，是故患益滋矣。"此段文字虽在描写军事，但也提供了了解贺兰山状况的珍贵资料。"樵牧之人"，不是居于一沟一处，而是遍及各处，进而说明了当时的贺兰山自然植被状况是相对良好的。2017 年，我们在石嘴山调查时，发现汝箕沟、大水沟与黄羊滩的石砌烽火台中间夹有直径约 20 厘米的"木骨"、小水沟的土筑烽火台底部与顶部铺有树枝，这说明了树木是就地采伐的，并非从远处运来，也反映了当时良好的自然植被状况。此外，如今位于中宁县石空镇的双龙山，已是黄沙荒山，而在明代，则是一座林草茂盛的"青山"。

清初，银川出现了木市，地方政府开始征收木税。由于人口的激增，木市的出现，加剧了对贺兰山森林资源的砍伐力度，加之破坏后没有及时进行更新，导致破坏程度与日俱增。清晚期，社会动乱，吏治腐败，战争频发，对贺兰山森林的破坏实难避免。如清末发生于苏峪口的一次森林大火，"殃及九条山沟，直烧到龟头沟，历时两月余，遇暴雨方息，苏峪口的火烧坡和裸露的大量阳坡，就是这次火灾的痕迹"。这九条山沟，正是银川贺兰山自然保护区的核心地带。

民国时期，破坏情况依旧，最严重的即为无止境的滥伐。贺兰山"童秃之处占极大多数"，原因是"山前人烟稠密，建筑繁宏，需木材特多，故森林破坏甚剧。"山前破坏后又转到山后砍伐，"市价，以距山最近之定远营（今阿拉善盟左旗）为最低，较山价高五倍"。由此可知山前森林破坏之严重。

中华人民共和国成立至今，在总结历史经验教训的基础上，实行严格的"封山育林"政策，贺兰山森林植被得到了有效的保护与恢复。加之贺兰山国家级自然保护区的严格管理，现在的贺兰山前又一次披上了绿装。2017 年我们在调查时，发现多个沟口与沟内绿草青青，植被在慢慢繁衍复苏，正在一步步向绿水青山的方向发展。相信在不久的将来，贺兰山一定会重新恢复青春。

（二）历史沿革

从历史上看，贺兰山以东，是独擅黄河之利的银川平原，是中原王朝建立的郡县之地；贺兰山以西，是黄沙漫漫的阿拉善高原，是游牧民族驻牧之所。中原王朝与各少数民族之间的你来我往，互相渗透，共同促进了民族融合与华夏文化的发展。

据考古调查，早在旧石器时代，贺兰山沿线就有人活动。举世闻名的宁夏灵武水洞沟遗址就位于贺兰山东侧约 30 千米处，与贺兰山隔河相望，这里出土了大量的石器和十多种动物化石，距今约 4 万～1.5 万年，属旧石器时代晚期。说明最迟在 4 万年以前，贺兰山下已有人类活动。

距今约四五千年前的新石器时代，人类在贺兰山下的活动更为频繁。考古工作者在贺兰山前洪积扇地带的贺兰县金山、暖泉与大武口的明水湖发现的新石器时代遗址，便是证明。尤其是在暖泉遗址，发现有当时人类居住的半地穴式房址。房址略呈圆角方形，房址中心设有火塘，火塘旁边有磨盘、磨棒等工具，说明人类已经在这里开始定居生活。只是先秦时期，这一带尚无行政建制，先后为西戎、猃狁、匈奴等北方游牧民族的驻猎之地。

秦始皇统一全国后，于始皇三十二年（公元前 215 年），派将军蒙恬，"发兵三十万，北击胡，略取河南地"，将原属匈奴的河套地区入秦版图，宁夏北部属北地郡，下置富平县（今吴忠西南），贺兰山隶之。秦末，中原大乱，"河南地"复归匈奴所有。汉武帝元朔二年（公元前 127 年），派卫青，出云中，击败匈奴之楼烦、白羊二部，"遂取河南地"，宁夏北部复归汉邦。元狩二年（公元前 121 年），武帝遣骠骑将军霍去病与合骑侯公孙敖，"俱出北地（治马岭，今甘肃环县境）"，穿宁夏，越贺兰山，战于祁连山，大败匈奴。从此，"匈奴远遁，而漠南无王廷"。元封五年（公元前 106 年），将全国分为十三刺史部，下辖郡县。宁夏北部属北地郡，在黄河以西建置灵武县（今永宁境）、廉县（今贺兰县暖泉一带）。廉县，《汉书·地理志》云："廉，卑移山在西北。""卑移山"，当指今天的贺兰山北段。

东汉时期将包括北地郡在内的沿边郡县政府内迁，贺兰山沿线复为羌族、匈奴、鲜卑等民族的游牧之地。三国魏时（220～265 年），原居于阴山地区的鲜卑族乞伏部，向南迁徙，一度驻牧于宁夏石嘴山一带，故黄河以西贺兰山"东北抵河处，亦名乞伏山"。"乞伏山"，为文献中关于贺兰山的另一称呼，应指贺兰山北段。西晋时，"塞外草原遭大水灾，前后有 28 万口匈奴和其他杂胡入塞降晋，晋处之内地，与汉人杂居"。武帝太康五年至八年（284～287 年），"入居塞者有屠格种……黑狼种、……贺赖种，凡十九种，皆有部落，不相错杂"。"贺赖种"即"贺兰部"，因其入塞前曾在贺兰山驻牧，故此山因贺兰部久居而得名。这些入塞少数民族先后在北方地区建立了 16 个政权，其中赫连勃勃建立的夏国，建都统万城（今陕西靖边北），占有今陕西、甘肃及河套广大地区，并在今银川东建立"饮汗城"，其势力范围也扩展到贺兰山下。

隋唐时期，由于宁夏地处西北边疆，贺兰山沿线是突厥、吐蕃、回鹘、党项等少数民族的活动范围，因此贺兰山成为一处重要的军事要地。"贺兰山下阵如云，羽檄交驰日夕闻"；"半夜火来知有敌，一时齐保贺兰山"，在一定程度上反映了贺兰山的重要军事地位。隋初，原居于漠北的突厥驻牧于贺兰山后。文帝开皇三年（583 年），分兵数路出击突厥。其中，赵仲卿"以行军总管从河间王（杨）弘出贺兰山"。这是史籍中首次使用"贺兰山"这一地名。唐初，在贺兰山仍有与突厥的战争。高祖武德五年（622年），"宇文歆邀突厥与崇岗镇，大破之，斩首千余级"。崇岗镇属宁夏平罗县，就在贺兰山边。此外，居住与贺兰山地区的回纥吐迷度部，于贞观二十年（646年）破薛延陀后，"南过贺兰山，临黄河，遣使入贡。以破薛延陀功，赐宴内殿。太宗幸灵武，受其降款"。高宗时，正式设置"贺兰州都督"，专门管辖贺兰山地区的少数民族事务。武后天授初年（690年），突厥黔啜可汗占据贺兰山地区。代宗时，吐蕃又在贺兰山驻牧。德宗建中二年（781年），吐蕃提出以贺兰山为界，山西划归吐蕃，唐王朝只能"许之"。晚唐以后，贺兰山逐渐成为吐蕃、回鹘、党项诸族杂居之地。五代时期，中原纷争，包括贺兰山在内的边疆地区，少数民族更为活跃。

宋初力图利用吐蕃等少数民族力量，制止正在发展壮大的党项族势力，然而效果甚微。党项、吐蕃、回鹘、阻卜诸部，并游牧于贺兰山地区。太宗端拱二年（989年）九月，西州"回鹘都督石仁政、么罗王子、遏挐王子、越黜黄水巡检四族，并居贺兰山下，无所统属，诸部入贡多由其地"。真宗咸平五年（1002年）十二月，"咩逋族遣使来贡。上闻贺兰山有小凉、大凉族甚盛，常恐于继迁合势为患，近知互有疑隙，辄相攻掠，朝廷欲遂抚之，乃召问咩逋使者，因其还特诏赐之，以激其立效"。真宗景德元年（1004年）六月，吐蕃族藩罗支"入奏于宋帝，愿率部族及回鹘精兵，直抵贺兰山，讨除残孽，请发大军援助"。然而，此时宋朝重镇灵州已被西夏占领，此议未有结果。

1032年，党项族建立了以宁夏为中心，以兴庆府（今银川市兴庆区）为都的大夏国，史称西夏。西夏奉贺兰山为神山、圣山，在山上大兴土木，营建离宫别苑，成为西夏皇族活动的中心地区。西夏景宗大庆二年（1037年），李元昊"盟诸藩于贺兰山"，"以贺兰山为固，料兵设险，以七万人护卫兴庆府，五万人镇守西平（今灵武县），五万人驻贺兰山"。并在贺兰山后设白马强镇军司，驻娄博贝，山前设右厢朝顺军司，驻克夷门，以护卫京畿。然而其东北边境常因部族归属问题与辽引发冲突。景宗天授礼法延祚七年（1044年）八月，辽兴宗统率十万大军，分三路亲征西夏。"八月五日，韩国王自贺兰北与元昊接战，数胜之，辽兵至者日溢，夏乃请和，退十里，韩国王不从。如是退者三，凡百余里矣，每退必赭其地，辽马无所食，因许和。夏乃迁延，以老其师，而辽之马益病。因急攻之，遂败。复攻南壁，兴宗大败。入南枢王萧孝友砦，擒其鹘突姑驸马，兴宗从数骑走，元昊纵其去"。景宗天授礼法延祚十年（1047年）七月，元昊"大役丁夫数万，于山之东营离宫数十里，台阁高十余丈，日与诸妃游晏其中"。《嘉靖宁夏新志》卷二载："避暑宫，贺兰山拜寺口南山之巅。伪夏元昊建此避暑，遗址尚存，人于朽木中，尝有拾铁钉长一二尺者"。辽兴宗为了报复，于元昊死后，在毅宗延嗣宁国元年（1049年）十月，再次亲率大军讨伐西夏。"招讨使耶律敌古率阻卜军至贺兰山，获元昊妻及其家属"，而别路辽军死伤无算，再次大败而逃。后又于毅宗天祐垂圣元年（1050年）入侵西夏，攻破贺兰山西北的"摊粮城"，"尽发廪积而还"。天盛七年（1155年）九月，仁宗李仁孝"猎于贺兰原，有骏马损足，命执治道者戮之。阿华侍侧谏曰：田猎非人主所宜，今为马多杀，贵畜贱人，当可闻于四境乎！仁孝讶而正，还以语罔后，后赐银币奖之，以愧从臣之不言者"。

元代成吉思汗于1227年灭西夏，六次伐夏，三次兵至贺兰山。襄宗应天四年（1209年），第三次伐夏，先破贺兰山克夷门，进迫中兴府，引黄河水灌城，襄宗安全纳女求和。献宗乾定三年（1225 年），第五次伐夏，先攻占黑水城（今内蒙古额济纳旗），乘胜南下贺兰山，西夏大将阿沙敢不兵败被擒。乾定四年十一月，蒙古军南下包围灵州，另一路从盐州推进包围中兴府，都城被围困半年，粮尽援绝，南平王李睍，献城投降被杀，西夏灭亡。

元代灭亡西夏后，贺兰山后，成为蒙古族各部游牧屯息之地。中统二年（1261 年），设立西夏中兴行省，但是处于半固定化，时复时废。"中统二年，立行省于中兴。十年，罢之。十八年复立，二十二年复罢，改立宣慰司。二十三年，徙置中兴省于甘州，立甘肃行省。三十一年，分省按治宁夏，寻并归之。"至元十八年至二十年，西夏中兴行省与甘州行省并立。至元二十四年七月"以中兴府隶甘州行省"。至元二十五年，置宁夏府路。至元三十一年，分省治宁夏，中兴府等地从甘肃行省割出。元贞元年（1295 年）九月"庚辰，罢宁夏路行中书省，以其事并入甘肃行省"。贺兰山沿线归甘肃行省宁夏府路管辖。泰定帝泰定四年（1327 年）五月，"修佛事于贺兰山及储行宫"，说明当时贺兰山的佛教气氛仍十分浓厚。

明初，贺兰山成为明政府抵御蒙古族的边防要塞。"贺兰山屹峙宁夏西北，实为屏障。正统以后，北人入套中，西犯甘、凉，多取道山后甚至阑入西南，视为通途"。嘉靖五年（1526 年），"亦不剌复驻贺兰山后。十五年夏，吉囊以十万众屯贺兰山，分兵犯凉州"。嘉靖三十二年（1553 年），"套寇数万骑屯贺兰山。……三十四年，套寇万骑踏冰西渡，由贺兰山后，直抵庄浪"。鉴于此，为了对付蒙古铁骑的入侵，明朝廷于宁夏设立宁夏镇，为九边重镇之一，隶属陕西都指挥使司，为军政合一、屯防兼备的特殊行政区域。先后在贺兰山沿线由北向南设立平虏守御千户所（驻今平罗县）、宁夏镇（驻今银川市）、中卫（驻今中卫市）等防御重心，下辖关、堡等六十余座。修筑了北长城与西长城来抵御蒙古族的入侵。

清代属甘肃宁夏府，贺兰山以西地区为蒙古额鲁特和硕特部屯牧之地。康熙十六年（1677 年），清政府将贺兰山山阴六十里以外地区，划归蒙古阿拉善王府管辖。

第二节　考古调查

（一）调查经过

贺兰山东麓古代遗存考古调查开始于 2017 年 4 月 7 日，调查范围为贺兰山东麓文化遗存分布比较集中的石嘴山市至青铜峡市段。2017 年 3 月，宁夏回族自治区文物考古研究所与宁夏贺兰山自然保护区管理局联系沟通，办理了进山调查的相关手续。自 4 月 7 日开始，至 8 月 24 日结束，进行了为期近 4 个月的野外调查，对贺兰山东麓各冲沟两岸及山前冲积扇进行了踏查，受自然天气等因素影响，此次调查可分为五个期段，文化遗存涵盖石嘴山市惠农区与大武口区、银川市西夏区、永宁县与青铜峡市。

第一阶段：2017 年 4 月 14 日～5 月 8 日。这一期段主要对白头沟及以北地区进行了调查。通过对白头沟、大水沟、小水沟、大西峰沟、小西峰沟、汝箕沟、大风沟、麦如井、大王泉沟、小王泉沟、简泉一队、大黑沟、涝坝沟、归德沟、韭菜沟、高峰沟、大枣沟、小枣沟、黑石卯、大武口沟、边沟、正义关沟等地的踏查，共记录了建筑遗址 11 处、墓地 1 处、石堆遗迹 7 处、烽火台 27 座、长城墙体 9 段、石刻塔 2 处、岩画 2 处。

第二阶段：2017 年 5 月 10 日~ 5 月 19 日。这一期段主要对插旗口、青石沟、贺兰口、苏峪口、大韭菜沟、小韭菜沟、镇木关等地进行了踏查，共记录了大型寺庙建筑遗址 3 处、其他建筑遗址 2 处、烽火台 6 座、瓷窑址 3 处。

第三阶段：2017 年 6 月 3 日~ 6 月 5 日。这一期段主要对青铜峡市四眼井地区的遗址进行了踏查，调查记录了大型寺庙建筑遗址 1 处、塔基 2 座、房址 1 处。

第四阶段：2017 年 6 月 19 日~ 6 月 21 日。这一期段主要在银川市闽宁镇 110 国道东西两侧调查西夏墓地。

第五阶段：2017 年 8 月 2 日~ 8 月 23 日。这一期段主要对三关口以北、拜寺口以南，古代遗存较为集中的地区进行调查。通过对大窑沟、山嘴沟、死人沟、甘沟、青羊沟、独石沟、朱峰沟、大口子、滚钟口、大水渠沟、小水渠沟、拜寺口等地的踏查，调查记录了大型建筑遗址 11 处、寺庙遗址 1 处、摩崖石刻 2 处、烽火台 5 座、长城墙体 1 段、墓地 1 处、石堆遗迹 4 座。

（二）调查方法

本次调查宁夏回族自治区文物考古研究所工作人员与技术工人各 4 名，调查方法以地面踏查为主，对贺兰山东麓各个山口发现的古代文化遗存进行了文字记录、摄影、摄像等方式采集相关资料，另对发现的重要遗迹与专业测绘单位合作进行了测绘与航拍，对于较重要遗迹且遗迹现象不明者，采取局部开挖探沟的方式探明性质。

（三）资料整理

贺兰山东麓古代文化遗存主要分布于各山口、山谷内及山前洪积扇上，从文献记载和历次考察结果来看，贺兰山东麓有近 40 个沟口，其中较大者 29 个。沟口、沟内及山前洪积扇上分布着大量的古代文化遗存，主要有长城、烽燧、岩画、石刻、建筑遗址、墓葬与瓷窑址等。此次调查实地踏查记录文物点 102 个，其中建筑遗址 27 处、瓷窑窑址 3 处、墓地 2 处、墓葬 60 余座、烽火台 38 座、长城遗迹 11 处、岩画遗迹 2 处、摩崖石刻 4 处、石堆遗迹 21 处、塔基遗迹 2 处。本次调查较系统的对贺兰山东麓各个文物点进行了详细的记录登记，其中部分文物点三普调查时已发现，也纳入本次调查范围之内，对其进行了重新定名、测量与拍照工作，新发现文物点 55 处，获得较多重要的发现与认识。下面先按地区对此次调查成果按沟口位置由北向南依次进行介绍。

第二章　石嘴山市段古代文化遗存

第一节　建筑基址

1. 道路沟遗址

位于道路沟内支沟柳条沟南侧山顶边缘处一较小台地，台地高出周围地表，一周有石块砌筑围墙，石块大小不一，堆砌较散乱。

遗址整体呈圆角长方形（彩版一，1），东、北两侧临沟边，西南部开有门道。石砌遗址南北长 13.2、东西宽 8 米，墙体宽 0.8～1.4、残高 0.2～1.2 米，门道墙残高 1.2、宽 1.4 米。遗址内东侧南北各有一长方形石圈，石块整体较小，大小不一，单排、散乱，露出地表，似房址墙基。南侧房基长 6、宽 3.2 米；北侧房基长 3.9、宽 1.8 米。

周围地表发现少量灰陶陶片，纹饰有弦纹及细绳纹。

在遗址东南侧有三处东西向分布石堆。

（1）1 号石堆

呈圆角方形，中部有一盗坑，由较大石块、碎石、砂土堆筑，边际清晰，石堆底径 4.7、残高 0.5 米（彩版一，2）。

（2）2 号石堆

椭圆形，位于 1 号西侧，由小石块及砂土垒筑，现仅存地表痕迹。东西长 2.2、南北宽 1.9、残高 0.2 米（彩版二，1）。

（3）3 号石堆

位于 2 号石堆西侧 3 米处，平面呈长方形，仅地表发现散乱石块，由不规则石块、碎石、砂土垒筑。东西长 3.9、南北宽 3.1 米（彩版二，2）。

2. 麦如井遗址

位于麦如井沟北山边缓坡处（彩版三，1）。地势较平坦，地表散布碎石。

遗址长方形，位于围墙内西南角，仅存石砌墙基，房址外围用石块夹杂砂土、碎石垒砌围墙，东西长 38.9、南北宽 27.4 米，东墙中部留有门道，宽约 1.5 米。东墙外侧约 3 米处有石砌南北向护坡一道。

房址地表有零星酱釉瓷片。

褐釉罐　2 件。

标本 2017HMRJ3 采：1，罐底残片，褐釉，胎色发黄，胎质较细。暗圈足，足沿宽厚，挖足较深，外壁施褐釉不及底。足径 12、残高 4.6 厘米（图 2-1，1）。

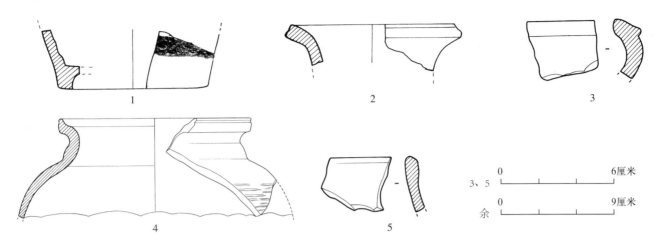

图2-1　麦如井遗址与大武口沟内石城子遗址采集标本

1、2.褐釉罐2017HMRJ3采：1、2　3.陶瓶2020SCZ采：10　4.陶罐2020SCZ采：1　5.陶钵2020SCZ采：11

　　标本2017HMRJ3采：2，口沿残片，侈口，撇沿，方唇。酱褐色釉，黄白色胎，胎体较厚，胎质粗糙，内含粗砂粒。口径13.8厘米（图2-1，2）。

3. 大武口沟内石城子遗址

　　位于大武口区清水沟沟口（清水河西岸）西侧山坡缓坡台地，遗址上发现石墙、大石堆（彩版三，2）及疑似房址遗迹。

　　遗址由两级台地构成。一级台地西侧边缘砌有一道东西向石墙，石墙西端被煤矿矿渣掩埋。残存墙体由不规则砂岩石块垒砌，依山坡边缘地形修筑，剖面呈三角形，残长85、底宽1.2～2.3、残高1～1.6米。石墙内台地较大，台地之上有太阳能发电光伏板及通信基站一座，地面为自然岩石地表，台地西端现为煤矿矿渣场。二级台地位于一级台地北侧下方沟边（彩版四，1），台地地面发现一处似房址墙基遗迹，墙基仅露出地表，地面发现小石块单排、双排构成的长方形遗迹，墙基东西长3.3、南北宽2.7米，墙基宽0.88～0.22米（彩版四，2）。通过地面遗迹、遗物及遗址所处位置判断石城子遗迹可能为一处防御城障。

　　两级台地地表散布大量陶片，灰陶居多，红褐陶及夹砂红陶较少。

　　陶瓶　1件。

　　标本2020SCZ采：10，口沿，泥质浅红陶。敞口，平沿，方唇，束颈。残宽3.6厘米（图2-1，3）。

　　陶罐　1件。

　　标本2020SCZ采：1，残片，泥质灰陶。敞口，尖圆唇，束颈，鼓肩，肩下饰横向凸弦纹，器形规整。口径15.2、残高7.9厘米（图2-1，4）。

　　陶钵　1件。

　　标本2020SCZ采：11，口沿，泥质橙黄色陶胎，敞口，方唇，弧壁，内外壁光素。残宽3.2、残高2.8厘米（图2-1，5）。

　　陶盆　7件。分三型。

　　A型　3件。敞口。

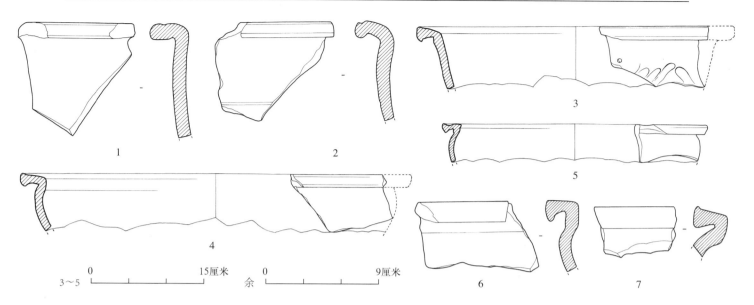

图2-2　大武口沟内石城子遗址采集标本
1~7.陶盆2020SCZ采：3、4、12、5~8

标本2020SCZ采：3，泥质浅灰陶。宽平沿，圆唇，腹壁微弧内收，内外壁光素。残宽9.3、残高8.8厘米（图2-2，1）。

标本2020SCZ采：4，泥质浅灰陶。平沿，方唇，唇沿较直，沿面边缘饰一道凹弦纹，腹壁微弧。残宽7.3、残高7.8厘米（图2-2，2）。

标本2020SCZ采：12，泥质浅红陶。折平沿，方圆唇，斜弧壁，内壁光素，外壁有修胎横向刮抹凸棱纹。口径42.2、残高8厘米（图2-2，3）。

B型　2件。泥质浅红陶。口微敛。

标本2020SCZ采：5，宽折沿，沿边缘一圈凸棱，圆唇，唇沿斜直微下卷，上腹微鼓，下腹斜弧内收。口径52、残高7.6厘米（图2-2，4）。

标本2020SCZ采：6，敛口，宽折平沿，沿面一周凹弦纹，尖唇，唇沿斜直，上腹微鼓，内外壁光素。口径35.2、残高5厘米（图2-2，5）。

C型　2件。泥质浅灰陶。直口。

标本2020SCZ采：7，宽折平沿，方唇，唇沿斜直，上腹微鼓微外凸，内外壁光素。残宽7.4、残高5厘米（图2-2，6）。

标本2020SCZ采：8，宽折沿，尖圆唇，唇沿方直，上腹圆鼓外凸。残宽6.6、沿宽1.7厘米（图2-2，7）。

4.大武口沟口遗址

位于大武口沟口岩画北侧约300米处沟畔，一侧临沟，沟畔之下为平汝铁路和头石公路，沟畔边缘平面呈圆弧状。

遗址平面呈"匚"字形将沟畔围起。石墙由大小不一砂岩石块夹杂碎石、砂土垒起，墙体底部较宽，两侧呈缓坡状。石墙总长约50米，南墙长16.7、北墙长17、西墙长16米，墙体底宽3~5米，残高0.6~1.2米。石墙之内地表有疑似房基痕迹，整体形状呈长方形，长约5、宽2米。

石墙周围为荒滩，植被稀疏，地面遍布砾石（彩版五，1、2）。

石墙内及周围地表散布少量灰陶陶片及瓷片，均为腹片。

从石墙位置判断该遗迹应为一处古代防御瞭望工事，石墙东侧山顶有一烽火台，两者可能为协同防御系统。

5. 大枣沟沟口建筑遗址

位于大武口区大枣沟沟口山前冲积台地之上（彩版六，1），遗址南侧 100 米为平汝铁路和110 国道（开元桥段）。

该遗址面积约 1500 平方米，被现代坟地破坏严重，东部地表南北向有一道石墙墙基，墙基宽 0.7～1.1 米。

地表散布较多砖、瓦残件及少量瓷片、琉璃建筑构件残块，可辨器形有灰陶条砖、板瓦、筒瓦、瓦当、滴水等。

长条砖　1 件。

标本 2020DZG 采：2，角残，泥质灰陶。长方形，砖体一面平整，一面粗糙，粗糙面粘有白灰痕。通长 34、宽 17.6、厚 5.6 厘米（图 2-3，1）。

筒瓦　1 件。

标本 2020DZG 采：1，微残，泥质灰陶。制作规整，瓦身半筒状，表面素净，内壁有布纹，前端有尖圆瓦舌，瓦身两侧切割、掰离痕迹明显，切痕平整。通长 28、宽 11、拱高 4.4、瓦舌长2.6、宽 6 厘米（图 2-3，2）。

刻字板瓦　1 件。

标本 2020DZG 采：9，微残，泥质灰陶。瓦身隆起，内壁有布纹，瓦身两侧切割、掰离面粗糙，瓦身一端宽、一端窄。瓦面刻有文字形图案。通长 22.6、宽 11.5～16 厘米（图 2-3，3）。

滴水　2 件。均为泥质灰陶。

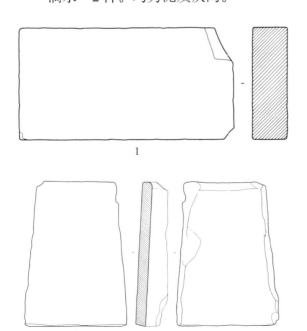
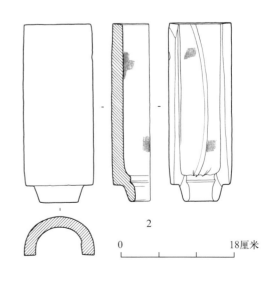

图2-3　大枣沟沟口遗址采集标本

1.长条砖2020DZG采：2　2.筒瓦2020DZG采：1　3.刻字板瓦2020DZG采：9

　　标本 2020DZG 采：7，龙纹，面施墨绿色釉，釉面粗涩。滴面残，滴水曲边月牙形，上缘凹弧，下缘连弧状，后接板瓦残断。滴面饰龙纹，龙腾飞状，龙爪张开，龙身弯曲有动感，龙鳞为芝麻状鳞片，较细密。滴面残宽 15.5、残高 8.1 厘米（图 2-4，1）。

　　标本 2020DZG 采：8，石榴花纹，滴面下缘残，月牙形，上缘凹弧，下缘连弧状。滴面石榴花盛开，花朵居中，周围花蔓卷曲，纹饰整体较散漫。宽 17.5、高 6.7 厘米（图 2-4，2）。

　　瓦当　2 件。

　　标本 2020DZG 采：5，泥质灰陶。兽面纹，残，当面兽面鬃毛卷曲，怒目圆睁，面目狰狞，长角斜立，额头饱满，挺鼻，龇牙咧嘴。直径 10.5 厘米（图 2-4，3）。

　　标本 2020DZG 采：6，泥质灰陶。龙纹，残，宽沿，沿内饰一圈凸弦纹，当面内模印龙纹，龙腾飞状，龙爪张开，龙头上仰，龙身弯曲有动感。当面直径 12.3 厘米（图 2-4，4）。

　　建筑构件残件　1 件。

　　标本 2020DZG 采：3，砖红色陶胎，略厚，表面施绿釉，塑造造型，背面有密集刻划纹（增加粘连强度）。残宽 8 厘米（图 2-4，5）。

　　酱褐釉碗　1 件。

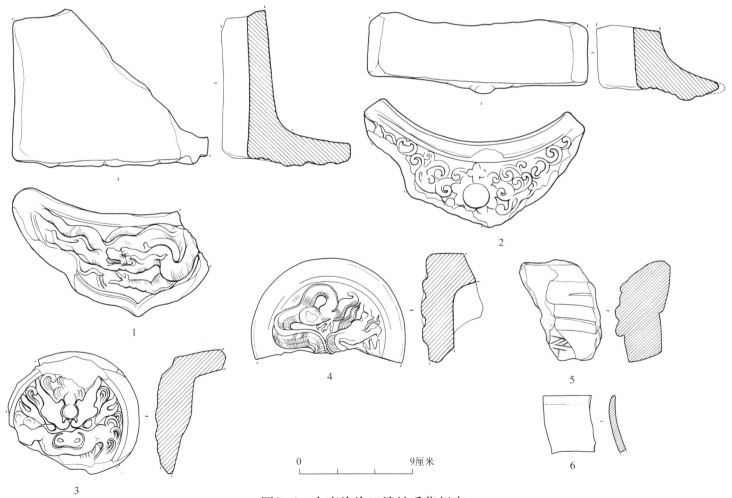

0　　　　　　　　9厘米

图2-4　大枣沟沟口遗址采集标本

1、2.滴水2020DZG采：7、8　3、4.瓦当2020DZG采：5、6　5.建筑构件残件2020DZG采：3　6.酱褐釉碗2020DZG采：4

标本2020DZG采：4，口沿。敞口，尖圆唇，曲腹。胎色发灰，胎质较细，瓷化程度不高，内外施酱褐色釉，釉色光亮，釉层均匀。口沿残宽3.7、残高4.4厘米（图2-4，6）。

6.大枣沟沟内遗址

位于大枣沟内约10千米处（彩版六，2）。面积约5000平方米。相传为"李王殿"遗址。

此次调查发现依山势修砌有两级台基，台基上未见明显的殿基遗迹，现存石砌房基与部分墙基，房址平面呈长方形，长7.236、宽4.509米，门道位于中部，房址所在台地边缘有石砌护坡，房址地表发现零星瓦片、瓷片及一片虎纹瓦当。房址上方山坡台地有一近代放羊人废弃房屋，房屋下有一小台地，台地上有石块垒筑墙体，破坏严重，疑为改建羊圈。

台地地表散布少量瓷片。

筒瓦　4件。均残。

标本2017HDZG1采：1，泥质灰陶。仅存瓦舌部，瓦舍较小，表面规整、光滑，瓦舌两侧有切割、掰离痕迹。残长6.6、残宽8.6、瓦舌长2.2、厚1.4厘米（图2-5，1）。

宝瓶残块　1件。

标本2017HDZG1采：2，陶胎，绿釉，宝瓶残件，器表微鼓，施翠绿色釉，砖红色厚胎，内壁凹凸不平，施横条纹。残长11、残宽5厘米（图2-5，2）。

陶盆　1件。

标本2017HDZG1采：3，口沿，砖红色陶胎，敞口，唇沿略外凸，沿下有一道凹弦纹，斜直腹。口径16.8、残高7厘米（图2-5，3）。

青釉碗　2件。

标本2017HDZG1采：6，口沿。敞口，圆唇，内外壁施透明釉，外壁未施满釉，胎色略发青。口径15、残高2.5厘米（图2-5，4）。

标本2017HDZG1采：10，口沿。撇沿，斜腹，内壁及外壁口沿施透明釉，釉层较薄，釉面光亮，灰白胎，质地细密。口径9.8、残高1.2厘米（图2-6，1）。

白釉碗　1件。

标本2017HDZG1采：7，残片，敞口，微撇沿，内外壁施白釉，釉色暗淡，褐色胎。残宽2.8厘米（图2-6，2）。

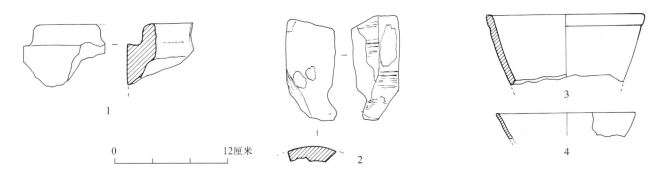

图2-5　大枣沟沟内遗址采集标本

1.筒瓦2017HDZG1采：1　2.宝瓶残块2017HDZG1采：2　3.陶盆2017HDZG1采：3　4.青釉碗2017HDZG1采：6

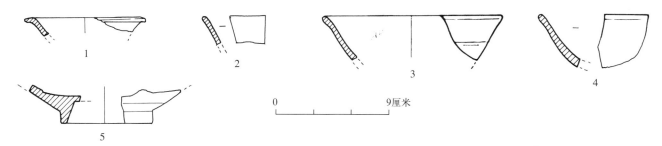

图2-6　大枣沟沟内遗址采集标本

1.青釉碗2017HDZG1采：10　2.白釉碗2017HDZG1采：7　3、4.黄釉碗2017HDZG1采：8、9　5.茶叶末釉碗2017HDZG1采：14

黄釉碗　2件。

标本2017HDZG1采：8，口沿。敞口略外撇，尖圆唇。内外壁施黄釉，褐色胎。口径14.4、残高3.4厘米（图2-6，3）。

标本2017HDZG1采：9，口沿。敞口，圆唇，斜壁鼓腹。内外壁施黄釉，褐色胎。残宽3.4、残高4.2厘米（图2-6，4）。

茶叶末釉碗　1件。

标本2017HDZG1采：14，圈足，内圜底，挖足过肩，内壁施釉，釉层均匀，内底刮涩圈，外壁及圈足无釉，内外底部有轮制划痕。牙黄色胎，内含较多气泡。足径7.4、残高3厘米（图2-6，5）。

褐釉碗　5件。

标本2017HDZG1采：4，口沿残片，敞口，尖唇，斜弧壁，内外壁施褐釉，外壁有两道暗弦纹，下部露白胎。口径18、残高4.8厘米（图2-7，1）。

标本2017HDZG1采：11，碗底。斜弧壁，折腹，内外平底，圈足略外撇，内外底部有轮制划痕，内外壁施釉不及底，釉层较厚有光泽，内外底露胎，灰褐色，质地较细腻。残高3、足径6.6、足高1厘米（图2-7，2）。

标本2017HDZG1采：12，碗底。斜腹微曲，大圈足，挖足过肩，外壁施釉不及底，内底有环状涩圈，白胎，内含少量小气泡，胎体略厚。残高4.3厘米（图2-7，3）。

标本2017HDZG1采：13，碗底。弧腹，圈足外撇，内圜底，挖足过肩，内壁施褐釉，釉层

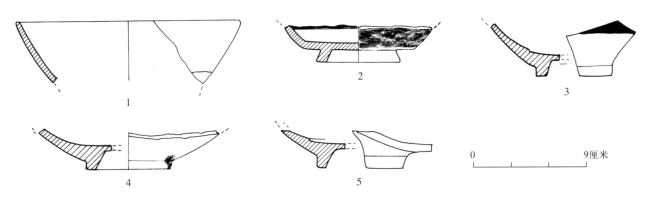

图2-7　大枣沟沟内遗址采集标本

1~5.褐釉碗2017HDZG1采：4、11~13、16

均匀光亮，内底刮涩圈，外壁无釉，圈足有流釉，内外底部有轮制划痕，露胎处呈火石红色。胎体略厚，质地较细腻。残高3、足径6.8、足高1.4厘米（图2-7，4）。

标本2017HDZG1采：16，碗底。圈足，内底坦，挖足过肩，足根内斜削。内壁施褐釉，釉层均匀光亮，底刮涩圈，外壁无釉，内外底部有轮制划痕。灰白胎，胎质稍粗。残高3.1厘米（图2-7，5）。

褐釉盆　1件。

标本2017HDZG1采：21，口沿。敞口，圆唇，唇沿外凸，沿下施一道凸棱纹。灰白胎，胎质略粗内含细砂粒，内外壁施褐釉，口沿露胎。残宽5.2、残高4厘米（图2-8，1）。

褐釉罐　1件。

标本2017HDZG1采：18，残片，圆肩，肩腹间有一残耳。红褐色胎，质地粗糙，内含较多粗砂粒，外壁釉层较厚，釉色均匀光亮，内壁釉面粗糙，釉色略暗淡。残宽7.2、残高4.6厘米（图2-8，2）。

酱釉碗　2件。

标本2017HDZG1采：5，口沿。敞口，圆唇，内外壁施酱釉，外壁有一道弦纹，白胎，胎体略厚。残宽7.4、残高3厘米（图2-8，3）。

标本2017HDZG1采：15，碗底。斜腹，圈足，足底较宽，足根内壁斜削，挖足过肩。内壁施酱釉，釉层均匀光亮，底刮涩圈，外壁无釉。胎色浅黄，胎体略厚，内含少量小砂粒。残高3、足径7.2、圈足高1厘米（图2-8，4）。

酱釉盆　1件。

标本2017HDZG1采：23，口沿，敞口，圆唇，唇沿外凸，沿下施一道凸棱纹。土黄色胎，胎质略粗内含细砂粒，内外壁施酱釉，釉色光亮，口沿露胎。口径24、残高5.4厘米（图2-8，5）。

酱釉罐　3件。

标本2017HDZG1采：17，口沿。折肩，肩腹间有一残耳。胎呈暗黄色，质地粗糙，内含较多粗砂粒。器表内外施酱釉，釉层略厚，外壁釉色均匀光亮，内壁釉面有少许气泡。残宽8.4、残高5.2厘米（图2-9，1）。

标本2017HDZG1采：20，口沿。敛口，圆唇，灰白胎，胎质较细腻，内外施酱釉，口沿无

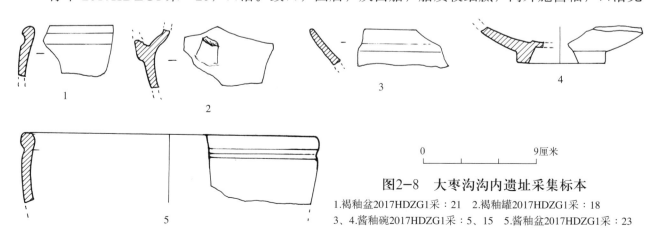

0　　　　　　　9厘米

图2-8　大枣沟沟内遗址采集标本

1.褐釉盆2017HDZG1采：21　2.褐釉罐2017HDZG1采：18

3、4.酱釉碗2017HDZG1采：5、15　5.酱釉盆2017HDZG1采：23

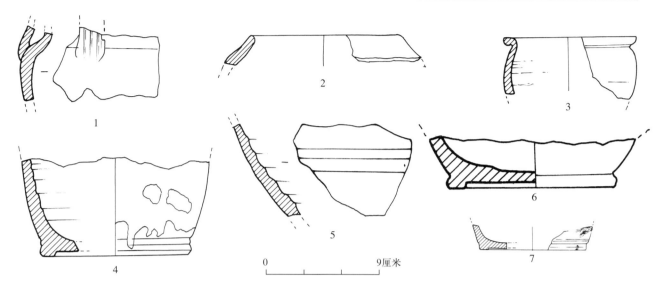

图2-9 大枣沟沟内遗址采集标本

1~3.酱釉罐2017HDZG1采：17、20、22 4.酱褐釉缸2017HDZG1采：24 5~7.黑釉罐2017HDZG1采：19、25、26

釉。口径 12、残高 2.4 厘米（图 2-9，2）。

标本 2017HDZG1 采：22，口沿。敞口，尖圆唇，折平沿，圆肩，灰白胎，胎质较细腻，外施酱釉，釉面光滑有光泽。口径 10.6、残高 4.4 厘米（图 2-9，3）。

酱褐釉缸 1件。

标本 2017HDZG1 采：24，暗圈足较矮，灰褐色厚胎，外壁施釉不及底，局部有流釉，内壁局部施酱褐色釉。足径 12、残高 7.8 厘米（图 2-9，4）。

黑釉罐 3件。

标本 2017HDZG1 采：19，口沿。斜唇，斜颈，鼓腹，腹部有两道凹弦纹。黑白胎，内含少量气泡，外施黑釉，釉层略厚，釉色均匀光亮，内壁有数道弦纹。残宽 9.6、残高 7 厘米（图 2-9，5）。

标本 2017HDZG1 采：25，罐底。圈足，平底，胎色浅黄，胎体略厚，内外施黑釉，外釉不及底，外底有轮制旋痕。足径 13.6、残高 4.2 厘米（图 2-9，6）。

标本 2017HDZG1 采：26，罐底。矮圈足，平底，灰胎质地细腻，内外施黑釉，外釉不及底，有流釉。足径 8.4、残高 2 厘米（图 2-9，7）。

7. 大西峰沟遗址

大西峰沟，又称"西伏口""西佛口"，古称"西番口"，皆"番"字之音转。此次调查记录建筑遗址 5 处、蓄水池 1 处。

（1）大西峰沟沟口 1 号房址

位于大西峰沟沟口贺兰山保护区防火通道西北部山顶。

建筑基址所在台地地势平坦，地表散布碎石，台地四周有石砌护坡。现仅残存青灰色砂岩石块砌筑基址，基址长方形，东西长 6.5、南北宽 3.7 米（彩版七，1）。

周围地表散布灰陶瓦片及少量白瓷片。

灰陶板瓦 2件。均残。

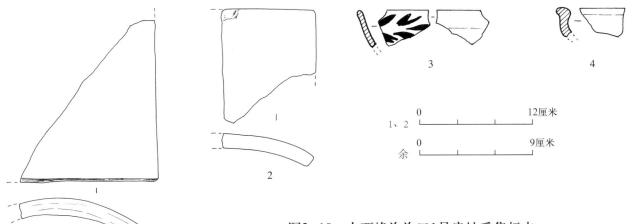

图2-10　大西峰沟沟口1号房址采集标本

1、2.灰陶板瓦2017HDXG4采：1、2　3.白釉碗2017HDXG4采：3　4.瓷盏2017HDXG4采：4

标本2017HDXG4采：1，四分瓦，凸面略光滑，凹面有粗布纹，残存一侧掰离痕迹明显，掰离面较粗糙，瓦沿斜切与瓦身呈斜角，沿面刻划数道弦纹。残长17、残宽14.8、厚1.8厘米（图2-10，1）。

标本2017HDXG4采：2，青灰色陶胎，质地较硬，瓦面呈弧形，内壁有布纹，瓦沿圆滑，瓦身一侧有切割、掰离痕迹，掰离面较粗糙。残长12.2、残宽10、厚1.6厘米（图2-10，2）。

白釉碗　1件。

标本2017HDXG4采：3，口沿，敞口，圆唇，微弧壁。灰白胎，内含少量气泡。内外壁施白釉，釉面有冰裂纹，内壁剔刻枝叶纹。残高2.8、残宽4.2厘米（图2-10，3）。

瓷盏　1件。

标本2017HDXG4采：4，敞口，折沿，尖圆唇，浅曲腹。胎色灰褐，烧结度不甚高。残高2.2、残宽3.6厘米（图2-10，4）。

（2）大西峰沟沟口2号建筑基址

位于大西峰沟沟口1号建筑基址南侧，所在台地地势呈坡状，地表散布碎石，长满荒草，台地四周有石砌护坡，二者之间有小道相通（彩版七，2）。

2号建筑基址台地分上下两级，建筑基址位于上方台地，下方台地以前为农田，两级台地均有石砌护坡。建筑基址呈长方形，南墙长10、北墙残长9、西墙残长8、东墙残长9米，基址外侧有石砌围墙，围墙南北残存9、东西残存7米，墙宽0.6～0.8米，围墙门道宽1.3米，门道墙宽0.5～0.6米。

房址所在台地采集有瓷片。

褐釉罐　1件。

标本2017HDXG3采：1，圈足，平底较薄，下腹斜直，圈足及外底有修胎痕，浅黄色胎，胎体略厚，内外壁未施釉，内壁有少量流釉。足径8.8、残高6.2、壁厚0.7、足高1.2厘米（图2-11，1）。

褐釉瓷片　1件。

标本2017HDXG3采：2，灰白胎，质地略粗，外壁规整，施褐釉，有两道开光弦纹，釉面均

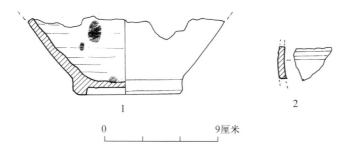

0　　　　　　　　　9厘米

图2-11　大西峰沟沟口2号建筑基址采集标本
1.褐釉罐2017HDXG3采：1　2.褐釉残片2017HDXG3采：2

匀光亮，内壁粗糙无釉。残高2.6、残宽3、壁厚0.6厘米（图2-11，2）。

（3）大西峰沟沟内1号房址（F1）

位于大西峰沟内最深处主峰西北部山前台地，房址所在地表散布碎石，长满荒草，东侧有石块垒砌护坡（彩版八，1）。

F1依山而建于缓坡台地之上。平面呈长方形，东墙长2.95、北墙长3.55米，残高0.75米，门道位于西南拐角处，高2、宽0.9米，房内筑有土炕，炕长3.3、宽1.2米，房内西南角有烟道，烟道高1.35、宽0.2米，东墙上有一龛，龛距屋内地表0.5、高0.37、宽0.28米，龛内两侧砌有方砖，顶部为石块，北墙开有窗户，窗宽1.25、残高1.2米，窗距门道0.98米。

（4）大西峰沟沟内2号房址（F2）

位于大西峰沟内F1南侧，紧邻F1（彩版八，2）。平面呈长方形，与F1共用中墙及西墙（已坍塌），F2南墙残长2.35、宽0.6、残高1米，南墙由东向西1.1米处有一龛，龛宽0.35、高0.2米，F2门道已坍塌，整体保存状况较差。

陶釜　1件。

标本2017HDXF2采：7，夹砂黑陶。口微敛，方唇，腹中上部出凸沿。泥质夹细砂，烧结度不高。外壁略有光色，内壁粗涩。口径18、残高8厘米（图2-12，1）。

陶器耳　1件。

标本2017HDXF2采：8，泥质灰陶。桥形耳，表面饰凹弦纹。深灰色陶胎，烧结度较高，表面有灼烧痕迹。残高3.6、宽2.6厘米（图2-12，2）。

黑釉罐　3件。

标本2017HDXF2采：4，口沿，方唇，直口，窄平沿，粗长颈，颈肩部有残耳痕，颈下逐渐外撇，弧腹微鼓。灰白胎略厚，质地较硬，器形规整。外壁及内口施黑釉，釉层较厚，釉色均匀光亮，内沿刮釉露胎。口径21.6、残高21厘米（图2-12，3）。

标本2017HDXF2采：6，腹底残件。下腹斜直，大平底，外底略内凹。灰白胎，内含气泡、小砂粒，质地较硬，外壁呈火石红色，内壁和外底露胎。底径15.2、残高6.6厘米（图2-12，4）。

标本2017HDXF2采：9，直口，筒状，灰白薄胎，烧结度不高，外壁施浅黄色化妆土，内外壁有修胎痕。腹径约10.4、残高7.4厘米（图2-12，5）。

黑釉瓮　4件。

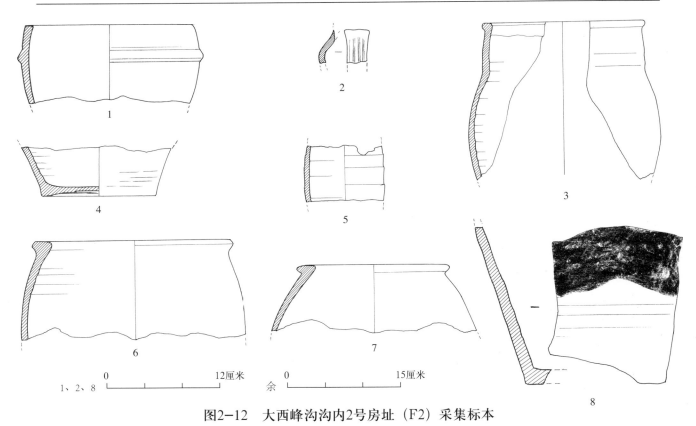

图2-12　大西峰沟沟内2号房址（F2）采集标本

1.夹砂黑陶釜2017HDXF2采：7　2.陶器耳2017HDXF2采：8　3~5.黑釉罐2017HDXF2采：4、6、9　6~8.黑釉瓮2017HDXF2采：2、3、5

标本2017HDXF2采：1，口沿。大口微敛，芒口。平折沿，溜肩，弧腹微鼓。灰白胎略厚，质地较硬，器形规整。外壁施黑釉，釉层均匀，釉色光亮，内壁及口沿无釉。口径24、残高9、沿宽2.1厘米。

标本2017HDXF2采：2，口沿。大口微敛，芒口。平折沿，溜肩，弧腹微鼓。灰白胎略厚，质地较硬，器形规整。外壁施黑釉，釉层均匀，釉色光亮，内壁及口沿无釉。口径26.6、残高13.2、沿宽2.7厘米（图2-12，6）。

标本2017HDXF2采：3，口沿。敛口，芒口。平沿外出，溜肩，鼓腹。灰白胎略厚，质地较硬，外壁施褐釉，釉层略厚，釉色均匀光亮，内壁及口沿无釉。口径20.4、残高9厘米（图2-12，7）。

标本2017HDXF2采：5，下腹斜直，平底。灰白胎略厚，质地较硬，外壁施黑釉，釉层均匀，釉色光亮，内壁和腹下露胎，外壁有粘连物。残宽13、残高16.4厘米（图2-12，8）。

（5）大西峰沟沟内3号房址（F3）

位于大西峰沟内最深处主峰西北部山前台地，大西峰沟蓄水池东侧下方台地（彩版九，1）。

F3依山而建，房址仅残存部分北墙，石块砌筑，房址东西长4.1、南北宽3.2、北墙残长1.3米，房址东侧2.5米处台地边缘有残长3.5米石砌护坡，护坡下方台地残存一段石砌墙体，墙宽0.7、残高0.3~0.6米。

（6）大西峰沟沟内蓄水池

采用石块砌筑（彩版一〇，1、2），中间夹有沙土与小石子，平面呈"U"形，东、北、西三面砌墙，南面直接利用山体走势。东墙长 4.7、宽 0.95 ～ 1.36 米，北墙长 4.4、宽 0.9 米，西墙长 3.9 米，池深 0.87 ～ 0.92 米。在池子西北角底部有一排水孔，长方形，长 6、宽 5 厘米。蓄水池北段有一斜坡小道通至底部三座房址，小道南宽 2.7、北宽 1.5、斜长 21.5 米。

8.涝坝沟遗址

位于简泉一队水池东北侧山顶平缓台地（彩版九，2），地表有较多石块，植被稀疏，台地下方为村庄。

建筑遗址具体形制结构已无存，整体呈长方形，仅存部分石砌墙基依稀能分辨，采用石块垒筑，房址中部有一道路，路宽 1.4 米。房址东西长 26.25、南北宽 18 米。周围地表散布较多板瓦残片、残砖及少量瓷片。

板瓦 1件。

标本 2017HLBG 采：7，泥质灰陶。瓦身隆起，内壁有布纹，残存一端齐削，瓦身残存一侧圆弧状。残宽 14.6、残长 6.6、壁厚 1.4 厘米（图 2-13，1；彩版一一，1）。

筒瓦 1件。

标本 2017HLBG 采：6，泥质灰陶。残存瓦舌及少段瓦身，瓦舌较厚，方唇，瓦身与瓦舌连接处呈沟槽状，瓦身隆起，外壁素面，内壁有粗布纹。残宽 9.4 厘米（图 2-13，2；彩版一一，2）。

陶罐 1件。

标本 2017HLBG 采：1，口沿。泥质灰陶。敛口，卷沿，双唇沿，斜颈，内外修胎光滑。残高 4.4、残宽 6 厘米（图 2-13，3；彩版一一，3）。

青釉碗 2件。

标本 2017HLBG 采：2，残存底部，浅黄胎，胎质较细。圈足，挖足过肩，足根微外撇，内底刮涩圈。足径 4.8、残高 1.6 厘米（图 2-14，1；彩版一一，4）。

标本 2017HLBG 采：4，敞口，尖圆唇，斜直壁，内外施透明釉，釉面干涩，黄色薄胎。残高 2、口沿残宽 3.4 厘米（图 2-14，2；彩版一一，5）。

褐釉碗 1件。

标本 2017HLBG 采：5，敞口，尖圆唇，斜直壁，内外施褐釉，釉层均匀，白胎。残高 3、口沿残宽 3.2 厘米（图 2-14，3）。

铁片 1件。

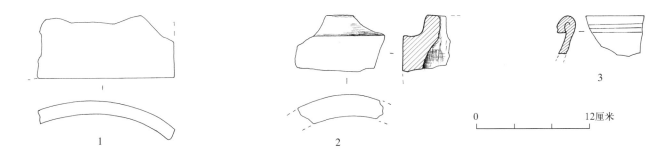

图2-13 涝坝沟遗址采集标本

1.板瓦2017HLBG采：7 2.筒瓦2017HLBG采：6 3.陶罐2017HLBG采：1

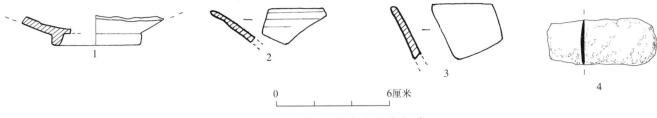

图2-14　涝坝沟遗址采集标本

1、2.青釉碗2017HLBG采：2、4　3.褐釉碗2017HLBG采：5　4.铁片2017HLBG采：3

标本2017HLBG采：3，鞋拔状，两面平整，表面锈蚀严重，器形不辨。残长5.9厘米（图2-14，4；彩版一一，6）。

9.大水沟建筑基址

大水沟遗址位于宁夏回族自治区平罗县崇岗镇，沟内流水量较大。入沟2千米处为西北轴承厂旧址，口外为其生活区。沟口两侧台地上有较大规模西夏建筑遗址，传说为"昊王避暑宫"故址；又拟为西夏右厢朝顺军司克夷门所在地。入沟约2千米处，有明代土筑长城墙段，保存较完整。明长城西约2千米处南岸，有明代"上庙"遗址，俗称"龙泉寺"，因山根下有泉眼而得名。崖壁上有明代题记四方。

建筑遗址位于贺兰山大水沟沟口北侧，范围近60000平方米。20世纪60年代，西北轴承厂在这里选址建厂，对部分遗址区造成了破坏。遗址位于山体东侧缓坡上，西靠山体余脉，北邻山间冲沟，东南面向广袤的山前冲击地带。遗址现存区域略呈三角形，面积约58000平方米，建筑台地坐西北朝东南，方向120°。

遗址分为南北两座台地，中间有自然冲沟相隔。南侧台地较狭长，由于距离西北轴承厂较近，被破坏程度较大，可辨台地两级，台地中央存有现代水窖，地表遗迹基本无存，地面也无甚遗物，仅在台地南侧现代厂房遗址区采集到1件绿琉璃龙纹贴面砖及其他零星建筑构件残块。台地之间原为自然冲沟，修筑台地时以土石填充，西侧与山体连接处有道路通过。

调查时可见沟底堆积大量砖瓦残块，推测为现代利用台地时清理堆积所致。

（1）一号遗址区

北侧台地为遗址核心区，台地坐西北朝东南，依山势修整呈三级台地，形制基本呈凸字形，每级台地东侧中部有斜坡踏道通往下一级。

自下而上第一级台地呈倒"凸"字形，台体后半部分面宽135～140、进深83米，东南侧凸出部分面宽66、进深40米，台体高约10米，四壁用石块砌筑护坡，东侧砌筑长斜坡登台踏道。台地地表较平整，中部略高，四周距边缘约一米处存有一道隆起的土垅，宽0.3～0.5、残高0.2～0.5米，推测为围墙建筑倒塌堆积，台地东部存有现代房址，房址周围散见大量古代砖瓦，有板瓦、筒瓦与琉璃瓦等，应是在建房时清理平整土地，对古代遗址造成了破坏。台地北侧也被平整为现代农田，南部存有一处建筑堆积，坐南向北，面阔2间，长15、进深9米。

台地四周砌有护壁，砌筑方法为石块夹杂黄土垒砌，南侧大部分护壁已坍塌。

台地东侧中部踏道，采用土石夹层垒砌，坡长27、宽7米，坡度约42°，坡面有石砌台阶，两侧原有护壁，现已坍塌成漫坡状。踏道末端被现代沟渠截断，从断面观察来看，踏道砌筑方法为两壁石块垒砌，中间砂石填充，坡面铺设石阶。

二级台地平面呈长方形，面阔 130、进深约 80 米，较一级台地高出约 15 ～ 20 米。台地东侧面临冲沟，现已坍塌残损，地表长有灌木；北侧凸出部分东西长 56、南北宽 32 米，中有道路通往北侧山顶；东南有长斜坡踏步通往一级台地。踏步两侧各有附台，南侧附台进深约 20 ～ 23、面阔 45 米；北侧附台进深 22、面阔 23 米。

踏步呈鱼脊形，残长约 50 米。土石混筑，根据砌筑情况及坡度可分为三段：自上而下第一段坡长 24.8 米，由砂土、黄土掺杂山体石块垒砌夯筑，宽约 4.5 ～ 5 米，坡度较缓，两侧漫延，下半部可见 4 级台阶，阶高约 0.2 米。第二段更加平缓，坡长约 13.5、宽 1 ～ 2 米，黄土、卵石、砂岩块混合夯筑，地表中部有长方形黄土倒塌堆积，长 8、宽 1 ～ 1.5、高约 1.34 米。护坡西南侧存有青砂岩砌筑护壁，护壁残长 6.2、存高 1.1 米。第三段坡长 22、宽 2 ～ 3 米，坡度较陡，坡面为河滩大块卵石垒砌，中部存四级台阶，阶宽 2、进深 0.3 ～ 0.4、高 0.2 米。踏道两侧残存石砌护壁，壁面较平，成斜坡状，自下而上渐收。

四面护坡：东坡南侧护壁保存较好，中部保存部分残长约 10 米，可见 4 层石块垒砌，底层为砂岩片石垒砌，上三层为卵石块夹杂砾石块垒砌。南坡较陡，存石砌护壁长约 15、高约 2 米，可辨 7 级。台地东北坍塌，北部护壁保存较好，存长约 20 米。

二级台地遗迹保存相对较好。台地一周距边缘约 5 米处存有土垅，为围墙建筑，部分可见石砌墙基，墙基宽 1.1 米，墙体两侧石块垒砌，中间填筑碎石砂土。

台地中部存有一处院落遗址，方向与台地一致，院落东西进深 70、南北面宽 40 米，院落一周有围墙倒塌堆积，墙体堆积宽 2、堆积高度 0.6 米左右。院落东墙中部存有长方形建筑倒塌堆积，长 10、宽 7、堆积高度 0.6 ～ 1 米，表面散布大量灰陶砖瓦残块，推测为山门建筑倒塌堆积。东侧存一盗坑，直径 2 ～ 3 米。院落南北两墙中部偏东位置有豁口，推测为侧门。院落中部偏西存有建筑台基，东西宽 27、南北长 28、残高约 1.2 米，遗址距台地西缘约 9 米。台基四壁为片块状砂岩垒砌。台地东南中部有踏道，坡道长 5、宽约 10 米。台基中部存有建筑倒塌堆积，距台基东缘 7、南缘 4 米，堆积略呈长方形，东西宽 13、南北长 18.5、存高约 1.5 米，堆积表面散布大量灰陶板瓦、筒瓦残块及少量黄色、绿色琉璃建筑构件残块。

中心院落内南侧有两处建筑遗址，南侧一处纵向排列两间，东西面阔 6、进深 5 米，石砌墙基宽约 0.9 米。北侧建筑基址南北长 8、东西宽 6.5 米，南部为砖块垒砌圆形基址，形制不明。

中心建筑北侧建筑堆积，房址建于台基之上，南北两间，南间面阔 8、进深 6.5 米，北间面阔 7 米，墙体宽 0.9 米。遗址表面堆积大量灰陶板瓦、筒瓦残块。堆积中部有直径约 0.8 米盗洞 3 个。

二级台地附台建筑：南侧台地中部存有方形建筑堆积，边长 6、堆积残高 0.5 米，中部被掏挖成坑状。北侧台地中部存有方形建筑堆积，边长 5、堆积残高 0.5 米，边缘可见残存的石块垒砌墙基。

三级台地顶部平面呈长方形，面阔约 10、进深约 8 米，较二级台地高出约 12 米，西侧与山体相联，北、东、南侧用石块垒砌护坡，东侧护坡较陡，已坍塌。三级台地向南沿山壁修凿出一条小径通往南部台地，长约 175 米。台地中部存一盗坑，直径约 3 米。台地地表较平整，堆积大量碎砖块，偶见手印纹砖。方砖边长 35、厚 7 厘米，正面平整，背面凹凸不平。台地南北两侧各有二层台，面积与台地相仿，略低，地表可见少量砖瓦堆积。台地东侧砌有陡立的护壁，上部存高约 5 米，壁面平整，近乎垂直，下部已坍塌。

路 1　自台地东北部出，向东北延伸，通达北部山坡，残长约 20、路面宽约 3 米，砂石铺筑。

路 2　自三级台地南侧伸出沿山体通达南部台地，道路长约 150、宽 1 ~ 2 米，石块铺筑，经过冲沟路段底部将沟填平并修筑护壁。沿途山体上有錾刻窝痕，孔径 0.03、深约 0.15 ~ 0.30 米。

（2）二号遗址区

二号遗址区紧邻沟口，受现代破坏严重，地面遗迹基本无存。

台地平面略呈三角形，南北面阔 140、北部进深约 100 米，根据地形自西向东修整为三级台地，台地范围已不明确。台地护坡由大型卵石块砌筑。

地表已无遗迹、遗物，仅在台地东侧坡下采集到 1 件绿琉璃龙纹贴面构件。

板瓦　2 件。均残，泥质灰陶。瓦身微拱。

标本 2017HDSG1 采：1，表面有工具刮抹痕，内壁有布纹，瓦身侧面切割、掰离面明显，切痕规整，掰离面粗糙。残长 12、残宽 9.6、壁厚 1.6 厘米（图 2-15，1）。

标本 2017HDSG1 采：2，表面有朱红色彩绘，灰褐色瓷胎。残长 8.4、残宽 1.8 ~ 3.2、厚 1.8 厘米（图 2-15，2）。

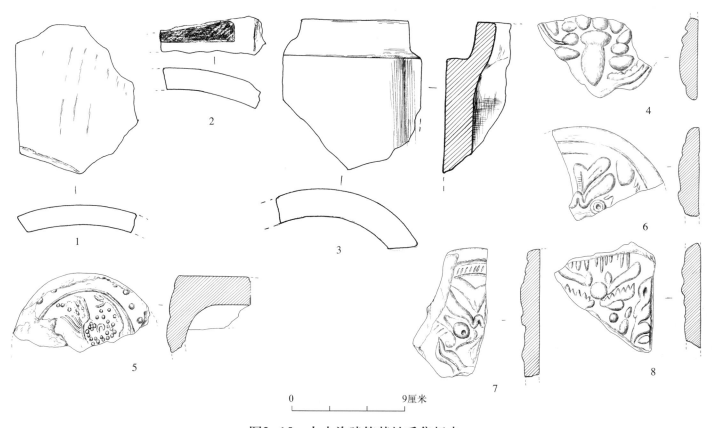

图2-15　大水沟建筑基址采集标本

1、2.板瓦2017HDSG1采：1、2　3.筒瓦2017HDSG1采：3　4.滴水2017HDSG1采：7　5 ~ 8.瓦当2017HDSG1采：4 ~ 6、8

筒瓦　1件。

标本 2017HDSG1 采：3，泥质灰陶。残，瓦身隆起呈半筒状，外壁光素，内壁有布纹，一端有子口，子口较长，瓦舌较厚，唇沿呈方形，瓦身两侧残失，瓦壁较厚。残长 12、残宽 11、壁厚 2.2、瓦舌长 3、唇厚 1.5 厘米（图 2-15，3）。

滴水　1件。

标本 2017HDSG1 采：7，残，泥质灰陶。滴面模印花卉纹，纹饰清晰饱满。残宽 9.2、残高 6.5 厘米（图 2-15，4）。

瓦当　4件。均残，泥质灰陶。分两型。

A 型　1件。龙纹。

标本 2017HDSG1 采：4，当面及后接筒瓦均残，当面窄缘，周饰小乳丁纹，缘内一圈凸弦纹。当面模印龙纹，残存尾部及龙爪，纹饰凹凸有致，整体呈腾飞状。残宽 11、后接筒瓦残长 11.5、筒瓦壁厚 2.2 厘米（图 2-15，5）。

B 型　3件。兽面纹。

标本 2017HDSG1 采：5，仅存四分之一当面，当面兽面纹饰饱满，弯眉叉角，怒目圆睁。残宽 7.5、厚 1.7 厘米（图 2-15，6）。

标本 2017HDSG1 采：6，残存部分当面，纹饰饱满，弯眉叉角，怒目圆睁。残长 10、残宽 3.2～5.5、厚 1～1.5 厘米（图 2-15，7）。

标本 2017HDSG1 采：8，仅存部分当面，纹饰表面磨损严重，兽额有鬈发，斜角，额上有肉，连弓粗眉，眼圆凸瞳，尖耳竖立。残长 8.2、宽 8、厚 1.3～1.6 厘米（图 2-15，8）。

琉璃建筑构件残块　2件。均为泥质红陶。面施绿釉。

标本 2017HDSG1 采：9，正面贴塑纹饰，背面平素。残长 17、残宽 17.2、厚 2.6～3.4 厘米（图 2-16，1）。

标本 2017HDSG1 采：10，釉面暗淡无光，表面有鳞片状纹饰。残长 6、残宽 4.6、厚约 3.4 厘米（图 2-16，2）。

建筑装饰贴塑残块　2件。

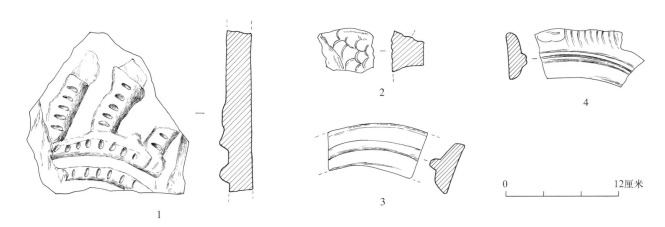

图2-16　大水沟建筑基址采集标本

1、2.琉璃建筑构件残块2017HDSG1采：9、10　3、4.建筑装饰贴塑残块2017HDSG1采：11、12

标本 2017HDSG1 采：11，泥质灰陶。弯曲片状，正面中间横向起脊，背面光素平整。残长 10、宽 4～5.2、厚 1～2.8 厘米（图 2-16，3）。

标本 2017HDSG1 采：12，泥质红陶。弧形片状，两侧薄，中间厚，正面中间有三道凹弦纹，一侧塑造须毛状纹饰，背残。残长 11.2、宽 5、厚 1.4～2 厘米（图 2-16，4）。

青釉碗　2 件。

标本 2017HDSG1 采：14，敞口，尖圆唇，斜壁微弧，灰白胎，胎质坚致，胎体薄厚匀称，内外壁施透明釉，外釉不及底，釉色光亮，灰胎衬托下呈淡青色，釉面有细小开片。残高 4.2 厘米（图 2-17，1）。

标本 2017HDSG1 采：21，残存碗底，矮圈足，圆足根，外底呈鸡心状突起，内底旋修，旋痕较深，灰白胎，胎质紧密，内底施青釉，釉层薄厚不一，釉面有开片，积釉处散发玉石色。足径 6.8、残高 2.2 厘米（图 2-17，2）。

白釉碗　2 件。

标本 2017HDSG1 采：13，残存口沿，敞口，圆唇，沿微外撇，弧腹微鼓，灰白色胎，胎质坚致细密。内外施青白釉，釉色光亮，釉层较薄。口径 13.6、残高 4.4 厘米（图 2-17，3）。

标本 2017HDSG1 采：16，残存碗底，弧壁，圜底，圈足，挖足过肩，足墙直，足内壁斜削，薄底。灰白胎，胎质坚致，外无釉，外底有斑点状火石红色，内施白釉，釉色光亮，内底有涩圈。足径 7、残高 3.2 厘米（图 2-17，4）。

黄釉瓷片　1 件。

标本 2017HDSG1 采：22，白胎，瓷化度不高，修胎略粗，外壁施黄釉，釉层略厚，釉面有开片，内壁光素。残高 5.2、残宽 3～4.2 厘米（图 2-17，5）。

褐釉碗　1 件。

标本 2017HDSG1 采：15，残存碗底，高圈足，挖足过肩，圆足根，外无釉，内底刮涩圈，施褐釉，釉色暗淡无光，釉层较厚。足径 7、残高 3 厘米（图 2-17，6）。

瓷罐　1 件。

标本 2017HDSG1 采：17，腹底残片，斜弧腹，圈足，挖足过肩，足墙竖直，足沿宽厚。淡黄色胎，胎体厚，瓷化程度不高，内外无釉，外壁呈火石红色。足径 7、残高 5.2 厘米（图

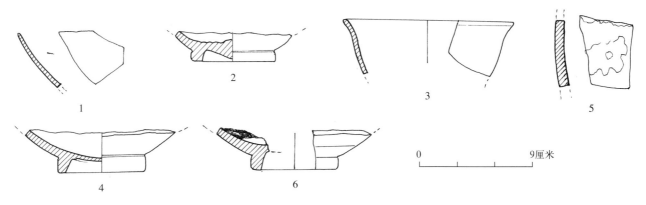

图 2-17　大水沟建筑基址采集标本

1、2.青釉碗 2017HDSG1 采：14、21　3、4.白釉碗 2017HDSG1 采：13、16　5.黄釉瓷片 2017HDSG1 采：22　6.褐釉碗 2017HDSG1 采：15

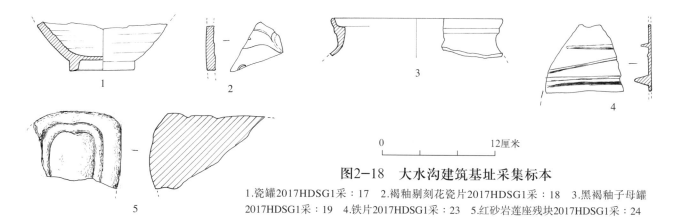

图2-18　大水沟建筑基址采集标本

1.瓷罐2017HDSG1采：17　2.褐釉剔刻花瓷片2017HDSG1采：18　3.黑褐釉子母罐
2017HDSG1采：19　4.铁片2017HDSG1采：23　5.红砂岩莲座残块2017HDSG1采：24

2-18，1）。

褐釉剔刻花瓷片　1件。

标本2017HDSG1采：18，胎色淡黄，胎壁略厚，瓷化度不高，外壁施褐釉，釉面干涩，釉层略厚。残高4.8、残宽5.6厘米（图2-18，2）。

黑褐釉子母罐　1件。

标本2017HDSG1采：19，残存口沿。高领，子母口，折肩。白胎，胎质细密，口部及外壁施黑褐色釉，釉色光亮，釉层均匀。口径18.2、残高4.2厘米（图2-18，3）。

铁片　1件。

标本2017HDSG1采：23，器形不辨，铁片一面平整、一面有数道凸棱，边缘圆滑。残宽8.2、厚约0.2、棱状凸起高1.8厘米（图2-18，4）。

红砂岩莲座残块　1件。

标本2017HDSG1采：24，红色砂岩雕刻，表面浮雕莲瓣。残宽9、残高7.4厘米（图2-18，5）。

10. 大水沟大佛寺东北山顶石砌房址

位于大水沟北岸、大佛寺东北山顶台地，其下为进沟便道。房址所在台地地表碎石较多，南、北侧各有一较大冲沟。

台地东、南、北各有一房址遗迹，东、北侧房址呈方形，南侧房址呈长方形。三座房址中间有一较大长方形石砌院坝，采用形状各异、大小不一的青灰色页岩、石块垒砌而成，石墙方向250°，院坝仅残存南墙与西墙。

（1）F1

西墙长2.5、残高0.4米，北墙长2.5、残高0.45米，南墙与东墙已坍塌，长度形制不清。

（2）F2

东墙长2、残高0.2米，西墙长2、残高0.2米，南墙残长1.6、残高0.2米，北墙长2、残高0.45米。

（3）F3

东墙长3米，只残存墙基，西墙长3、残高0.2米，南墙长2米，只残存墙基，北墙长2、残高0.3米。

11. 大水沟沟内南沟门房址

位于大水沟最深处沟南侧台地，地势较平坦，地表散布零星石块，下方为缓坡。

台地有石砌护坡，东侧护坡长 22.5、西侧护坡残长 6、南侧护坡长 11 米。房址位于台地西北部，平面呈长方形，东北部有道路一条，路宽 2 米，房址东墙残长 6.8、西墙残长 6、南墙残长 8、北墙残长 8 米，门道位于房址东北角，宽 1.3 米，门墙残高 0.3 ～ 0.8、宽 1 米，房址周围地表有零星瓷片（彩版一二，1、2）。

第二节　墓地

归德沟墓地

共 4 处，皆位于沟内台地上，地势较平，地表碎石较多，植被稀疏。4 处墓地墓葬均采用石块垒砌成石圈，有长方形与圆形两种。

1. 归德沟1号墓地

共发现墓葬 16 座，在地表处均采用石块竖立围起一圈，有长方形与圆形两种（彩版一三，1）。

陶罐　1 件。

标本 2017HGDG 采：1，口沿。泥质红褐陶。胎质较细。沿略宽，圆唇，唇沿外凸。残宽 3、残高 2.1 厘米（图 2-19，1）。

白釉碗　1 件。

标本 2017HGDG 采：3，碗底。折腹，内平底，圈足，足内壁斜削，底部有轮制划痕，内施白釉，釉面均匀，釉色暗无光泽，外腹底露灰褐胎，质地略粗。足径 6.4、残高 2.2、足高 0.9 厘米（图 2-19，2）。

褐釉瓷片　3 件。

标本 2017HGDG 采：2，灰白胎略厚，质地较细，外施褐釉，釉层较薄，釉面较亮。残宽 4.2、残高 2 厘米（图 2-19，3）。

标本 2017HGDG 采：5，口沿，方唇，折沿，土黄色胎，质地较细，口部刮釉，内外壁施褐釉，釉色暗淡无光。残宽 2.2、残高 2.4 厘米（图 2-19，4）。

标本 2017HGDG 采：6，土黄色粗胎，内含较多细砂粒，内外壁施褐釉，釉层较厚，釉面光亮，外壁施一道凹弦纹。残宽 5.8、残高 4.2 厘米（图 2-19，5）。

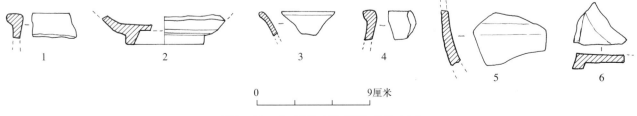

0　　　　　　　　　　　9厘米

图2-19　归德沟1号墓地采集标本

1.陶罐2017HGDG采：1　2.白釉碗2017HGDG采：3　3～5.褐釉瓷片2017HGDG采：2、5、6　6.酱釉器底2017HGDG采：4

酱釉器底　1件。

标本 2017HGDG 采：4，残，内施酱釉，釉层薄且不匀，釉面光亮，外底露胎，灰白粗胎，内含砂粒、气泡。残长 4 厘米（图 2-19，6）。

2.归德沟2号墓地

在 1 号墓地西侧进山便道南山坡之上，距 1 号墓地约 500 米，墓地北侧山下有数座现代墓。在沟内便道南部山坡上共发现墓葬 14 座，有长方形与圆形两种，其中数座墓葬地表有盗洞痕迹（彩版一三，2）。

3.归德沟3号墓地

位于 2 号墓地约 2000 米的东侧山前台地上，共发现墓葬 12 座，有长方形与圆形两种，其中有两座墓葬地表有盗洞痕迹（彩版一四，1）。

采集瓷器 2 件，陶器 1 件。

陶罐　1件。

标本 2017HGDG3 采：3，泥质灰陶。残存罐底，平底，外壁平素，内壁较粗糙。残宽 6.4、残高 2 厘米（图 2-20，1）。

白釉碗　1件。

标本 2017HGDG3 采：1，胎色浅黄，胎质较细，内外壁施乳白色釉，釉层较薄，釉面光亮有少许冰裂纹。残宽 5、残高 3 厘米（图 2-20，2）。

褐釉盆　1件。

标本 2017HGDG3 采：2，口沿，敞口，圆唇，土黄色粗胎，胎体厚重内含较多细砂粒，口部露胎，内外壁施褐釉，釉层略厚，釉面光亮。残宽 4.6、残高 3.2 厘米（图 2-20，3）。

4.归德沟4号墓地

位于 3 号墓地西北侧约 100 米处的山前台地上（彩版一四，2），墓地下方为冲沟。共发现墓葬 3 座，均为椭圆形，最大一座墓葬地表石圈南北长 5.32、东西宽 4.78、石块高出地表 0.3 ~ 0.6 米。

墓地周围地表采集瓷片两片。采集瓷器 2 件。

酱釉盆　1件。

标本 2017HGDG4 采：2，口沿，灰白胎，质地较粗，内含少量砂粒，口部露胎，外壁施褐釉，釉层略厚，釉面光亮，口沿及内壁施酱釉，釉层较薄，釉面略粗糙。残宽 5.1、残高 3 厘米（图 2-21，1）。

褐釉瓶　1件。

标本 2017HGDG4 采：1，口沿，喇叭口，尖圆唇，胎色浅黄，质地较细，口沿内外壁施褐釉，外釉光滑有光泽，内釉较薄，釉面略粗涩。口径 7.2、残高 2.4 厘米（图 2-21，2）。

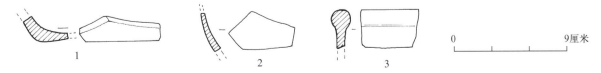

图2-20　归德沟3号墓地采集标本

1.陶罐2017HGDG3采：3　2.白釉碗2017HGDG3采：1　3.褐釉盆2017HGDG3采：2

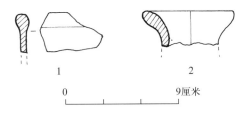

图2-21　归德沟4号墓地采集标本

1.酱釉盆2017HGDG4采：2　2.褐釉瓶2017HGDG4采：1

第三节　石堆

1. 正义关石堆（老关疙瘩）

正义关，又作正谊关口，位于石嘴山市矿务局化工厂西。向沟内西北行与柳条沟汇合于巴沙台，然后向西可通山后（即贺兰山西内蒙古阿拉善左旗）。沟口南侧山上有明代烽火台一座，俗称"岳飞点将台"。沟口外有两个高大的土堆南北对峙，俗称"老关疙瘩"（彩版一五，1、2）。

老关疙瘩位于惠农区正义关沟口拦洪坝南侧约30米，贺兰山山前洪冲带，地势较平缓，石堆东侧立贺兰山自然保护区界碑一座，南侧有部队工事（战壕）立有醒目界桩。石堆较大，平面形状方圆形，顶部较平，为黄沙土和少量大石块、小石块堆筑而成，南侧被部队战壕挖毁露出剖面，剖面可见沙土夯层，夯层不甚紧密，厚0.2米左右。石堆底径18.6、残高2.2米，顶部南北长10、东西宽8.3米。石堆西南20米处地表散乱石块痕迹，平面形状呈长椭圆形，长3.6、宽1.8米。

周围地面散布较多灰陶陶片与少量瓷片。

陶罐　3件。均残，泥质灰陶。

标本2020HZYG采：2，口沿。敞口，矮领，微卷沿，溜肩，内外壁光素，表面有修胎旋痕。残宽5.3厘米（图2-22，1；彩版一六，1）。

标本2020HZYG采：5，口沿。敞口，卷沿，束颈，内壁磨光，外壁光素。残宽7.3厘米（图2-22，2；彩版一六，2）。

陶盆　5件。均为口沿，泥质灰陶。

标本2020HZYG采：3，口微敛，宽折沿，方唇，弧壁。残口宽9.3厘米（图2-22，3；彩版一六，3）。

标本2020HZYG采：4，敞口，折沿，斜直壁，内壁光素，外壁饰横向波浪纹，器表有圆形箍孔。残宽5.8、残高6厘米。

标本2020HZYG采：6，敞口，宽折平沿，尖唇。残宽6.7厘米（图2-22，4；彩版一六，4）。

标本2020HZYG采：7，敞口，宽折沿，沿面饰一道凹弦纹，内壁光素，外壁饰横向弦纹，器表有圆形箍孔。残宽7.5厘米（图2-22，5；彩版一六，5）。

标本2020HZYG采：10，敞口，唇沿，弧壁，内壁光素，外壁有数道弦纹。残宽5厘米（图2-22，6）。

腹片　1件。

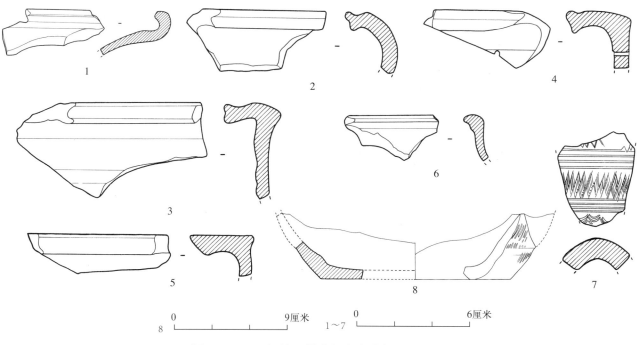

图2-22 正义关石堆(老关疙瘩)采集标本

1、2.陶罐2020HZYG采：2、5 3~6.陶盆2020HZYG采：3、6、7、10 7.腹片2020HZYG采：8 8.器底2020HZYG采：9

标本2020HZYG采：8，陶胎较厚，细颈，外饰数道弦纹及波折纹。残高5厘米（图2-22，7；彩版一六，6）。

器底 1件。

标本2020HZYG采：9，盆底残片，泥质灰陶。斜腹微弧，平底，外壁饰间断中绳纹，内壁有修胎旋痕。底径15.2、残高5.1厘米（图2-22，8）。

青釉彩绘瓷片 1件。

标本2017HZYG采：1，器形不辨，直筒状，内壁有旋坯痕，灰白胎略厚，内含少量砂粒。外壁施透明釉，釉层较薄，釉面光亮，有流油，釉下有赭红色彩绘，内壁无釉。残宽6.2、残高5.1厘米（图2-23，1）。

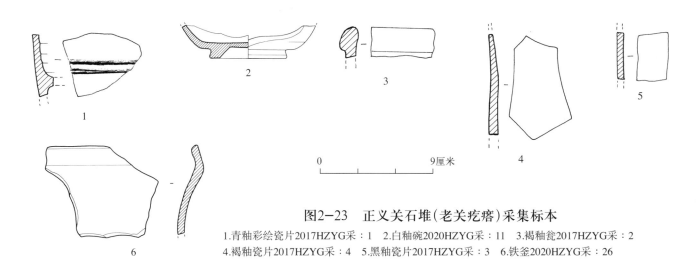

图2-23 正义关石堆(老关疙瘩)采集标本

1.青釉彩绘瓷片2017HZYG采：1 2.白釉碗2020HZYG采：11 3.褐釉瓮2017HZYG采：2
4.褐釉瓷片2017HZYG采：4 5.黑釉瓷片2017HZYG采：3 6.铁釜2020HZYG采：26

白釉碗　1件。

标本 2020HZYG 采：11，碗底，内外平底，大圈足，挖足过肩，内施乳白色釉，釉层稀薄，内底有砂圈，外底露胎有修胎旋痕。足径 6.1 厘米（图 2-23，2）。

褐釉瓮　1件。

标本 2017HZYG 采：2，口沿，敛口，圆唇，唇沿外凸，砖红色胎，烧结程度不高，口沿施褐釉，釉色光亮，釉面气泡较多。残长 5、沿厚 1.5 厘米（图 2-23，3）。

褐釉瓷片　1件。

标本 2017HZYG 采：4，直壁，内壁有修坯痕，器表不规整，土黄色胎，烧结度不甚高，内含较多小砂粒，内外施褐釉，釉色光亮，外壁釉层略厚。残长 8 厘米（图 2-23，4）。

黑釉瓷片　1件。

标本 2017HZYG 采：3，胎色灰暗，烧结度不甚高，内含较多气泡、砂粒，外壁施黑釉，釉质肥厚，釉面光亮，内壁施酱釉，釉层较薄，釉面光亮。残长 4、残宽 2.6 厘米（图 2-23，5）。

铁釜　1件。

标本 2020HZYG 采：26，残片，敛口，方唇，鼓腹，表面锈蚀严重。残宽 5、残高 7.2 厘米（图 2-23，6）。

2.圈窝子石堆

位于贺兰山圈窝子山西北侧半山坡缓坡处，石堆南面下方为贺兰山山前洪冲平原，南北两侧视野开阔，为贺兰山山脉绵延部分，地表杂草茂密（彩版一七，1、2）。

石堆由大小石块散乱堆筑而成，平面形状呈方圆形，整体较矮，石堆顶部有盗坑。石堆底部东西长 4.2、南北宽 3.7、残高 1.2～1.6 米。石堆东南侧有宽 0.8、深 1.3 米似门道遗迹，石堆东侧往外延伸出两道石墙，石墙往外延出 1.8 米，两墙间距 2.2 米，墙高 0.5～0.8、墙宽 0.4 米左右。

石堆周围地表采集到 1 件瓷碗底残件。

瓷碗　1件。

标本 2020JWZ 采：1，圈底，矮圈足，足沿宽平，红褐色瓷胎，胎质较细，内外施乳黄色化妆土，外下腹及圈足露胎，内外壁有修胎旋痕。足径 6、残高 2 厘米（图 2-24）。

3.大武口沟石城子遗址石堆

位于石城子遗址一级台地之上，石堆位于石墙被煤渣掩埋段南侧约 18 米处，采用不规整大石块夹杂碎石、砂岩堆筑。

石堆平面呈椭圆形，剖面呈梯形，底径东西宽 9.3、南北长 11.4、残高 2.9 米（图 2-25）。

4.大枣沟沟口建筑遗址石堆

在遗址北部山坡东西向分布 3 处石堆，石堆较低矮。

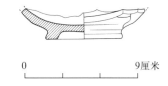

0　　　　　　　　　9厘米

图2-24　圈窝子石堆采集瓷碗2020JWZ采：1

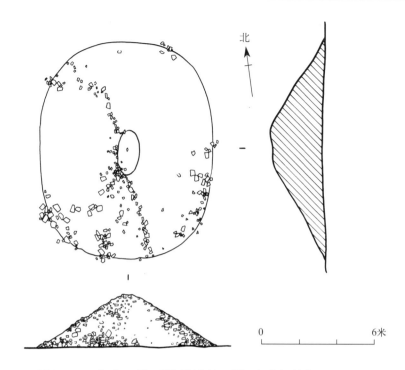

图2-25　大武口沟石城子遗址石堆平、剖面图

（1）**大枣沟沟口建筑遗址 1 号石堆**

平面呈圆形，表面为大小不一砂岩石块，内部填充砂土、碎石，北部被盗挖，盗坑深 0.5 米，石堆底径 7、残高 1.1 米。石堆性质不明（彩版一八，1）。

（2）**大枣沟沟口建筑遗址 2 号石堆**

位于 1 号石堆西侧 3 米处，略呈圆形，形制与 1 号石堆类似，底径 5.3、残高 0.4 米（彩版一八，2）。

（3）**大枣沟沟口建筑遗址 3 号石堆**

位于 2 号石堆西侧 15.7 米处，较小，平面呈圆形，为不规则砂岩石块堆起，底径 2.8、残高 3 米。

5. 大水沟自然台子石堆

位于大水沟建筑遗址区东北侧山顶上，地势较高，北高南低，呈一缓坡状，台地东西两侧为较大的自然冲沟，南侧为沙滩地，地表散布沙岩与砾石，其上共发现石堆 5 处，均采用石块垒砌，保存状况较差。

（1）**大水沟自然台子 1 号石堆**

位于自然台地最北端（彩版一九，1），石堆大体呈圆形，多用长方形、圆形与不规则形红色片石堆砌而成。石堆顶部正中被破坏，挖有一圆形凹坑，将石堆顶部石块翻挖至石堆底部。石堆东、西两侧至南端砌有内、外两道石墙，多用片石、条石与石块砌成，内侧石墙既窄又矮，多用片石砌筑，外墙较宽高，由小石块、条石与片石砌筑。两道石墙均呈长方形，东侧内墙南北长 15.4、东西宽 14 米，西墙长 14.5、宽 0.45 米。西侧外墙南北长 18.5 米，内墙南北长 15.5、宽 1.5 米，北墙长 45.5、宽 1.3 米。石堆底部平面呈圆形，底径南北长 10、东西宽

8.5 米。

在石堆遗迹台地地表发现有筒瓦、瓦当残片、瓷片及铁器等遗物。

（2）大水沟自然台子 2 号石堆

位于 1 号石堆南侧（彩版一九，2），形制大致呈椭圆形。与地表相平，石堆正中间有一盗坑，椭圆形，东西长 2.4、南北宽 2、深 0.6 米，坑内发现较多石块，坑底长满荒草；石堆东西长 5.5、南北宽 4.5 米，石堆北侧约 1.8 米处有一道东西向单排石块垒砌石墙，石墙长 7.3、宽 0.5 米，石墙东部向北延伸出 0.8 米，推测为护坡，石墙西侧北端 1.35 米处发现一条石砌小坑，坑长 0.5、宽 0.36 米，坑内填土与地表持平。

（3）大水沟自然台子 3 号石堆

位于 2 号石堆东侧（彩版二〇，1），所在位置地势较平坦，周围散布零星石块，地表长满荒草与荆棘类植物。石堆大致呈圆形，略高出地表，由红色页岩、石块和少量青色页岩片垒筑而成，中间石块堆砌较密集，边缘较稀疏，石堆南北长 4.9、东西宽 4.5 米。

筒瓦　1 件。

标本 2017HDSG2 采：1，残，泥质灰陶。内含较多细砂，瓦身隆起，瓦壁较厚，内壁有布纹。残长 8.6、残宽 9.2、厚 2 厘米（图 2-26，1）。

陶罐　1 件。

标本 2017HDSG2 采：2，口沿。泥质灰陶。胎质较硬。折沿，方唇，唇沿外翻。口沿内外有修胎旋痕，表面修饰规整。残高 2.8、残宽 7 厘米（图 2-26，2）。

（4）大水沟自然台子 4 号石堆

位于 3 号石堆东侧（彩版二〇，2），地势较平坦，周围散布零星石块，地表长满荒草与荆棘类植物。石堆较大，大致呈椭圆形，由红色页岩、石块及少量青石块垒砌而成，石堆顶部南侧有一较大圆形浅坑，坑内堆满石块，顶部北侧发现一较小深坑，坑内填有石块（疑似盗洞）。石堆顶部较平，石块较密集，底部周围堆满石块，较稀疏，顶部到底部坡度较缓。石堆南北长 14.8、东西宽 10.8 米，顶部南侧圆坑直径 2.4 米，北侧疑似盗坑直径约 1、深 0.7 米。

石堆周围台地地表散布少量陶片，有夹砂红陶与泥质灰陶，也发现少量瓷片，有白瓷与黄釉瓷片。

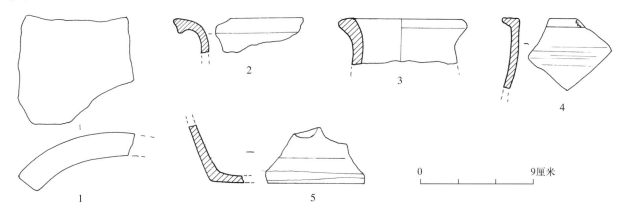

图2-26　大水沟自然台子石堆采集标本

1.筒瓦2017HDSG2采：1　2～5.陶罐2017HDSG2采：2、2017HDSG3采：4、9、11

陶罐　3件。均残，泥质灰陶。

标本2017HDSG3采：4，口沿。敞口，圆唇，唇沿较厚。内外壁修胎旋痕明显。口径10.2、残高3.4厘米（图2-26，3）。

标本2017HDSG3采：9，口沿。敛口，平沿，尖唇，高领，溜肩，沿面有一道凹弦纹，器表修胎旋痕明显，制作较规整。残高5.6、残宽6.6厘米（图2-26，4）。

标本2017HDSG3采：11，罐底。泥质灰陶。下腹斜直，大平底，内外壁修胎粗糙，外壁有三道凹弦纹，内壁凹凸不平。残宽8、残高4.4厘米（图2-26，5）。

陶罐肩部残片　1件。

标本2017HDSG3采：10，泥质灰陶。肩上一圈带状绳纹，内壁修胎痕明显。残长7.4、残宽5厘米（图2-27，1）。

陶盆　2件。均残，

标本2017HDSG3采：6，泥质灰陶。敞口，平沿，重唇，上腹斜直。内外壁素面。残高3.6、残宽5.8厘米（图2-27，2）。

标本2017HDSG3采：7，泥质灰陶。敞口，平沿，方唇。内外壁素面。残高2、残宽3.2厘米（图2-27，3）。

陶瓶　1件。

标本2017HDSG3采：5，残，泥质硬陶。直口微敞，方唇，唇沿外撇，直颈。残高3.8、残宽6.2厘米（图2-27，4）。

陶鋬耳　1件。

标本2017HDSG3采：16，泥质红陶夹少量细砂，胎质较疏，器形不辨，外壁贴一器耳。残长3厘米（图2-27，5）。

陶片　5件。均为泥质灰陶。

标本2017HDSG3采：12，胎壁略厚，器表微弧，外壁有交错间断线纹，内壁光素。残长7.4、残宽6.4厘米（图2-28，1）。

标本2017HDSG3采：13，外壁有交错线纹，内壁光素。残宽5.2、残高5厘米（图2-28，2）。

标本2017HDSG3采：14，表面微弧，外壁压印中绳纹，内壁光素。残长6、残宽3.6厘米（图2-28，3）。

标本2017HDSG3采：15，外壁横向密集弦纹，内壁光素，修胎痕明显。残长4.8、残宽2.6

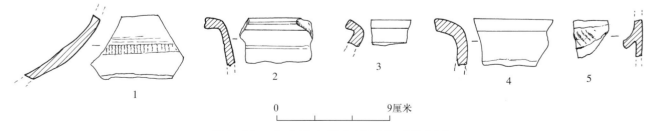

0　　　　　　　　　　9厘米

图2-27　大水沟自然台子石堆采集标本

1.罐肩部残片2017HDSG3采：10　2、3.陶盆2017HDSG3采：6、7　4.陶瓶2017HDSG3采：5　5.鋬耳2017HDSG3采：16

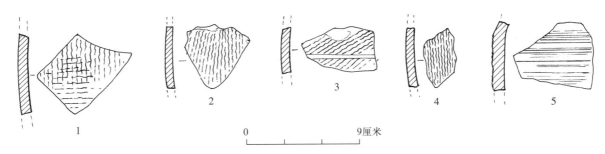

图2-28　大水沟自然台子石堆采集标本

1~5.陶片2017HDSG3采：12~15、17

厘米（图2-28，4）。

标本2017HDSG3采：17，表面微弧，外壁压印细绳纹，内壁光素。残长6.4、残宽5.2厘米（图2-28，5）。

青白釉碟　1件。

标本2017HDSG3采：2，残，弧壁，外平底漏胎，瓷质细白，内外施青白色釉，釉色白中带青。残高1.6、残宽3.8厘米（图2-29，1）。

褐釉罐　1件。

标本2017HDSG3采：1，残，下腹斜直，高圈足，挖足过肩，足根方圆。浅黄色胎，胎质紧致，瓷化度不高，修胎规整，圈足及下腹未挂釉，有滴釉痕。足径5.8、残高3厘米（图2-29，2）。

酱釉瓷片　1件。

标本2017HDSG3采：3，淡黄色粗厚胎，胎骨疏松，内含粗砂粒，内外施酱釉，外釉均匀较厚，内壁釉层稀薄，整体修胎粗糙。残宽11、残高10.6厘米（图2-29，3）。

（5）大水沟自然台子5号石堆

位于4号石堆东侧台地，所在地势较平坦，石堆周围散布零星石块，地表长满荒草与荆棘类植物。石堆形制较小，大致呈圆形，由红色砾石与青色石块垒砌而成，石堆略高出地表，顶部正中有一圆形小坑（盗洞），坑壁可见石块。石堆底部直径约5米，顶部盗坑直径1.4米。

石堆周围散布少量陶片与瓷片，陶片以泥质灰陶为主。

6. 大水沟南沟门石堆

（1）大水沟南沟门1号石堆

位于大水沟南沟门房址西南侧山顶，东北侧正对大水沟沟内冲沟拐弯处。周围山势陡峭，地

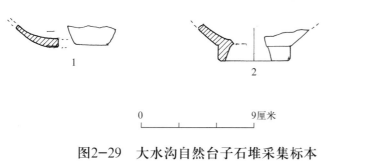
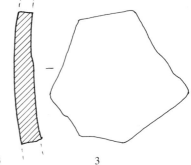

图2-29　大水沟自然台子石堆采集标本

1.青白釉碟2017HDSG3采：2　2.褐釉罐2017HDSG3采：1　3.酱釉瓷片2017HDSG3采：3

表有较多小石块和页岩石片。石堆呈椭圆形，整体较矮，顶部隆起，周围略高出地表，由较大青灰色石块堆砌，东西长 3.6、南北宽 3.45 米。

（2）大水沟南沟门 2 号石堆

位于大水沟南沟门房址西侧山顶，两侧各有一较大的自然冲沟。周围山势陡峭，地表有较多小石块和页岩石片。石堆呈长方形，较矮，顶部隆起，由较大石块堆砌（石块垒放较凌乱，应为后来人所为），底部石块垒砌较规整，采用青灰色方形石块平铺垒砌，东南角残存三阶踏步，采用青灰色石块平铺。石堆东侧长 5.2、西侧长 4.3、南侧长 5.2、北侧长 3.5 米。

7. 归德沟石堆

（1）沟底东北侧台地石堆

位于归德沟内沟底东北侧台地之上（彩版二一，1），地势较平坦，碎石较多，植被稀疏。有石堆 3 处，采用石块堆砌，略凸出地表，中间石块较少，外围用石块围成圈状。平面均呈椭圆形，1 号石堆南北长 2.296、东西宽 2.233 米，距 2 号石堆 14.471 米。2 号石堆位于 1 号石堆北侧，南北长 3.61、东西宽 2.473、高 0.3 米。3 号石堆位于 1、2 号石堆西侧，南北长 3.246、东西宽 1.95、高 0.3 米；距 1 号石堆约 22.5、距 2 号石堆约 28 米。

（2）沟底石圈

位于归德沟内沟底东侧山坡之上（彩版二一，2），地表散布较多砾石、碎石，植被稀疏。遗迹呈长方形，北侧与东侧各采用 3 块较大石块竖立，其余两侧石块不存，南北长 6.118、东西宽 3.2 米，东侧石块高 0.6、北侧石块高 0.4 米。

（3）沟底西北侧山坡石堆

位于归德沟内西北山坡之上，坡度较缓，地表碎石较多，植被稀少。共发现两处石堆，略凸出地表。平面皆为椭圆形，1 号石堆南北长 6.389、东西宽 4.485 米，距 2 号石堆 3.4 米；2 号石堆南北长 4.8、东西宽 2.08 米。

第四节　石刻、岩画

1. 涝坝沟石刻塔

位于宁夏回族自治区石嘴山市大武口区沟口街道办事处青屏社区西北侧 3 千米处涝坝沟口北侧山崖上（彩版二二，1、2）。塔雕刻于沟谷北岸，下距地表高约 20 米左右，雕刻有石塔 2 座。大小略异，造型相同，均为覆钵式，由塔座、塔身、塔顶三部分组成。塔座为三层须弥座，第三层的中间开龛，原供佛像；塔身呈覆钵式，向上层层内收；塔顶由刹座、刹身、刹顶三部分组成，宝珠衬托天盘的刹座，上置三重宝珠形相轮为刹身，刹尖以"十三天"收顶。整个塔体呈三角形，外侧用阴刻线勾画背光。从石刻塔的形制来分析，此处石塔形制与西夏时期的佛塔相近，应开凿于西夏至蒙元时期，明清时期一直有维修。

（1）涝坝沟 1 号石刻塔

位于崖面东侧，保存相对完整。由塔座、塔身、塔顶三部分组成。塔体通高 1.80 米，塔座底宽 1.0、高 0.86 米，第三层方形龛宽、高皆为 0.34 米，塔身 9 层，高 0.80 米，塔顶高 0.14 米。

（2）涝坝沟 2 号石刻塔

位于 1 号塔西侧，风化剥蚀严重。由塔座、塔身、塔顶三部分组成。塔体通高 1.40 米，塔座底宽 0.80、高 0.56 米，第三层方形龛宽、高皆为 0.30 米，塔身高 0.84 米，塔顶高 0.10 米。

2. 大枣沟石刻塔

位于宁夏回族自治区石嘴山市大武口区长兴街道办事处兴民村西北侧 3 千米处。塔雕刻于沟谷南岸，石壁朝北，下距地表高约 30 米左右，雕刻有石塔 5 座，现 2 座已毁，仅存 3 座。大小略异，造型相同，均为覆钵式，由塔座、塔身、塔顶三部分组成。塔座为三层须弥座，第三层的中间开龛，原供佛像；塔身呈覆钵式，向上层层内收；塔顶由刹座、刹身、刹顶三部分组成，宝珠衬托天盘的刹座，上置三重宝珠形相轮为刹身，刹尖以"十三天"收顶。整个塔体呈三角形，外侧用阴刻线勾画背光。从石刻塔的形制来分析，此处石塔形制与西夏时期的佛塔相近，应开凿于西夏至蒙元时期，明清时期一直有维修。

（1）大枣沟 1 号石刻塔

位于崖面西北侧（彩版二三，1），保存相对完整，塔尖风化剥落。由塔座、塔身、塔顶三部分组成。塔体通高 1.94 米，塔座底宽 1.2、高 0.80 米，第三层方形龛宽 0.40、高 0.36 米；塔身高 0.70 米；塔顶高 0.50 米。

（2）大枣沟 2 号石刻塔

位于 1 号塔东侧（彩版二三，1），风化剥落严重。由塔座、塔身、塔顶三部分组成。塔体通高 1.68 米，塔座底宽 1.2、高 0.58 米，第三层方形龛宽 0.58、高 0.34 米；塔身高 0.70 米；塔顶高 0.40 米。

（3）大枣沟 3 号石刻塔

位于 2 号塔东南侧（彩版二三，2），保存相对完整，塔尖风化剥落。由塔座、塔身、塔顶三部分组成。塔体通高 2.50 米，塔座底宽 1.6、高 0.74 米，第三层方形龛宽 0.46、高 0.24 米；塔身高 0.90 米；塔顶高 0.50 米。

3. 道路沟岩画

位于石嘴山市惠农区柳条沟内，由沟口沿水泥路向内约 6 千米路旁西侧 20 米山坡处（彩版二四，1、2）。

岩画阴刻于山体较平岩壁表面，共发现两处，南北向分布，相距 3 米，共发现 10 个似人面像图案，其中南侧岩壁表面 9 个人面像，北侧 1 个人面像图案。南侧岩画所处岩壁高 2.2、宽 2.3 米，北侧岩画岩壁高 1.9、宽 0.6 米。

4. 大武口沟岩画

位于大武口沟沟口内 2 千米山前冲积扇一处较大耸起红褐色砂岩岩体之上。

岩画刻于岩体西壁，为背阴面，岩壁上阴刻近 20 幅动物造型图案，分布于 4 块岩壁之上，单幅图案较小，可辨认有牛、岩羊、马、鹿。

岩画遗迹周围为荒滩，地表植被较少，遍布砾石。

第五节　明长城、烽火台

1. 白虎洞沟南侧石墙

石墙位于惠农区红果子镇西北方贺兰山红果子沟与白虎洞沟门外山前，墙体略呈东西向修筑于山前及山下洪冲地带，墙体整体保存状况一般，山前段墙体保存较好。石墙北侧为中立腾辉红果子镇光伏发电场，南侧有较多现代坟。墙体周围地表植被稀疏，多为灌木、杂草，地势西高东低。

墙体略呈东西向，由山坡修筑至山下平缓处，现存长度约 2500 米。墙体共有 5 处缺口，缺口为洪水损毁及近现代破坏、道路施工形成。墙体由山坡石墙和山前红冲带土石墙构成（彩版二五，1、2）。

山坡段墙体保存较好，修筑于山洪冲沟南侧，西端筑至山体较陡位置，北侧利用冲沟形成自然沟壕防御优势并在冲沟南侧用石块砌筑墙体形成防御工事。山坡段墙体为大小不一灰砂岩石块垒筑，墙体南侧砌筑较规整，北侧有冲沟防御，故墙体砌筑较低矮，此段墙体长约 150、距地表高 0～1.1 米，墙宽 0.5～1.3 米。

山前段墙体与山坡段墙体有洪冲缺口，山前段墙体总长 2350 米，底较宽，墙体较高，墙体底宽 8～15、残高 2.2～4、顶宽 0.3～1.4 米。墙体由山脚往东修筑至山下平缓处，过西线大道后至惠农区红果子镇备用水源地采砂坑后地表遗迹消失。山前段墙体与山坡段修筑方式略不同，山前段墙体北侧疑似有取土形成壕沟（现在已经成为洪冲沟），墙体结构、剖面与贺兰山黄羊滩壕堑解剖结构类似，墙体缺口断面处可见墙体底部两侧有较大石块筑底做边，底部往上墙内石块逐渐变小，中部往上基本为砂土筑成，墙体分层明显。西线大道东侧墙体保存现状堪忧，墙体位于采砂场大坑边缘，顶部被车辆碾压成平顶。

白釉碗　1 件。

标本 2020HBHD 采：1，腹片。米黄色细瓷胎，胎体略厚，内外壁施乳白色釉，内壁釉面光洁，外壁釉面粗糙，有指纹印。残宽 4.4 厘米（图 2-30，1；彩版二五，3）。

黑釉罐　1 件。

标本 2020HBHD 采：2，口沿。小直口，圆唇，圆肩，灰色粗胎，内含砂粒，内外壁施黑色釉，釉色光亮，釉面有铁锈色釉斑。残高 6.4、残宽 2.8 厘米（图 2-30，2；彩版二五，4）。

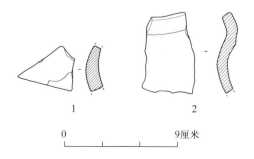

图2-30　白虎洞沟南侧石墙采集标本

1.白釉碗2020HBHD采：1　2.黑釉罐2020HBHD采：2

2. 小王泉沟石墙

位于大武口区小王泉沟沟内约 3 千米一处窄沟西侧山脊，窄沟西北有两道岔沟，山脊（东）临沟一侧山体陡峭，山脊北部山势较缓，距沟底近。石墙位于岔沟南侧，略呈东西向修筑于山脊与山顶小垭口之间，与小王泉沟沟口烽火台遥遥相望，所在位置可以洞察南北两侧情况，石墙可防御北部两道岔沟来犯之敌，南部进山道路也在视线所及范围之内，石墙东临沟边陡壁。西侧山体高耸陡立，军事防御作用显而易见。

石墙整体略呈东西向（东西向 225°）（彩版二六，1），中间穿过小垭口，东侧沿山脊修筑而上至山顶后拐下通至山体绝壁，西侧修筑至山体陡壁处，由砂岩石块堆筑，石块较散乱，墙体较矮，仅东侧山顶最高处墙体内壁砌筑规整，其余墙体坍塌严重（彩版二六，2）。石墙总长 120 米，残高 0.7～1.2、墙宽 1～2 米。石墙周围未发现文化遗物，通过其形制及位置判断该石墙遗迹为一处古代防御工事。

3. 北岔沟石墙及敌台

位于宁夏惠农区北贺兰山北岔沟内，临近北岔口沟硅石矿场（彩版二七，1）。

石墙现残存沟底中部一段长约 28 米，墙体东西向修筑于沟底，沟内雨季洪水较大，从现存痕迹判断墙体往西筑至沟西山坡陡壁（现仅存墙体部分痕迹），往东筑至沟东与敌台相连。

沟底墙体为大石块、碎石、砂土、荆条筑成，墙体纵剖面略呈三角形，北面墙体为迎水面（迎敌面）坡度较大（陡），坡长 13 米，南面墙体坡度较缓，坡长 9、墙体残高 3.4～3.6 米（彩版二七，2）。墙体迎水面损毁严重，南面保存较好，东西两端被洪水冲毁，东端断面可见墙体内部构造。墙体剖面可分 9 层，底部大石块筑基底，往上石块逐渐变小，再往上为一层砂石，一层砂土，顶部有荆条层（彩版二八，1），荆条之上又堆碎石、小石块加高墙体。所用石块均无加工痕迹。第①层，墙体底部，大石块筑底做基础，高度 0.8～1.1 米，所用石块较大。第②层厚约 0.5 米，为略小石块夹碎石、砂土构成。第③层厚 0.3～0.4 米，为细砂土、碎石层。第④层厚 0.2 米，为一层略小石块层。第⑤层厚 0.4 米，为碎石、砂土层。第⑥层厚 0.5 米，为碎石、砂土层。第⑦层厚 0.4 米，为略细砂土层。第⑧层厚 0.2 米，荆条层。第⑨层厚 0.2～0.4 米，石块、碎石层。墙体北面迎水面洪水冲刷面可见迎水面墙内有石块砌筑墙面，高 2.4 米，砌筑规整，石块砌筑面之外有砂土包裹。

敌台位于北岔沟沟东岸，东北约 300 米处有一硅石采石场。墙体与敌台相连，敌台平面呈椭圆形，馒头状，较高大，顶部可见散乱板瓦、筒瓦碎片及粗胎瓷片，敌台周围地表散布较多粗胎瓷片，器形有瓮、缸等。敌台外部坍塌面可见台体内置放圆木，外漏部分已朽。敌台顶部方圆形，四壁斜坡状，东壁坍塌严重，台体东南残存碎石、砂土堆筑石墙一道，往东南方向修筑至采石场便道消失。敌台残高 7.6、底部东西长 23、南北长 24 米，顶部东西宽 3.2、南北宽 2.5 米（图 2-31）。敌台东南墙体残长 31、墙底宽 1.3～1.6、残高 0.8～1.2 米。

板瓦　1 件。

标本 2020BCG 采：1，残片。泥质灰陶。瓦身隆起。凸面光素，内壁有布纹。残长 6.6、残宽 8.4、壁厚 1.3 厘米（图 2-32，1；彩版二八，2）。

筒瓦　1 件。

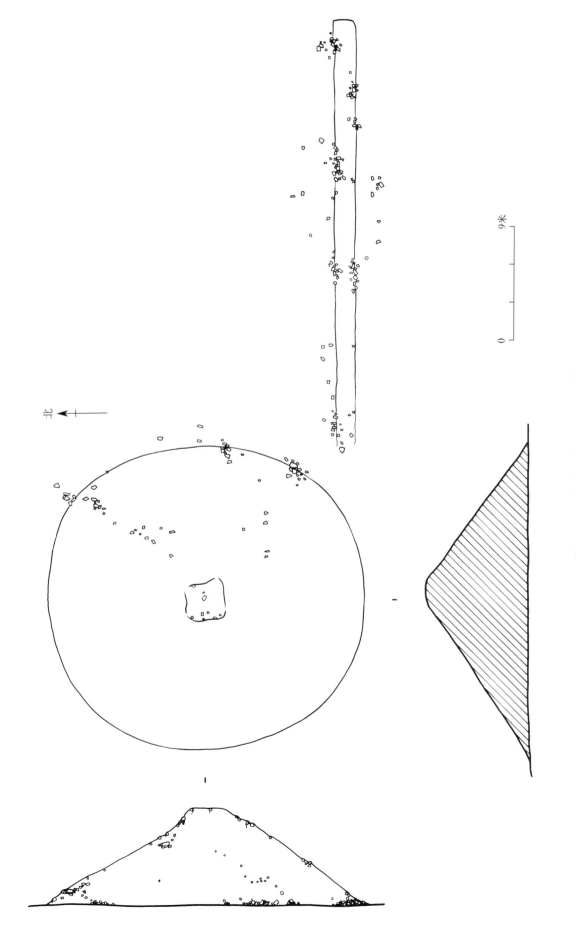

图2-31 北岔沟敌台平、剖面图

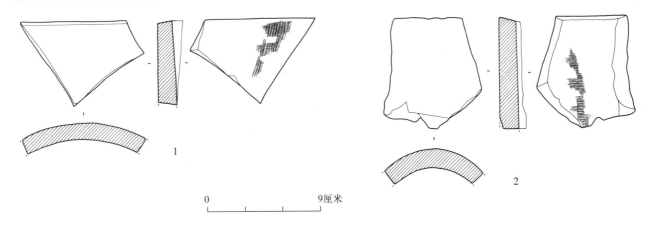

图2-32　北岔沟石墙及敌台采集标本
1.板瓦2020BCG采：1　2.筒瓦2020BCG采：2

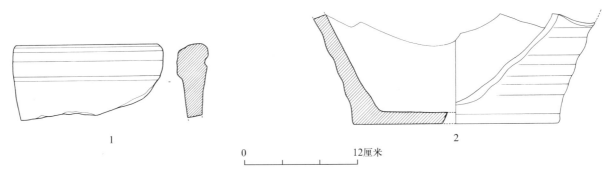

图2-33　北岔沟石墙及敌台采集标本
1、2.褐釉缸2020BCG采：3、5

标本 2020BCG 采：2，残片。泥质灰陶。瓦身隆起。凸面光素，内壁有布纹，尾端切割规整。残长 8.6、壁厚 1.5 厘米（图2-32，2；彩版二八，3）。

褐釉缸　2 件。

标本 2020BCG 采：3，口沿。敛口，圆唇，唇沿外凸，上壁斜直，灰胎，烧结程度不高，口沿未挂釉，外壁施褐釉，釉层厚，有剥釉，内壁施酱褐色釉，釉层稀薄，釉面光亮。残长 16、残高 8.4 厘米（图2-33，1；彩版二八，4）。

标本 2020BCG 采：5，腹底残片。下腹斜直，平底，底露胎，胎质发黄。外壁饰波浪纹，施褐釉。釉层厚，釉面剥落严重，内壁施酱釉，釉层厚，釉面略粗涩。底径 22、残高 11.8 厘米（图2-33，2；彩版二八，5）。

4.大枣沟石墙

位于大武口区大枣沟大汝公路南侧，在大枣沟石刻塔上方山坳，大枣沟烽火台西北约 300 米处（彩版二九，1、2）。

石墙略呈南北向，墙体为石块、碎石、砂土筑成，墙体内外两重石块，中间填砂土、碎石。石墙北至山崖，南至山体高耸陡壁利用自然山险，南高北低依山势而筑。南段墙体保存较好，墙体内外壁砌筑规整。石墙总长 35.6 米，南段保存较好墙体宽 1.6 ～ 1.8、残高 0.3 ～ 0.8 米。北段保存较好墙体宽 1.3 ～ 1.6、墙体最高段高 1.3 米。

5. 韭菜沟石墙

位于石嘴山市大武口区韭菜沟内约 5 千米岔沟内山脊之上，石墙东侧为一缓坡，通至大韭菜沟主沟，南北两侧山势陡立，墙体与两侧山险共同构成防御体系。石墙依山脊走势而建，整体保存状况一般，中段修筑于山顶小垭口，两侧修筑延伸至山体较陡处，北端墙体与山险连接处有一石砌敌台，整体保存状况一般，按走向位置分四段描述（彩版三〇，1、2）。

第一段墙体略呈东西向，筑于山脊之上，两端连接自然山体，采用石块夹杂碎石、砂土筑成，保存较好。此段墙体长 33.8、宽 0.6 ～ 3.6、残高 0.3 ～ 1.7 米。

第二段墙体略呈南北向，筑于山顶斜坡处，南端连接山体自然山险，北往下与垭口段墙体相连。采用石块夹杂碎石、砂土筑成，保存一般。此段墙体长 16.6、宽 0.9 ～ 3.3、残高 0.3 ～ 1.5 米。

第三段墙体筑于山顶垭口位置，墙体较宽，顶部较平，墙体砌筑规整，墙壁较直，内部横向置有圆木加固，北端往上与第四段墙体相连。采用条石、石块夹杂碎石、砂土筑成，保存一般。墙体北端有一缺口，此段墙体长 28、宽 3.6 ～ 7、最高处 3.1 米。

第四段墙体位于三段墙体东北山脊之上，墙南端连接敌台，西北往上连接自然山险，墙体保存较差，垮塌严重。此段墙体为不规则石块、碎石堆筑。敌台平面呈长方形，东西两壁砌筑规整，南侧垮塌，敌台外壁由大石块砌筑，内部填充碎石、砂土。敌台长 3.2、宽 2.8、残高 1.95 米。此段墙体长 19.5、宽 1.3 ～ 2.3、残高 0.4 ～ 1.2 米。

石墙周围未发现文化遗物，根据其位置及特征判断该石墙遗迹为一处古代防御工事。

6. 汝箕沟长城

两段，一段为夯筑土墙体，一段石块垒砌，皆有坍塌。

（1）汝箕沟长城夯土墙体

位于汝箕沟内 3 号烽火台西北侧下方沟边，距 3 号烽火台约 800 米，其东侧山前底部为高古公路拐弯处，西侧为自然冲沟。墙体周围山势陡峭，山上遍布塌落石块、碎石（彩版三一，1、2）。

残存墙体呈东西走向，方向 130°，长 27、底宽 4.5、顶宽 1.2 米，残高约 6 米，采用砂土夹杂碎石夯筑而成，夯层厚约 0.2 米，墙体南、北两侧山边有青灰色石块平铺垒筑护坡，东侧护坡石块垒筑较高，西侧较矮。墙体风化严重，中部塌毁（图 2-34）。

（2）汝箕沟长城石砌墙体

位于汝箕沟内 3 号烽火台东侧下方半山腰，沟内公路西侧山脊陡峭处（彩版三二，1、2）。山体较陡峭，周围散布小石块，长有杂草。

墙体依山脊走势垒筑，大体呈南北走向，东、西两侧垒筑至山体较高处，中间有部分豁口，墙体用红色砂岩与青灰色砂岩条石、石块平铺垒筑，石块间填充有砂土及小石子，现仅存中部与东侧墙体保存较好，西侧坍塌损毁严重，西侧石墙高 1.6、宽 1.8 米，内填充砂土、碎石宽约 0.8 米，东侧石墙残存部分墙体高 0.85、宽 1.1 米。

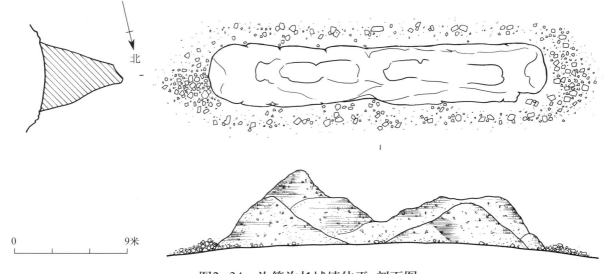

0 　　　　 9米

图2-34　汝箕沟长城墙体平、剖面图

7.大武口沟内榆树沟石墙

位于大武口区榆树沟内东侧山脊处，沿清水沟石城子遗址往沟内走约3千米（彩版三三、三四）。

石墙采用条石、片石及不规则砂岩石块垒筑，保存状况一般。石墙依山顶地形走势呈L形，由榆树沟东侧山顶修筑延伸至山顶东侧冲沟，过冲沟后与冲沟东侧山体相连共同构成防御体。冲沟内石墙内侧挨石墙修筑有房屋三间。

沟东侧山顶南北向石墙整体垮塌较严重，墙体外侧现呈坡状，内侧墙根砌筑规整，此段墙体长约70、宽0.9～1.5、残高0.8～1.8米。

沟东侧山顶东西向段石墙保存较好，墙外斜坡状，墙内壁竖直、规整，内部由大小不一条石砌筑，外侧由不规则石块、碎石、砂岩堆筑。此段墙体往东沿山坡山脊下至冲沟内。

冲沟段石墙东西两端连接至自然山险，冲沟石墙所用石块较山顶石块相对小，石墙坍塌严重，墙外侧呈坡状，墙内修有房屋三间，冲沟墙内为一小台地。冲沟内墙体长约30、宽1～2.2米。房址位于石墙东西两侧，房门均开于西侧，现仅存墙体，为大石块、片石、条石垒筑。

东侧房址共两间，通长7、宽2.1米，外墙残高0.5～0.9、墙宽0.3～0.6米。西侧房址一间，长5、宽2.1米，外墙残高0.3～0.7、墙宽0.3～0.6米。

冲沟内台地地表杂草较多，地表散布少量灰陶陶片及白釉、黑釉、褐釉瓷片。

青釉碗　1件。

标本2020YSG采：6，口沿。敞口，圆唇，上腹斜直。灰白胎，胎略厚，施青色釉，釉层稀薄，釉面有冰裂纹，外壁仅口部挂釉。残宽0.9、残高2.6厘米（图2-35，1）。

青釉圈足　1件。

标本2020YSG采：4，足根宽厚，薄底，厚壁，足沿外饰一周斜向刻划纹。灰白胎，胎体较厚，内底及圈足外施淡青色釉，釉层稀薄。残宽3厘米（图2-35，2）。

白釉碗　1件。

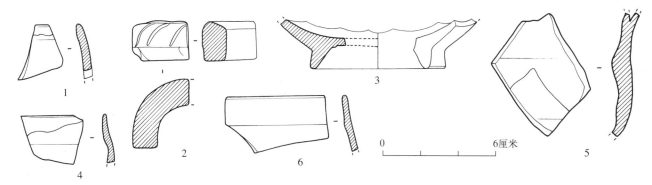

图2-35　大武口沟内榆树沟石墙采集标本

1.青釉碗2020YSG采：6　2.青釉圈足2020YSG采：4　3.白釉碗2020YSG采：3　4.茶叶末釉残片2020YSG采：2　5.褐釉碟2020YSG采：5
6.黑褐釉碗2020YSG采：1

标本2020YSG采：3，圜底，圈足，足根尖圆，挖足过肩，足内斜削。灰白胎，瓷化度不高，内施白釉，釉层厚，釉色泛黄，内底有砂圈，外下腹及足部露胎。足径7.2、足高1.2、残高2.6厘米（图2-35，3）。

茶叶末釉残片　1件。

标本2020YSG采：2，溜肩，鼓腹，肩上有扁状残系，胎色浅黄，胎体略厚，外施茶叶末釉，釉层薄，釉面粗糙，肩下刮釉一周，内壁有流釉，露胎处呈火石红色。残宽4.5、残高6.5厘米（图2-35，4）。

褐釉碟　1件。

标本2020YSG采：5，口沿。敞口，尖圆唇，浅曲腹。黄白色胎，胎质细腻，施褐色釉，外施釉不及底。残宽3.3厘米（图2-35，5）。

黑褐釉碗　1件。

标本2020YSG采：1，口沿。敞口，圆唇，上壁斜弧，口径较大，口沿外有一道凸棱。灰胎，胎质较细，内外壁施黑褐色釉，釉层薄，釉色光亮，釉面少量气泡痕。残宽5.3、残高2.9厘米（图2-35，6）。

8.小水沟长城、敌台

沟内有流水，此次调查共发现烽火台3座（早期调查已记录），新发现夯土长城墙体一道，敌台2座。位于小水沟沟内约2千米处，3座烽火台位于沟口。

（1）小水沟长城墙体

墙体修筑于沟底山体拐角处，两侧山势陡峭，易守难攻，地表碎石较多，植被稀少。保存较差，被雨水、山洪冲蚀损毁较严重。墙体呈南北走向，靠近南端被山洪冲毁，北段墙体两侧各有敌台1座（彩版三五，1）。墙体残长94.5米（中部山洪冲毁11米），南段墙体保存稍好，底部采用较大石块与沙土垒筑，上部用沙土夹杂较小石块夯筑，残长50.5米，梯形，顶部宽2.5、底部宽4.2米，残高6.2米，夯层厚0.17～0.23米（彩版三五，2）。北段墙体塌毁严重，靠近1号敌台部分为石块垒筑，靠近2号敌台部分为沙土夯筑。南端沟底采集瓷片2片。

（2）小水沟敌台

整体呈梯形，由黄沙土夹杂石块夯筑而成。1号敌台顶部南北长8米，底部南北长13、东西

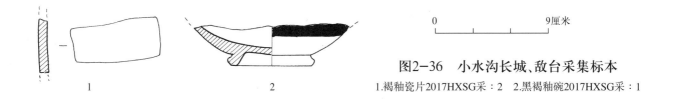

0   9厘米

图2-36　小水沟长城、敌台采集标本

1.褐釉瓷片2017HXSG采：2　2.黑褐釉碗2017HXSG采：1

宽12.5米，残高6.5米，夯层厚0.23米（彩版三六，1）；2号敌台顶端南北长9.5、东西残宽4米，底部南北长9.5、东西宽9.2米，残高6.7米，夯层厚0.23米。

褐釉瓷片　1件。

标本2017HXSG采：2，灰白胎，胎体略厚，外壁施青褐色釉，釉色光亮。内壁施酱黄釉，釉面有气泡孔。残长7.2厘米（图2-36，1；彩版三六，2）。

黑褐釉碗　1件。

标本2017HXSG采：1，碗底。圜底，矮圈足，挖足过肩。内壁施化妆土，内底有涩圈。胎色泛黄，外壁罩浅黄色化妆土后施黑褐色釉。足径6.2、残高3厘米（图2-36，2；彩版三六，3）。

9.柳条沟烽火台

位于石嘴山市惠农区柳条沟西垭口红山山顶，垭口北通内蒙，山顶山势险要，山体陡峭，烽火台依山顶山势而建，旁边修筑有铺舍。

沿沟口水泥路往内走约8千米，下水泥路后沿沟底河道内便道往西约3千米沟北侧有一垭口，烽火台修筑于垭口西侧红山山顶，所处位置视野开阔，东南侧山脊有三座石块砌筑辅墩。

烽火台与铺舍相连，台体保存较差，顶部及四壁坍塌，平面呈圆角长方形，铺舍位于烽火台西侧，铺舍石墙与烽火台相连，地势西高东低。

烽火台为石块垒筑，依山顶山势堆砌而起，四壁砌筑规整，内部填充大石块、碎石、砂土，台体四壁垮塌，东壁底部保存较好，石块砌筑规整，底部壁面较直，南北及西壁垮塌呈坡状。烽火台底宽6.6、长7.5米，残顶宽3、长5.6米，残高4.8米（图2-37；彩版三七，1）。

铺舍位于烽火台西侧，铺舍外一周有石块砌筑石墙，墙体砌筑规整，局部坍塌，墙体遗迹平面呈梯形，为灰砂岩、红砂岩条石及石块砌筑（彩版三七，2）。石砌房址位于铺舍北墙靠烽火台东壁处，门道开于东北，紧邻烽火台，房址平面呈长方形，现仅存石砌墙体（彩版三七，3）。铺舍西墙西北角有一处石块围筑长方形石圈遗迹，遗迹长1.9、宽1米，墙宽0.4米。铺舍外南北两侧墙长11.5、西墙长5米，墙宽0.8～1.2米，墙最高处残高2.1米。房址平面长方形，东西长3.3、南北宽2米，门道宽1.1米。房址墙宽0.6～0.8米，墙残高1.2～1.7米。烽火台东南侧山脊依次修筑辅墩2座。

（1）柳条沟1号辅墩

位于烽火台东南约15米处（彩版三八，1），修筑于山脊之上，平面略呈方形，东侧坍塌，外围由灰砂岩条石砌筑，内部填充碎石、砂土。南壁长1.2、西壁长1.25、北壁残长0.4米，辅墩残高0.3～0.6米。

（2）柳条沟2号辅墩

位于1号辅墩东南约20米处（彩版三八，2），辅墩修筑于山脊之上，平面略呈圆形，由不

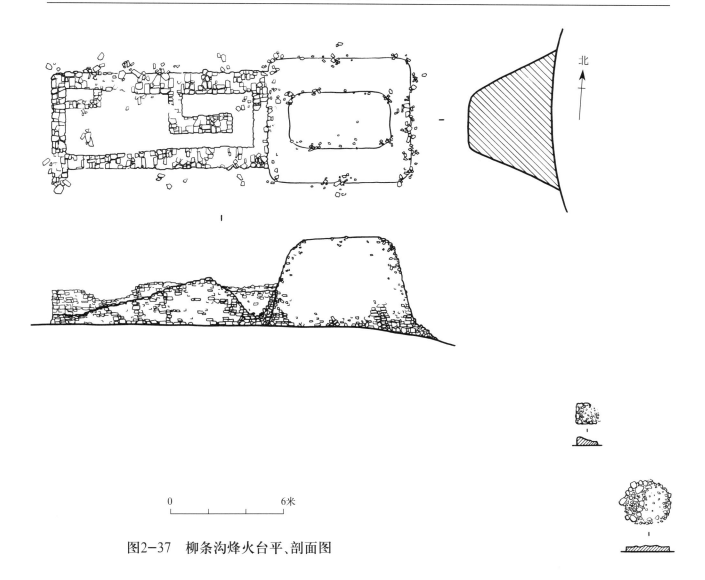

图2-37　柳条沟烽火台平、剖面图

规则砂岩石块垒筑。底径2.4、残高0.3米。

10. 正义关沟烽火台

位于惠农区正义关沟口，修筑于沟南外侧山腰，北面临沟，下方为众信耐火材料有限公司。烽火台建于山腰一稍大山包，先用石块在山包堆筑烽火台底基，西侧用石块加固山坡，基底之上用石块、碎石、砂土筑起烽火台台体。烽火台立面呈梯形，顶小底大，平面近方形，现四壁垮塌，台体转角呈圆方形，台体石块砌筑较散乱。烽火台所处位置东西两面视野开阔，将进出沟区域尽收眼底。台体周围灌木、杂草较多。烽火台底部南北宽10、东西宽10.5米，顶部东西宽6米，南北宽8.4米，南壁高1.6米，西临山坡壁高6米（图2-38）。

11. 麦如井烽火台

此次调查共发现烽火台3座，其中位于滩地的1座在早期调查旧北长城时已记录，本次在山顶新发现两座。

（1）麦如井1号烽火台

位于麦如井房址西北侧（炸药库北侧）山顶之上（彩版三九，1、2），周围地表碎石较多，

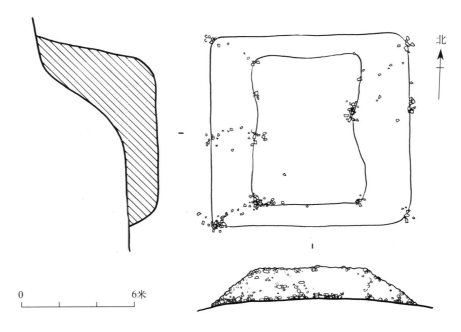

图2-38　正义关沟烽火台平、剖面图

植被稀疏。烽火台整体保存较差，台体坍塌严重（被采石场炸毁）。残存台体呈椭圆形，石块垒筑外墙，内部填充砂土、碎石，西北侧底部长11.7米，台体顶部有火烧痕迹（图2-39）。

顶部散见有黑釉厚胎瓷片。

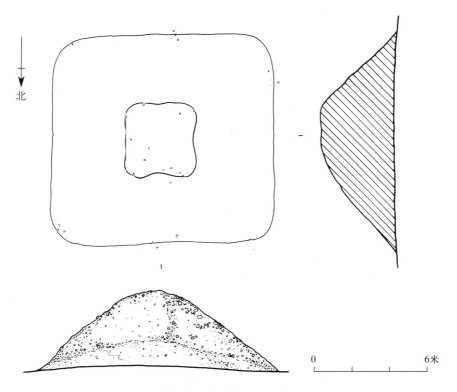

图2-39　麦如井1号烽火台平、剖面图

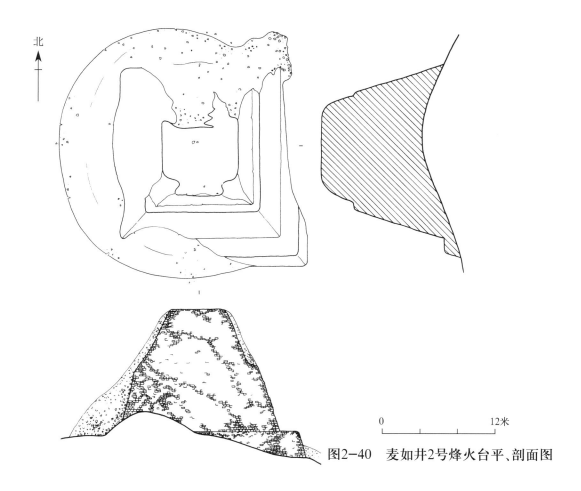

北

0　　　　　　　　12米

图2-40　麦如井2号烽火台平、剖面图

（2）麦如井2号烽火台

位于麦如井1号烽火台西北部山顶之上（彩版四〇，1、2），四周山体坡度较陡，地表碎石较多，植被稀疏。烽火台呈梯形，石块平铺垒筑外墙，内部填充砂土、碎石，外墙砌筑较规整，台体西北侧墙体坍塌，东墙底部南北长18、南墙底部东西长15米，顶部南北长9、东西宽7.5米，台体残高14米。烽火台西南侧台体下山体有石块垒砌护坡（图2-40）。

青釉盘　1件。

标本2017HMRJ2采：3，口沿。敞口，圆唇，弧壁。灰胎，胎内有少量气泡。外口沿下有一道涩圈，内外壁施青色釉，釉层均匀，釉色光亮。残高2.6、残宽3.6厘米（图2-41，1；彩版四〇，3）。

青白釉碗　2件。

标本2017HMRJ2采：1，碗底。斜弧壁，圈足，挖足过肩。黄褐色胎，内外施乳白色化妆土罩青釉，内壁满釉，外壁釉不及底，积釉处呈青灰色。足径5.8、残高3.2厘米（图2-41，2；彩版四〇，4）。

标本2017HMRJ2采：2，口沿。敞口，圆唇，黄胎，胎质较细。内外施青白色釉，釉面干涩。残高2、残宽5厘米（图2-41，3；彩版四〇，5）。

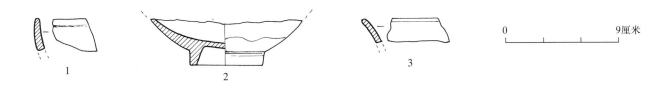

图2-41　麦如井2号烽火台采集标本

1.青釉盘2017HMRJ2采：3　　2、3.青白釉碗2017HMRJ2采：1、2

12.圈窝子烽火台

位于贺兰山圈窝子沟北与麦如井沟南之间外侧山顶，烽火台东面为山前平原，南北两侧视野开阔，南北两侧临沟。

烽火台保存状况一般，里面形状似梯形，东西宽，南北窄。采用石英岩石块、石片、碎石等砌筑，东西两侧台体底部壁面保存完整，石块砌筑规整，南北临沟两侧壁面坍塌，石块散乱。烽火台底部东西长9.6、南北宽6米，顶部东西长6.1、南北宽2.4米。东壁残高1.7、西壁残高2.1米。

周围地表未发现遗物。

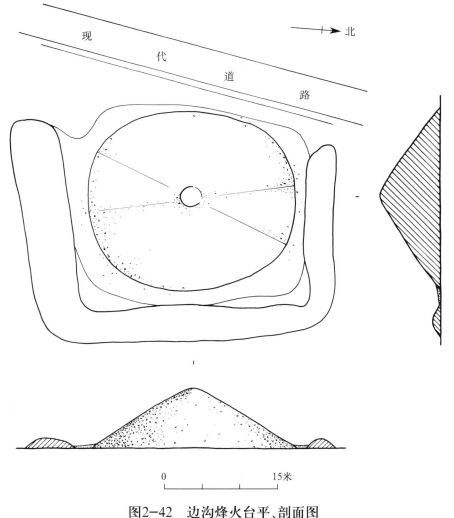

图2-42　边沟烽火台平、剖面图

13.边沟烽火台

位于宁夏自治区石嘴山市惠农区红果子镇（彩版四一，1），北距红果子镇旧北长城2千米。所在地势平坦，高压输电线从其上方跨过，周围交通便利。

烽火台呈馒头状，石砌台体，采用砂土、石块堆筑而成，北侧有较大盗坑，地表有零星瓷片。底径48、高8、底部周长140米。东、南、北三面有土垄状围墙，彼此相连呈方形半封闭状，西侧缺失，有现代道路经过。围墙周长125米，南墙宽12、东墙宽10、北墙宽8米（高8.25、残长17.5米）（图2-42）。

14.旧北长城南侧烽火台

位于旧北长城山前段墙体（贺兰山山下约300米处）西侧50米处（彩版四一，2），修筑于山前冲积扇缓坡之上，地表遍布砾石，杂草灌木较多。周围地表采集到少量灰陶陶片与瓷片，可辨器形有陶罐、瓷碗。

烽火台平面呈方圆形，顶部有一长方形盗坑，整体保存状况较差，从盗坑壁面可见烽火台内部构造，烽火台为不规则石块夹杂碎石、砂土堆筑而成，顶部至底部呈缓坡状。烽火台与北侧山顶座烽火台遥相呼应，烽火台东侧有一冲沟，冲沟两侧边缘各有一道南北向似人为垒筑石块遗迹。烽火台底径15、顶宽5、残高2.6米（图2-43）。

陶罐　1件。

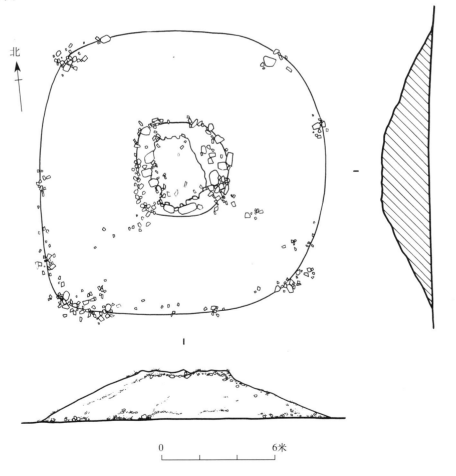

图2-43　旧北长城南侧烽火台平、剖面图

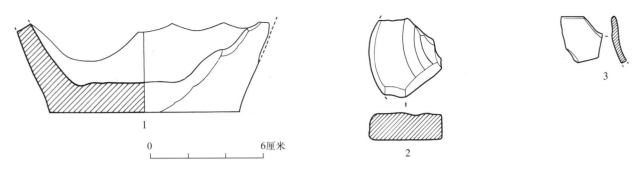

图2-44　旧北长城南侧烽火台采集标本
1.陶罐2020JBCC采：3　2.陶饼2020JBCC采：2　3.黑褐釉碗2020JBCC采：1

标本 2020JBCC 采：3，罐底，泥质灰陶。平底，底较厚，下腹斜直，外底有横向刮抹痕，内底表面粗糙。底径 10、残高 4.8、底厚 1.6 厘米（图 2-44，1）。

陶饼　1 件。

标本 2020JBCC 采：2，残，泥质灰陶。圆形，两面均饰弦纹。残宽 3.6、厚 1.4 厘米（图2-44，2）。

黑褐釉碗　1 件。

标本 2020JBCC 采：1，口沿。敞口，圆唇，白胎略泛黄，胎质细。口沿内外施黑褐色釉，釉层均匀，内釉光亮，外釉表面干涩。口沿残宽 1.3、残高 2.3 厘米（图 2-44，3）。

15. 小王泉沟烽火台

位于惠农区红果子镇雁窝池村西北，共发现烽火台 3 座。

（1）小王泉沟 1 号烽火台

位于石嘴山市惠农区小王泉沟内东北侧山边缓坡处（彩版四二，1、2），地表布满砾石，植被稀疏。

烽火台呈锥形，石砌台体，采用石块夹杂沙土、碎石垒筑而成，底部呈椭圆形，北侧东西长 8、东侧南北长 10 米，顶部距地表 7、斜高 14.5 米。顶部西侧有一近代方形盗洞，盗洞内用方木支护盗挖至底部。此烽火台东侧有辅墩 3 座，由石块堆砌而成（图 2-45）。

褐釉碗底　2 件。

标本 2017HXWQ1 采：3，碗底。残，斜腹，圈足，足底圆凸，圈足有修胎痕，内壁施褐釉，内底刮涩圈，外下腹、圈足露胎，浅黄色胎，内含少量气泡。残高 2.4、足高 0.7 厘米（图2-46，1）。

标本 2017HXWQ1 采：4，碗底。圈足较厚，挖足过肩，足内壁斜削有修胎痕，外底有鸡心状突起，内底刮涩圈施褐釉，足露胎，土黄色胎，质地较粗，内含气泡及少量赭红色颗粒。足径 6、残高 2、足高 1.2 厘米（图 2-46，2）。

褐釉瓮口沿　1 件。

标本 2017HXWQ1 采：5，口沿。敛口，厚圆唇，唇沿外凸，土黄色胎，内含气泡、砂粒，表面有窑汗，口部内外无釉，内壁施褐釉。残宽 4.8、残高 4.3、口沿厚 1.4 厘米（图 2-46，3）。

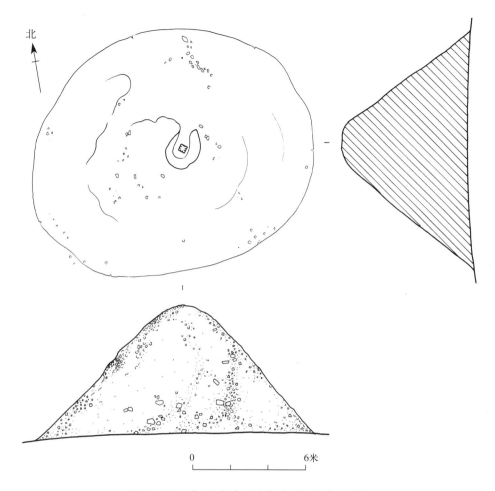

图2-45　小王泉沟1号烽火台平、剖面图

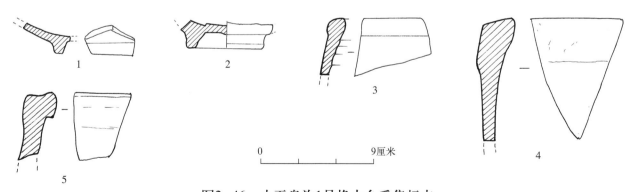

图2-46　小王泉沟1号烽火台采集标本

1、2.褐釉碗底2017HXWQ1采：3、4　3.褐釉瓮口沿2017HXWQ1采：5　4、5.褐釉缸口沿2017HXWQ1采：7、8

褐釉缸口沿　2件。器形厚重，广口微敛，方唇。

标本2017HXWQ1采：7，口沿。宽平沿，直壁，沿部及内壁未施釉，外壁釉面粗糙，薄厚不均，乳白色厚胎，内含少量气泡，质地坚硬，表面较粗糙，芒口。残宽7.4、残高9.6、口沿厚2.8厘米（图2-46，4）。

标本2017HXWQ1采：8，口沿。宽沿突起，沿部未施釉，外壁施褐釉，釉色暗淡，红褐

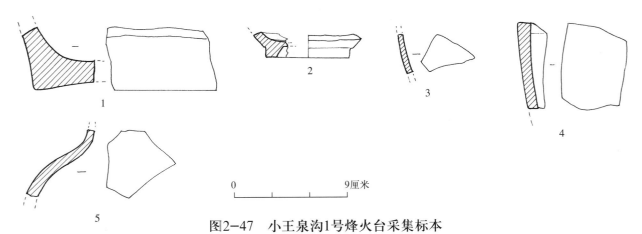

图2-47　小王泉沟1号烽火台采集标本

1.褐釉缸底2017HXWQ1采：9　2.碗底2017HXWQ1采：2　3、4.褐釉瓷片2017HXWQ1采：1、12　5.酱釉罐2017HXWQ1采：6

色厚胎，内含少量气泡，质地坚硬，内壁较粗糙。残宽4.6、残高5.2、口沿厚2.8厘米（图2-46，5）。

褐釉缸底　1件。

标本2017HXWQ1采：9，平底，白胎泛黄，胎体厚重，内底施褐釉，外底露胎。残宽8.8、残高5、壁厚1.3厘米（图2-47，1）。

碗底　1件。

标本2017HXWQ1采：2，圈足，甚残，足底较宽，挖足过肩，修足不规整，足内壁斜削，外壁较直，足根有修胎痕，浅黄胎，质地略粗内含少量气泡。足径6.6、残高1.8、足高0.6厘米（图2-47，2）。

褐釉瓷片　2件。

标本2017HXWQ1采：1，弧壁，灰白胎，质地较细，内壁施褐釉，外壁无釉。残长4.4、残宽3厘米（图2-47，3）。

标本2017HXWQ1采：12，土黄色胎，胎体粗疏，表面较规整，内外壁施褐釉，釉层均匀，釉色暗淡。残长6.7、残宽5厘米（图2-47，4）。

酱釉罐　1件。

标本2017HXWQ1采：6，口残，束颈，溜圆肩，肩部有数道弦纹，浅黄色胎略厚，质地粗疏，外施酱釉，釉层较薄，釉面较光滑，内壁有流釉。残宽5.4厘米（图2-47，5）。

酱釉缸腹片　1件。

标本2017HXWQ1采：10，腹片。灰胎，胎体较厚，质地较粗，外壁施酱釉，釉层略厚，釉面光亮；内壁施褐釉，色略泛黑褐。残长11.4、残宽8.8厘米（图2-48，1）。

姜黄釉缸　1件。

标本2017HXWQ1采：11，灰胎，胎体略厚，质地坚硬，器表较规整，外壁施姜黄色釉，有积釉，釉面光亮；内壁施酱釉，釉面光滑。残长7.2、残宽6.4厘米（图2-48，2）。

黑釉瓷片　1件。

标本2017HXWQ1采：13，直壁，灰褐色胎，胎体略厚，内含较多砂粒，表面较粗糙，内外

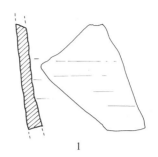  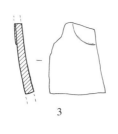

0 　　　　　　　　12厘米

2

3

1

图2-48　小王泉沟1号烽火台采集标本

1.酱釉缸腹片2017HXWQ1采：10　2.姜黄釉缸2017HXWQ1采：11　3.黑釉瓷片2017HXWQ1采：13

壁施黑釉，外釉略厚，釉色略暗淡。残高7.6、残宽5.4厘米（图2-48，3）。

（2）小王泉沟2号烽火台

位于小王泉沟1号烽火台南侧约1千米处的山边缓坡台地上（彩版四三，1），旁边有一条进山便道，西南为一片现代墓地。地表布满砾石，植被稀疏。

烽火台较低矮，石砌台体，采用大石块夹杂砂土、碎石垒筑而成，底部呈长方形，顶部呈圆形，底部东西宽约5、南北长约7.4米，残高2.06、斜高2.26米，盗挖破坏严重，盗洞直达底部。东侧有辅墩3座，由石块堆砌而成。

周围地表散布少量瓷片、瓦片。

板瓦　1件。

标本2017HXWQ2采：1，泥质灰陶。残，四分瓦，凸面光滑，凹面有粗布纹，残存一侧切割、掰离痕迹明显，尾部斜削，整体做工较规整。残长25.4、残宽12、厚1.6厘米（图2-49，1）。

筒瓦　1件。

标本2017HXWQ2采：2，泥质灰陶。残，形制规整，方唇，直筒状瓦舌，瓦身凸面光滑，凹面有布纹，瓦壁较厚。残长7、残宽10、壁厚2.3、瓦舌长2.2厘米（图2-49，2）。

陶罐　2件。均残，泥质灰陶。

标本2017HXWQ2采：9，敞口，束径，窄折肩，残腹部有一圆形通透小孔，器形规整，腹径较大。残宽14.6厘米（图2-49，3）。

标本2017HXWQ2采：10，残片，器表微鼓，内外壁有修胎痕。残宽11.2厘米（图2-49，4）。

罐底　1件。

标本2017HXWQ2采：8，残，斜直壁，外底稍内凹，内平底。白胎，胎体略厚较致密，内外无釉。底径15.4、残高4.2厘米（图2-49，5）。

青釉碗腹片　1件。

标本2017HXWQ2采：5，腹片。残壁较直，灰白胎，质地较细，外无釉，内施透明釉。残长4.4厘米（图2-49，6）。

白釉碗口沿　1件。

标本2017HXWQ2采：4，口沿。敞口，圆唇，残壁较直，灰白胎，烧结度不高，内外施乳

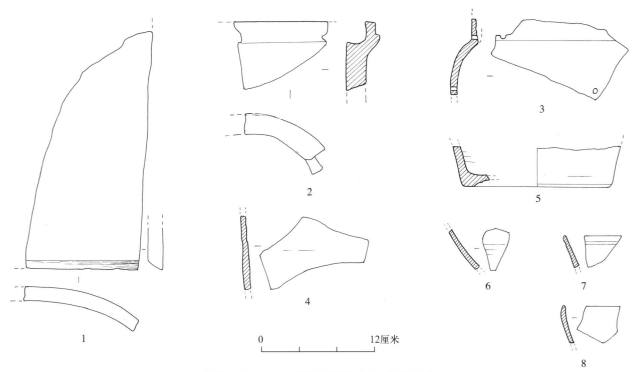

图2-49　小王泉沟2号烽火台采集标本

1.板瓦2017HXWQ2采：1　2.筒瓦2017HXWQ2采：2　3、4.陶罐2017HXWQ2采：9、10　5.罐底2017HXWQ2采：8　6.青釉碗腹片
2017HXWQ2采：5　7.白釉碗口沿2017HXWQ2采：4　8.褐釉碗口沿2017HXWQ2采：3

白色釉。残宽4厘米（图2-49，7）。

褐釉碗口沿　1件。

标本2017HXWQ2采：3，口沿。尖圆唇，敞口，灰白胎，胎质紧密，内外施褐釉，釉面均
色，釉色略暗淡。残宽3.6厘米（图2-49，8）。

黑釉罐腹底　1件。

标本2017HXWQ2采：6，腹底残件，甚残，腹壁斜直，灰白胎，质地较粗，内含砂粒。外
壁施黑釉，釉层薄厚不均，釉色光亮。残宽6、残高5.6厘米。

（3）小王泉沟3号烽火台

位于大武口区小王泉沟沟口东侧山顶一小平台之上（彩版四三，2），烽火台东侧有一直径
约10米的半圆形小台地。烽火台西南山脚下为2号烽火台。

烽火台坍塌严重，台基呈长方形，灰色砂岩条石砌筑台基，台基之上坍塌，台体内部为不规
则石块、碎石、砂土。烽火台北面为小王泉沟沟内，视野开阔，西侧为进通道，烽火台西侧沟底
西侧山势延绵，南侧山下为山前冲积平原。烽火台东西底长6.1、南北底宽5米，东西顶长3.3、
南北顶宽3.1米，台体残高1.4米，东壁方向19°（图2-50）。

烽火台地表未采集到文化遗物。

16.大王泉沟烽火台

2座烽火台均位于王泉沟沟前的冲积扇沙滩处，王泉沟段西长城西侧。均为夯土台体，呈不
规则圆台形，塌毁严重。

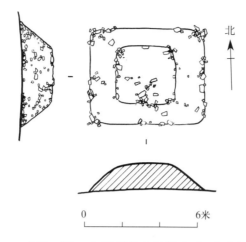

图2-50 小王泉沟3号烽火台平、剖面图

（1）大王泉沟 1 号烽火台

位于石嘴山市惠农区王泉沟滩地之上（彩版四四，1、2），贺兰山王泉沟保护站东南约 1 千米处。地表布满砾石、砂土，植被较少。

烽火台整体保存状况很差，盗挖破坏十分严重，现仅存东南侧小部分，采用黄沙土夹杂小砾石夯筑而成，内部填充较多石块。烽火台整体南北长 6 米，残存部分长 5.5、残高 1.5 ～ 3 米，夯层厚 0.17 ～ 0.20 厘米（图 2-51）。

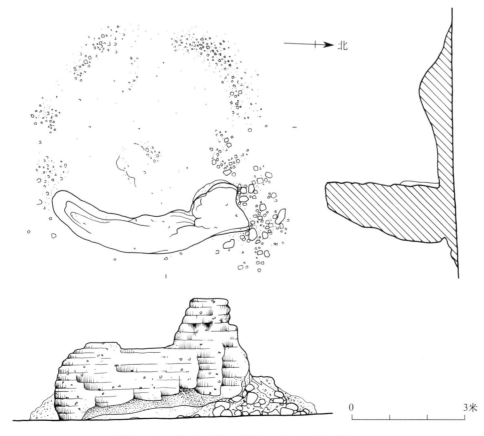

图2-51 大王泉沟1号烽火台平、剖面图

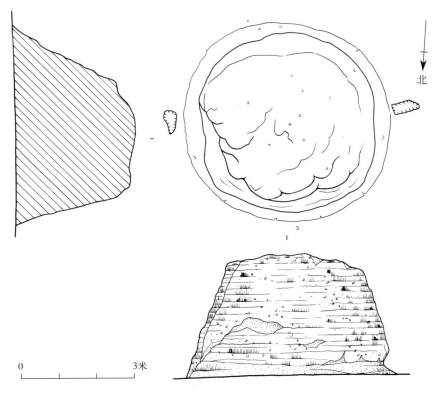

图2-52　大王泉沟2号烽火台平、剖面图

（2）大王泉沟 2 号烽火台

位于石嘴山市惠农区王泉沟滩地之上（彩版四五，1、2），贺兰山王泉沟保护站东南约 1 千米处，距王泉沟 1 号烽火台约 100 米。地表布满砾石、砂土，植被较少。

烽火台略呈圆柱形，台体表面侵蚀风化严重，夯土台体，采用黄沙土夹杂小砾石夯筑而成，夯层明显，厚约 0.20 米，台子底径 5.5、残高 3.3 米。在其东北、西南、西北侧皆有盗洞，长方形，北侧盗洞东西长 1.5、南北宽 0.85 米，东侧盗洞南北长 1.5、东西宽 0.7 米（图 2-52）。

17. 惠农区黄崩愣头烽火台

位于惠农区黄崩愣头山顶，所处位置较高，烽火台北部为贺兰山绵延山脉，南部视野开阔，东西两面为沟壑，烽火台东南下方为白石头沟砂石场。

台体保存状况一般，形状似馒头，平面呈圆角长方形，四壁坍塌，顶部有一较大椭圆形盗坑，盗坑内可见台体内部有较多圆木，圆木系修筑台体时增加台体稳固放置。台体采用石块、碎石、砂土筑成，底部用大石块在山顶砌筑烽火台基底，之上用大小不一砂岩、石灰岩、碎石、砂土堆筑台体，往上逐渐内收。烽火台底部东西长 21、南北宽 15 米，顶部东西长 5、南北宽 4 米，台体残高 9.6 米（图 2-53）。烽火台顶部盗坑长 3.5、宽 2.8、深 3.2 米。

18. 大武口沟西白疙瘩烽火台

位于头石公路（省道 302）开元桥西，在平汝铁路南侧约 200 米山顶（彩版四六，1、2）。烽火台保存现状较差，被采石破坏仅残存三分之一台体。烽火台所在位置视野开阔，东侧山势险要，西、北两侧山坡较陡。

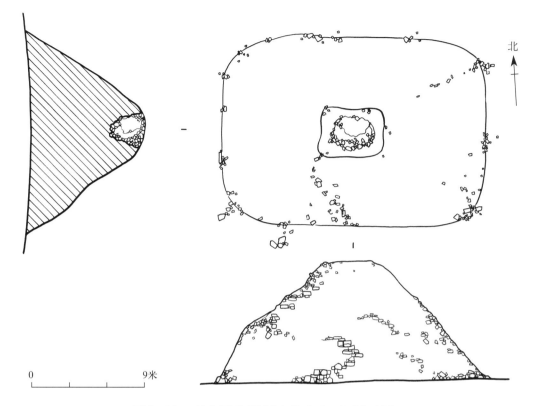

图2-53　惠农区黄崩愣头烽火台平、剖面图

　　从残存台体剖面可见烽火台为大小石块、片石、条石夹杂碎石、砂土筑成，石材特征与山体岩石一致。台体内部可见横向放置荆条痕迹，肉眼可见有5层。烽火台修筑于山顶，台基底部用石块修整加固，台体西壁、北壁底部壁面砌筑规整，东壁以北采石场损毁。烽火台残高约4米，南北长15.5、东西宽3～5米（图2-54）。

19.大枣沟山顶烽火台

　　位于大武口区G110国道开元桥与大汝公路交汇处西北约1000米山墙（彩版四七，1），烽火台北侧下方为大汝公路，南侧为一小沟壑，东侧下方为山前平原地带，西侧为贺兰山山脉，烽火台位置视野开阔，沟内状况尽收眼底。

　　烽火台为石块夹杂砂土堆筑而成，所用石块大小不一，整体保存状况较差。台体先用大石块将山顶稍作平整加固做烽火台基础，而后用石块、碎石、砂土堆筑台体。烽火台顶部有一长方形盗坑，将台体西南部损毁，盗坑南北长3.5、东西宽2.3、深3.2米。烽火台顶部及东、南、北三面壁面坍塌，平面形状呈椭圆形，西侧台体壁面保存略好，壁面石块砌筑规整。烽火台残高7.4、东西底宽12.2、南北底长13.5、东西顶长5.4、南北顶宽4.2米。烽火台东侧约30米有一座石块堆筑辅墩，辅墩平面呈方圆形，较低矮，宽约1.3、残高0.2米（图2-55）。

　　青釉碗　1件。

　　标本2020DZGF采：1，口沿，敞口，撇沿，圆唇，上腹壁微弧，青灰色瓷胎，胎质细腻，内外壁施透明釉，釉层稀薄，釉面光亮。残口宽4.2厘米（图2-56，1；彩版四七，2）。

　　褐釉缸口沿　2件。均残。

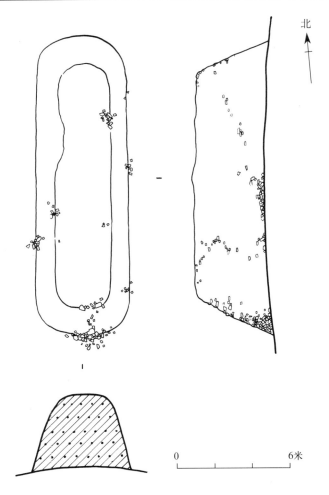

图2-54　大武口沟西白疙瘩烽火台平、剖面图

　　标本2020DZGF采：2，口沿。敛口，宽沿，灰色厚胎，内含少量砂粒，沿面及内壁施酱色釉。釉层稀薄，釉面略粗涩，口沿外施釉较厚，釉面气泡较多。残宽10.5厘米（图2-56，2；彩版四七，3）。

　　标本2020DZGF采：3，口沿。敛口，宽沿，灰色厚胎，内含少量砂粒，沿面及内壁施酱色釉。釉面光亮，口沿外施釉较厚，褐釉，釉面气泡较多。残宽10厘米（图2-56，3；彩版四七，4）。

20. 汝箕沟烽火台

　　皆位于山顶，石砌台体，外侧用较平整的石块砌筑，内侧填充石块、碎石与沙土，并夹有用作拉力的圆木。本次调查新发现3座。

（1）汝箕沟1号烽火台

　　位于汝箕沟沟口东北侧山顶（彩版四八，1、2），平面呈梯形，采用石块平铺向上逐渐内收，内填充砂土、碎石、石块并置有圆木，整体保存状况较差，坍塌严重。除东北角外，其余几面都已坍塌露出台体内部，台体底部略呈长方形，南北（东侧）长20、东西（西侧）宽18米，顶部略平，南北（东侧）长11、东西（西侧）宽9米。台体东北角残高7.7米，拐角两面残高8.7米。外露一根圆木，应是烽火台内提升拉力所用（图2-57）。

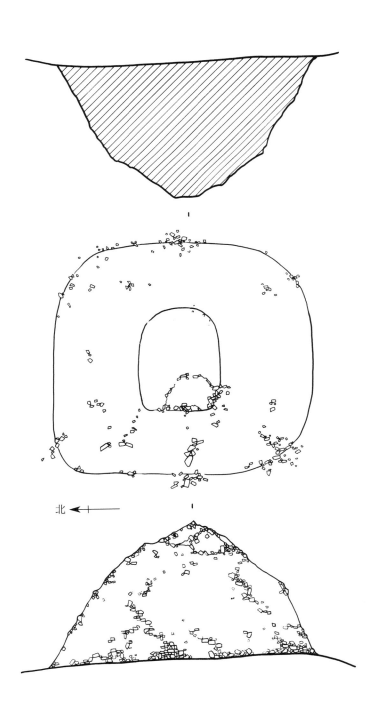

图2-55　大枣沟山顶烽火台平、剖面图

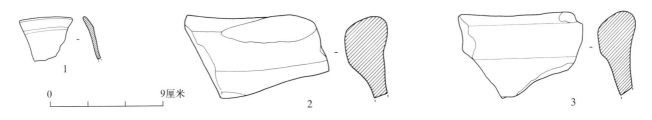

图2-56　大枣沟山顶烽火台采集标本

1.青釉碗2020DZGF采：1　2、3.褐釉缸口沿2020DZGF采：2、3

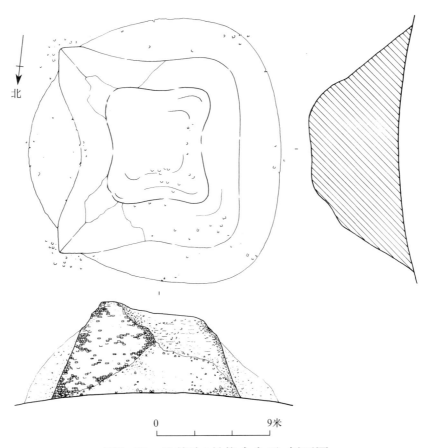

图2-57　汝箕沟1号烽火台平、剖面图

（2）汝箕沟 2 号烽火台

位于汝箕沟沟口东北侧山顶（彩版四九，1、2），南距汝箕沟 1 号烽火台、西距汝箕沟内加油站各约 1 千米左右，此烽火台东侧沟内为采石场，东侧约 3 千米处为公路。东西侧山势较陡，南北两侧山势较缓，周围散布青灰色石块。

平面呈梯形，采用青灰色石块平铺向上逐渐内收，内填充砂土、碎石与石块，整体保存状况较差，坍塌严重，仅西南角保存较好，其余几面均已坍塌露出台体内部，台体底部略呈方形，台体顶部西南侧墙残长 6、残高 1.6 米，西北侧墙残长 6、残高 1.1 ～ 1.6 米，其余部分坍塌，形制不明。顶部有一椭圆形小坑，有人为翻挖痕迹，疑似盗坑。台体南面分布辅墩 5 座，圆形，东西向排列，皆用石块垒砌而成。方向 285°。（图 2-58）。

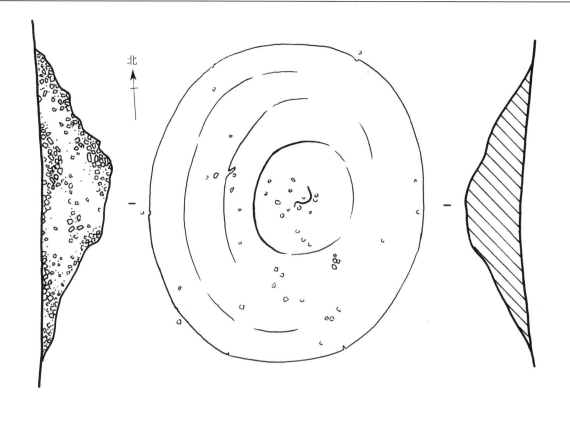

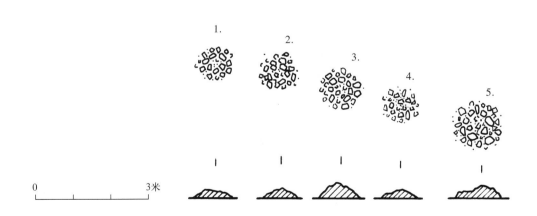

图2-58　汝箕沟2号烽火台平、剖面图

（3）汝箕沟3号烽火台

位于汝箕沟2号烽火台西侧山顶（彩版五〇，1、2），与2号烽火台隔沟相望。地势较高，周围山势较陡，长满荒草。

烽火台呈梯形，采用青灰色石块平铺垒砌，向上逐渐内收，内填充砂土、碎石与石块，整体保存状况较差，坍塌严重，底部保存相对较好。东墙仅残存北侧部分，西墙仅存南侧部分，南墙中部坍塌，北墙仅存中间部分墙体，台体顶部较平，中间有一盗坑，台体内部石块被翻出至坑边，台体底部略呈方形。西墙残长19.5、南墙残长19、北墙残长19、台体残高约7.5米，顶部南

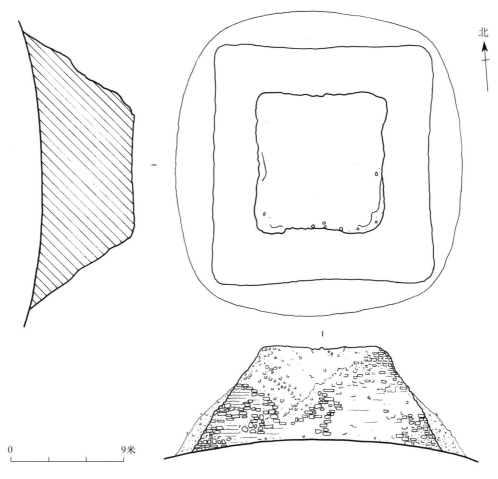

图2-59　汝箕沟3号烽火台平、剖面图

北长 11、东西宽 10 米。方向 160° （图 2-59）。

21. 高富沟烽火台

位于石嘴山市平罗县高富沟沟内（彩版五一，1、2），距沟口约 400 米。烽火台位于沟内一较矮山脊上，地表植被稀疏，周围散布石块。

夯土台体，平面呈梯形，采用黄砂土夹杂少量石块夯筑而成，台体顶部、底部铺有石块，底部石块间夹置有一层藤条提升拉力，底部平面呈长方形，（东西向）东西长 12、南北宽 7.5 米，顶部长 3、宽 2.5 米，台子高约 7.5 米，台子底部距沟底约 10 米（图 2-60）。

22. 小水沟沟口烽火台

位于石嘴山市平罗县小水沟沟口东北侧约 1 千米处（彩版五二，1、2），南侧为现代公墓区。周围地表散布小石块与碎石。

烽火台呈圆角方形，风化严重，东、西侧坍塌最甚，为黄砂土夹杂小石块夯筑而成，夯层较明显，厚约 0.11～0.15 厘米，台体底部长 6.5、残高 3.4 米（图 2-61）。

23. 大水沟烽火台

此次调查共发现烽火台 6 座，其中 4 座已在长城资源调查时作了登记，本次仅对新发现的 2 座作一记录。烽火台有石砌与夯土两种，形制有梯形与圆形，均坍塌严重。两座烽火台位于大水

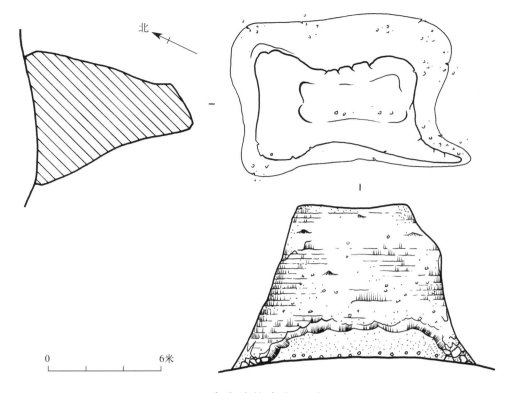

图2-60　高富沟烽火台平、剖面图

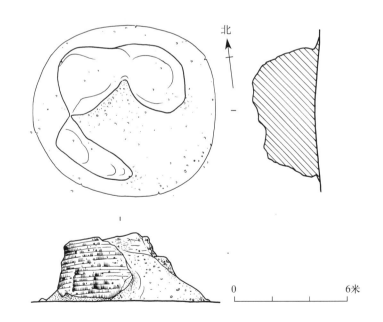

图2-61　小水沟沟口烽火台平、剖面图

沟沟内大佛寺西南侧山脊，与沟口两座烽火台遥相呼应。

（1）大水沟 1 号烽火台

位于大水沟沟内大佛寺西南侧山顶（彩版五三，1、2），地势较陡，两侧各有一条自然冲沟。

台体大致呈梯形，石砌台体，仅西壁保存较好，其余三壁均有坍塌。外侧采用赭红色石块平铺垒砌，内部填充大小不一、形状各异的小石块。底部长方形，顶部现坍塌呈坡状。烽火台南北

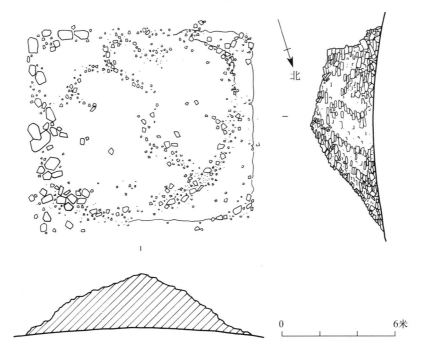

图2-62　大水沟1号烽火台平、剖面图

长 10、残高 3 米（图 2-62）。

（2）大水沟 2 号烽火台

位于 1 号烽火台东侧下方（彩版五四，1、2），紧邻山崖峭壁。

大致呈梯形，石砌台体，仅存西壁部分墙体，其余三壁均已坍塌，呈一斜坡状，采用赭红色石块平铺垒砌而成，方法同 1 号。西壁残长 8、残高 2 米（图 2-63）。

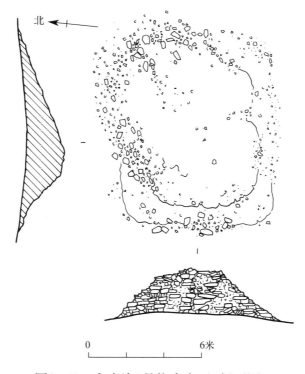

图2-63　大水沟2号烽火台平、剖面图

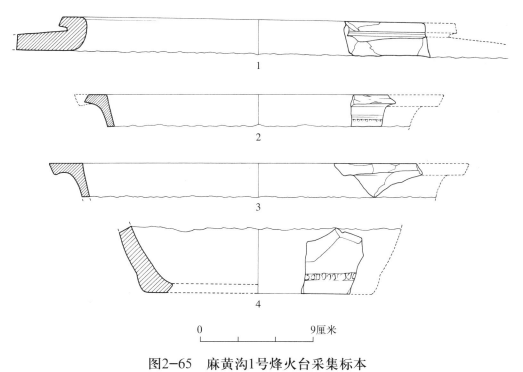

图2-65 麻黄沟1号烽火台采集标本

1.陶罐2019HNFHT1：1　2、3.陶盆2019HNFHT1：2、3　4.器底2019HNFHT1：8

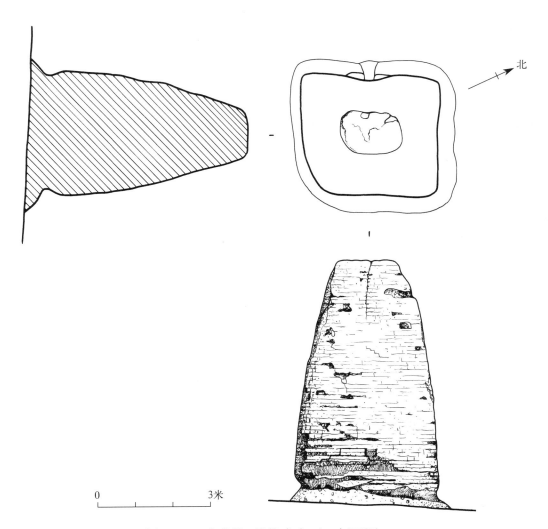

北

图2-66 麻黄沟2号烽火台平、剖面图

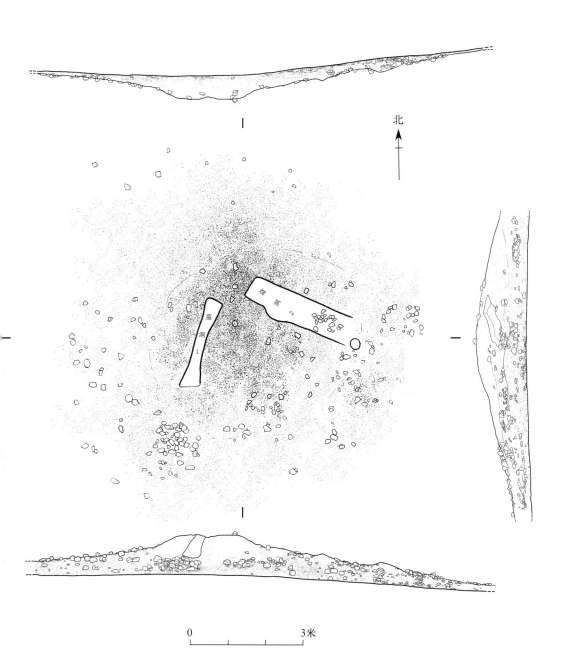

北

洞
1

益
用
2

0   3米

图2—64 麻黄沟1号烽火台平、剖面图

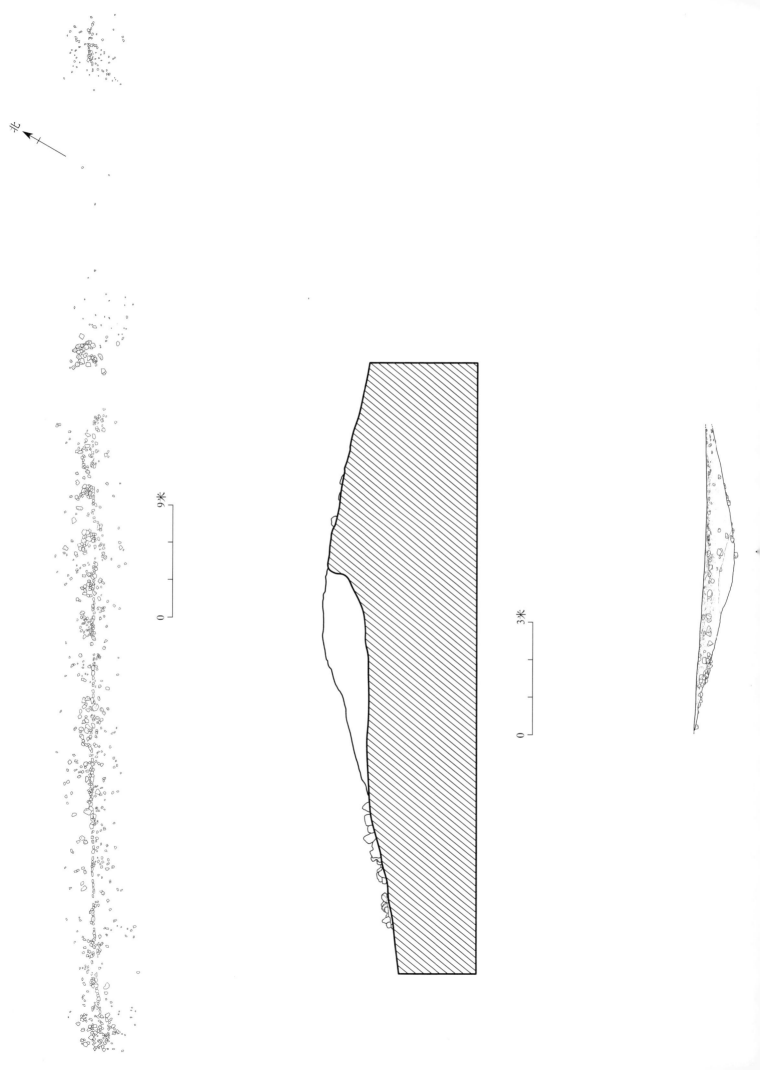

北

9米

0

3米

0

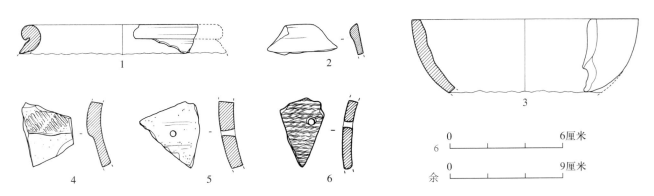

图2-67　麻黄沟2号烽火台采集标本

1.陶罐2019HNFHT2：6　2.陶盆2019HNFHT2：4　3.陶器盖2019HNFHT2：2　4～6.陶片2019HNFHT2：3、5、7

图2-68　麻黄沟3号烽火台采集陶罐2019HNFHT3：1

第六节　秦汉长城、烽火台

1. 麻黄沟长城墙体

位于惠农区贺兰山东麓麻黄沟山前冲积（彩版五五，1～3），石砌墙体，残存长约3千米，宽1～2米，高0.20～0.60米，呈东北—西南走向，西南端至山脚后向南拐至柳条沟，东北端过黄河后与内蒙古乌海秦长城相接。根据保存状况可分为以下6段，由东北向西南方向记录如下：

第1段：采用石块垒砌，中间夹杂沙土，长283、宽1.5～2、残高0.2～0.4米。

第2段：与第一段之间有一较宽冲沟，向西南过冲沟后残存石砌墙体，长793、宽1.3～1.7、残高0.2～0.4米，西南侧冲沟宽69米。

第3段：长414、宽1.5～2、残高0.2～0.4米，西南侧冲沟宽33米。

第4段：长117、宽1.5～2、残高0.2～0.4米，西南侧冲沟宽64米。

第5段：长442、宽0.6～1.4、残高0.2～0.4米，西南侧冲沟宽250米。

第6段：墙体向南略拐，整体呈南北走向，依靠山体走势，起伏较大。长747、宽0.8～1.1、残高0.2～0.6米。

此段长城为在宁夏境内首次发现，结合陶片及与刊布的乌海秦长城等资料，初步认定该段长城为秦始皇时期修筑而成，是极为重要的考古发现。

2. 麻黄沟烽火台

墙体沿线发现四座烽火台，两两间距约1.1千米，石砌台体，形制大致呈圆形，周围地表采集有灰色绳纹陶片等。

（1）麻黄沟1号烽火台

位于长城墙体东北端，石砌台体，形制大致呈圆形，采用石块与碎石堆砌，保存较好，顶部西侧与东侧各有一长方形盗洞，西侧盗洞东西长3、南北宽2、深约0.6米；东侧盗洞较浅。烽火台底部南北长19、东西宽16、残高6米（图2-64）。周围地表采集有泥质灰陶绳纹陶片。台体北侧有两道石墙，保存较差，仅存东北角。

烽火台周围散布有泥质灰陶残片，可辨器形有罐、盆等。

陶罐　1件。

标本2019HNFHT1:1，口沿，泥质灰陶。素面，残存口沿及肩部，敞口，折平沿，方唇，丰肩。口径31.2、残高2.8厘米（图2-65，1；彩版五六，1）。

陶盆　2件。均残，

标本2019HNFHT1:2，口沿。泥质灰陶。敞口，宽折平沿。上壁斜直，外壁有尖齿状戳印纹，口沿及内壁有数道横向打磨形成的黑色纹饰。口径29.2厘米（图2-65，2；彩版五六，2）。

标本2019HNFHT1:3，口沿。泥质灰陶。敞口，宽折平沿。上壁斜弧，内外素面。口径33.2厘米（图2-65，3；彩版五六，3）。

器底　1件。

标本2019HNFHT1:8，泥质橙黄陶。内含细小砂粒，下腹斜直，平底，外壁粗涩，底部饰有一圈细绳纹。底径18厘米（图2-65，4；彩版五六，4）。

（2）麻黄沟 2 号烽火台

平面形制呈长方形（图 2-66；彩版五七，1），采用黄沙土夯筑而成，实心台体，保存较好。当地俗称二毛乌苏墩，底边长 3.5、残高 6.6 米，壁面夯层均匀清楚，每层厚约 10 厘米左右。周围地表采集有泥质灰陶绳纹陶片。

烽火台周围散布有较多的泥质灰陶残片，可辨器形有罐、盆等。

陶罐　1 件。

标本 2019HNFHT2：6，口沿。泥质灰陶。内含少量砂粒。敞口，卷沿。口径 16、残高 2.4 厘米（图 2-67，1）。

陶盆　1 件。

标本 2019HNFHT2：4，口沿。泥质灰陶。平沿，沿面抹光。残宽 5.5、陶片厚 0.5 厘米（图 2-67，2；彩版五六，5）。

陶器盖　1 件。

标本 2019HNFHT2：2，残，泥质灰陶。覆钵状，表面土锈较重，外壁素面，内壁有修胎手指压印痕。口径 18、残高 5.6 厘米（图 2-67，3；彩版五六，6）。

陶片　3 件。

标本 2019HNFHT2：3，泥质灰陶。陶片表面略带弧度，外壁饰一道带状斜向绳纹附加堆纹，内壁素面。附加泥条宽 2 厘米。残宽 5.2、陶片厚 0.7 厘米（图 2-67，4）。

标本 2019HNFHT2：5，泥质灰陶。厚胎，内外壁素面，壁面钻有一贯通小圆孔，厚 0.7 厘米。残宽 5.3、陶片厚 1 厘米（图 2-67，5；彩版五八，1）。

标本 2019HNFHT2：7，泥质灰陶。薄胎，外壁饰细绳纹，陶片表面钻有一贯通小圆孔。残宽 3.6、陶片厚 0.5 厘米（图 2-67，6）。

（3）麻黄沟 3 号烽火台

位于 2 号烽火台西南侧（彩版五七，2），采用石块与碎石子垒砌，破坏严重，西侧被冲沟冲毁，东侧有一盗洞。烽火台南北长 16、东西宽 9、残高 3.5 米。

周围地表采集有少量的泥质灰陶残片。

陶罐　1 件。

标本 2019HNFHT3：1，口沿，泥质灰陶。敞口，圆唇，微卷沿。素面，胎略厚，内含少量砂粒。口径 24 厘米（图 2-68；彩版五八，2）。

（4）麻黄沟 4 号烽火台

位于 3 号烽火台西南侧，台体大致呈圆锥形，主要以黄沙土砌筑，夹杂少量石块，南侧与东北侧各有一长方形盗洞。南侧盗洞长 5、宽 0.6、深 1 米。烽火台南北长 16、东西宽 14、高 1.5 米（图 2-69）。

烽火台周围散布有较多的泥质灰陶残片与夹砂陶片，可辨器形有罐等，纹饰主要为细绳纹。

陶罐　1 件。

标本 2019HNFHT4：1，口沿，泥质灰陶。素面，残存口沿及肩部，敛口，卷沿，丰肩。口径 32.4、残高 4.3 厘米（图 2-70，1；彩版五八，3）。

第三章　银川市段古代文化遗存

第一节　建筑基址

（一）鹿盘沟建筑遗址

鹿盘沟遗址位于宁夏回族自治区银川市贺兰县金山乡贺兰山东麓插旗口南侧鹿盘沟沟口北岸。沟口南侧 2 千米处有一处寺院，名鹿盘寺，始建于西夏时期，现存佛寺为清代所建。2015 年宁夏回族自治区文物考古研究所对插旗口及南北山前地带进行调查，发现鹿盘沟沟口北岸山前台地及二级台地普遍有西夏时期建筑遗迹，将山前台地自西向东编为一至四号台地，其中二号台地面积较大，地表散布砖瓦残块等西夏时期遗物较多，且遗址中心发现盗洞，文物遗迹暴露明显，随即进行了抢救性试掘，试掘面积约 1000 平方米，同时为搞清发掘区南侧二级台地遗迹分布情况，又在二级台地试掘两条探沟及一座房址。

1. 二号台地建筑基址发掘

建筑基址所在台地位于沟口北岸南坡台地中部（彩版五九，1、2），坐西北朝东南，平面呈梯形，面积约 1400 平方米，与南侧二级台地高差约 12 米。台地南侧中央修筑斜坡踏道（彩版六〇，1），踏道宽约 12.5 米，两侧石块垒砌护坡，向上逐级收分。发掘采用象限法布方，共布 10 米×10 米探方 10 个，发掘面积约 1000 平方米，清理出西夏时期房址 4 处、塔基 8 处、水沟 1 条（彩版六〇，2），晚清到民国时期墓葬 1 座。

（1）地层堆积

台地地层关系简单，南侧文化层堆积较薄，北侧由于山体落石及砂土淤积堆积较厚。现以遗址区中部 T0103、T0203、T0303 西壁为例介绍如下（图 3-1）。

第①a 层：表土层，浅灰色腐殖质土，土质较松软，厚 0.1～0.6 米，包含植物根茎、碎砖瓦及石块。

第①b 层：石砾层，主要分布在遗址区北侧靠近山体处，为山体塌落堆积，较单纯，厚 0.75 米。

第②层：西夏文化层，厚 0.1～2.1 米，包含大量碎砖瓦、石块及琉璃建筑构件残块、酱釉瓷片、白瓷片、白灰块（粒）等。

第②层下为黄色砂石质原生土层，较纯净。

（2）遗迹

二号台地为西夏时期鹿盘沟建筑群中比较大的一处，清理出西夏时期遗迹有房址 4 处、塔基 8 座、排水沟 1 条，均开口于①层下（图 3-2）。另清理出清代墓葬 1 座，开口于①a 层下，打破 T7。

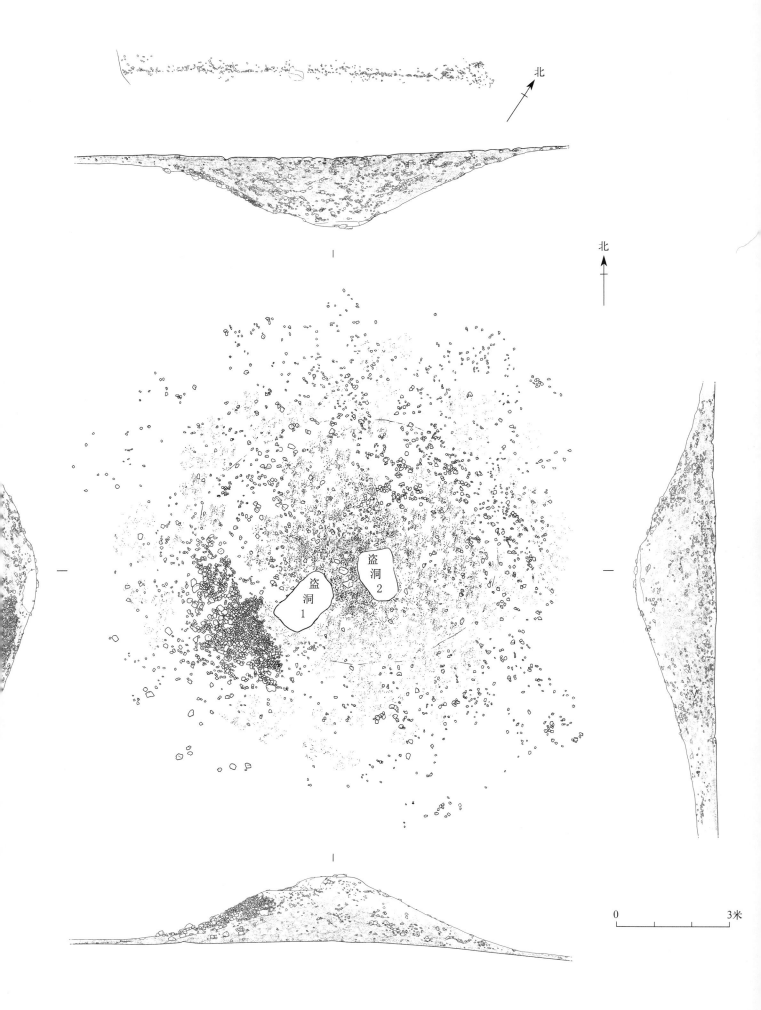

北

北

盗
洞
1

盗
洞
2

0   3米

0　　　　　　21米

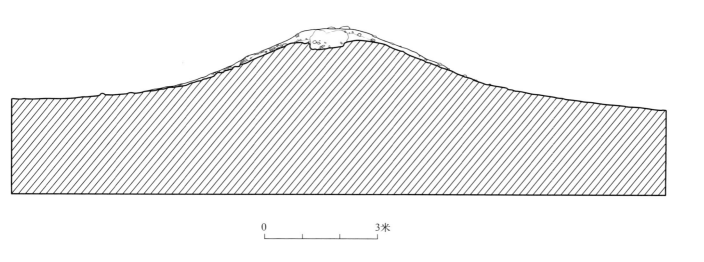

0　　　　　　3米

图2-69　麻黄沟4号烽火台平、剖面图

陶片　2件。

标本2019HNFHT4：2，泥质灰陶。内外壁素面，陶片表面钻有一贯通小圆孔。残宽4、陶片厚1厘米（图2-70，2；彩版五八，4）。

标本2019HNFHT4：3，泥质橙黄陶。外壁橙黄色，饰细绳纹；内壁砖红色，素面，陶片表面略带弧度。残宽3.2、陶片厚0.6厘米（图2-70，3；彩版五八，5）。

器底　1件。

标本2019HNFHT4：4，泥质灰陶。内含细砂粒，下壁斜直，平底，内外壁素面。底径20厘米（图2-70，4；彩版五八，6）。

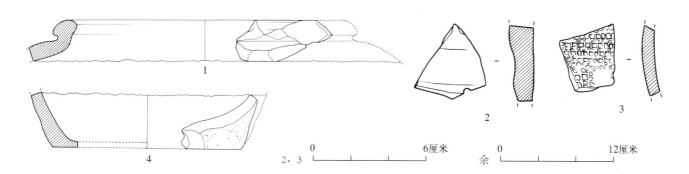

图2-70　麻黄沟4号烽火台采集标本

1.陶罐2019HNFHT4：1　2、3.陶片2019HNFHT4：2、3　4.器底2019HNFHT4：4

第三章　银川市段古代文化遗存

第一节　建筑基址

（一）鹿盘沟建筑遗址

鹿盘沟遗址位于宁夏回族自治区银川市贺兰县金山乡贺兰山东麓插旗口南侧鹿盘沟沟口北岸。沟口南侧 2 千米处有一处寺院，名鹿盘寺，始建于西夏时期，现存佛寺为清代所建。2015 年宁夏回族自治区文物考古研究所对插旗口及南北山前地带进行调查，发现鹿盘沟沟口北岸山前台地及二级台地普遍有西夏时期建筑遗迹，将山前台地自西向东编为一至四号台地，其中二号台地面积较大，地表散布砖瓦残块等西夏时期遗物较多，且遗址中心发现盗洞，文物遗迹暴露明显，随即进行了抢救性试掘，试掘面积约 1000 平方米，同时为搞清发掘区南侧二级台地遗迹分布情况，又在二级台地试掘两条探沟及一座房址。

1. 二号台地建筑基址发掘

建筑基址所在台地位于沟口北岸南坡台地中部（彩版五九，1、2），坐西北朝东南，平面呈梯形，面积约 1400 平方米，与南侧二级台地高差约 12 米。台地南侧中央修筑斜坡踏道（彩版六〇，1），踏道宽约 12.5 米，两侧石块垒砌护坡，向上逐级收分。发掘采用象限法布方，共布 10 米 ×10 米探方 10 个，发掘面积约 1000 平方米，清理出西夏时期房址 4 处、塔基 8 处、水沟 1 条（彩版六〇，2），晚清到民国时期墓葬 1 座。

（1）地层堆积

台地地层关系简单，南侧文化层堆积较薄，北侧由于山体落石及砂土淤积堆积较厚。现以遗址区中部 T0103、T0203、T0303 西壁为例介绍如下（图 3-1）。

第①a 层：表土层，浅灰色腐殖质土，土质较松软，厚 0.1～0.6 米，包含植物根茎、碎砖瓦及石块。

第①b 层：石砾层，主要分布在遗址区北侧靠近山体处，为山体塌落堆积，较单纯，厚 0.75 米。

第②层：西夏文化层，厚 0.1～2.1 米，包含大量碎砖瓦、石块及琉璃建筑构件残块、酱釉瓷片、白瓷片、白灰块（粒）等。

第②层下为黄色砂石质原生土层，较纯净。

（2）遗迹

二号台地为西夏时期鹿盘沟建筑群中比较大的一处，清理出西夏时期遗迹有房址 4 处、塔基 8 座、排水沟 1 条，均开口于①层下（图 3-2）。另清理出清代墓葬 1 座，开口于①a 层下，打破 T7。

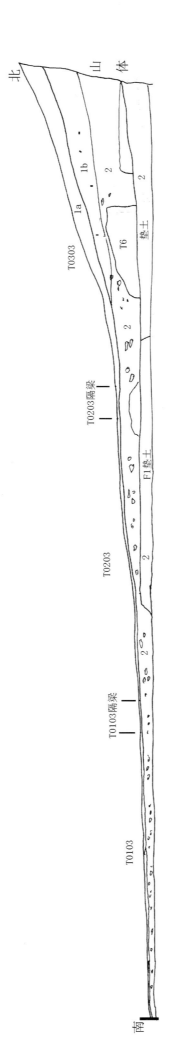

图3-1 鹿盘沟建筑遗址二号台地建筑基址地层堆积剖面图

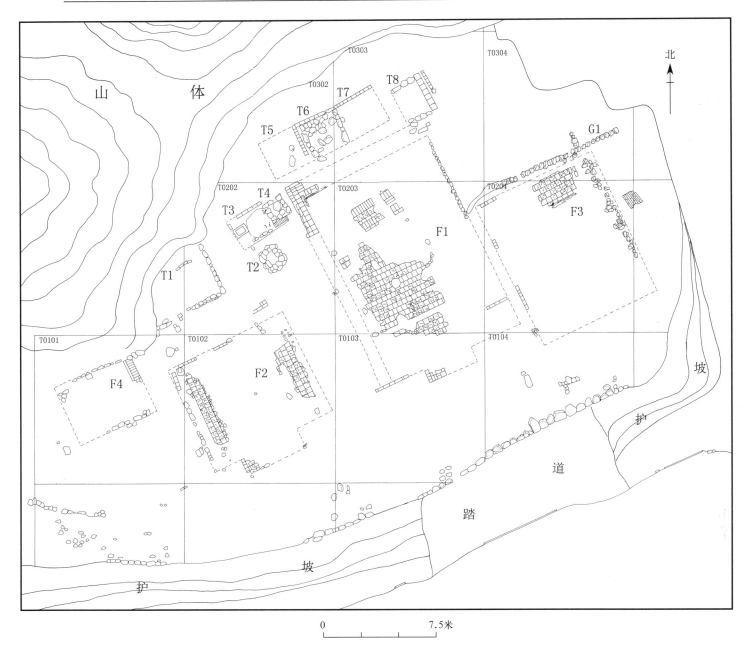

图3-2　鹿盘沟建筑遗址二号台地建筑基址遗迹平面图

1）房址

F1　位于台地中部（彩版六一，2），基址呈长方形，南北长 13.7、东西宽 9.45 米，方向
113°，南侧正中有砖铺月台，宽 4.05、进深 1 米。基址垫土层厚约 0.4 米。垫土层从东南角来看，
分四层垫筑：自下而上第一层为厚 0.02 米的细黄土层，第二层为厚 0.20 米的较粗的红褐色土层，
第三层为厚 0.12 米坚硬的灰砂砾土层，最上层为厚 0.06 米的红褐色土层，其上铺砖（彩版六二，
2）。垫土南、西、北三面包砌护边砖，外设砖铺散水，西侧宽 0.85 米，南、北宽 1 米。垫土东
侧边缘包砌石墙，残长 5.6、宽 0.2～0.35、存高 0.1～0.35 米，外壁垒砌平整（图3-3；彩版
六一，1）。地面残存两种铺地砖，南面长 7.25 米范围采用方砖十字缝铺墁，砖面普遍损毁碎裂
严重，有的呈中心辐射状裂痕。北侧残存铺砖地面略高出南侧 0.05 米，采用条砖和方砖间铺，由

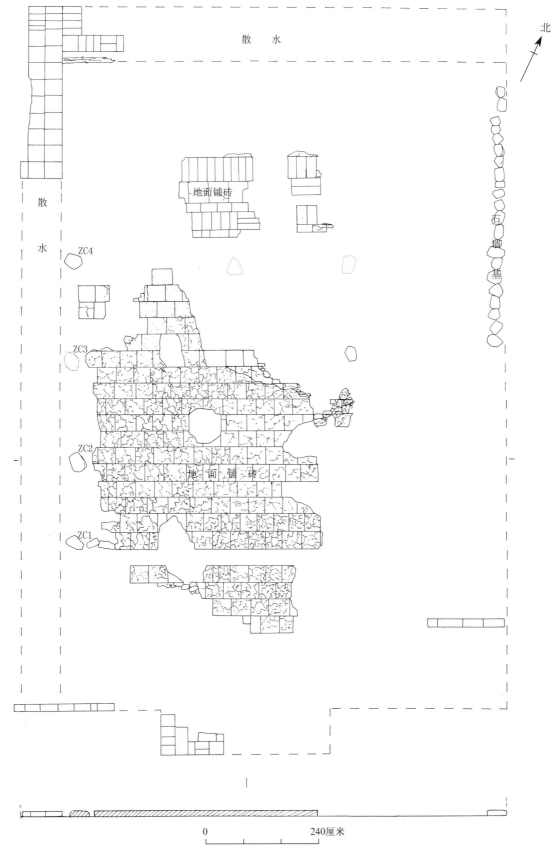

图3-3　鹿盘沟建筑遗址二号台地房址F1平、剖面图

北向南依次为条砖纵铺、方砖、条砖横铺、条砖纵铺、条砖横铺，砖面保存较好。地面残存柱础
7处，由南向北编号为ZC1～ZC7。柱础为近长方形灰砂岩石块，长0.35～0.45、宽0.25～0.3
米，厚0.12米，上下两面平整。柱础石平放于垫土层上，与砖铺地面齐平，ZC3、ZC4石块佚失。
地面堆积较多碎砖瓦块、石膏残块、泥砌残块等（彩版六二，1）。

　　F2　位于台地西侧（彩版六三，1），东距F1为4.25米，地面较F1低0.2米。平面长方形，
南北长7.52、东西宽8.6米，南侧凸出月台，宽4.42、进深1米。垫土较纯净，为夹杂碎石砾的
黄土，厚0.2～0.5米（东薄西厚），西侧存护边砖（图3-4）。房屋地面十字缝铺墁方砖，残存
东西两边，均损毁碎裂严重。房址地面倒塌堆积中包含较多碎砖瓦块、建筑构件残块及少量碎瓷
片；西侧堆积有黑色黏土，包含大量砖瓦，尤以瓦当、滴水居多，且基本无使用痕迹，推测为房

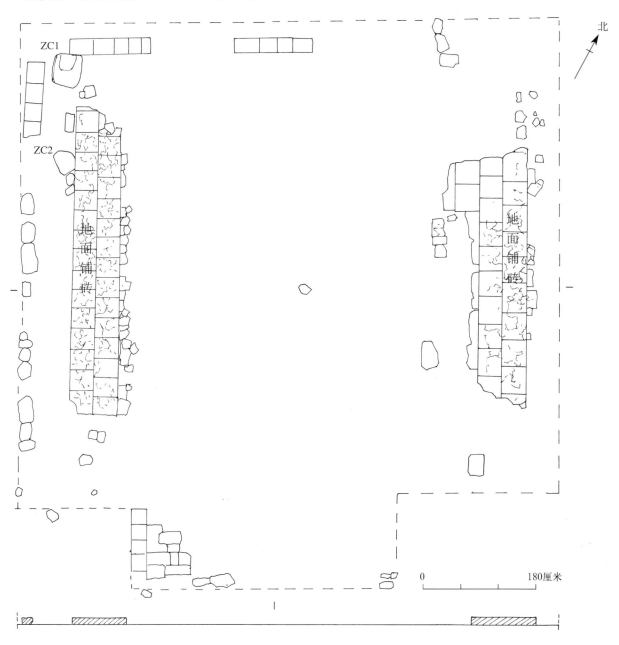

图3-4　鹿盘沟建筑遗址二号台地房址F2平、剖面图

址毁弃前有意堆积。

F3　位于台地东部（彩版六四，1、2），西与F1间隔0.65米，东距台地边缘0.10米。房基南北长10.68、东西宽8.52米，门道不明。垫土层厚0.15米，为坚硬的黄土掺小石块土层。垫土层西、北两侧包砌护边砖，西边存一层，北边存两层，皆为单砖顺铺。东侧为石墙包边，石墙宽0.5米，两侧砌大石中间填碎石（图3-5）。房址北侧残存方砖铺墁地面，碎裂严重。地面堆积包

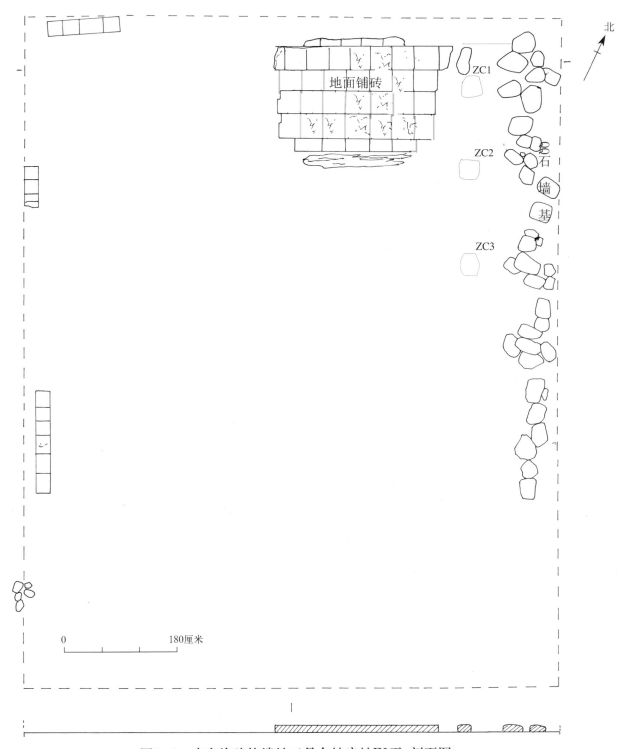

图3-5　鹿盘沟建筑遗址二号台地房址F3平、剖面图

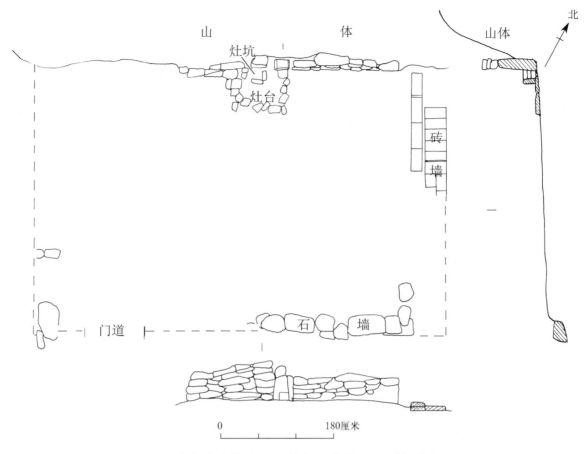

图3-6　鹿盘沟建筑遗址二号台地房址F4平、剖面图

含碎砖瓦、建筑构件、残碎瓷器等，中部存有烧土块、木炭块等过火遗物。

F4　位于台地西端（彩版六三，2），依山而建，平面长方形，东西长 6.8 ～ 6.84、南北宽 4.26 ～ 4.34 米，门道位于南墙西侧。房址垫土为含少量碎石黄土，厚 0.2 米。南侧石块垒砌墙基，东侧单砖包砌护边，外侧砖铺散水，北侧依山以石垒墙，残高 0.9 米（余 9 层）。地面为平整的黄土面，北墙中部垒砌方形灶台，长 1.15、宽 0.85 米，中有灶坑，长 0.35、宽 0.25 米，壁上通烟道（图 3-6）。

2）排水沟

位于台地西侧中部、F3 北侧 1 米处，东西向暗沟，西端与 F1 东墙相接，东端伸向台地边缘，沟体近方形，长 11.5、宽 0.4、深 0.3 米，沟底铺砖，两壁小石块垒砌，口部以板石搭盖，其上盖土铺平踩实，与地面相平。沟底堆积有褐色细软淤土，土质纯净（见彩版六○，2）。

3）塔基

T1　位于台地西北角（彩版六五，1），建于台基之上。台基与山体相连处呈不规则形，东南呈方形，南边长 5.25、东边宽 4.2、高 0.8 米。台基中部夯土，表面坚硬平整，东、南两边石块砌墙包边，外墙竖直齐整。南墙西端设有登台踏步，宽 1.5 米，台阶散失。塔身砖砌，损毁严重，从残存砖块来看，塔身为八角形，仅存北侧 5 层及西侧 1 层砌砖，残高 0.4 米（图 3-7）。

T2　位于台地中部偏西北、T1 东侧（彩版六五，2），石砌方形塔基，东西边长 1.75 ～ 1.25、

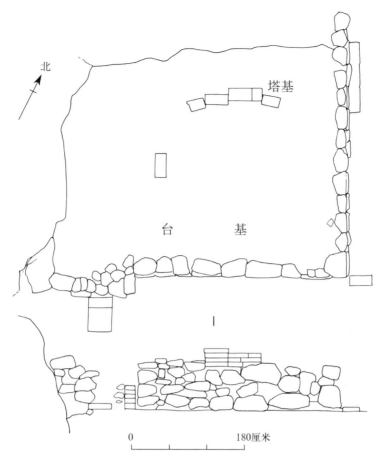

图3-7 鹿盘沟建筑遗址二号台地塔基T1平、剖面图

南北边长1.8～1.9、残高0.8米，向上略收。石块大部分为直径0.30米的扁圆片状，壁厚0.3～0.5米，内壁较平整，外壁不齐。塔内底部用平板石块铺墁，塔基下垫土厚0.2米。塔基内部及周围倒塌堆积中包含大量石膏泥块（图3-8）。

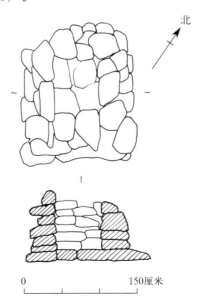

图3-8 鹿盘沟建筑遗址二号台地塔基T2平、剖面图

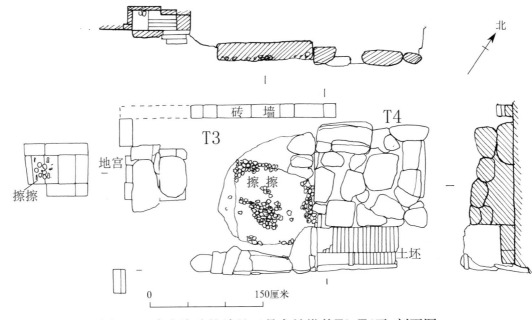

图3-9　鹿盘沟建筑遗址二号台地塔基T3、T4平、剖面图

T3　位于台地西北、T2北侧0.75米处（彩版六六、六七），平面约呈方形，边长2.2～2.6米，石块垒砌塔基，存南、北、东墙，墙体残高0.4米。石墙上敷草拌泥，厚0.01～0.04米，泥层外敷石膏，厚0.01～0.015米（图3-9）。塔内底部东侧堆放大量泥质擦擦，堆积厚0.5米，擦擦灰褐土模制，有大、中、小三种规格，摆放未见明显规律，多有歪倒且被压碎压扁。塔底西侧中部开凿方形地宫，内壁里砌砖敷石膏，内长0.7、宽0.35、深0.35米，东侧有二层台，口部以一块方砖和一块片石搭盖，底部略有积土，散置7件泥质擦擦、7件铁钉。

T4　位于台地北侧、西靠T3（彩版六八，1、2），位于同一垫土层上，平面方形，边长1.4米，塔基石砌，残高0.5米，塔内底部用平板石块铺墁（图3-9）。南壁夹砌方砖下立存4个泥质擦擦，均已碎裂。塔基南侧立砌两排土坯（外侧半块），外缘与塔3南壁基本齐平，外侧敷泥抹石膏。

T5　位于台地北侧中部（彩版六九，1），塔基无存，仅存底部垫土。垫土为坚硬的方形黄土面，边长2.4、厚0.15米，土质纯净。塔内存有两处堆积。北侧存有一堆擦擦，堆积范围直径1米，擦擦为灰褐色砂土模制而成，质地疏松，基本全部残损。南侧为一处灰堆，范围直径0.5、存高0.1米，灰褐色灰烬，较细腻纯净，灰烬中出土铁钉4枚（图3-10）。

T6　位于台地北部正中（彩版六九，2），残存石砌塔基，平面正方形，东西边长3.58、南北边长3米，塔基残高0.5米，向上略收，分内外两层砌筑：内层石砌，底部大块山石垒砌，夹砌小石块，草拌泥填缝，其上以扁圆卵石砌筑，基本全部塌毁。外层单砖包砌，错缝平铺，墙外抹石膏，厚0.5～1厘米，壁厚0.5米。塔基底部为平整的黄土硬面，其内堆积为塔体倒塌石块及山石碎土（图3-10）。

T7　位于台地北部偏东、T6东侧（彩版七〇，1），毁坏严重，仅存底部垫土，垫土约呈方形，边长2.8、厚0.15米。塔北侧有砖墙自西侧贯通。塔内倒塌堆积包含大量石块、砖块及碎石膏块。塔内底部出土彩绘描金泥塑擦擦16件（图3-10）。

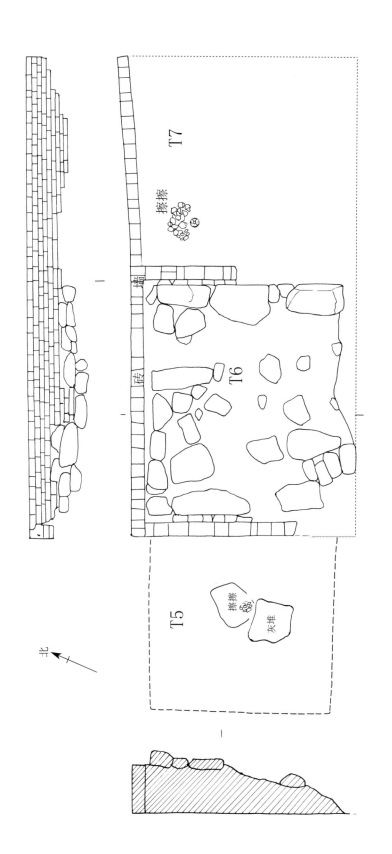

图3-10　鹿盘沟建筑遗址二号台地塔基T5～T7平、剖面图

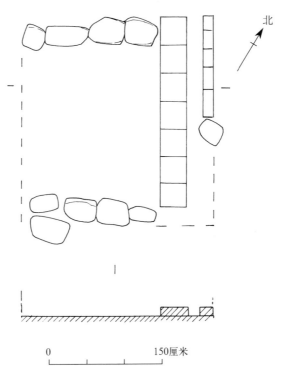

0　　　　　　　150厘米

图3-11　鹿盘沟建筑遗址二号台地塔基T8平、剖面图

T8　位于T7东侧（彩版七〇，2），较T7低0.2米。砖石砌方形塔基，仅存底层，边长 2.6～2.9米，内部黄土面坚硬平整，未见遗物（图3-11）。

（3）遗物

插旗口鹿盘沟二号台地出土文物标本364件、地表采集2件，共计366件。其中以各类建筑 构件和石膏塑像、彩绘残块为大宗，另外还出土了少量瓷器、铁器、铜钱等。

条砖　出土较多，房址台基包砌、地面铺墁、塔身垒砌中均使用大量条砖。砖体长方形，灰 陶质，质地紧密，略含砂，砖背大多压印手印纹，深浅不一。规格基本一致，部分宽度、厚度略 有差别。

手印纹砖　1件。

标本2015HCLT0101②：95，砖体较长，一端宽一端略窄，一面压印左手单掌手印纹，做工 略显粗糙。长36.4、宽19、厚6厘米（图3-12，1；彩版七一，1）。

树叶纹砖　1件。

标本2015HCLT0102②：23，残断，背面有手指压印勾划树叶状图案，残长27.4、宽17.4、 厚6厘米（图3-12，2；彩版七一，2）。

刻字砖　2件。

标本2015HCLT0302②：24，残断，正面阴刻文字，可辨字迹有"我""全"，其余字迹较 模糊。残长18、残宽13、厚5.6厘米（图3-12，3；彩版七一，3）。

榫卯砖　塔群北侧砖墙使用榫卯砖垒砌，砖体一端长方形，一端为榫或卯，两两相接，与条 砖间隔铺砌，使墙体更加稳固。采集2组，均残，泥质灰陶。残存部分呈长方形，一面平整，一

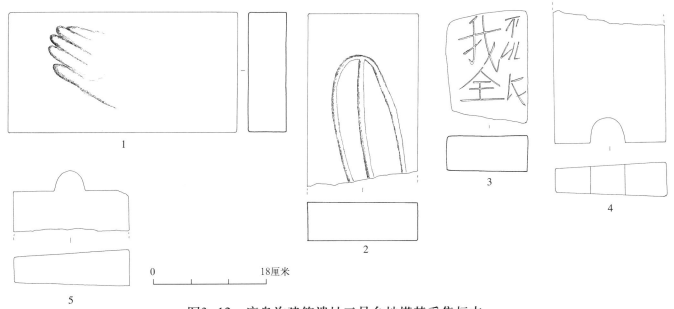

图3-12　鹿盘沟建筑遗址二号台地塔基采集标本

1.手印纹砖2015HCLT0101②：95　2.树叶纹砖2015HCLT0102②：23　3.刻字砖2015HCLT0302②：24　4、5.榫卯砖2015HCLT0303②：7、8

面略粗糙，两侧面为等长不等宽的梯形，整体做工规整。

标本2015HCLT0303②：7，残存卯口一端。残长21、宽17.8、厚4～5.6、卯口深4厘米（图3-12，4；彩版七一，4）。

标本2015HCLT0303②：8，残存榫部一端。残长9.4、宽18、厚4～5.6、榫长3.2厘米（图3-12，5；彩版七一，4）。

板瓦　出土较多，大多残损，有陶质素面板瓦、绳纹板瓦、重唇板瓦和白釉板瓦、槽形瓦五种。

素面板瓦　2件。泥质灰陶。前宽后窄，微残，四分瓦，横面弧度较大，瓦身隆起，凸面素面抹光，里面饰布纹。

标本2015HCLT0101②：94，平面呈等腰梯形，瓦沿圆滑，尾端平齐，瓦身两侧切割面平滑、掰离面略粗糙。长28.4、宽15.4～20、厚2厘米（图3-13，1；彩版七一，5）。

绳纹板瓦　4件。泥质灰陶。四分瓦，均残。分三型。

A型　1件。瓦身凸面饰竖向中绳纹，布满乳白色土锈，里面饰布纹，横面弧度较小。

标本2015HCLT0104②：15，瓦头平齐，头端素面，唇上有一排戳印纹。残长12.6、残宽7.2、厚1厘米（图3-13，2；彩版七一，6）。

B型　2件。

标本2015HCLT0104②：18，瓦身凸面饰竖向中绳纹，瓦头平齐，饰斜向中绳纹，里面饰麻点纹，横面弧度较小。残长9.4、残宽7厘米（图3-13，3；彩版七二，1）。

C型　1件。

标本2015HCLT0204②：44，平面呈梯形，横面弧度较大，瓦身隆起，凸面饰稀疏绳纹，里面饰布纹，瓦头圆滑，尾端平齐，瓦身两侧切割、掰离面粗糙。长30、宽15.4～19、厚2厘米

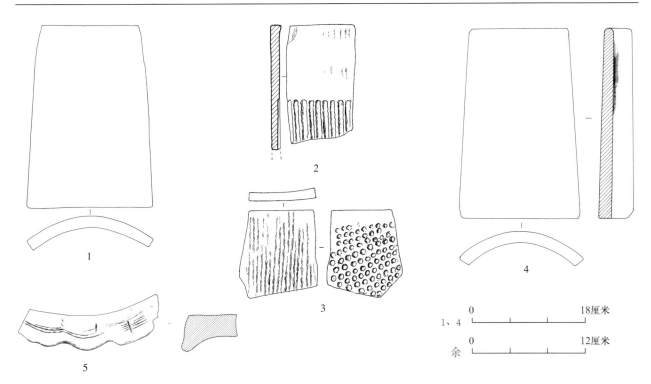

图3-13　鹿盘沟建筑遗址二号台地塔基采集标本

1.素面板瓦2015HCLT0101②：94　2～4.绳纹板瓦2015HCLT0104②：15、18、2015HCLT0204②：44　5.重唇板瓦2015HCLT0304②：4

（图3-13，4；彩版七二，2）。

重唇板瓦　1件。

标本2015HCLT0304②：4，土黄胎，厚重，板瓦上连接波浪形重唇滴水。板瓦唇沿残长14、高3.8、厚2.2厘米（图3-13，5；彩版七二，3）。

白釉板瓦　1件。

标本2015HCLT0202②：20，残半。长方形，微拱，斜切一角，内侧斜削一棱。瓷胎洁白坚致，瓦背施白釉，清透滋润，有小裂纹。腹面光素。残长10.2、宽10.4、厚1.4厘米（图3-14，1；彩版七二，4）。

槽形瓦　1件。

标本2015HCLT0104②：1，斜长方形，残半，土黄色胎，坚致细腻。瓦身底面平整，上面中部挖成凸字形池状，底有×形刻划痕。两长边起脊，外侧通脊，内侧中部与池贯通。通体施釉，外立面施酱黑釉，釉面肥厚光亮。残长16、宽11厘米（图3-14，2；彩版七二，5）。

筒瓦　出土较多，大部分为素面筒瓦，出土1件绳纹筒瓦残块。二分瓦，泥质灰陶。半筒形，前端有瓦舌，瓦身隆起表面有刮抹痕，内壁印有布纹，瓦舌尖圆，瓦身两侧切割、掰离痕迹明显，切面、掰离面略粗糙，尾端齐削。

素面筒瓦　11件。瓦身隆起表面素净，内壁印有布纹，有大中小三种尺寸，其中以中型筒瓦出土数量最多，按尺寸分三型。

A型　2件。形体较大，制作规整。

标本2015HCLT0303②：5，瓦舌唇沿齐平，瓦身两侧切割、掰离痕迹明显，切面、掰离面

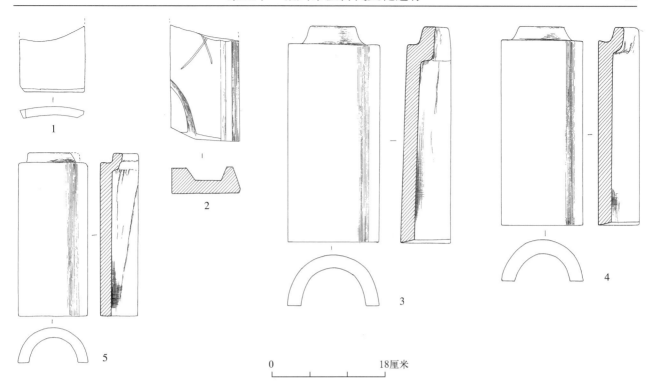

图3-14　鹿盘沟建筑遗址二号台地塔基采集标本

1.白釉板瓦2015HCLT0202②：20　2.槽形瓦2015HCLT0104②：1　3～5.素面筒瓦2015HCLT0303②：5、4、2015HCLT0202②：28

略粗糙，尾端齐削。通长34、瓦身宽14.6、厚约2、瓦舌长2.6、宽7厘米（图3-14，3；彩版七三，1）。

B型　8件。瓦长中等，制作规整。

标本2015HCLT0303②：4，微残，瓦身隆起表面土锈较大。通长31.2、瓦身宽13、厚2.2、瓦舌长2、宽7.2厘米（图3-14，4；彩版七三，2）。

C型　1件。瓦身较小，瓦舌较短。

标本2015HCLT0202②：28，微残，瓦唇唇沿齐平，瓦舌与瓦身连接处略呈沟槽状。通长26、瓦身宽11、厚2、瓦舌长1.5、残宽7厘米（图3-14，5；彩版七三，3）。

绳纹筒瓦　1件。

标本2015HCLT0104②：17，残存前端部分，瓦面饰绳纹，内壁素面，瓦舌较长，瓦唇圆滑，瓦舌与瓦身连接处呈沟槽状，瓦身一侧切割痕迹明显，切面平整，掰离面略粗糙。残长10.2、残宽10.6、厚1.8、瓦舌长3.5、宽7厘米（图3-15，1；彩版七三，4）。

滴水　出土59件。均为泥质灰陶三角形滴水，滴面模印花纹，根据纹饰花样，可分为五型。

A型　36件。宝相花纹。滴水连弧形，滴面模印单框宝相花纹，中间主体花纹重线圆瓣，花心呈骨朵状，上部吐出花蕊，花朵周围散布卷草纹。花纹精细，胎体粗厚，纹饰部分清晰细致，部分模糊。滴水较板瓦略小，板瓦宽头两端各斜切约1厘米与滴水同宽。

标本2015HCLT0101②：17，瓦面粗糙，滴水完整，板瓦长31.6、宽20～16.5、厚2厘米，滴面宽19.5、高7.5、厚2厘米（图3-15，2；彩版七三，5）。

B型　17件。莲花纹。滴面模印莲花或与莲叶组合纹饰。根据花形不同可分为三亚型。

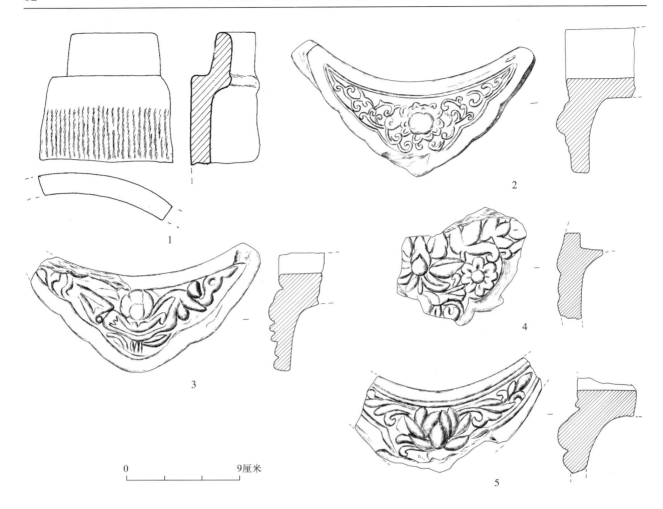

图3-15　鹿盘沟建筑遗址二号台地塔基采集标本

1.绳纹筒瓦2015HCLT0104②：17　2～5.滴水2015HCLT0101②：17、2015HCLT0204②：2、2015HCLT0102②：13、2015HCLT0202②：23

Ba 型　6 件。下缘连弧形，滴面模印荷花含苞半开，周围饰卷草纹。

标本 2015HCLT0204②：2，板瓦残失，纹饰粗拙，较清晰。滴水残宽18.3、高7.7、厚1.5厘米（图3-15，3；彩版七三，6）。

Bb 型　8 件。单细框模印莲花纹，中间荷叶上盛开一朵莲花，两侧各饰一朵小菊花，两端饰草叶纹。滴面略鼓，纹饰粗拙生动。

标本 2015HCLT0102②：13，残宽11.2、残高7.2、厚1.9厘米（图3-15，4；彩版七四，1）。

Bc 型　3 件。滴水单线框模印莲花纹，中间莲花盛开鼓出，花瓣肥大，花型硕美，周围饰卷草纹，胎体粗厚，纹饰拙朴生动。

标本 2015HCLT0202②：23，板瓦与滴水皆残。残存板瓦厚2.2～2.7厘米，滴水残宽13.7、残高6.6、厚1.2～2.8厘米（图3-15，5；彩版七四，2）。

C 型　4 件。菊花纹。土黄色胎，胎质较细，较轻薄。双线框模印菊花纹，主体垂花纹下饰菊花纹，两端饰舒展的菊叶纹。

标本 2015HCLT0102②：3，残半。残宽9、高6、厚2.5厘米（图3-16，1；彩版七四，3）。

D 型　1 件。牡丹花叶纹。

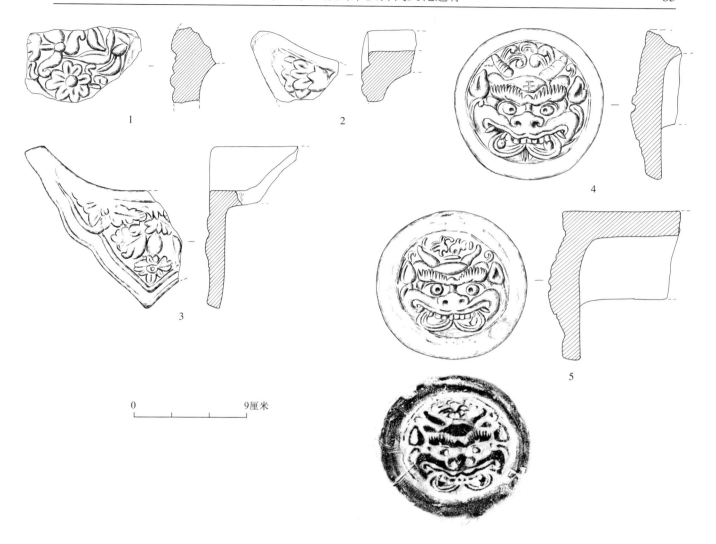

图3-16　鹿盘沟建筑遗址二号台地塔基采集标本

1～3.滴水2015HCLT0102②：3、4、2015HCLT0202②：2　4、5.瓦当2015HCLT0101②：1、6

标本 2015HCLT0102 ②：4，灰陶胎，粗厚，仅存左上角，模印重重叠叠的牡丹花叶纹。残长 7、残高 5.6、厚 1.4 厘米（图 3-16，2；彩版七四，4）。

E 型　1 件。垂花纹。

标本 2015HCLT0202 ②：2，滴面较长，土黄色陶胎，略轻薄，制作精细，双弦纹连弧框内模印垂花纹，两侧花叶肥厚舒展，中间花萼下垂，下方花朵盛开。滴水残宽 12.2、高 9.2 厘米（图 3-16，3；彩版七四，5）。

瓦当　40 件。全部为模印兽面纹，泥质灰陶。圆形。根据纹饰差异可分七型。

A 型　25 件。兽面微凸，顶有鬣发，斜直角，额上有肉，连弓粗眉，眼圆凸瞳内凹，尖耳，塌鼻，龇牙咧嘴，下唇有须。分两亚型。

Aa 型　10 件。兽面略大，角粗壮，额头印刻"王"字。

标本 2015HCLT0101 ②：1，瓦部残失，当面完整，刻字清晰。当面直径 12、厚 1.3～2.4 厘米，兽面直径 9.8 厘米（图 3-16，4；彩版七五，1）。

Ab 型　　15 件。兽面较小，角较尖细，额头无字。瓦背有过火痕。

标本 2015HCLT0101②：6，筒瓦残半，当面完整。瓦身残长 16.8、宽 12.4、厚 2 厘米，内侧切痕 0.3 厘米，当面直径 12、厚 1.4～2.5 厘米，兽面直径 9 厘米（图 3-16，5；彩版七五，2）。

B 型　　10 件。兽面圆鼓，额发内卷，双权尖角，短粗眉，怒目，眼角上扬，尖耳，猪鼻，龇牙咧嘴，下有须，面周有鬓发、鬃毛。边缘饰一周连珠纹。粗厚，普遍磨损严重。

标本 2015HCLT0304②：1，瓦部及兽面均残，磨损严重。筒瓦残长 11、厚 1.9 厘米，当面直径 12、厚 1～3.5 厘米，兽面直径 10 厘米（图 3-17，1；彩版七五，3）。

标本 2015HCLT0202②：1，瓦部基本无存，当面下部残，纹饰较清晰。直径 12、兽面直径 10.3 厘米（图 3-17，2；彩版七五，4）。

C 型　　1 件。

标本 2015HCLT0101②：11，胎质较细，兽面竖角分权，弓眉蹙额，眼窝深陷，怒目圆睁，尖鼻隆起，龇牙咧嘴。面周鬃毛卷曲。筒瓦厚 1.5～1.8 厘米，当面直径 12.2、厚 1.5～2.7 厘米，兽面直径 9.7 厘米（图 3-17，3；彩版七五，5）。

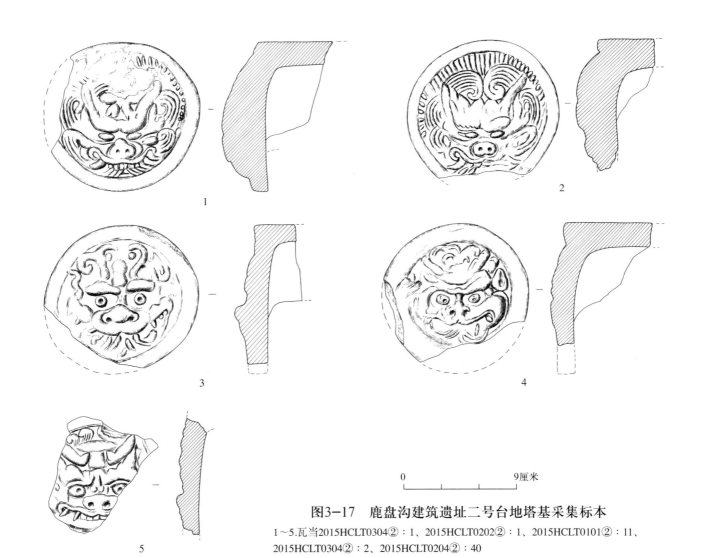

0　　　　　　　9厘米

图3-17　鹿盘沟建筑遗址二号台地塔基采集标本

1～5.瓦当2015HCLT0304②：1、2015HCLT0202②：1、2015HCLT0101②：11、
2015HCLT0304②：2、2015HCLT0204②：40

D 型　1 件。

标本 2015HCLT0304②：2，兽面额顶鬃发，斜直角，额头有肉，连弓眉，怒目圆睁，尖耳，鼻峰凸起，塌鼻，龇牙咧嘴。制作较粗糙。筒瓦厚 2 厘米，当面直径 11.6、厚 1.2～2 厘米，兽面直径 8.5 厘米（图 3-17，4；彩版七五，6）。

E 型　1 件。

标本 2015HCLT0204②：40，残，陶质较细。兽面勾形角，额头有肉，山字形眉，紧蹙相连，怒目圆睁，鼻梁下凹有一对凸起，鼻头微翘。耳部残失。龇牙咧嘴。残宽 9、厚 1.2～2 厘米（图 3-17，5；彩版七六，1）。

F 型　1 件。

标本 2015HCLT0204②：1，制作较粗糙，残存右上部。兽面额顶鬃发，斜直角，额上有肉，连弓眉，圆眼、尖耳、塌鼻，鼻头微翘，龇牙咧嘴。瓦当残径 9、厚 1.7～2 厘米，轮宽 1.5 厘米（图 3-18，1；彩版七六，2）。

G 型　1 件。

标本 2015HCLT0103②：18，瓦当较小。兽面分权斜尖角，连弓眉，圆鼓眼，尖耳，如意形鼻，龇牙咧嘴，下须向两侧飘扬。轮上饰一周连珠纹。当面直径 10、厚 1.2～2.4 厘米，兽面直径 8 厘米（图 3-18，2；彩版七六，3）。

鸱吻　出土残块较多，不可复原。绿釉红陶质，形体高大厚重，龙首鱼身，直筒形。

口部残块　2 件。

标本 2015HCLT0101②：69，鸱吻右侧腭部残件，绿釉，陶胎，腭内有一残牙。残长 12、残宽 11.4、厚 2.4～6 厘米（图 3-18，3；彩版七六，4）。

标本 2015HCLT0101②：84，对侧口角残块，正面有弧状纹饰，背面平整。残长 10.6、残宽

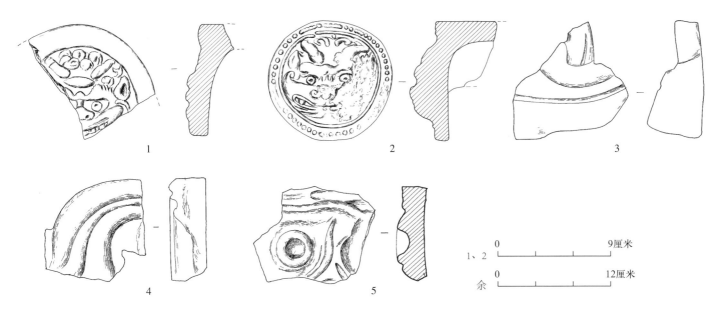

图3-18　鹿盘沟建筑遗址二号台地塔基采集标本

1、2.瓦当2015HCLT0204②：1、2015HCLT0103②：18　3、4.鸱吻口部残块2015HCLT0101②：69、2015HCLT0101②：84　5.鸱吻眼部残块2015HCLT0204②：31

10.6、厚 3.8 厘米（图 3-18，4）。

　　眼部残块　1 件。

　　标本 2015HCLT0204②：31，残存眼珠及眼睑部分，椭圆形，大眼外鼓，瞳仁内凹。残长 13.2、残宽 10 厘米（图 3-18，5；彩版七六，5）。

　　身部残部　2 件。

　　标本 2015HCLT0101②：63，直筒形，尾部上卷弯曲，腹部为层层相叠大 C 字形甲片，两侧为鱼鳞状甲片，体侧边缘饰黄色条带，背颈部光素。颈部须毛后扬。残长 30、残高 11.4 厘米（图 3-19，1；彩版七六，6）。

　　毛发残块　3 件。

　　标本 2015HCLT0204②：37，扇形，表面刻划毛发聚拢成尖。残长 10 厘米（图 3-19，2；彩版七七，1）。

　　标本 2015HCLT0204②：47，颈部残件，表面有腮鳞纹及弧形须毛状纹饰。残长 10.5、残宽 5.5 厘米（图 3-19，3；彩版七七，2）。

　　标本 2015HCLT0101②：76，鱼鳍状，鸱吻背鳍。残长 9.5、残高 9.7 厘米（图 3-19，4；彩版七七，3）。

　　尾部残块　2 件。

　　标本 2015HCLT0103②：15，尾鳍一侧，外翻呈 C 型，表面 6 条出筋，红陶胎已酥烂，外施绿釉。长 15、最宽处 8.5 厘米（图 3-19，5；彩版七七，4）。

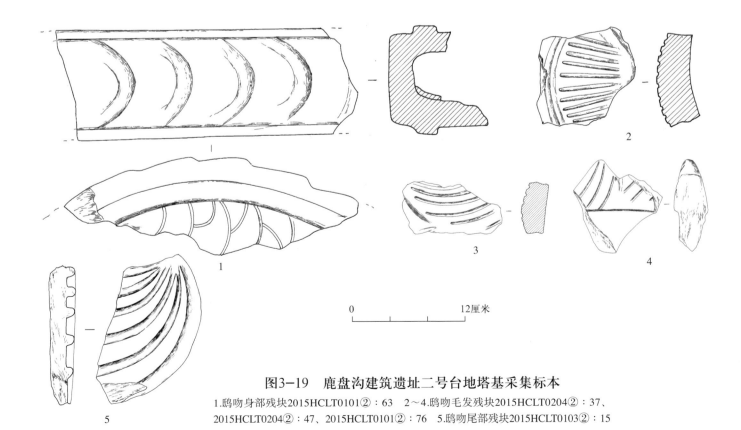

0　　　　　　　　12厘米

图3-19　鹿盘沟建筑遗址二号台地塔基采集标本

1.鸱吻身部残块2015HCLT0101②：63　2～4.鸱吻毛发残块2015HCLT0204②：37、2015HCLT0204②：47、2015HCLT0101②：76　5.鸱吻尾部残块2015HCLT0103②：15

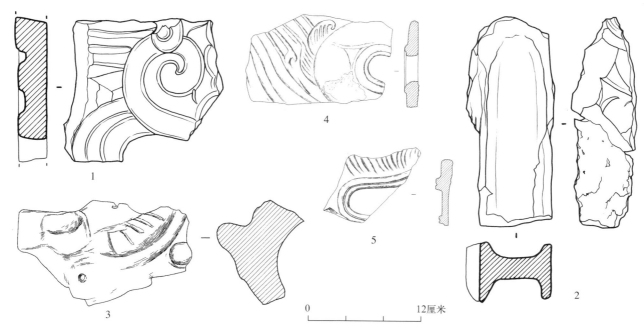

图3-20　鹿盘沟建筑遗址二号台地塔基采集标本

1.鸱吻尾部残块2015HCLT0204②：34　2.鸱吻中部连接板残块2015HCLT0101②：81　3～5.套兽头部残块2015HCLT0101②：85、2015HCLT0204②：46、2015HCLT0204②：49

标本2015HCLT0204②：34，鸱吻尾部与尾鳍连接处，存6条出筋。残长16、宽14厘米（图3-20，1）。

鸱吻中部连接板残块　1件。

标本2015HCLT0101②：81，残片呈"工"字形，鸱吻腔内结构件，外一侧残存鳞片状纹饰。残长22.4、残宽9.4厘米（图3-20，2；彩版七七，5）。

套兽

根据出土残块，套兽有绿釉红陶和灰陶两种。又根据残块造型，可辨套兽有大、小两种规格，推测较大者为殿脊装饰，较小者为塔檐装饰所用。

套兽头部残块　3件。

标本2015HCLT0101②：85，方筒形套兽，存顶部，红胎绿釉，釉面土蚀失色。套兽眼皮突出，眼珠外鼓前视，麻花状眉毛粗壮上扬，头负双角，前鼓后扬，耳部残，头顶有6个圆孔，耳中也有钻孔。残长18、残高11厘米（图3-20，3；彩版七七，6）。

标本2015HCLT0204②：46，套兽右侧腮部残块，红胎绿釉，套兽张嘴、鼓腮、鬃毛后扬，眼部不清，内侧底边有刻划痕，应为便于拼接所制。残长15、残宽9.5厘米（图3-20，4；彩版七八，1）。

标本2015HCLT0204②：49，鬃毛刻划清晰。残长10厘米（图3-20，5；彩版七八，2）。

套兽眼部残块　2件。

标本2015HCLT0204②：48，红胎绿釉，眼皮凸起，眼珠外鼓，刻划生动。残长8厘米（图3-21，1；彩版七八，3）。

标本2015HCLT0204②：33，红胎绿釉，眉毛及眼线凸起，眼珠略鼓。残长8、残宽5.6厘

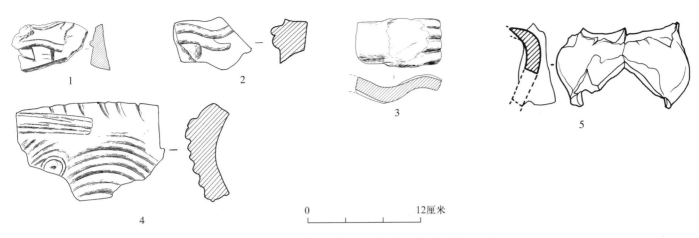

图3-21　鹿盘沟建筑遗址二号台地塔基采集标本

1、2.套兽眼部残块2015HCLT0204②：48、33　3.套兽舌部残块2015HCLT0102②：9　4.套兽左侧颈部残块2015HCLT0101②：68
5.脊兽头部残块2015HCLT0204②：25

米（图3-21，2；彩版七八，4）。

　　套兽舌部残块　1件。

　　标本2015HCLT0102②：9，泥质红陶。前窄后宽，舌根弯曲，略呈"S"形，表面刻划3道凹槽。残长9、残宽5厘米（图3-21，3；彩版七八，5）。

　　套兽左侧颈部残块　1件。

　　标本2015HCLT0101②：68，侧面刻划套兽鬃毛须发，长须后扬，底面刻划腹鳞。套筒内刮抹光滑。残长15、残宽10.2厘米（图3-21，4；彩版七八，6）。

　　脊兽

　　脊兽头部残块　1件。

　　标本2015HCLT0204②：25，土黄色陶胎，外表施绿釉，筒形，两侧有较大泡状凸起，内壁烟熏黑。残宽14厘米（图3-21，5）。

　　脊兽上颌残块　1件。

　　标本2015HCLT0101②：86，红胎绿釉，釉面土蚀失色。残存上颌右半，鼻部残失，腭尖上卷，腭板呈波浪形，颌下有一排方形牙齿。残长11.2、残宽7厘米（图3-22，1；彩版七九，1）。

　　脊兽底部残块　1件。

　　标本2015HCLT0102②：8，泥质灰陶。表面略带弧度，中有钻孔，外侧刻划脊兽须毛。残长13.3、残宽7.5厘米（图3-22，2；彩版七九，2）。

　　海狮残件　2件。

　　标本2015HCLT0202②：79，土黄胎绿釉，残存海狮吻部，闭口，犬齿外露，唇上有乳丁状凸起，腮后鬃毛上卷。残长5.5厘米（图3-22，3；彩版七九，3）。

　　标本2015HCLT0202②：80，海狮前腿残块，作前扑状。残长4.3厘米（图3-22，4）。

　　宝瓶残块　2件。

　　标本2015HCLT0102②：26，土黄色坚硬薄瓷胎，表面施绿釉，内有贴塑痕。残长6.9、残高6、厚0.5～0.7厘米（图3-22，5）。

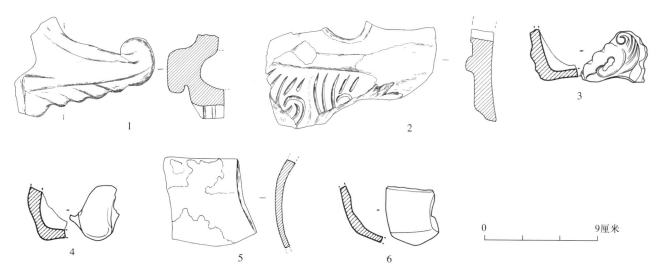

图3-22　鹿盘沟建筑遗址二号台地塔基采集标本

1.脊兽上颌残块2015HCLT0101②：86　2.脊兽底部残块2015HCLT0102②：8　3、4.海狮残件2015HCLT0202②：79、80　5、6.宝瓶残块2015HCLT0102②：26、27

　　标本 2015HCLT0102 ②：27，宝瓶肩部残块，红陶胎，施绿釉，内有轮制细弦纹。残长 4.8、宽 4 厘米（图 3-22，6）。

　　龙形墙面饰　3 件。陶质，长条状，正面中间凸起，背面刻划凹槽，腹部刻划斜线，并间隔突出须毛，背面平。

　　标本 2015HCLT0304 ②：11，残长 10.3、宽 5.3 ～ 9 厘米（图 3-23，1；彩版七九，4）。

　　标本 2015HCLT0203 ②：6，残长 9.5、残宽 4.3 ～ 5 厘米（图 3-23，2）。

　　标本 2015HCLT0304 ②：12，卷曲状。残长 8.8、宽 2 ～ 5 厘米（图 3-23，3；彩版七九，5）。

　　白灰类　遗址堆积中清理出大量石膏泥块，从较大残块来看，应当是砖砌佛塔外层粉装的石膏泥层，起到了隔潮、塑型的作用，同时为题记、彩绘、影塑等装饰提供了载体。

　　题记　出土一方西夏文题记。

　　标本 2015HCLT0202 ②：32，红色长方形题框内西夏文墨书"𘃚𗤶𘄒𗡺𘝞𘂤𘟙𘝢"，译

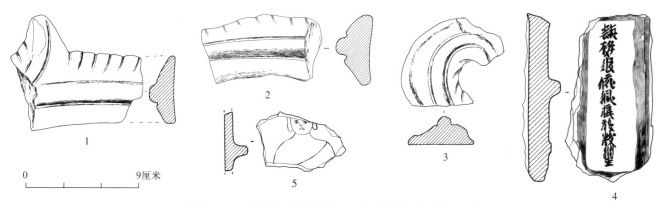

图3-23　鹿盘沟建筑遗址二号台地塔基采集标本

1～3.龙形墙面饰2015HCLT0304②：11、2015HCLT0203②：6、2015HCLT0304②：12　4.题记2015HCLT0202②：32　5.彩绘佛像残块2015HCLT0202②：54

文"庚寅年五月二十三日"，右侧为折角，背面有砖印痕。残长13.2、宽5～7厘米（图3-23，4；彩版七九，6）。

彩绘佛像残块　3件。绘于石膏壁上，均残。佛像呈坐姿，着袒右佛衣，圆脸，目视前方，双唇轻阖，高肉髻，长耳下垂。以绛红色粗线勾勒身体轮廓，口唇点朱，佛衣以绛红色描边。从出土标本来看，勾画较为随意。

标本2015HCLT0202②：53，佛像叠压在二次粉装白灰层下，露出右侧头身部，佛像所在白灰层厚1～1.5厘米，表面光洁细腻，背面有砖印痕，二次粉装白灰层厚0.2～0.6厘米，上边缘绘有红色横栏（彩版八〇，1）。

标本2015HCLT0202②：54，存头肩部。残宽6.5、高4.5、厚0.7厘米（图3-23，5；彩版八〇，2）。

标本2015HCLT0202②：55，存身躯及右臂。残宽4、高8、厚1.6厘米（图3-24，1；彩版八〇，3）。

莲台　14件。均为彩绘仰莲。分二型。

A型　5件。莲瓣饱满，紧贴相连，花瓣以三层描绘，粗墨线勾勒外层，中间颜色难辨，红色描绘芯部，两瓣之间露出一个小重瓣，也以红色点芯。白灰泥块表面平整细腻，绘画处内凹，折角处近150°，背面有砖印痕。

标本2015HCLT0202②：57，表面存大、小莲瓣。残高16.4、残宽13.4、厚4.4厘米（图3-24，2）。

B型　9件。莲瓣宽大，两两相连，莲瓣以宽红线绘画勾勒，内两侧绘双线内卷，中间以卷

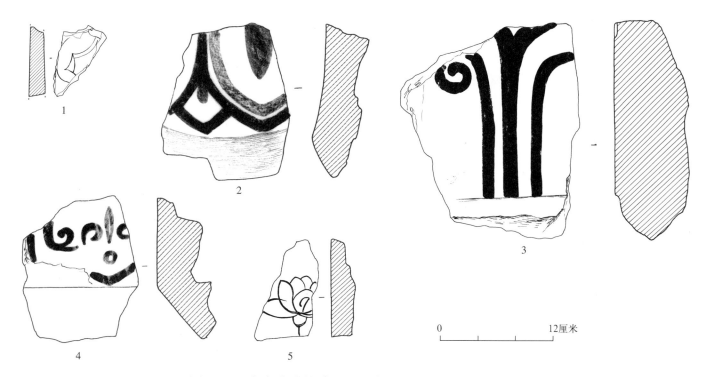

图3-24　鹿盘沟建筑遗址二号台地塔基采集标本

1.彩绘佛像残块2015HCLT0202②：55　2～4.莲台2015HCLT0202②：57、61、62　5.莲花纹2015HCLT0303②：10

草、花叶、宝珠装饰，庄严而柔婉。纹饰绘于首次粉装层上，表面细腻平整，灰块厚重，背面有砖印痕。顶部折角面有红色彩绘。

标本2015HCLT0202②：61，残存两莲瓣相连处。残长23、残宽19、厚5～8厘米（图3-24，3；彩版八〇，4）。

标本2015HCLT0202②：62，残存莲瓣顶部，上方折角约135°。残长15、残宽12、厚2.6～5厘米（图3-24，4）。

莲花纹　2件。

标本2015HCLT0303②：10，红色线绘一枝盛开的莲花，花瓣分上下两重开合，莲蓬座于中央，绘画生动，纹饰绘于首次粉装层上，表面细腻平整，背面有砖印痕。残块宽6、高10、厚1.4～2.6厘米（图3-24，5）。

菊花纹　2件。红色线绘圆瓣菊花，两侧各连一个圆圈，一端连花叶。

标本2015HCLT0202②：56，纹饰绘于首次粉装层上，白灰泥层较厚，背面有砖印痕。残长14.8、残宽10厘米（图3-25，1；彩版八〇，5）。

组合花纹　3件。细红线绘莲花与菊花组合纹饰，绘于红线条框中。

标本2015HCLT0202②：69，残长11.6、残宽4～7、厚1.8～3厘米（图3-25，2；彩版八〇，6）。

连珠纹　2件。

标本2015HCLT0202②：81，红细线绘圆圈纹，以单线相连。纹饰绘于首次粉装层上，背面有砖印痕。长13.5、宽10、厚1.6厘米（图3-25，3）。

标本2015HCLT0202②：82，红细线绘圆圈纹，以双线相连。纹饰绘于首次粉装层上，表面残存两层粉装白灰彩绘层，第二层厚0.2厘米，第三层厚0.27厘米，背面有砖印痕。长7.5、宽7

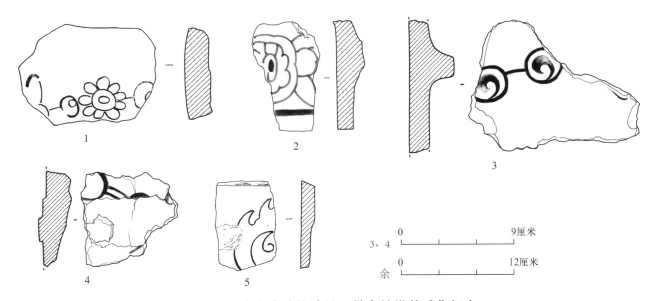

图3-25　鹿盘沟建筑遗址二号台地塔基采集标本

1.菊花纹2015HCLT0202②：56　2.组合花纹2015HCLT0202②：69　3、4.连珠纹2015HCLT0202②：81、82　5.火焰宝珠纹2015HCLT0202②：59

厘米（图3-25，4）。

火焰宝珠纹　3件。红线勾画火焰，中有宝珠，火焰填涂红彩，纹饰绘于首次粉装层上，背面有砖印痕。

标本2015HCLT0202②：59，残长9.6、残宽6.4厘米（图3-25，5）。

影塑　石膏正面模制，背面平，刻划斜线便于粘贴。

佛像头部残块　1件。

标本2015HCLT0202②：33，佛像头部，佛像面容丰颐，略含微笑，高肉髻，长耳下垂，双线勾勒头光。残块宽3.6、高4.2厘米（彩版八一，1）。

佛像身部残块　1件。

标本2015HCLT0202②：34，残存腹部，佛像结跏趺坐于覆莲台上，右臂自然下垂，右手施降魔印，左手置于腹前。背面底部内凹，有二次塑型层。残宽9.5、残高6.5厘米（彩版八一，2）。

兽面　2件。模塑兽面，中间凸起，边缘渐薄，兽面较宽，分叉鹿角，宽眉上扬，杏核眼，眼珠涂黑，眉间有三个乳丁状凸起呈品字形，三角尖耳，隆鼻，咧嘴鼓腮，须上扬，犬齿外露，下唇模糊，兽面整体威严凶猛，塑造生动。

标本2015HCLT0202②：39，残宽19、残高13厘米（图3-26，1；彩版八一，3）。

莲瓣　4件。仰莲瓣，形体宽大，双线勾勒，莲尖内倭，内线上卷，中间装饰一个橄榄形小花尖。

标本2015HCLT0202②：43，莲瓣上连地层白灰。残高17、残宽14、厚1.8～3.6厘米（图3-26，2；彩版八一，4）。

卷云纹　1件。

标本2015HCLT0202②：49，中间呈涡形，表面圆润柔和，中间红彩添绘。残长10、宽8、厚2厘米（图3-26，3；彩版八一，5）。

莲花宝珠火焰纹　2件。纹饰分三部分，底层莲花座，上承三枚宝珠呈品字形，宝珠周围及

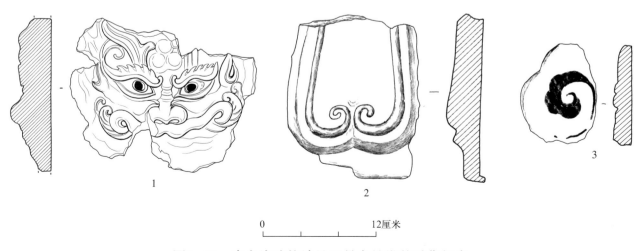

图3-26　鹿盘沟建筑遗址二号台地塔基采集标本
1.兽面2015HCLT0202②：39　2.莲瓣2015HCLT0202②：43　3.卷云纹2015HCLT0202②：49

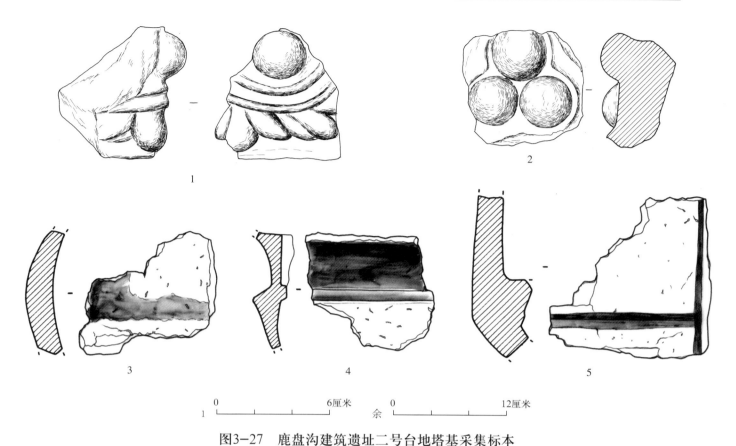

图3-27 鹿盘沟建筑遗址二号台地塔基采集标本

1、2.莲花宝珠火焰纹2015HCLT0202②：36、37 3.拱形残块2015HCLT0202②：83 4.折尺形残块2015HCLT0202②：84 5.八角形残块2015HCLT0202②：85

上方围绕火焰纹，纹饰立体感强，装饰于塔身折角处。

标本 2015HCLT0202②：36，残长6、残高6.9厘米（图3-27，1；彩版八一，6）。

标本 2015HCLT0202②：37，残长12、残高12厘米（图3-27，2）。

拱形残块 1件。

标本 2015HCLT0202②：83，白灰泥块较厚，表面拱形，背面略平，有麦草秸秆印痕。高13、宽12、厚1～3厘米（图3-27，3；彩版八二，1）。

折尺形残块 1件。

标本 2015HCLT0202②：84，折尺形，凹面涂红彩，背面有砖印痕。长13、宽12、厚1～3厘米（图3-27，4；彩版八二，2、3）。

八角形残块 1件。

标本 2015HCLT0202②：85，八角形一角，边棱涂红彩，背面有砖印痕。宽16、高16、厚3.6～6厘米（图3-27，5；彩版八二，4）。

四角形残块 1件。

标本 2015HCLT0202②：86，四角形一角，略大于90°，边棱涂红彩，背面有砖印痕。宽5～5.3、高6.4、厚1.4～2.3厘米（图3-28，1；彩版八二，5）。

佛像螺发 1件。

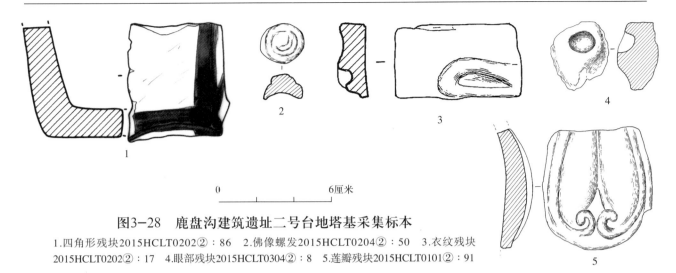

图3-28　鹿盘沟建筑遗址二号台地塔基采集标本

1.四角形残块2015HCLT0202②：86　2.佛像螺发2015HCLT0204②：50　3.衣纹残块
2015HCLT0202②：17　4.眼部残块2015HCLT0304②：8　5.莲瓣残块2015HCLT0101②：91

　　标本 2015HCLT0204②：50，泥质，螺形，直径 2.1 ～ 2.3、高 1.3 厘米（图 3-28，2；彩版八三，1）。

　　衣纹残块　1 件。

　　标本 2015HCLT0202②：17，细红泥质，塑衣纹褶皱，表面敷白灰后施彩，背面印有布纹。残长 6.8、残高 3.8 ～ 4、厚 1.4 ～ 1.6 厘米（图 3-28，3；彩版八三，2）。

　　眼部残块　1 件。

　　标本 2015HCLT0304②：8，泥塑圆形眼珠，瞳孔内凹。长 4、宽 2.4 厘米（图 3-28，4；彩版八三，3）。

　　莲瓣残块　2 件。

　　标本 2015HCLT0101②：91，夹砂红泥塑，仰莲瓣，肥厚圆润，边缘内卷，中有凹槽。残高 6.2、宽 5.7、厚 0.7 ～ 1.7 厘米（图 3-28，5；彩版八三，4）。

　　影塑花草纹　1 件。

　　标本 2015HCLT0304②：13，模制卷草花卉纹，泥质，表面敷白灰层，背面平整。残片 12.4、宽 8.4 厘米（图 3-29，1；彩版八三，5）。

　　佛塔残块　1 件。

　　标本 2015HCLT0202②：47，仅存肩部，夹砂红胶泥捏塑，外表磨光，圆形、平顶、丰肩，顶部有圆孔，顶部粘有白灰，肩部有白灰流痕，内有泥塑指痕。残宽 12、残高 10.4、厚约 2 厘米，孔径 5 厘米（图 3-29，2；彩版八三，6）。

　　塔刹残块　2 件。

　　标本 2015HCLT0202②：48，夹砂红胶泥塑，高圆筒状，底部饰一圈凸棱，刻划斜线纹，中部略细，上部又细，表面光素，通体刷白灰，内部中空，有插木柱痕。残高 16、底径 12 厘米（图 3-29，3；彩版八三，6）。

　　莲瓣残件　1 件。

　　标本 2015HCLT0303②：2，夹砂红胶泥塑莲台莲瓣，筒形，顶端花叶形，正面中部贴塑残失，上下边缘刻划斜线，内腔原安插木棍。残长 15、宽 6.5 厘米（图 3-29，4）。

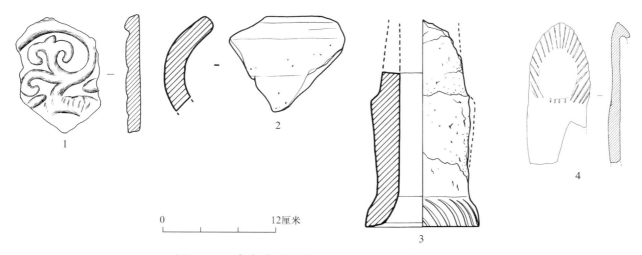

图3-29 鹿盘沟建筑遗址二号台地塔基采集标本

1.影塑花草纹2015HCLT0304②：13　2.佛塔残块2015HCLT0202②：47　3.塔刹残块2015HCLT0202②：48　4.莲瓣残件2015HCLT0303②：2

擦擦　作为佛教供奉之物，常藏于塔中，本次发掘在四座佛塔塔基中发现擦擦遗存，其中T3基址中擦擦保存数量众多且保存较好，T4砌砖中夹有4枚擦擦，全部残碎变形，未提取，T5中残存擦擦全部压碎，形制难辨，T7中出土描金彩绘擦擦保存较好。由于质地不同，以下对T3和T7出土擦擦分别进行描述。

T7出土擦擦16件，均为有掺杂白色颗粒物的砂土胎，略疏松，上部表面涂金粉下部彩绘装饰。根据上部模印造型不同分为二型。

A型　10件。脱模部分呈覆钟形，下半部模印4层小塔，加上擦擦本身共108座塔，上半部涂金粉。根据上部收分弧度及下部装饰分为两亚型。

Aa型　4件。上半部内凹。

标本2015HCLT0303②：11，肩上有戳孔，底径4.5、腹径7.5、高12厘米（图3-30，1；彩版八四，1）。

Ab型　6件。上半部斜收，表面涂红彩后施金粉，下半部以红色为地，彩绘双重莲瓣纹，莲瓣以墨线勾勒，白色填涂，中心涂红色。

标本2015HCLT0303②：75，底径4.5、腹径7.5、残高7.8厘米（图3-30，2；彩版八四，2）。

B型　6件。上半部脱模部分呈十字折角四塔形，表面涂红彩后施金粉，底座彩绘双重莲瓣纹，根据莲瓣绘制方式不同分为两亚型。

Ba型　3件。白色勾勒莲瓣，内以黑色套绘，中间留白，黑色涂芯。

标本2015HCLT0303②：76，底径7.8、腹径11、高12.5厘米（图3-30，3）。

Bb型　3件。白色勾勒莲瓣，中间留白，黑色涂芯。

标本2015HCLT0303②：78，底径7.2、腹径11.6、残高12厘米（图3-30，4；彩版八四，3）。

T3出土擦擦为较纯净的紫泥胎，分量较重。经辨认，擦擦上半部均为模印十字折角四塔形，表面未经涂饰。根据擦擦大小可分为三亚型。

Aa型　形体略大，底座低矮，顶部印方框纹，肩部印一周梵文。

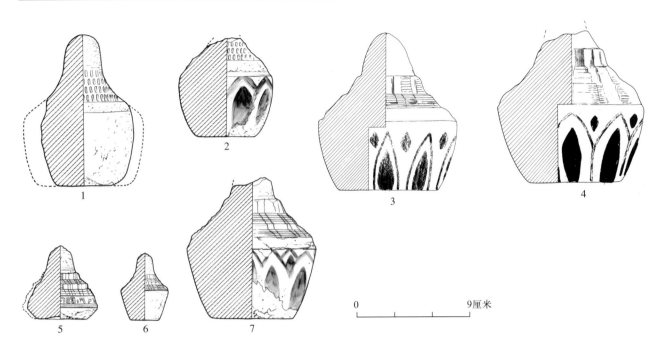

图3-30　鹿盘沟建筑遗址二号台地塔基采集标本

1～7.擦擦2015HCLT0303②：11、75、76、78、2015HCLT0202②：72、73、76

标本2015HCLT0202②：72，底径4、腹径5.5、高5.8厘米（图3-30，5；彩版八四，4）。

Ab型　形体略小，脱模部分高于底座，肩部印两周弦纹。

标本2015HCLT0202②：73，底径2.2、腹径3.9、高5.4厘米（图3-30，6；彩版八四，5）。

Ac型　形体略小，脱模部分与底座高度相近，顶部印方框纹，肩部印两周弦纹。

标本2015HCLT0202②：76，底径6.5、腹径10.2、高11.1厘米（图3-30，7；彩版八四，6）。

陶器　出土陶器有灰陶和釉陶两种。

陶罐　1件。

标本2015HCLT0204②：5，口沿。泥质灰陶。敛口，圆唇，外有双台沿，圆肩，灰陶质。残长9.2、残宽4.4厘米（图3-31，1）。

陶瓶残片　2件。

标本2015HCLT0202②：15，玉壶春瓶口沿，小口外侈，土黄色陶胎，内外壁施孔雀绿釉。口径5、残高2.5厘米（图3-31，2）。

标本2015HCLT0202②：14，瓶肩颈部。溜肩，内外壁有轮制弦纹，外壁施孔雀绿釉，釉层大部分剥落，剥落处呈水波纹。残宽8、高6厘米（图3-31，3）。

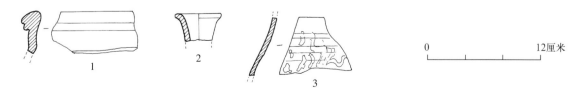

图3-31　鹿盘沟建筑遗址二号台地塔基采集标本

1.陶罐2015HCLT0204②：5　2、3.陶瓶残片2015HCLT0202②：15、14

瓷器 出土瓷器残片共计 45 件。釉色主要有白瓷、青瓷、青白瓷、茶叶末釉瓷和酱釉（黑釉瓷），器形有碗、盘、钵、盆、罐、匣钵等。

碗 采集标本有碗底、口沿、腹片，根据碗底及部分腹部可分为高足碗、平底斜壁碗、曲腹碗、垂腹碗 4 种。

青釉盘 仅出土 2 件。皆为青瓷，可分为曲腹盘和折腹盘。

标本 2015HCLT0204 ②：41，斜弧腹，圈足，挖足微过肩，足沿平，平底。灰白色胎，施青釉，釉色发黄。足径 6.6 厘米（图 3-32，1；彩版八五，1）。

标本 2015HCLT0101 ②：60，折腹，矮圈足，挖足过肩，足沿平，平底。灰白色胎，内壁施青釉。足径 6、残高 1.8 厘米（图 3-32，2）。

青釉盆腹片 1 件。

标本 2015HCLT0204 ②：18，灰白色胎，内壁施青釉，戳印半圆圈纹，外壁施酱釉，釉层轻薄。残高 4.8、残宽 6.6 厘米（图 3-32，3；彩版八五，2）。

青釉插器 1 件。

标本 2015HCLT0202 ②：5，口沿残失，斜弧壁，喇叭形圈足。白瓷胎，内外施透明釉，呈淡青色，釉面有芝麻大小开片，窜烟发灰。足内无釉。内底有小孔。足径 5、残高 6 厘米（图 3-32，4；彩版八五，3）。

青釉器底 1 件。

标本 2015HCLT0204 ②：11，底座形，底部碎裂粘连，白瓷胎，通体施青釉，凸起处泛白，积釉处呈青黄色。底径 8、残高 5.8 厘米（图 3-32，5；彩版八五，4）。

白釉碗 1 件。

标本 2015HCLT0203 ②：16，弧腹，圈足，足内外修挖较深，器底较薄，足沿齐平。灰白胎，内外壁施白釉，腹部内外部皆以酱色绘双弦纹，内底画花。足径 5.8、残高 3.2 厘米（图 3-33，1；彩版八五，5）。

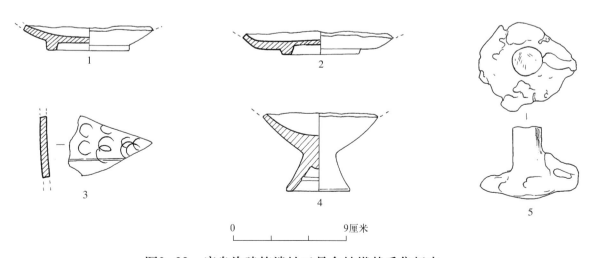

图3-32 鹿盘沟建筑遗址二号台地塔基采集标本

1、2.青釉盘2015HCLT0204②：41、2015HCLT0101②：60 3.青釉盆腹片2015HCLT0204②：18 4.青釉插器2015HCLT0202②：5
5.青釉器底2015HCLT0204②：11

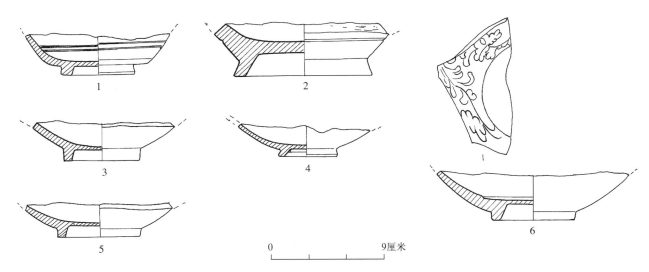

图3-33　鹿盘沟建筑遗址二号台地塔基采集标本

1.白釉碗2015HCLT0203②：16　2～4.白釉碗底2015HCLT0204②：8、2015HCLT0304②：10、2015HCLT0204②：7　5.茶叶末釉碗
2015HCLT0203②：9　6.青黄釉碗2015HCLT0104②：7

　　白釉碗底　3件。弧腹，矮圈足，挖足过肩。

　　标本2015HCLT0204②：8，形体较大。白瓷胎，胎体粗厚，弧壁，内平底。内壁施透明釉，有开片，积釉处呈淡青绿色。足径11、残高4厘米（图3-33，2）。

　　标本2015HCLT0304②：10，内壁施化妆土罩白釉，釉色粉白略泛青，内底有砂圈。外壁未施釉。足径6、残高3厘米（图3-33，3）。

　　标本2015HCLT0204②：7，内壁施化妆土罩白釉，釉色发灰，内底有砂圈。外壁未施釉，有窑汗及火石红色。足径4.8、残高2.4厘米（图3-33，4）。

　　茶叶末釉碗　1件。

　　标本2015HCLT0203②：9，斜弧腹，矮圈足，挖足过肩，底薄。土黄色胎，内壁施茶叶末釉，呈黄绿色，内底刮涩圈，外壁近足处无釉，呈火石红色。足径6.6、残高2.6厘米（图3-33，5；彩版八五，6）。

　　青黄釉碗　1件。

　　标本2015HCLT0104②：7，弧壁，矮圈足，挖足较深，底较薄，灰白胎，内壁模印牡丹花叶纹，内外壁施青黄色釉，内底刮涩圈修平，足沿粘砂粒。足径6.6、残高4.3厘米（图3-33，6；彩版八六，1）。

　　酱釉钵　1件。

　　标本2015HCLT0104②：13，直口微敛，厚唇，圆腹，颈斜收。土黄色胎，内外壁施酱釉，内壁釉色较深，外壁饰弦纹，釉色较浅，施半釉。残长10.3、残宽11厘米（图3-34，1）。

　　酱釉瓜棱罐　1件。

　　标本2015HCLT0104②：4，八棱形，圆腹，近底部弧收，矮圈足。灰白色胎含砂粒，内外壁施酱釉，釉面光亮，内壁釉面窑变产生蓝斑，底部积釉与叠烧器粘连。足径10、残高12.6厘米（图3-34，2；彩版八六，2）。

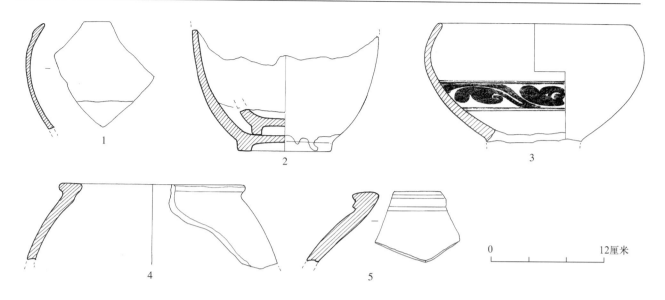

图3-34　鹿盘沟建筑遗址二号台地塔基采集标本

1.酱釉钵2015HCLT0104②：13　2.酱釉瓜棱罐2015HCLT0104②：4　3～5.酱釉罐2015HCLT0103②：7、2015HCLT0101②：53、2015HCLT0203②：7

酱釉罐　3件。

标本2015HCLT0103②：7，圆肩，弧腹斜收，灰白胎，内外壁施酱釉，口沿刮釉，内壁腹部装饰一周剔刻缠枝花纹，外壁施半釉。口径20.4、残高12.6厘米（图3-34，3；彩版八六，3）。

标本2015HCLT0101②：53，平沿，溜肩，圆腹，土黄色胎，内壁及口沿施酱茶色釉，外壁有流釉痕。口径20、残高8.4厘米（图3-34，4；彩版八六，4）。

标本2015HCLT0203②：7，唇外侧有凹槽，外壁施酱釉，内光素。残长9、残宽7.6厘米（图3-34，5；彩版八六，5）。

酱釉罐肩部　3件。

标本2015HCLT0204②：17，双耳罐，方唇，直领，丰肩，肩上贴条形耳。浅灰色胎，内外壁施酱黑色釉，釉面光亮。口径8.2、残高5厘米（图3-35，1；彩版八六，6）。

标本2015HCLT0204②：16，斜肩，圆弧腹，肩上贴竖纹条形耳。灰白胎，外壁施酱釉，釉色光亮，内壁光素。残长8.6、残宽5.6厘米（图3-35，2）。

标本2015HCLT0101②：55，直领，圆肩微鼓，肩上有条形耳。土黄色胎，外壁施茶叶末釉，

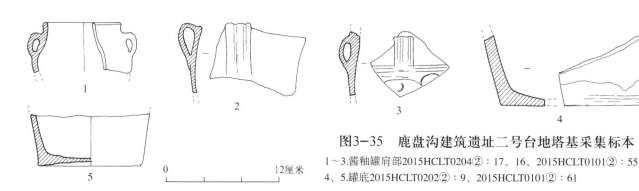

图3-35　鹿盘沟建筑遗址二号台地塔基采集标本

1～3.酱釉罐肩部2015HCLT0204②：17、16、2015HCLT0101②：55
4、5.罐底2015HCLT0202②：9、2015HCLT0101②：61

腹部剔刻花纹。残长 7、宽 8.2 厘米（图 3-35，3；彩版八七，1）。

罐底　6 件。有平底、圈足、内凹足三种。

标本 2015HCLT0202②：9，直壁斜收，平底，灰白胎，外壁施酱釉未及底，内壁光素。残高 7.2 厘米（图 3-35，4）。

标本 2015HCLT0101②：61，腹斜收，足微撇，足内略凹，底心较薄。灰白胎，外壁施酱釉至底，内壁光素。底径 11、残高 5.2 厘米（图 3-35，5）。

标本 2015HCLT0303②：1，内底凹，圈足窄，胎较粗，外壁施釉未及底，底径 9.4、残高 7.4 厘米（图 3-36，1）。

酱釉碗底　1 件。

标本 2015HCLT0101②：57，弧壁，圜底，圈足，挖足较深，底极薄，足沿外侧修圆。内壁施酱釉，刮涩圈。足径 7.4、残高 2.8 厘米（图 3-36，2）。

瓶口沿　1 件。

标本 2015HCLT0101②：52，椭圆形直口，外有台沿，短颈，丰肩。口径 4.4、残高 5.2 厘米（图 3-36，3）。

黑釉碗　1 件。

标本 2015HCLT0104②：10，斜直壁，内底平，矮圈足，挖足过肩，足部粘较多砂粒。内壁施黑釉，釉面光亮，内底刮涩圈，外壁及足内无釉，有窑汗及火石红色。足径 7、残高 2.9 厘米（图 3-36，4；彩版八七，2）。

黑釉钵　1 件。

标本 2015HCLT0204②：14，敛口，卷沿，丰肩，斜腹。灰白胎，内外壁施黑釉，釉面光亮，外壁施半釉，饰三道凸弦纹。口径 21、残高 6 厘米（图 3-36，5；彩版八七，3）。

黑釉罐　2 件。

标本 2015HCLT0204②：12，卷沿，唇外侧有凹槽，平肩，圆腹。灰白胎，外壁施酱黑釉，内壁光素。口径 14、残高 5.4 厘米（图 3-37，1；彩版八七，4）。

标本 2015HCLT0203②：8，圆唇，鼓腹。灰白胎，内外壁施酱釉，外壁饰两重三道刮釉凹弦纹。残长 6.8、宽 6.6 厘米（图 3-37，2；彩版八七，5）。

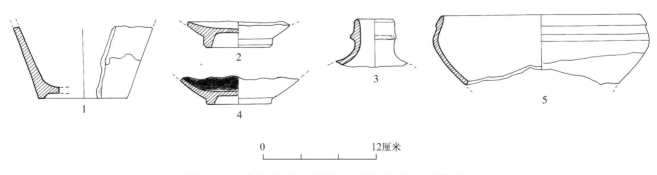

图3-36　鹿盘沟建筑遗址二号台地塔基采集标本

1.罐底2015HCLT0303②：1　2.酱釉碗底2015HCLT0101②：57　3.瓶口沿2015HCLT0101②：52　4.黑釉碗2015HCLT0104②：10　5.黑釉钵2015HCLT0204②：14

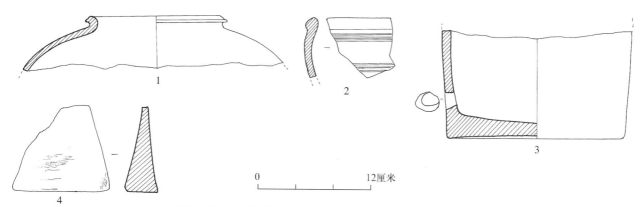

图3-37　鹿盘沟建筑遗址二号台地塔基采集标本

1、2.黑釉罐2015HCLT0204②：12、2015HCLT0203②：8　3.匣钵2015HCLT0104②：3　4.砚台2015HCLT0103②：9

匣钵　1件。

标本2015HCLT0104②：3，直筒型，平底，残半。浅灰白色瓷胎，细腻坚致。壁近底部有一圆形戳孔，外壁有较重的褐色窑汗。外底粘耐火砂及瓷渣，内底有釉点及器物粘痕。匣钵底径19、残高10.8、壁厚1、底厚1.4～2.8厘米（图3-37，3；彩版八七，6）。

砚台　1件。

标本2015HCLT0103②：9，三角形，青石质，中间斜凹。长10.4、高9.2厘米（图3-37，4；彩版八八，1）。

花叶纹铜片　1件。

标本2015HCLT0203②：14，圆边，一面平素，一面有花叶纹图案。残长5、厚0.5厘米（彩版八八，2）。

铜钱　共计13枚，其中采集2枚。

咸平元宝　1枚。

标本2015HCLT0203②：25，小平钱，真书，旋读，背部有星。直径2.4、穿径0.56、郭厚1.3厘米，重4.31克（图3-38，1；彩版八八，3）。

祥符元宝　1枚。

标本2015HCLT0302②：9，小平钱，真书，旋读，光背。直径2.6、穿径0.55、郭厚0.13厘米，重4.11克（图3-38，2；彩版八八，4）。

景祐元宝　1枚。

标本2015HCLT0203②：23，小平钱，行书，旋读，光背，穿呈"中"字形。直径2.5、穿径0.47～0.67、郭厚0.14厘米，重4.60克（图3-38，3；彩版八八，5）。

熙宁元宝　1枚。

标本2015HCLT0204②：52，小平钱，篆书，旋读，光背。直径2.4、穿径5.5～5.7、郭厚1.4厘米，重4.30克（图3-38，4）。

元丰通宝　2枚。

标本2015HCLT0202②：31，小平钱，篆书，旋读，光背。直径2.4、穿径0.67、郭厚0.15厘米，重3.83克（图3-38，5）。

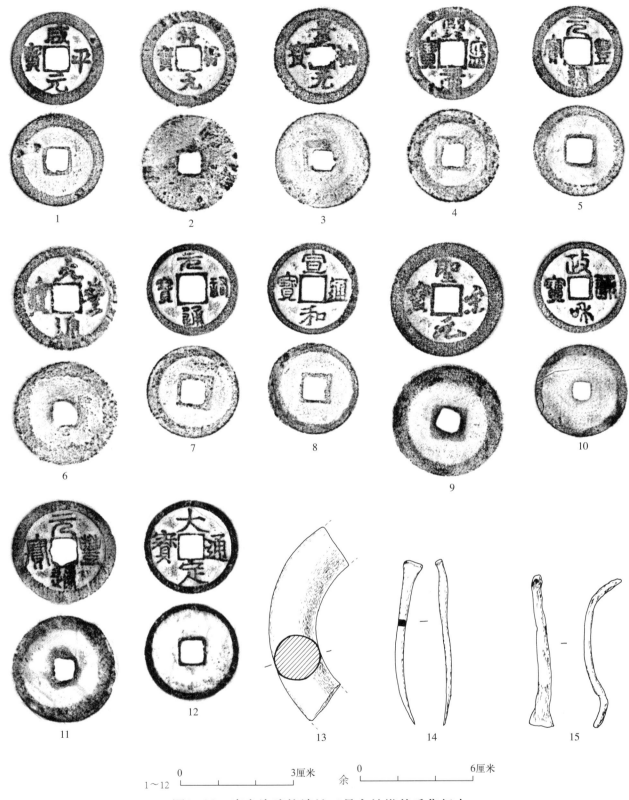

图3-38　鹿盘沟建筑遗址二号台地塔基采集标本

1.咸平元宝2015HCLT0203②：25　2.祥符元宝2015HCLT0302②：9　3.景祐元宝2015HCLT0203②：23　4.熙宁元宝2015HCLT0204②：52
5、6.元丰通宝2015HCLT0202②：31、2015HCLT0302②：8　7.元祐通宝2015HCLT0103②：22　8.宣和通宝2015HCLT0202②：30
9.圣宋元宝2015HCLT0202②：29　10.政和通宝2015HCLT0204②：51　11.元丰通宝2015HCL采集：2　12.大定通宝2015HCL采集：1
13.铁环2015HCLT0203②：10　14.方形铁钉2015HCLT0203②：11　15.扁方形铁钉2015HCLT0203②：21

标本 2015HCLT0302 ②：8，折二钱，行书，旋读，光背。直径 2.8、穿径 0.6、郭厚 0.17 厘米，重 5.73 克（图 3-38，6）。

元祐通宝　2 枚。

标本 2015HCLT0103②：22，小平钱，"元""通"为篆体，"祐""宝"为行体，旋读，光背。直径 2.4、穿径 0.62、郭厚 0.12 厘米，重 3.78 克（图 3-38，7）。

标本 2015HCLT0203②：24，小平钱，"元""通"为篆体，"祐""宝"为行体，旋读，花穿，光背。直径 2.3、穿径 0.51 ～ 0.57、郭厚 0.15 厘米，重 4.25 克。

宣和通宝　1 枚。

标本 2015HCLT0202②：30，小平钱，隶书，瘦金体，直读，光背。直径 2.4、孔径 0.56、郭厚 0.14 厘米，重 3.53 克（图 3-38，8；彩版八八，6）。

圣宋元宝　1 枚。

标本 2015HCLT0202②：29，折二钱，行书，阔轮，光背，旋读。直径 3、穿径 0.6、轮宽 0.4、郭厚 0.15 厘米，重 7.63 克（图 3-38，9）。

政和通宝　1 枚。

标本 2015HCLT0204②：51，小平钱，篆书，直读，背平。直径 2.46、穿径 0.44、郭厚 0.14 厘米，重 4.09 克（图 3-38，10；彩版八八，7）。

另采集铜钱 2 枚，其中 1 枚北宋钱，1 枚金钱。

元丰通宝　1 枚。

标本 2015HCL 采集：2，折二钱，篆书，旋读，花穿，光背。直径 2.8、穿径 0.56、郭厚 0.18 厘米，重 7.12 克（图 3-38，11）。

大定通宝　1 枚。

标本 2015HCL 采集：1，小平钱，仿瘦金体，直读，光背。直径 2.5、穿径 0.6、郭厚 0.15 厘米，重 3.53 克（图 3-38，12；彩版八八，8）。

铁环　1 件。

标本 2015HCLT0203②：10，残，实心，扁圆柱状，两侧有范缝痕迹。残长 9.6、直径 2.5 厘米（图 3-38，13）。

方形铁钉　14 枚。方形钉身，钉头捶扁偏向一侧，钉尖锋利。

标本 2015HCLT0203②：11，表层剥落。长 8.7 厘米（图 3-38，14）。

扁方形铁钉　1 枚。

标本 2015HCLT0203②：21，扁方形钉身，锈蚀严重。长 8 厘米（图 3-38，15）。

2.二号台地二级台地试掘

二级台地位于二号台地发掘区南侧，高差约 10 米，北部为自西向东渐低的三级台地，南部平缓地带可见石墙遗迹，为搞清在这一区域遗迹情况，在北侧试掘两条探沟、南侧试掘一座房址。

（1）探沟

TG1

分布在东西向三级台地上，东西向，总长 35、宽 1.5 米。依地形分三段发掘（图 3-39）。

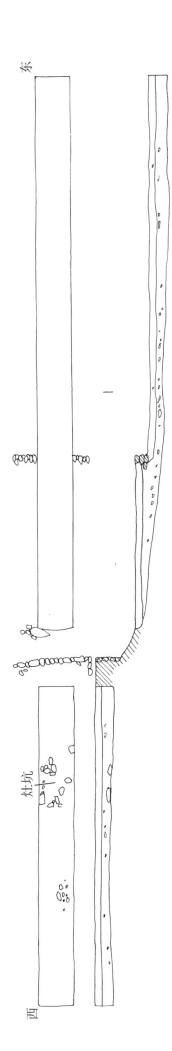

东

西

灶坑

0

450厘米

图3-39 鹿盘沟建筑遗址二号台地二级台地探沟TG1平、剖面图

西段：长 13 米。①层为表土层，黄褐色耕土层，厚 0.3～0.4 米，土质较松软，包含较多小石块。出土少量酱釉瓷片、瓦当 1 件、铜钱 18 枚。②层为文化层，土质较硬，土色灰白，探沟西南角清理出一座石灶遗迹，形制较为简陋，基本呈长方形，长 0.8、宽 0.5 米，灶门位于南侧偏东，宽 0.18 米，火塘深 0.25 米，其内堆积草木灰厚 0.05 米，火塘北部有红烧土，火塘西北角有石片立砌烟道口，宽 0.15 米。灶膛内清理出兽牙 3 枚，铜钱 10 枚，烟道处清理出铜钱 20 枚。②层下为原生土层，土质坚硬发白，包含石片、石砾，无文化遗物。

中段：长 7 米。①层为黄褐色耕土层，厚约 0.3～0.4 米；②层包含少量碎瓷片及少量碎动物骨。②层下为原生土层。

东段：长 15 米。①层为黄褐色耕土层，厚 0.4 米，土质较松软，包含少量碎石块，出土少量褐釉瓷片。②层厚 0.5～0.7 米，出土少量白瓷片、酱釉瓷片，兽骨 1 件，有砍砸痕。

TG1 出土遗物主要为瓷片与 30 枚铜钱。

酱釉经瓶腹片　1 件。

标本 2015HCLG1②：3，灰白胎，外壁施酱釉，阳刻牡丹花叶纹。残片长 13.2、宽 6.2 厘米（图 3-40，1）。

磨石　1 件。

标本 2015HCLG1：5，青灰色砂岩材质，表面平整，使用痕迹明显，表面有油污，另一面较粗糙。残长 9.6、残宽 10、厚 0.6～2.2 厘米（图 3-40，2；彩版八九，1）。

铜鍑残片　1 件。

标本 2015HCLG1：6，外壁微弧，锈蚀严重，有烟熏痕迹，口沿下有一道凸棱，内壁光滑。残长 8、残高 6.2 厘米（图 3-40，3；彩版八九，2）。

开元通宝　2 枚。

标本 2015HCLG1②：10，小平钱，隶书，“元”字第二横末端上挑，直读，光背。直径 2.5、穿径 0.7、郭厚 1.3 厘米，重 3.02 克（图 3-40，4）。

标本 2015HCLG1②：11，小平钱，“元”字第二横前端上扬。直径 2.5、穿径 0.67、郭厚 0.12 厘米，重 3.15 克（图 3-40，5）。

太平通宝　1 枚。

标本 2015HCLG1②：9，小平钱，楷书，直读，光背。直径 2.4、穿径 0.56、郭厚 0.1 厘米，重 2.53 克（图 3-40，6；彩版八九，3）。

咸平元宝　1 枚。

标本 2015HCLG1②：35，小平钱，楷书，旋读，光背。直径 2.48、穿径 0.56、郭厚 0.11 厘米，重 3.70 克（图 3-40，7；彩版八九，4）。

明道元宝　1 枚。

标本 2015HCLG1②：33，小平钱，篆书，旋读，光背，“明”上有三角形豁口。直径 2.6、穿径 0.6、郭厚 0.13 厘米，重 4.12 克（图 3-40，8）。

景祐元宝　2 枚。

标本 2015HCLG1②：32，小平钱，篆书，旋读，光背。直径 2.5、穿径 0.5、郭厚 0.1 厘米，

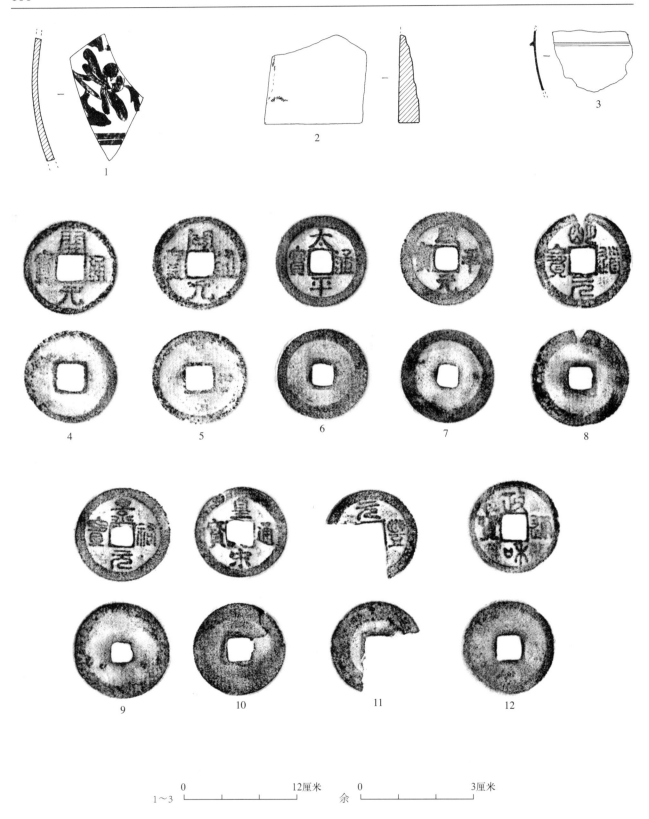

0　　　　　　　12厘米　　　0　　　　　　　3厘米

1～3　　　　　　　　　　　　　　　余

图3-40　鹿盘沟建筑遗址二号台地二级台地探沟采集标本

1.酱釉经瓶腹片2015HCLG1②：3　2.磨石2015HCLG1：5　3.铜鍑残片2015HCLG1：6　4、5.开元通宝2015HCLG1②：10、11　6.太平通宝2015HCLG1②：9　7.咸平元宝2015HCLG1②：35　8.明道元宝2015HCLG1②：33　9.景祐元宝2015HCLG1②：32　10.皇宋通宝2015HCLG1②：7　11.元丰通宝2015HCLG1②：24　12.政和通宝2015HCLG1②：26

重 2.48 克（图 3-40，9）。

皇宋通宝 5 枚。

标本 2015HCLG1②：7，小平钱，楷书，直读，光背。直径 2.45、穿径 0.6、郭厚 0.12 厘米，重 3.49 克（图 3-40，10）。

元丰通宝 2 枚。

标本 2015HCLG1②：24，小平钱，篆书，旋读。直径 2.48、穿径 0.6、郭厚 0.16 厘米，残重 2.55 克（图 3-40，11）。

政和通宝 2 枚。

标本 2015HCLG1②：26，小平钱，篆书，直读，光背。直径 2.45、穿径 0.64、郭厚 0.13 厘米，重 3.88 克（图 3-40，12）。

（2）TG2

位于建筑台地下方、TG1 北侧，正南北向，长 22、宽 1.5 米。①层表土层，黄褐色耕土层，厚 0.3 ～ 0.5 米，土质较松软，包含植物根茎、大量石块及少量碎砖瓦。②层为文化层，厚 0.4 ～ 0.7 米，西侧清理出一道东北—西南向石砌台阶，高 0.5 米，出土 5 枚铜钱（图 3-41）。

铜钱 5 枚。

祥符元宝 1 枚。

标本 2015HCLG2②：3，小平钱，真书，旋读，宽轮，光背。直径 2.5、穿径 0.5、郭厚 1 厘米，重 3.98 克。

熙宁元宝 1 枚。

标本 2015HCLG2②：4，小平钱，楷书，旋读，光背。直径 2.47、穿径 0.6、郭厚 0.11 厘米，重 3.49 克。

元丰通宝 3 枚。

标本 2015HCLG2②：5，小平钱，行书，旋读，光背。直径 2.5、穿径 0.64、郭厚 0.1 厘米，重 3.06 克。

标本 2015HCLG2②：6，小平钱，行书，旋读，宽轮，光背。直径 2.5、穿径 0.53、郭厚 0.12 厘米，重 3.47 克（图 3-41，1）。

标本 2015HCLG2②：7，小平钱，行书，旋读，光背。直径 2.47、穿径 0.67、郭厚 0.12 厘米，重 3.74 克（图 3-41，2）。

（2）房址

F5

经调查，二级台地南部多有石砌基址分布，为搞清这类遗迹性质，选择了一处位置居中、保存较好者进行试掘，经发掘为一处石墙房址，命名为 F5。

F5 平面近方形，坐西北朝东南，方向 50°。石砌矮墙，西墙长 3、墙体厚 0.4、残高 0.65 ～ 0.75 米，北墙长 3.1、墙厚 0.5、残高 1 ～ 1.4 米；东墙长 2.1、厚 0.64、残高 0.36 ～ 0.66 米，东墙向南延伸出 1.3 米作挡风墙，南墙长 3.1、墙厚 0.52、残高 0.3 ～ 0.8 米，南墙中部留有门道，宽 0.4 米。房内为硬土地面，中部有灶坑，直径约 0.3 ～ 0.46 米，内有支砌石块及木炭残迹（图

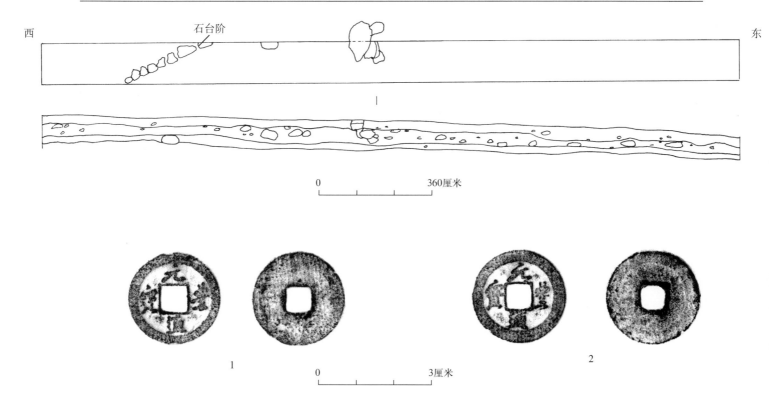

图3-41　鹿盘沟建筑遗址二号台地二级台地探沟TG2及采集标本
1.元丰通宝2015HCLG2②：6　2.元丰通宝2015HCLG2②：7

3-42）。

遗物共 3 件。

陶罐口沿　1 件。

标本 2015HCLF5：1，泥质灰陶。敛口，平折沿，束颈，圆肩。残片长 8.2、宽 5 厘米（图 3-43，1）。

酱釉罐口沿　1 件。

标本 2015HCLF5：2，敛口，平沿，圆肩，土黄色粗胎，外壁施酱釉。残长 7.4、宽 3.6 厘米（图 3-43，2；彩版八九，5）。

碗底　1 件。

标本 2015HCLF5：3，斜弧腹，圈足，挖足过肩，底部较薄，灰白胎。底径 6.2 厘米（图 3-43，3；彩版八九，6）。

（3）墓葬

在清理 2 号台地时发现一座晚期墓葬（M1）。

M1

位于 T7 内，墓圹西侧沿 T6 东壁挖下，开口于①a 层下，打破 T7 垫土层。墓葬为竖穴土坑墓，墓圹长 2.46、宽 0.45～0.8、深 0.3 米，未见棺椁痕迹，单人仰身直肢葬，墓主疑似男性，头向西北，面略偏西，人骨保存较好。头部上方随葬 1 件青花碗，另出土 1 件铜耳环、4 枚铜纽扣。墓葬内填土为②层建筑倒塌堆积土，包含较多白灰皮块、残砖、碎瓦块等。根据出土遗物判断该

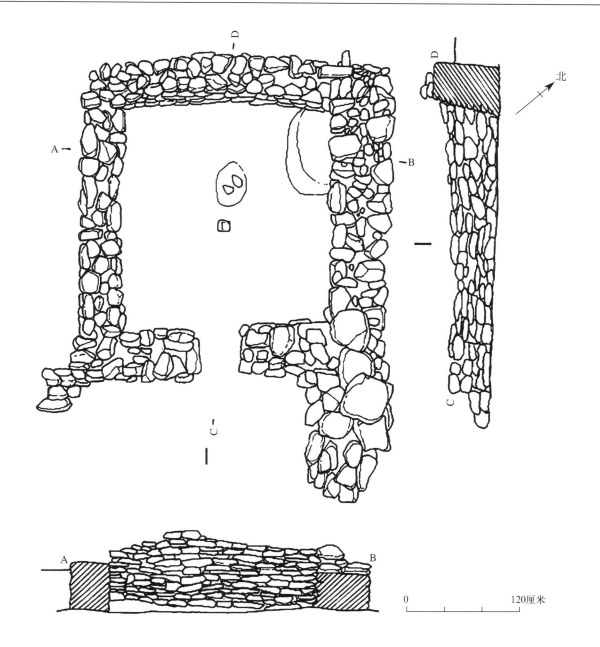

图3-42　鹿盘沟建筑遗址二号台地房址F5平、剖面图

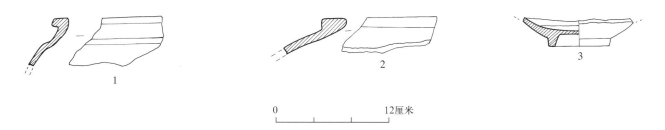

图3-43　鹿盘沟建筑遗址二号台地房址F5采集标本

1.陶罐口沿2015HCLF5：1　2.酱釉罐口沿2015HCLF5：2　3.碗底2015HCLF5：3

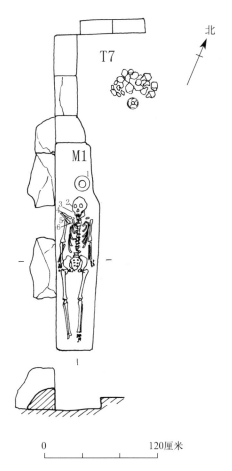

图3-44　鹿盘沟建筑遗址二号台地墓M1平、剖面图

墓葬时代为晚清至民国初期（图 3-44）。

M1 共出土遗物 6 件，分别为青花瓷碗 1 件、银耳环 1 件、铜纽扣 4 件。

灵芝纹青花碗　1 件。

标本 2015HCLM1：1，出土于墓葬人骨头顶上方约 0.10 米处。碗敞口，瘦弧腹，矮圈足。胎体坚白，内外壁绘青花纹饰，外罩透明釉。口沿一周青花涂色，内壁近底绘双弦纹，内底绘一枝芝草，釉面錾刻"文晶"（自右向左），外壁中部绘一圈弦纹，上下 S 纹分格，内绘灵芝、芝草纹，底足外周绘弦纹。足内施釉，外圈绘双弦纹，中心绘方框画押纹。碗曾碎裂为三块，以铁钉锔合，全碗共 14 对锔孔。口径 14.2、足径 6、高 6.8 厘米（图 3-45，1；彩版九〇，1 ~ 3）。

银耳环　1 件。

标本 2015HCLM1：2，出土于墓葬头骨右耳侧。耳环银质，半环形，环面如意云头形，内设开光錾刻满地花纹，环内戳印"復盛"名号。环圈直径约 2.5、环面宽 2.2 ~ 2.6 厘米（图 3-45，2；彩版九〇，4 ~ 6）。

铜纽扣　4 件。均出土于人骨右肩部。纽扣铜质，圆泡形，上着圆钮，套联略大圆环。

标本 2015HCLM1：3、4，形体稍大，直径 1.3、厚 1 厘米（图 3-45，3）。

标本 2015HCLM1：5、6，形体略小，直径 0.8 厘米（图 3-45，4）。

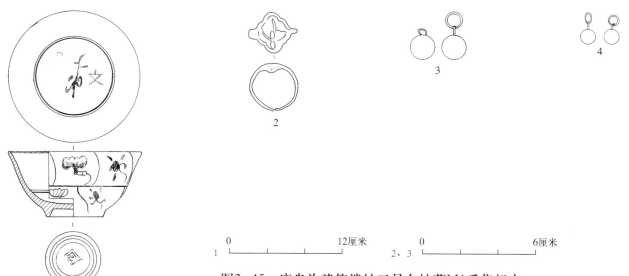

图3-45　鹿盘沟建筑遗址二号台地墓M1采集标本

1.灵芝纹青花碗2015HCLM1：1　2.银耳环2015HCLM1：2　3.铜纽扣2015HCLM1：3、4　4.铜纽扣2015HCLM1：5、6

（二）贺兰口建筑遗址

共发现有建筑遗址台地 4 处。

1.沟口1号台地建筑遗迹

位于贺兰口南侧、韩美林艺术馆西侧山坡上。建筑遗迹位于山边台地缓坡处，地表杂草较多。台地之上有房址 2 处、石块垒筑长方形遗迹 3 处。地表散布有筒瓦、板瓦、琉璃瓦等建筑构件和大量佛像残块。台地南侧山边有一道石砌护坡，综合判断 1 号台地应为建筑倒塌堆积遗迹。

（1）1 号长方形遗迹

位于台地东南靠山体处（彩版九一，1），采用石块垒筑，残存墙基遗迹，长方形，南北长 10.7、东西宽 5.15 米，地表有较多石块，散布瓦片、残砖。

（2）2 号长方形遗迹

位于 1 号北侧，地势平坦，地表长满荒草，地表有石块围筑圆角长方形墙基遗迹，东西长 8.8、南北宽 7 米，东墙宽 1.5、北墙宽 1.2 米，地表散布较多筒瓦、板瓦碎片及砖块和少量佛像残块。

（3）3 号长方形遗迹

位于 1 号西侧，为石块垒筑围起的长方形遗迹，南北长 9.8、东西宽 6.2 米。

（4）1 号房址

位于台地北部中间（彩版九一，2），仅存石块砌筑墙基，地表平面呈长方形，采用石块、条砖砌筑墙体，东侧和南、北拐角墙基遗迹较为明显，西侧山体滑坡，遗迹被掩埋，东墙基残长 14.5 米，东墙北端门道宽 8.2 米，门道墙宽约 1 米，东墙距护坡 2.5 米，北侧砖砌墙基残长 4.5 米，墙基两侧为石块砌筑，总宽约 0.8 米。房址地表散布瓷片、筒瓦、板瓦残片、少量佛像、琉璃瓦残块。

（5）2 号房址

位于台地西部靠沟边位置（彩版九一，3），距 1 号房址约 9 米，房址呈长方形，仅存石块垒筑墙基遗迹，东西长 8.9、南北宽 4.6 米，地表较平坦，散布较多瓦片。

建筑构件

板瓦　4件。均残，泥质灰陶。瓦身隆起，分三型。

A 型　2件。

标本 2017HHLK1Ⅰ采：1，瓦壁较厚，内壁有粗布纹，瓦身两侧切割、掰离痕迹明显，瓦头端内壁有手指抹光痕迹，做工较粗糙。残长 19.8、宽 18.6、厚 2 厘米（图 3-46，1；彩版九二，1）。

标本 2017HHLK1Ⅰ采：2，凸面横向有数道凹弦纹，瓦壁略薄，内壁有布纹，瓦身两侧切割、掰离痕迹明显，做工较规整。残长 18、宽 17.6、厚 1.6 厘米（图 3-46，2）。

B 型　1件。

标本 2017HHLK1Ⅰ采：4，小板瓦，两端残，内壁有粗纹，瓦身两侧切割、掰离痕迹明显，切割面较规则。残长 13、宽 7、厚 1.2 厘米（图 3-46，3；彩版九二，2）。

C 型　1件。

标本 2017HHLK1Ⅰ采：5，白釉板瓦，残，瓦身隆起，黄白胎，胎质较粗，凸面施白釉，脱釉严重。残宽 11、残高 6.4 厘米（图 3-46，4；彩版九二，3）。

筒瓦　1件。

标本 2017HHLK1Ⅰ采：3，泥质灰陶。残，半筒状，瓦身隆起，内壁有布纹，子口较窄，方唇，瓦身两侧切割、掰离痕迹明显，切割掰离面较粗糙。残长 16.4、宽 12.6、壁厚 1.8、子口长 2 厘米（图 3-46，5；彩版九二，4）。

瓦当　2件。泥质灰陶。残。

标本 2017HHLK1Ⅰ采：6，仅存一小部分当面与后接筒瓦，当面模印花卉纹，外饰一道凹弦

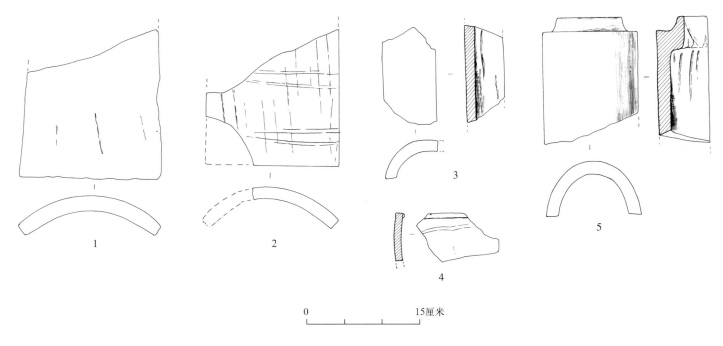

0 ────────── 15厘米

图3-46　沟口1号台地建筑遗迹采集标本

1～4.板瓦2017HHLK1Ⅰ采：1、2、4、5　5.筒瓦2017HHLK1Ⅰ采：3

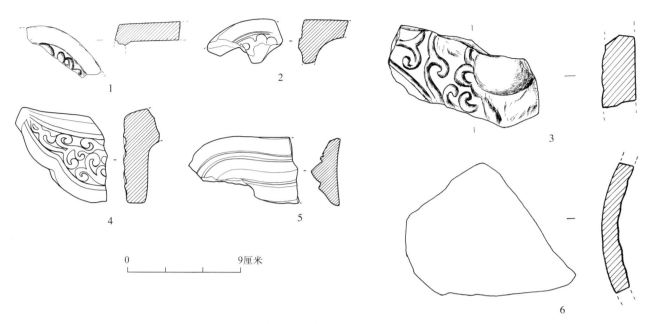

图3-47　沟口1号台地建筑遗迹采集标本

1、2.瓦当2017HHLK1Ⅰ采：6、2015HHLK采：14　3、4.滴水2017HHLK1Ⅰ采：7、2015HHLK采：15　5.建筑构件残块2015HHLK采：13　6.琉璃宝瓶2017HHLK1Ⅰ采：8

纹，筒瓦内壁有布纹。当面残宽6.8、筒瓦残长8.2、瓦厚1.4厘米（图3-47，1；彩版九二，5）。

标本2015HHLK采：14，后接板瓦，仅存边缘部分连珠纹。残宽6厘米（图3-47，2）。

滴水　2件。均残，泥质灰陶。仅残存小部分滴面，模印花卉纹图案。

标本2017HHLK1Ⅰ采：7，残宽13、残高5.6厘米（图3-47，3；彩版九二，6）。

标本2015HHLK采：15，下缘连弧形。残宽10、残高7.4厘米（图3-47，4）。

建筑构件残块　1件。

标本2015HHLK采：13，泥质红陶。弧状，表面先施白色地仗层，其上残留红彩。残长8.7、宽5.3厘米（图3-47，5；彩版九三，1）。

琉璃宝瓶　1件。

标本2017HHLK1Ⅰ采：8，残，弧壁，外壁光滑，内壁凹凸不平。砖红色厚胎，外施翠绿色釉。残高10.4厘米（图3-47，6；彩版九三，2）。

白釉碗　2件。

标本2017HHLK1Ⅰ采：9，口沿。灰白胎，敞口，尖圆唇。内外壁施乳白色釉，釉面光亮润泽。残宽2.8、残高3厘米（图3-48，1；彩版九三，3）。

标本2017HHLK1Ⅰ采：10，口沿。灰白胎，圆唇，敞口微侈。内外壁施乳白色釉，釉面光亮润泽。残宽2.1、残高3、壁厚0.35厘米。

褐釉碗　1件。

标本2017HHLK1Ⅰ采：12，平底，圈足，挖足过肩，足墙内壁斜削。浅黄色厚胎，内施褐釉，内底刮涩圈，底较薄。足径6.8、足高1厘米（图3-48，2）。

褐釉瓷片　1件。

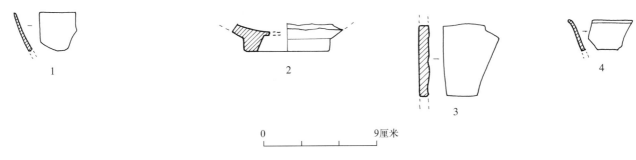

0   9厘米

图3-48　沟口1号台地建筑遗迹采集标本

1.白釉碗2017HHLK1Ⅰ采：9　2.褐釉碗2017HHLK1Ⅰ采：12　3.褐釉瓷片2017HHLK1Ⅰ采：13　4.酱釉碗2017HHLK1Ⅰ采：11

标本2017HHLK1Ⅰ采：13，直壁，浅黄色胎，外壁施褐釉，釉层略厚，釉面粗涩无光泽。残长5.6、残宽4.4厘米（图3-48，3）。

酱釉碗　1件。

标本2017HHLK1Ⅰ采：11，口沿，圆唇，敞口微侈，黑灰薄胎，内外壁施酱釉，釉层均匀，釉面光亮润泽。残宽3.4、残高2.4厘米（图3-48，4；彩版九三，4）。

黑釉缸　2件。

标本2017HHLK1Ⅰ采：14，残片。土黄色厚胎，内含砂粒，内外壁施黑釉，釉层较厚，釉面光亮。残长4、残宽4.2厘米（图3-49，1；彩版九三，5）。

标本2017HHLK1Ⅰ采：15，残片。直壁，灰胎，胎体粗厚，内含气泡、砂粒，内外壁施黑釉，内壁釉面积釉。残高6.6、残宽8.2、壁厚1.8厘米（图3-49，2；彩版九三，6）。

贴塑佛像　11件。

标本2015HHLK采：1，腹部之下残失。泥质，表面先施一层白色地仗层，其上敷有红彩与黑彩，脱落较重。佛像袒胸露乳，内着裙，双肩敷搭下垂式袈裟。背光、身光外侧均有一圈连珠纹。残高6.5、宽14厘米（图3-49，3；彩版九四，1）。

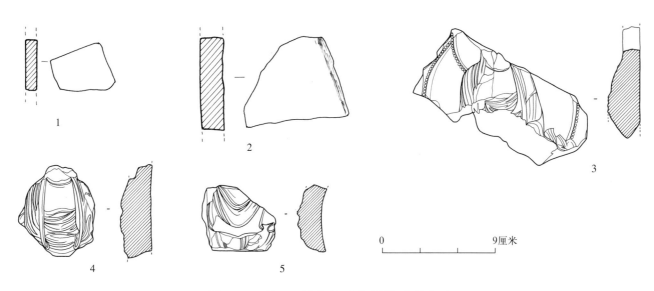

0   9厘米

图3-49　沟口1号台地建筑遗迹采集标本

1、2.黑釉缸2017HHLK1Ⅰ采：14、15　3～5.贴塑佛像2015HHLK采：1～3

标本 2015HHLK 采：2，仅存颈、腹部。泥质，表面先施一层白色地仗层，其上敷有红彩，脱落较重。佛像袒胸露乳，内着裙，双肩敷搭下垂式袈裟。残高 7.1、宽 6 厘米（图 3-49，4；彩版九四，2）。

标本 2015HHLK 采：3，仅存颈、腹部。泥质，表面先施一层白色地仗层，其上敷有红彩，脱落较重。佛像袒胸露乳，双肩敷搭下垂式袈裟。残高 5.1、宽 5.9 厘米（图 3-49，5）。

标本 2015HHLK 采：5，仅存佛像左侧下半身，衣纹流畅自然，表面敷乳白色，背平。残宽 6.5、残高 7 厘米（图 3-50，1）。

标本 2015HHLK 采：6，仅存佛像右侧下半身，衣纹流畅自然，表面敷乳白色，背平。残宽 5.7、残高 6.7 厘米（图 3-50，2）。

标本 2017HHLK1Ⅰ采：16，仅存佛像身体部分，佛像内着僧祇支，外着通肩式佛衣，袒胸露乳，腰系带，双手施禅定印，结跏趺坐，衣纹流畅自然，佛像表面敷白色颜料，背平。残高 11 厘米（图 3-50，3；彩版九四，3）。

标本 2017HHLK1Ⅰ采：17，仅存佛像身体部分，佛像内着僧祇支，外着通肩式佛衣，袒胸露乳，腰系带，双手施禅定印，结跏趺坐，衣纹流畅自然，佛像表面敷白色颜料，背平。残高 7.8 厘米（图 3-50，4；彩版九四，4）。

标本 2017HHLK1Ⅰ采：18，仅存佛像下半身及莲座，佛像结跏趺坐于莲座之上，衣纹流畅自然，表面敷色乳白，背平。残宽 8.4、残高 7.1 厘米（图 3-50，5；彩版九四，5）。

标本 2017HHLK1Ⅰ采：19，为左下半身。残宽 8.5、残高 5.1 厘米（图 3-51，1；彩版九四，6）。

标本 2017HHLK1Ⅰ采：20，仅存下部衣纹，自然流畅下垂。残宽 5.7、残高 4 厘米（图 3-51，2）。

标本 2017HHLK1Ⅰ采：26，仅存左侧部分，泥质，表面先施一层白色地仗层，其上敷有红

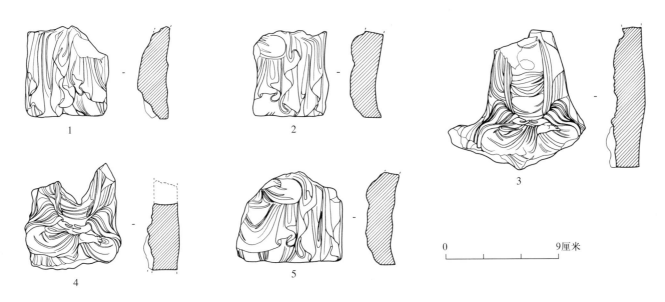

图3-50　沟口1号台地建筑遗迹采集标本

1～5.贴塑佛像2015HHLK采：5、6、2017HHLK1Ⅰ采：16～18

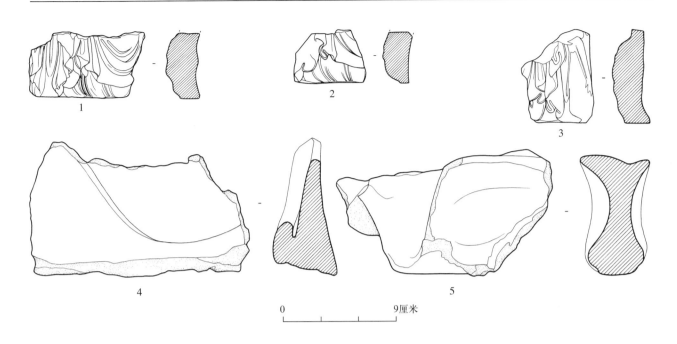

图3-51　沟口1号台地建筑遗迹采集标本
1~3.贴塑佛像2017HHLK1Ⅰ采：19、20、26　4、5.贴塑残块2015HHLK采：9、8

彩，有脱落。袈裟下垂至脚面。残高7.4、宽5.5厘米（图3-51，3；彩版九五，1）。

　　贴塑残块　4件。泥质，表面先施白色地仗层，其上再施彩绘。

　　标本2015HHLK采：9，表面残存白色地仗层。残宽17、残高10.5厘米（图3-51，4）。

　　标本2015HHLK采：8，其上残留红彩。残宽17、残高9.4厘米（图3-51，5；彩版九五，2）。

　　标本2017HHLK1Ⅰ采：24，表面敷红彩，剥落较重。残宽18厘米（图3-52，1）。

　　标本2017HHLK1Ⅰ采：25，表面敷红彩，剥落较重。残宽17.5厘米（图3-52，2）。

　　团花形装饰　1件。

　　标本2015HHLK采：4，片状表面塑造圆形花朵纹饰，背平。残长4.3、残宽3.5厘米（图3-52，3；彩版九五，3）。

　　佛坐残块　2件。泥质，长方形。

　　标本2015HHLK采：7，底部为双排连珠纹。残宽8、高8厘米（图3-52，4）。

　　标本2017HHLK1Ⅰ采：23，双重覆莲座，残，表面敷红彩，有剥落，背面有贴塑痕。残宽9.7厘米（图3-52，5；彩版九五，4）。

　　重层覆莲台　2件。泥质，表面先施一层白色地仗层，其上敷有红彩与黑彩，脱落较重。

　　标本2017HHLK1Ⅰ采：37，残存两个覆莲瓣。莲台残宽7.5、残高3.3厘米（图3-53，1；彩版九五，5）。

　　标本2017HHLK1Ⅰ采：38，残存三个覆莲瓣。残宽7.5、高4.3厘米（图3-53，2；彩版九五，6）。

　　仰覆莲台　1件。

　　标本2017HHLK1Ⅰ采：39，泥质，残存一个仰莲瓣与一排覆莲，表面先施一层白色地仗层，

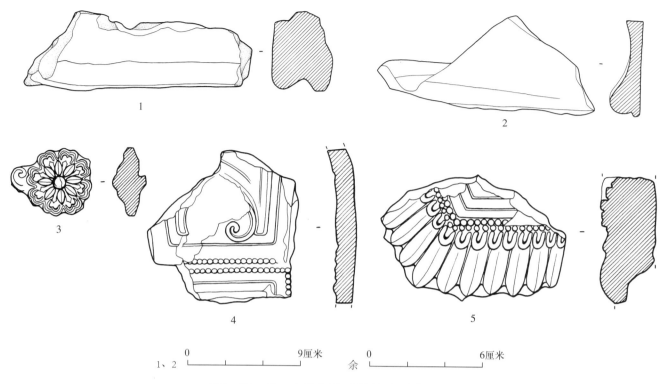

图3-52　沟口1号台地建筑遗迹采集标本

1、2.贴塑残块2017HHLK1Ⅰ采：24、25　3.团花形装饰2015HHLK采：4　4、5.佛坐残块2015HHLK采：7、2017HHLK1Ⅰ采：23

其上敷有红彩与黑彩，脱落较重。残宽5.1、残高3.3厘米（图3-53，3）。

覆莲瓣　1件。

标本2017HHLK1Ⅰ采：40，残存一个，泥质红陶。表面先施一层白色地仗层，其上敷有红彩与黑彩，脱落较重。残宽6.2、残高4.8厘米（图3-53，4）。

装饰残块　2件。泥质。

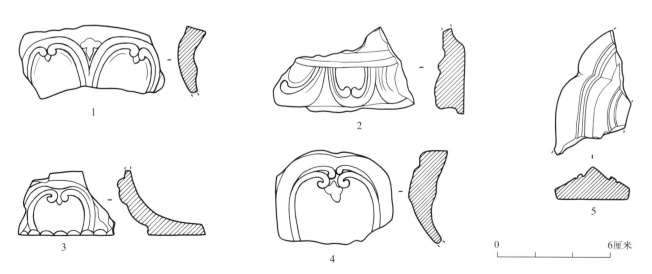

图3-53　沟口1号台地建筑遗迹采集标本

1、2.重层覆莲台2017HHLK1Ⅰ采：37、38　3.仰覆莲台2017HHLK1Ⅰ采：39　4.覆莲瓣2017HHLK1Ⅰ采：40　5.装饰残块2017HHLK1Ⅰ采：27

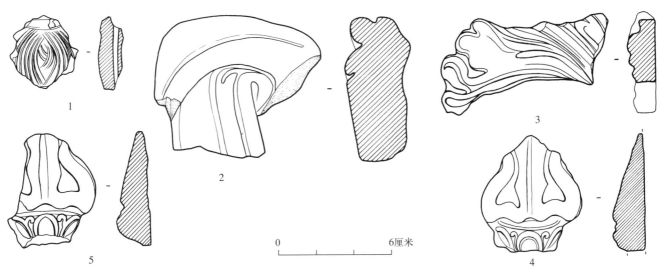

图3-54　沟口1号台地建筑遗迹采集标本

1.装饰残块2017HHLK1Ⅰ采：46　2、3.衣褶残块2015HHLK采：10、11　4、5.菩萨花冠2017HHLK1Ⅰ采：41、42

标本2017HHLK1Ⅰ采：27，表面先施一层白色地仗层，其上敷有红彩与黑彩，脱落较重。残宽7.2、残高4厘米（图3-53，5；彩版九六，1）。

标本2017HHLK1Ⅰ采：46，表面先施一层白色地仗层，其上敷有红彩，脱落较重。残高3.8厘米（图3-54，1）。

衣褶残块　2件。泥质，表面先施白色地仗层，后施彩绘。

标本2015HHLK采：10，其上残留红彩与黑彩。残宽8.8、残高7.4厘米（图3-54，2；彩版九六，2）。

标本2015HHLK采：11，其上残留红彩，衣褶末端呈波浪状。残长8、残宽3.8厘米（图3-54，3）。

菩萨花冠　4件。泥质，残存底部为重层仰莲台，上部为山字形饰。分两型。

A型　3件。

标本2017HHLK1Ⅰ采：41，表面先施一层白色地仗层，其上敷有红彩，脱落较重。宽5.3、残高6厘米（图3-54，4；彩版九六，3）。

标本2017HHLK1Ⅰ采：42，花冠右侧残损。宽3.8、残高5.8厘米（图3-54，5）。

标本2017HHLK1Ⅰ采：43，表面先施一层白色地仗层，其上敷有红彩，脱落较重。宽4.5、残高6.3厘米（图3-55，1；彩版九六，4）。

B型　1件。

标本2017HHLK1Ⅰ采：50，表面先施一层白色地仗层，其上敷有红彩。底部为连珠纹，上部疑似为化佛，边缘为火焰纹。残宽4.4、残高3.3厘米（图3-55，2；彩版九六，5）。

菩萨颈部残块　1件。

标本2017HHLK1Ⅰ采：44，泥质，仅存颈、肩部，带有圆形项饰，中间介以花蕾。残高4、宽7.2厘米（图3-55，3）。

菩萨项饰残块　1件。

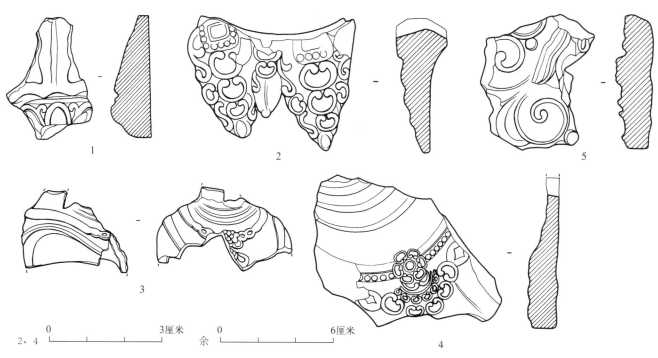

图3-55　沟口1号台地建筑遗迹采集标本

1、2.菩萨花冠2017HHLK1Ⅰ采：43、50　3.菩萨颈部残块2017HHLK1Ⅰ采：44　4.菩萨项饰残块2017HHLK1Ⅰ采：36　5.菩萨身体装饰残块2015HHLK采：12

标本2017HHLK1Ⅰ采：36，灰色砂岩，残存项饰正中一小部分，项饰下边缘施一圈连珠纹，正中坠以重层仰莲瓣构成的莲花形饰。残长5.8、残宽3.7、莲花残高1.8厘米（图3-55，4）。

菩萨身体装饰残块　1件。

标本2015HHLK采：12，泥质，表面先施白色地仗层，其上残留红彩。贴塑有卷草纹与连珠纹。残长7、宽4.8厘米（图3-55，5）。

菩萨手臂残块　3件。泥质，圆筒形，表面先施一层白色地仗层，后再施彩绘与贴塑。

标本2017HHLK1Ⅰ采：28，其上敷有红彩，脱落较重，中部有一臂钏，臂钏正中饰连枝卷草纹，两边为连珠纹，中间介以桃形饰。残长12、直径4.8厘米（图3-56，1）。

标本2017HHLK2Ⅰ采：34，泥质红陶。手臂中部有一臂钏，贴有卷草纹。残长13.5厘米（图3-56，2）。

标本2017HHLK1Ⅰ采：35，其上敷有红彩，脱落较重。表面饰有一圈连珠纹。残高5、宽5.5厘米（图3-56，3）。

菩萨璎珞装饰残块　2件。泥质，表面先施一层白色地仗层，后施彩绘，脱落较重。

标本2017HHLK1Ⅰ采：33，垂弧形，其上敷有红彩，饰有双排连珠纹璎珞。残长11.2、残宽3～6.8厘米（图3-56，4）。

标本2017HHLK1Ⅰ采：48，灰色，贴有双串连珠纹璎珞，璎珞之间介以花饰。残高8.5厘米（图3-56，5）。

佛像螺发　1件。

标本2017HHLK1Ⅰ采：45，泥质红陶。残高2.7厘米（图3-57，1；彩版九六，6）。

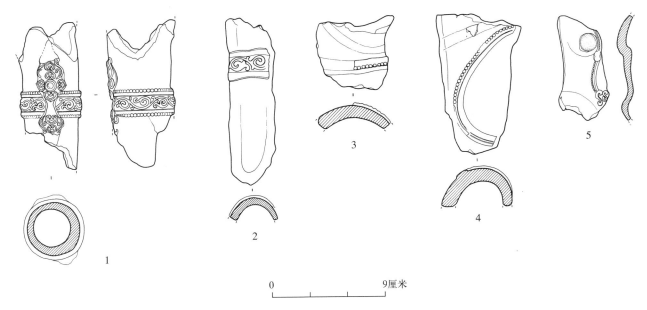

0　　　　　　　　9厘米

图3-56　沟口1号台地建筑遗迹采集标本

1～3.菩萨手臂残块2017HHLK1Ⅰ采：28、2017HHLK2Ⅰ采：34、2017HHLK1Ⅰ采：35　4、5.菩萨璎珞装饰残块2017HHLK1Ⅰ
采：33、48

佛像发纹残片　1件。

标本2017HHLK1Ⅰ采：21，发纹清晰，内壁有捏塑痕及布纹。残宽8厘米（图3-57，2）。

佛像背光残片　1件。

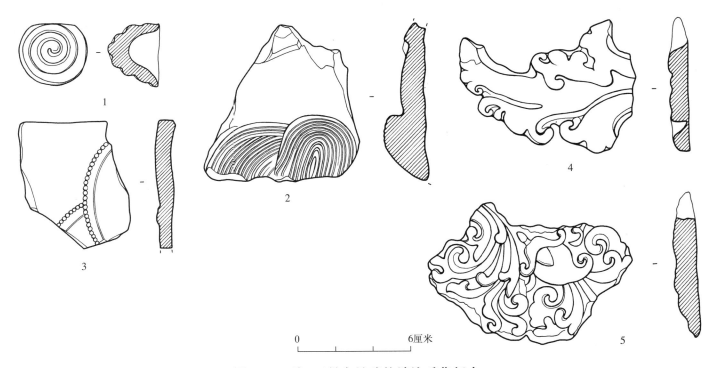

0　　　　　　　　6厘米

图3-57　沟口1号台地建筑遗迹采集标本

1.佛像螺发2017HHLK1Ⅰ采：45　2.佛像发纹残片2017HHLK1Ⅰ采：21　3.佛像背光残片2017HHLK1Ⅰ采：22　4.忍冬纹残块
2017HHLK1Ⅰ采：29　5.卷草纹残块2017HHLK1Ⅰ采：30

标本2017HHLK1Ⅰ采：22，泥质，表面先施一层白色地仗层，其上敷有红彩与黑彩，脱落较重，残存表面饰有连珠纹背光与身光。残宽5.5、残高6.6厘米（图3-57，3；彩版九七，1）。

忍冬纹残块　1件。

标本2017HHLK1Ⅰ采：29，泥质，表面先施一层白色地仗层，其上敷有红彩，脱落较重。残长9.4、残宽7厘米（图3-57，4；彩版九七，2）。

卷草纹残块　1件。

标本2017HHLK1Ⅰ采：30，泥质，表面先施一层白色地仗层，其上敷有红彩，脱落较重。残宽11、残高7.6厘米（图3-57，5；彩版九七，3）。

佛像右足　1件。

标本2017HHLK1Ⅰ采：31，残，仅存足前端部分，脚趾清楚，泥质，表面先施一层白色地仗层，其上敷有红彩，脱落较重。残长7、宽4.5厘米（图3-58，1；彩版九七，4）。

跏趺坐右足　1件。

标本2017HHLK1Ⅰ采：32，脚面朝上，脚趾伸开，泥质，表面先施一层白色地仗层，其上敷有红彩，脱落较重。残长7.8、宽3.6厘米（图3-58，2；彩版九七，5）。

佛像手指　1件。

标本2017HHLK1Ⅰ采：47，残，泥制灰陶。圆柱形。残长9、直径2厘米（图3-58，3）。

衣结　1件。

标本2017HHLK1Ⅰ采：49，上部束紧，下部衣褶呈扇形。残宽6.4、高6.4厘米（图3-58，4；彩版九七，6）。

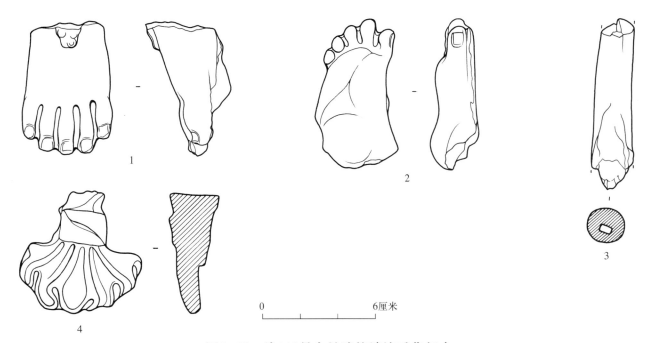

0　　　　　　　　　6厘米

图3-58　沟口1号台地建筑遗迹采集标本

1.佛像右足2017HHLK1Ⅰ采：31　2.跏趺坐右足2017HHLK1Ⅰ采：32　3.佛像手指2017HHLK1Ⅰ采：47　4.衣结2017HHLK1Ⅰ采：49

2.沟口2号台地建筑遗迹

位于贺兰口1号台地北侧,靠近山体,台地地势较平坦,地表有较多杂草。建筑遗迹台地地势平坦,台地东侧、南北侧边缘有石块砌筑护坡。台地南北长33、东西宽10米,西侧距山体约20米,中部地表略呈凹形,建筑堆积位于台地中部。地表散布筒瓦残片及少量瓷片。

板瓦　1件。

标本2017HHLK1Ⅱ采:1,泥质灰陶。残,瓦身隆起,内壁有粗布纹,瓦身有切割、掰离痕迹,口部切割规整,瓦壁较厚。残长15、残宽15、厚1.8厘米(图3-59,1;彩版九八,1)。

筒瓦　1件。

标本2017HHLK1Ⅱ采:2,灰陶。残存子口部分,瓦唇尖圆形,子口长2.2、壁厚2厘米(图3-59,2)。

白釉碗　1件。

标本2017HHLK1Ⅱ采:5,碗底。圜底,圈足,挖足过肩,足底尖圆,足墙内壁斜削,内底有涩圈。白胎,胎体较厚,内外施白釉,内底、外底及圈足处露胎。足径6.2、残高2.6、圈足高1厘米(图3-59,3;彩版九八,2)。

褐釉碗　2件。均残,圈足,足墙内壁斜削,内底有涩圈,薄底。

标本2017HHLK1Ⅱ采:3,弧腹,圜底,挖足过肩,圈足略外撇。浅黄色胎,胎体较厚,胎质较细,内外施褐釉,外施半釉,釉层均匀,釉色暗淡。足径6.6、残高3.4、圈足高1.2厘米(图3-59,4)。

标本2017HHLK1Ⅱ采:4,弧腹,小平底,足底略宽。黄色胎体,胎体较厚,胎质较细,内壁施褐釉,釉层均匀,釉面光亮,外下腹未施釉。足径6.8、残高3.4、圈足高0.9厘米(图3-59,5;彩版九八,3)。

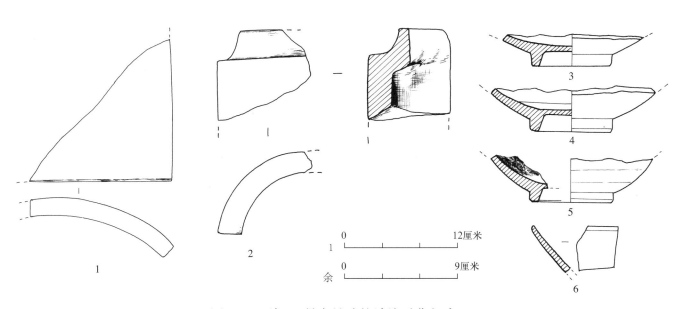

图3-59　沟口2号台地建筑遗迹采集标本

1.板瓦2017HHLK1Ⅱ采:1　2.筒瓦2017HHLK1Ⅱ采:2　3.白釉碗2017HHLK1Ⅱ采:5　4、5.褐釉碗2017HHLK1Ⅱ采:3、4　6.黑釉碗2017HHLK1Ⅱ采:6

黑釉碗　1件。

标本2017HHLK1Ⅱ采：6，口沿。敞口，尖圆唇，灰白薄胎，胎质细腻，内外壁施黑釉，釉层均匀，釉面光亮。残宽2.6、残高3.4厘米（图3-59，6）。

3.沟口3号台地建筑遗迹

位于贺兰口2号台地北侧，靠近山体，台地地势较平坦，地表较多杂草，台地南北两侧各有一条冲沟。分上下两级台地，上面一级台地平面呈长方形，南北长37、东西宽约8米，台地东侧、南北侧边缘有石块砌筑护坡，护坡略向内收，台地地表发现零星瓷片及一枚铜钱，台地西部北山体滑坡土石覆盖。下面台地位于东南角，东西长12、南北宽9.7米，1、2级台地间高差5.3米。

白釉碗　2件。

标本2017HHLK1Ⅲ采：1，矮圈足，挖足过肩，青白色胎体，胎质较细，内底罩化妆土施白釉，内底有砂圈，外底无釉，外底及圈足处有修胎旋痕。足径6.2、圈足高0.6厘米（图3-60，1；彩版九八，4）。

标本2017HHLK1Ⅲ采：2，腹片。弧腹，白色薄胎，内外罩化妆土施白釉，釉层均匀，釉色发黄。残宽5.8厘米（图3-60，2；彩版九八，5）。

白釉瓷片　1件。

标本2017HHLK1Ⅲ采：4，敞口，外侈，尖圆唇，白胎，内外施白釉，釉面有冰裂纹。残宽2.1厘米（图3-60，3）。

褐釉碗　1件。

标本2017HHLK1Ⅲ采：3，口沿。敞口，尖圆唇，灰白色胎，胎质较细，内外施酱褐色釉，釉层均匀，釉面光亮。残宽3厘米（图3-60，4；彩版九八，6）。

4.沟口4号台地建筑遗迹

位于贺兰口3号台地北侧，山边缓坡处台地之上，靠近山体，台地地势较平坦，地表有较多杂草，台地南侧有一条小冲沟。台地地势平坦，边缘有石块砌筑护坡，台地平面呈长方形，东西长28、南北宽14.7米。

台地地表发现筒瓦残片及少量瓷片。

白釉碗　1件。

标本2017HHLK1Ⅳ采：1，残，弧壁，白胎，内外施白釉，内、外底露胎，外壁有修胎旋痕。残长4.8厘米（图3-61，1）。

陶片　1件。

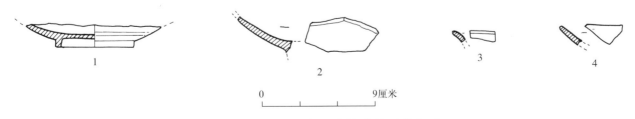

図3-60　沟口3号台地建筑遗迹采集标本

1、2.白釉碗2017HHLK1Ⅲ采：1、2　3.白釉瓷片2017HHLK1Ⅲ采：4　4.褐釉碗2017HHLK1Ⅲ采：3

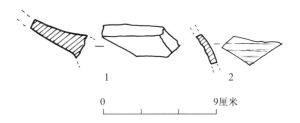

0   9厘米

图3-61　沟口4号台地建筑遗迹采集标本

1.白釉碗2017HHLK1Ⅳ采：1　2.陶片2017HHLK1Ⅳ采：2

标本2017HHLK1Ⅳ采：2，泥质红陶。微折肩。素面。残长4.8、残宽2厘米（图3-61，2）。

5.贺兰口皇城台子

位于贺兰口沟内约10千米的沟北山边缓坡台地之上，坐北朝南。由三级台地组成，文化层堆积较厚，台地部分区域可以看到夯筑迹象，残存有大量建筑遗物以及石砌房址墙基。地表散布大量建筑构件残块与少量佛像贴塑残块等（图二、图三）。现地表遗迹主要残存一号、二号建筑基址与部分塔基，其中一号建筑基址位于三级台地上，二号建筑基址与塔基位于二级台地上。

（1）贺兰口皇城台子一号建筑基址

位于北侧，靠近山体，呈"凸"字形（彩版九九），台地北侧山边有石块砌筑护坡，地表有一处方砖铺筑地面，台地上有两处盗坑，盗坑内有残砖、瓦片、石柱础，台地断面可以看出有夯筑迹象，夯层厚约11厘米，台地东西长15.4、南北宽15米，坡度29°。地表散布手印纹条砖、方砖、筒瓦、瓷片、佛像残块等遗物。

白釉板瓦　1件。

标本2017HHLK2采：3，残，灰白胎，凸面施白釉，釉面多处开裂，横面弧度较小，残存一角斜削，凸面有数道凹槽。残长6、残宽7.6厘米（图3-62，1；彩版一〇〇，1）。

槽形瓦　4件。均残，长条形，一面平，一面纵向有沟槽，左右起脊，一侧脊中间留平，中间有豁口，一侧未施釉。砖红色胎，胎体厚重。

标本2017HHLK2采：1，起脊一侧施黑釉。残长9、残宽8.5、槽厚1.7、脊厚3.4厘米（图3-62，2；彩版一〇〇，2）。

标本2017HHLK2Ⅰ采：1，起脊一侧施绿釉。残长12.8、宽9.6、槽厚1.6、脊厚3.5厘米（图3-62，3；彩版一〇〇，3）。

标本2017HHLK2Ⅰ采：2，起脊一侧施绿釉。残长15.2、宽9.4、槽厚1.8～2、脊厚3.4厘米（图3-62，4）。

标本2017HHLK2Ⅰ采：3，器形较小。起脊一侧施绿釉。残长7.4、宽4.4、槽厚0.7、脊厚1.7厘米（图3-62，5）。

滴水　2件。均残，连弧三角形，两侧及下缘残，残存滴面模印莲花纹，盛开莲花居中，枝叶两侧展开，外饰凸线纹。

标本2017HHLK2Ⅰ采：7，泥质红陶。残长9.7、残高7.3厘米（图3-62，6；彩版一〇〇，4）。

标本2017HHLK2Ⅰ采：8，泥质灰陶。背面有制坯手指抓痕残。残长7.6、残高5.8厘米（图3-62，7）。

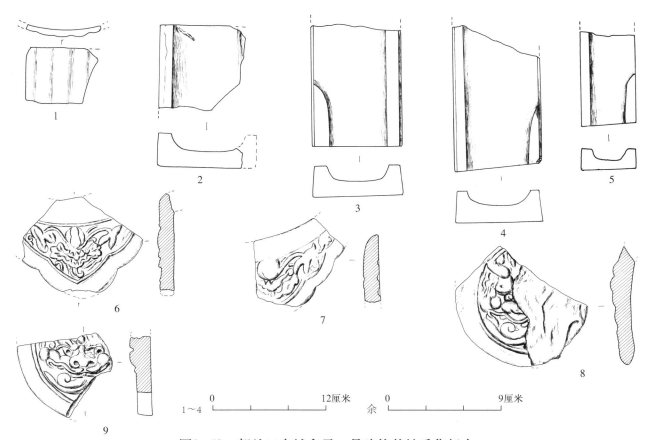

图3-62　贺兰口皇城台子一号建筑基址采集标本

1.白釉板瓦2017HHLK2采：3　2～5.槽形瓦2017HHLK2采：1、2017HHLK2Ⅰ采：1～3　6、7.滴水2017HHLK2Ⅰ采：7、8　8、9.瓦当2017HHLK2Ⅰ采：4、5

瓦当　4件。均残，圆形，泥质灰陶。当面模印兽面纹。分两型。

A型　2件。

标本2017HHLK2Ⅰ采：4，宽沿，外饰两道凸线纹。残宽10.4、沿宽1厘米（图3-62，8；彩版一○○，5）。

标本2017HHLK2Ⅰ采：5，兽面图案凸起，双目圆睁，须毛卷曲，短狮鼻，外饰两道凸线纹。残宽7、沿宽1.3厘米（图3-62，9）。

B型　2件。

标本2017HHLK2采：2，兽面阔嘴，高鼻，下颌八字胡，外饰两道凸线纹。残宽9.7、沿宽1.5厘米（图3-63，1）。

标本2017HHLK2Ⅰ采：6，兽面图案凸起，长角短眉，眉侧立小耳，怒目圆睁，阔嘴，獠牙外龇，外饰一道凸棱纹。残宽7.7、沿宽1.6厘米（图3-63，2；彩版一○○，6）。

装饰构件　1件。

标本2017HHLK2Ⅰ采：9，泥质灰陶。略呈杯状，内中空。残高6.2厘米（图3-63，3）。

青釉盏托　1件。

标本2017HHLK2采：5，残，直口，平沿外折，器形规整。白胎，外壁及口沿施青釉，内壁未施釉，釉层均匀，釉色光亮，釉面有冰裂纹，口部有流釉。口径16.6、内径10.2、残高6、沿

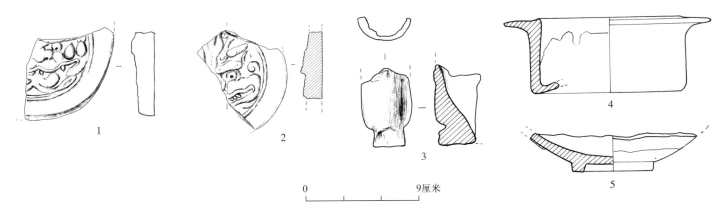

图3-63　贺兰口皇城台子一号建筑基址采集标本

1、2.瓦当2017HHLK2采：2、2017HHLK2Ⅰ采：6　3.装饰构件2017HHLK2Ⅰ采：9　4.青釉盏托2017HHLK2采：5　5.绿釉碗
2017HHLK2采：4

宽3、壁厚0.8厘米（图3-63，4）。

绿釉碗　1件。

标本2017HHLK2采：4，碗底，斜壁，圈足，足底较宽，黄褐色胎，胎体略厚，内外皆施绿釉，外壁施半釉，釉层肥厚有光泽。外底、圈足处有修胎旋痕。足径6.4厘米（图3-63，5）。

（2）贺兰口皇城台子二号建筑基址

位于一级台地南侧下方，高差约5米，台地之上有石块砌筑建筑遗迹。台地中部有一南北向长方形遗迹，采用石块围砌，长5.4、宽3.2米，遗迹内有两处盗挖痕迹。台地东西两侧各有一房址，F1位于东侧，地表仅残存石砌墙基，从地表遗迹判断房址较大，地表有较多建筑堆积遗迹。F2位于西侧，面积约50平方米，两侧房址中部均有一圆形砖砌遗迹，疑似塔林塔基，房址地表发现有琉璃瓦残片、筒瓦残片与瓷片等遗物。

板瓦　1件。

标本2017HHLK2Ⅱ采：1，泥质灰陶。残，瓦身隆起，内壁有粗布纹，瓦身两侧切割、掰离痕迹明显，尾部斜削，整体做工较规整。长30、宽16、厚2厘米（图3-64，1）。

筒瓦　2件。均残，半筒状，瓦身隆起，内壁有布纹。分两型。

A型　1件。

标本2017HHLK2Ⅱ采：3，泥质灰陶。子口较短，瓦壁较厚，瓦身中部略微变形，两侧切割、掰离痕迹明显，切割掰离面较粗糙。长31.2、宽12.4～13、壁厚2.2、子口长2厘米（图3-64，2；彩版一〇一，1）。

B型　1件。

标本2017HHLK2Ⅱ采：4，绿釉琉璃，残存一侧有切割痕迹，割痕较规整。砖红色胎体，外壁施翠绿色釉，子口处有流釉。残长21.6、残宽11.2、壁厚1.6、子口长3厘米（图3-64，3；彩版一〇一，2）。

滴水　1件。

标本2017HHLK2Ⅱ采：2，泥质灰陶。滴面残，后接板瓦。残存滴面模印花卉纹，上缘凹弧形，下缘残。滴面宽17.5、后接板瓦残长11.4厘米（图3-64，4；彩版一〇一，3）。

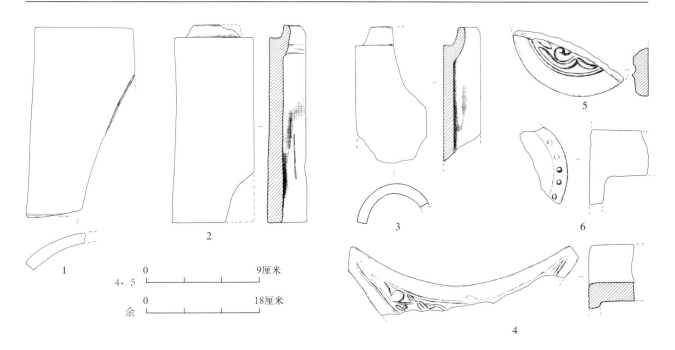

图3-64　贺兰口皇城台子二号建筑基址采集标本

1.板瓦2017HHLK2Ⅱ采：1　2、3.筒瓦2017HHLK2Ⅱ采：3、4　4.滴水2017HHLK2Ⅱ采：2　5、6.瓦当2017HHLK2Ⅱ采：5、6

瓦当　2件。均残，圆形，泥质灰陶。模印兽面纹。分两型。

A型　1件。

标本2017HHLK2Ⅱ采：5，残存沿内模印兽面纹，外饰一道凸线纹。直径9.5、沿宽1.3、厚1.2厘米（图3-64，5）。

B型　1件。

标本2017HHLK2Ⅱ采：6，窄沿，残存沿内模印兽面鬃毛呈火焰状，外饰连珠纹。残宽5.2、沿宽2、后接筒瓦残长5.2厘米（图3-64，6；彩版一〇一，4）。

建筑装饰构件　1件。

标本2017HHLK2Ⅱ采：7，泥质红陶。表面略微隆起，内壁有横向弦纹，外侧有羽翼状纹饰。长14、宽7.6厘米（图3-65，1）。

琉璃砖　1件。

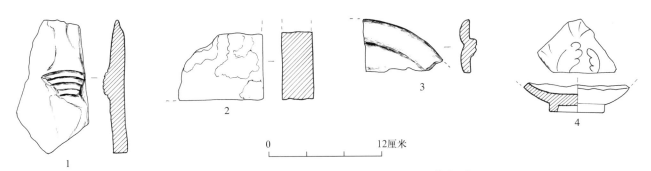

图3-65　贺兰口皇城台子二号建筑基址采集标本

1.建筑装饰构件2017HHLK2Ⅱ采：7　2.琉璃砖2017HHLK2Ⅱ采：8　3.器盖2017HHLK2Ⅱ采：9　4.青釉碗2017HHLK2Ⅱ采：10

标本2017HHLK2Ⅱ采：8，残，砖红色胎，砖体正面施绿色釉，釉层厚薄不均，砖背及侧面露胎。残长9、残宽7、厚3.5厘米（图3-65，2）。

器盖　1件。

标本2017HHLK2Ⅱ采：9，残，浅黄色陶胎，圆形，宽沿，沿面凸起，中间疑似镂空，下有子口，子口处有烟熏痕迹，盖内施浅黄色化妆土。残宽8.2厘米（图3-65，3）。

青釉碗　1件。

标本2017HHLK2Ⅱ采：10，平底较厚，圈足，足墙直立。白胎略泛青。内外施青釉，均匀光亮，内刻花草纹。足径5.6、足高0.8厘米（图3-65，4）。

白釉碗　1件。

标本2017HHLK2Ⅱ采：11，碗底，圈足，挖足过肩，足墙内壁斜削，薄底，内底有涩圈，圈足有修胎痕迹。灰白胎，内施白釉，釉面无光泽。足径6.4、圈足高0.7厘米（图3-66，1；彩版一〇一，5）。

青白釉碗　1件。

标本2017HHLK2Ⅱ采：12，碗底，矮圈足，挖足过肩，足墙内壁斜削，薄底，内底有砂圈，外壁有修胎旋痕。灰白胎，内施青白釉，釉层均匀有光泽，釉面有冰裂纹。足径6.6、圈足高0.5厘米（图3-66，2；彩版一〇一，6）。

褐釉瓷片　1件。

标本2017HHLK2Ⅱ采：13，灰白胎，胎质较细，外壁施褐釉，釉层均匀，釉色暗淡，内壁未施釉。残长8、残高7厘米（图3-66，3）。

铁片　1件。

标本2017HHLK2Ⅱ采：16，锅底状，布满铁锈，内壁较平整，外壁粗糙，坑洼不平。残长14、残宽12厘米（图3-66，4）。

佛教遗物　共7件。

莲瓣纹装饰残块　1件。

标本2017贺兰口皇城台子：1，略带弧度，表面敷红色颜料，背面敷乳白色颜料。长3.8、宽1.9厘米（图3-67，1；彩版一〇二，1）。

菩萨头像　2件。菩萨面带微笑，发纹清晰，往上收拢梳成高髻，后有头光，表面敷白色

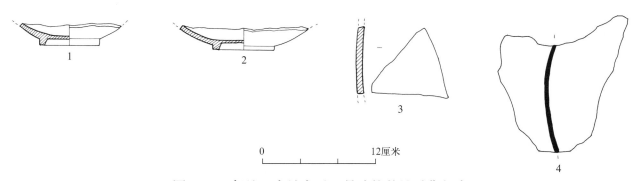

图3-66　贺兰口皇城台子二号建筑基址采集标本

1.白釉碗2017HHLK2Ⅱ采：11　2.青白釉碗2017HHLK2Ⅱ采：12　3.褐釉瓷片2017HHLK2Ⅱ采：13　4.铁片2017HHLK2Ⅱ采：16

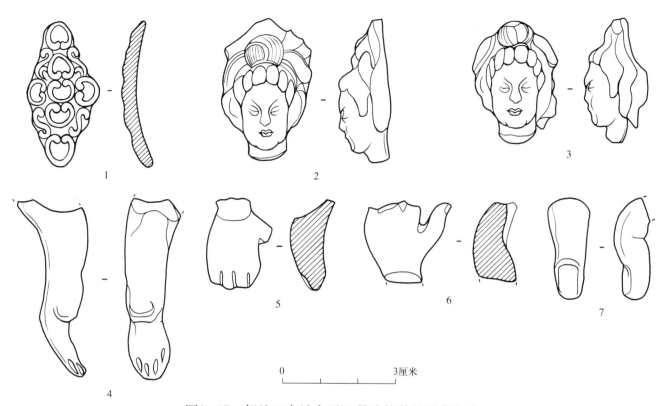

图3-67 贺兰口皇城台子二号建筑基址采集标本

1.莲瓣纹装饰残块2017贺兰口皇城台子：1 2、3.菩萨头像2017贺兰口皇城台子：2、3 4.佛像腿部2017贺兰口皇城台子：4 5~7.佛像手部2017贺兰口皇城台子：5~7

颜料。

标本2017贺兰口皇城台子：2，高3.8厘米（图3-67，2；彩版一〇二，2）。

标本2017贺兰口皇城台子：3，高3.3厘米（图3-67，3）。

佛像腿部 1件。

标本2017贺兰口皇城台子：4，屈膝状，工艺略粗，表面敷白色颜料。残长4.6厘米（图3-67，4；彩版一〇二，3）。

佛像手部 2件。表面有白色颜料。

标本2017贺兰口皇城台子：5，右手，手指均残断。残长2.4、宽1.4厘米（图3-67，5；彩版一〇二，4）。

标本2017贺兰口皇城台子：6，左手，仅存大拇指，其余四指残断。残长2.2、宽2厘米（图3-67，6；彩版一〇二，5）。

佛像手指 1件。

标本2017贺兰口皇城台子：7，手指弯曲，表面敷白色颜料。长2.7厘米（图3-67，7；彩版一〇二，6）。

6.贺兰口贵房子建筑遗址

位于贺兰口贵房子西北侧山坡台地之上，地表杂草较多。共有两级台地，发现建筑遗迹14处，台地边缘均有石砌护坡，靠近沟底为一级台地，共有建筑基址3处，靠近山体为二级台地，共有建筑基址 11 处。地表散布有较多筒瓦、板瓦、残砖等建筑遗物。

（1）贺兰口贵房子一级台地建筑基址

共有建筑遗址 3 处，平面均呈长方形，地表散布有筒瓦、板瓦与残砖等。1 号建筑遗址位于台地北部，东西长 27.3、南北宽 21.4 米（彩版一〇三，1），地表条砖长 37、宽 18、厚 6 厘米。2 号建筑遗址位于 1 号南侧，长 33、宽约 6 米，边缘残存部分石砌护坡，中部有一小冲沟，遗址西侧有一依山台地，地表散布瓦片。3 号建筑遗址位于 2 号南侧约 6 米处，长 12、宽 6.5 米，边缘有石砌护坡。

（2）贺兰口贵房子二级台地建筑基址

共发现建筑遗迹 11 处。

1 号建筑遗迹　位于台地西北部靠近山体，地表有石砌墙基，散布零星砖瓦残块，南北长 21.8、南侧宽 11、北侧宽 8.36 米。

2 号建筑遗迹　位于整个台地北侧，北距 1 号约 9 米，地表残存部分石砌墙基，散布板瓦与筒瓦残片、残砖，遗址西侧被洪水破坏，有三阶石砌护坡，东南角有盗挖痕迹。东西长 15.7、南北宽 9.5 米。

3 号建筑遗迹　位于 2 号西南侧，靠近山体，边缘有石砌护坡，地表散布板瓦、筒瓦残片、残砖，南北长 19.5、东西宽 9.43 米。2、3 号建筑遗迹台地相连，整体呈刀把形。

4 号建筑遗迹　位于 3 号东侧 11 米处，地表残存部分石砌墙基，南北长 15、东西宽 9.6 米。地表散布板瓦、筒瓦残片、残砖，东南角采集瓷片 2 片。

5 号建筑遗迹　位于 3 号正南侧，处于整个台地中部，地表散布板瓦、筒瓦残片、残砖，南北长 14.2、东西宽 9.1 米，台地东南角有盗挖痕迹。

6 号建筑遗迹　位于 5 号东侧，北邻 4 号地，处于整个台地中部，地表散布零星板瓦、筒瓦残片、残砖，南北长 14.32、东西宽 9.71 米，台地有盗挖痕迹。

7 号建筑遗迹　位于 5 号南侧，东邻 8 号，地表散布零星板瓦、筒瓦残片、残砖，台地南北长 11.78、东西宽 10.2 米。

8 号建筑遗迹　西邻 7 号，距 7 号约 11 米，北邻 6 号，平面呈长方形，地表散布零星板瓦、筒瓦残片、残砖，南北长 13.57、东西宽 10 米，台地东部断面上有夯筑遗迹，夯层厚 0.08 ~ 0.10 米（彩版一〇三，2）。

9 号建筑遗迹　南邻 7 号，东邻 8 号，西侧有一小冲沟，地表散布板瓦、筒瓦残片、残砖及少量瓷片，平面呈长方形，南北长 18.07、东西宽 12.45 米，地表采集一片龙纹瓦当。

10 号建筑遗迹　北邻 8 号，南邻 11 号，西侧为 9 号，处于二级台地南侧，地表杂草、石块较多，地表散布板瓦、筒瓦残片、残砖。平面呈长方形，南北长 15.54、东西宽 8.1 米（彩版一〇四，1、2）。

11 号建筑遗迹　位于二级台地南端，北邻 10 号，地表较平坦，东侧有石砌护坡，地表散布板瓦残片、筒瓦残片、残砖。

上述两处较大规模建筑遗址区，建筑堆积较厚，堆积内包含琉璃瓦残片、瓦当、琉璃建筑构件等，建筑规模较大，等级较高，疑为大型建筑遗址。

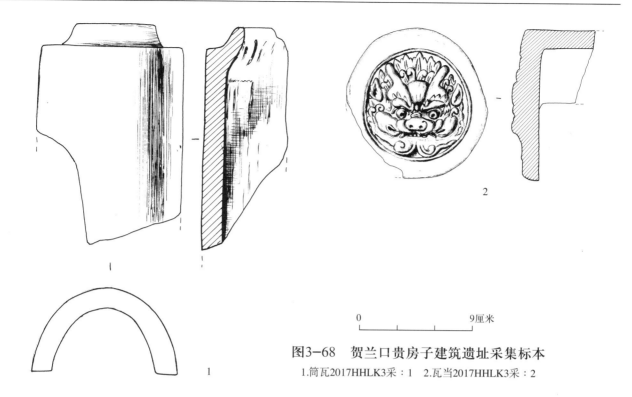

图3-68　贺兰口贵房子建筑遗址采集标本

1.筒瓦2017HHLK3采：1　2.瓦当2017HHLK3采：2

筒瓦　1件。

标本2017HHLK3采：1，泥质灰陶。残，瓦身隆起，呈半筒状，内壁有布纹，一端有子口，子口较宽，瓦身两侧有切割、掰离痕迹。残长17.6、宽11.4、壁厚1.6、子口长1.8厘米（图3-68，1；彩版一〇四，3）。

瓦当　1件。

标本2017HHLK3采：2，泥质灰陶。当面边缘残，后接筒瓦残断，当面模印兽面纹，微凸。兽面顶有鬃毛，斜直角，额上有肉，弯眉怒目，眼圆凸瞳内凹，尖耳，塌鼻，龇牙咧嘴，下唇有须。直径11.8、缘宽1.2厘米（图3-68，2；彩版一〇四，4）。

（三）拜寺口建筑遗址

拜寺口，又称"百寺口"，是贺兰山东麓中部一处较大山口，山内冲沟西与内蒙古阿拉善左旗贯通（彩版一〇五，1、2）。沟大谷深，夏季山中暴雨常致山洪。沟口南北两侧发育有半山台地和缓坡。沟口北边台地上有古塔两座，皆为砖砌八角十三层密檐式塔。两塔之间及双塔西侧面积达数千平方米的台地上，原先到处可见绿色琉璃建筑构件，现大部分被平为农田。在此遗址西面的另一台地上，是一处规模较大的建筑遗址，俗称"皇城台子"，在项目伊始已进行调查。在拜寺口沟的最尽头，有一处大型建筑遗址，俗称"殿台子"。依山面东，面积约5万平方米。随山势自西向东有六级台地，每级台地上均有遗址。

地面散布有大量绿琉璃板瓦、筒瓦、兽面纹瓦当、槽形瓦、花砖等建筑残件。

在拜寺沟内10千米沟北的台地上有一座方塔，因塔平面呈方形而得名。塔为方形密檐空心砖塔，底层边长6.2米，塔身13级，高30米。塔身彩绘柱枋斗拱、花卉、佛像。1990年被犯罪分子炸毁，从倒坍的天宫处发现西夏文刻本佛经 9 册、汉文刻本佛经 3 种、汉文和西夏文书 9 种和雕版佛画、丝织品等。其中西夏文佛经刻本经鉴定为活字印本。塔心柱墨书方塔为西夏大安二年（1075 年）重修。

与方塔隔沟相望有一处石砌高台遗址，高台临沟处有长约 100、高 10 米的石砌护壁。高台坐西向东，长方形，南北 80、东西 50 米，台的中心有一呈倒凸字形的殿基。殿基以毛石砌筑，宽约 2 米，后壁宽 27、前壁宽 13.5 米，进深 19.7 米，似前有抱厦、后殿面阔 5 间的殿堂建筑。地面及地下有大量绿琉璃板瓦、筒瓦、兽面瓦当、脊兽等建筑残件。

宁夏回族自治区文物考古研究所于 2015 ～ 2017 年对拜寺口沟口古代文化遗存进行了考古调查，并在遗址核心区做了 5 条探沟、清理灰坑 1 处，对沟口遗址有了较全面的了解。拜寺口沟口存有规模宏大的建筑遗址群，整体上依山而建，坐西北朝东南，遗址区根据山形水道分为三部分：大寺台子、南寺台子、双塔区。

1. 大寺台子遗址区调查

大寺台子遗址区位于拜寺口冲沟北侧三角形自然台地上，遗址区面积约 10000 平方米。台地西北倚山，南面为冲沟，沟内北侧有一人工蓄水池。山地又纵分为五列西北—东南向的小山脊，山前台地在大规模建筑前进行了平整修理。台地上建筑以中部偏北的"凸"字形石砌高台建筑为中心，遗址区内分布四组台地、两处石堆遗迹和一段夯土墙。

（1）一号台地（大寺台子遗址区）

位于遗址区中心位置，西北与山体相接，西、南临拜寺口冲沟北岸，台地上建筑遗迹丰富，以凸字形石砌高台建筑为中心，高台东南环以三重围墙，形成大型院落遗迹。东南部可见多处建筑堆积，台地南缘以石块垒砌护坡。

台地边缘原为自然山体，平整开阔，南坡为斜坡状，坡面较陡，在修筑寺庙群之前修筑护坡对台地进行了加固拓宽。坡地东侧护坡基本无存，自中部向西清晰可辨。中部断面可见土石夯砌，夯层 7 ～ 13 层，残高约 3 米，夯筑方法为砂土与自然石块混合夯筑，底层大石块较多，自下而上逐渐内收。夯层中未见砖、瓦碎块，推测夯筑时间较早，应当是在营建寺院前夯砌平整台地遗存，扩大平台面积所建。坡上堆积大量碎砖瓦，偶见琉璃瓦碎块。从断面来看，大部分已塌毁。该处坡下有较多建筑倒塌堆积。

山坡上高约 10 米处修出半圆形二级台地，有较为坚硬的踩踏面，地表散见残砖块、手印纹砖块及少量红色颜料涂绘的白灰块。

地面遗迹以"凸"字形高台为中心，坐西北向东南，依山而建。遗迹由高台、高台周围建筑基址以及围墙三部分组成。

1）高台建筑

位于大寺台子中部偏北。台体分三层砌筑，底层呈上小下大的正方形，边长 25、高约 3 米，自底向上 30° 角斜收。砌筑方法为黄土、砂石、碎砖夯筑，石块垒砌护坡外壁，东侧护坡较规整，西侧护坡石块较大略杂乱。第二层呈凸字形，台基长 25、宽 23 米，向上略收，厚约 2 米。南侧砌筑凸出护坡，与第二层持平，顶面长 6、残宽 8、高约 5 米，护坡南侧约呈 45°。砌筑方法也是内部土石夯筑，外壁石块垒砌护壁。高台东南正中砌筑长斜坡踏道，斜长 17、宽 2.5 米，坡度 30°。踏道两侧以石块包砌，砌筑方法为平砌，石块中夹杂瓦片，石块间抹泥填缝。踏道最高处垒砌石块约 22 层，每层厚约 0.15～0.20 米。踏道内部填充黄土砂石，坡面上以修整过的灰砂岩石条逐层垒成台阶，大部分石条已佚失，残存石条长 0.90、宽 0.30、厚 0.30 厘米。踏道自底部上升至高台中间层顶面，自中间层两侧踏道可登至高台顶部，目前存西侧踏道，可行至台基西北侧登上顶部。第三层呈凸字形，台基长 20～21、宽 16～17 米，层高 3 米，凸出长 1、宽 6 米，由于部分塌毁，未见踏步。第三层内部以黄土和石块间隔夯筑，约 0.4 米黄土层间隔一层碎石块，转角处砌有立木，残长约 1、径约 0.08 米，四壁以砖包砌。

台基顶部可见南北两间建筑基址。南间略低，面阔 13、进深 8 米，房址东墙南段残存砖砌墙基，残长 3.55、宽 0.4 米。北间建筑遗存堆积高约 1.6 米，面阔 12、进深 10 米，东侧残存墙基长约 5、墙基宽 0.7 米。台基中部存方形柱础石，灰砂岩质，长 0.62、宽 0.59、厚 0.18 米，中间凿孔直径 0.20 米。地表散见大量碎砖瓦、绿釉琉璃建筑构件及白釉、酱釉瓷片。

高台周围堆积碎砖瓦数量巨大。可见红砖和青砖两种，红砖大者长 39、宽 17.5、厚 7 厘米，小者长 34、宽 18、厚 6.5 厘米；青砖大者长 36.5、宽 18.5、厚 6 厘米，小者长 32、宽 15.5、厚 5.5 厘米。

高台踏道南侧存有一处方形建筑堆积，东西长 13、南北宽 11.5、高约 0.5 米，地表可见碎砖瓦及建筑构件残块。

2）院落遗址

高台南部环以三道围墙（廊）式建筑。第一道围墙为高台南侧遗址周围隆起于地表的"U"形建筑堆积，仅存西、南、东三面，未闭合。东西两侧残长 35.7～36 米，堆积宽 6、残高 0.5 米，南墙长 40、宽 6.2、残高 0.6 米。堆积上散见砖瓦残片及琉璃建筑构件碎片。第二道围墙与第一道间隔 10～18 米，东墙长 70、西墙 67.8、南墙长 60 米，中间有宽约 10 米的门道，北墙不明。墙体宽约 0.80、残高约 0.20 米，墙体两侧石块垒砌，中间填以黄土碎石。第三道围墙自高台建筑北侧延伸至大寺台子南缘。东墙北段长 88.6、宽 2 米，南段内斜，长 54.3 米，较北段略窄，南墙残存 52.5 米，门道不明。西墙残长 43 米。东、西墙北端与北侧山体修挖成的崖壁相连，崖壁东北段长 32、西北段长 20 米。

院内东侧、东北角、西北角存有成排分布的石砌建筑基址。由于墙体保存状况不佳，遗址形制及性质难以判明。残存墙体构筑方式为两侧石块垒砌，中间填筑碎石砂土，墙体宽 0.5～0.7 米不等。

院落东北墙外三角形地块地表有石墙围砌的长方形建筑遗迹，墙宽 0.9～1 米，地表基本不见遗物。台地东、南两侧修筑 5 级护坡，级宽 0.6～0.9 米，每级高约 0.2～0.3 米。

院落东南平坦的台地上古代遗迹丰富。台地北侧及南侧都分布有成排的石砌墙基，这些遗迹大小不一，形制不明。地表偶见白釉瓷片、酱釉瓷片及碎瓦块。台地上存有三处塔基遗址。塔 1 位于台地东南角，平面圆形，直径约 3.7 米。塔壁余三层砌砖，最外层以残砖平铺垒砌，残砖长 0.18～0.21 米。第二层宽约 0.30～0.40 米，碎砖平铺。最内层为残砖侧立垒砌，砖厚 0.05～0.07 米，立砌砖层余 4 层。塔心直径约 1.3 米，已被破坏，堆积杂乱。塔基周围堆积大量残碎砖块，也有大量白灰块，之上涂红彩，推测为塔体倒塌堆积。塔 2 位于台地中部，台基平面圆形，外围以石块垒砌，石块有钙化沉积岩、红砂岩、灰砂岩三种，石块径约 0.35 米左右。内圈石块较外围石块略小，内外两重间距 0.40 米，其间填以碎石块及砂土。周围散落大量碎砖块，尤以南侧较为集中密集。塔 3 位于塔 2 西侧，形制及所用石块与塔 2 相似，四周散落砖块，南侧较为集中。地表散落白灰层块，厚约 0.01～0.015 米，表面涂红彩。塔 2、塔 3 西北有范围较大的碎砖块堆积，堆积数量甚巨，推测为砖塔倒塌堆积。

（2）二号台地

位于一号台地东北，为流水切割成的三角形台地，地势东高西低，依地形自东向西又分为三级台地。

一级台地　位于东侧，台地呈长方形，南北长 24、东西宽 13 米，地表零星散布残砖、瓷片与琉璃瓦片。台地东侧石块砌筑护坡，单排石块垒砌，宽 0.3～0.5 米，残长 13、残高 0.6～1.7 米。台地北部山坡上有一长方形建筑台地，长 15、宽 10 米，地表未见遗物。台地东南部 10 米处分布有石块垒筑方形建筑基址，边长 3 米，略凸出地表，两处遗迹地面均散布有少量碎瓦片。台地东南部约 22 米处有石块垒砌的圆形小石堆，底部直径约 2 米。

二级台地　紧邻一级台地，呈长方形，东西长 22、南北宽 18 米，地表零星散布大板瓦、筒瓦残片与瓷片。台地北侧山坡有 7～8 道石砌护坡，残长 3～8 米不等。台地西侧有宽约 1.4 米道路，南北残长约 13 米，道路两侧石块砌边，中间填土。台地南侧 22 米处有石块垒砌方形建筑台基，遗迹边长约 6、残高 1 米，台基为石块砌边，中间填充碎石、沙土，台基南侧残存 3 级宽 1 米的台阶。

三级台地　位于最西侧，距二级台地约 20 米，呈长方形，东西长 19、南北宽 15 米，地表残存瓦片、砖块较多。台地南部下方有两道石砌护坡。台地中部建筑堆积较厚，东部有长 3.6、宽 1.5 米盗坑，盗坑内瓦片、砖块较多。

（3）三号台地

位于二号台地东侧冲沟东小山梁缓坡台地上，遗址所在山坡北高南低，东侧为部队废弃营房（现为养鸡场），台地呈长方形，坐北朝南，东西宽 5.6、南北长 8.5 米，地表散布筒瓦、板瓦残片、砖块及少量琉璃瓦片。

（4）四号台地

位于三号台地东侧、拜寺口景区西北冲沟中部，东西两侧为部队废弃营房。四号台地为一处由北向南伸出的单独台地，两侧的冲沟在台地南侧汇合。台地上依地势自南向北分布有三级建筑台地。

一级台地　位于台地最前端，三面修筑护坡，台地呈梯形，南端宽 20、北端宽 55、进深 30 米，台地东南角残存石砌护坡。台地中部存有"凸"字形建筑遗存堆积，南侧长 3.7、宽 4.8 米，北侧长 4.5、宽 11 米。遗址中部有一直径 0.8、深 0.5 米的盗洞。地表散见有板瓦残片、筒瓦残片、槽形瓦残片、瓦当、白釉瓷片等。

二级台地　位于一级台地北部上方 20 米，台地地表存有一处石墙围筑的方形建筑遗迹，坐北朝南，南北边长 7.5、东西宽 7 米，南墙自西 2 米处有宽 1.6 米的门道。石墙宽 0.5～0.8、残高 0.1～0.4 米。地表散布大量手印纹碎砖块、少量瓦片及彩绘白灰皮。

三级台地　上存有一处石堆遗迹，略呈圆锥形，底部直径 5.8、残高 1.5 米，石堆南侧砌有一道石墙，长约 5.5 米。

（5）1 号台地西侧山腰遗址

位于南北向纵列山脊之西侧山谷中，山谷已被山坡滑坡及滚石基本填成较缓斜坡。此处经人工修整后，在坡地上以石块垒砌成墙，形成平台。石墙共四道，自上而下第一道与第二道呈西北—东南向，第一道长约 30、残高约 0.3 ~ 0.5 米；第二道稍低，与第一道平行，长 17、残高 0.3 ~ 3 米；第三道与第四道为东北—西南向，与第二道相抵呈"人"字形，第三道石块垒砌较乱，残长 1.5、残高 2 ~ 2.3 米，第四道稍低，长 11、残高 0.8 ~ 2.3 米。台地上散落大小不一的石块，应为砌墙倒塌或山上落石，未发现其他遗物。此处位于半山腰上，通过垒砌石墙形成平台，又与台地西南角的烽火台及长城遥遥相对，推测该遗址为哨岗之所。

大寺台子遗址区调查采集标本主要有陶片、瓷片、建筑构件残块与铜钱。

槽形瓦　1 件。

标本 2015HBD 采：15，残，长条形，背面平，正面横向有一沟槽。瓷胎，灰白色，胎体厚重坚硬。一侧面施酱黑色釉，另一侧面中间挖出豁口。残长 12、宽 10.5、侧面厚 2.3、槽深 1.2 厘米（图 3-69，1；彩版一〇六，1）。

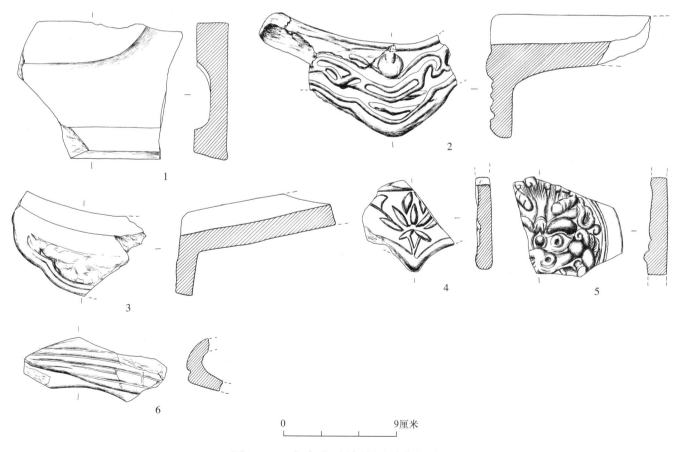

0　　　　　9厘米

图3-69　大寺台子遗址区采集标本

1.槽形瓦2015HBD采：15　2、3.滴水2015HBD采：5、6　4.琉璃滴水2015HBD采：3　5.琉璃瓦当2015HBD采：1　6.琉璃筒瓦残块2015HBD采：7

滴水　3件。分两型。

A 型　2件。泥质灰陶。模印花卉纹。分两亚型。

Aa 型　1件。

标本 2015HBD 采：5，滴面模印莲花纹，下缘连弧形。胎体厚重，质较疏松，连接部分板瓦。瓦面残长 13、残宽 16、厚 2 ～ 3 厘米，滴水残宽 13.5、高 7.5、厚 1.7 厘米（图 3-69，2；彩版一〇六，2）。

Ab 型　1件。

标本 2015HBD 采：6，滴面模印花卉纹，细部图案不明，下缘连弧形，上缘抹平修整。连接部分板瓦，瓦面印布纹，瓦背有红色颜料涂刷条带。瓦面残长 15、残宽 13、厚 1.5 ～ 2 厘米，滴水残宽 10.5、残高 6.5、厚 1.5 厘米（图 3-69，3）。

B 型　1件。残，琉璃滴水。

标本 2015HBD 采：3，滴面模印莲花纹，下缘为莲瓣形。红色陶胎，釉面脱落。残长 7、高 7.1、厚 0.7 ～ 1 厘米（图 3-69，4；彩版一〇六，3）。

琉璃瓦当　1件。

标本 2015HBD 采：1，土黄色瓷胎，较坚硬，当面模印兽面纹，微凸。兽面顶有鬃毛，斜直角，额上有肉，弯眉怒目，眼圆凸瞳内凹，尖耳，塌鼻，咧嘴，施绿釉，内侧有刻划纹。残宽 7.5、厚 1 ～ 1.5 厘米（图 3-69，5；彩版一〇六，4）。

琉璃筒瓦残块　2件。半筒形，土红色陶胎，内印麻布纹，外施绿釉。

标本 2015HBD 采：7，残长 9、残宽 4.8、厚 1.2 厘米（图 3-69，6；彩版一〇六，5）。

标本 2015HBD 采：4，瓦舌端残块，瓦舌表面抹光，推测为轮修时抹水所致。残长 8、残宽 9.5、厚 0.8 ～ 1.8 厘米。

建筑构件残块　1件。

标本 2015HBD 采：2，红色陶胎，模制，空心，外施绿釉，细部刻划。残长 11.3、高 4、厚 1 厘米。

陶罐　1件。

标本 2015HBD 采：8，泥质灰陶。较疏松。内壁有凸起箆点纹。残长 8、宽 5.8、厚 1 厘米（图 3-70）。

白釉碗　2件。碗底，矮圈足，足外旋修，足缘修平，足内旋挖较深。

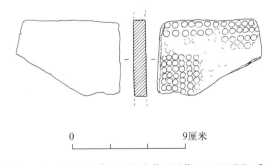

0　　　　　　　　　9厘米

图3-70　大寺台子遗址区采集陶罐2015HBD采：8

标本 2015HBD 采：11，斜直壁碗，灰白色胎，细腻坚硬，未施釉。壁厚 0.5、底厚 0.25 厘米。

标本 2015HBD 采：13，土黄色胎，细腻坚硬，内壁先施化妆土后施白釉，内底有砂圈痕。足径 5.2 厘米。

黄釉瓶　1 件。

标本 2015HBD 采：9，残，瓶颈部残片，表面环绕凸棱，土黄色胎，胎质较粗，外壁施黄色琉璃釉。残宽 3.5、高 2.5、厚 0.5～0.8 厘米（彩版一〇六，6）。

铜钱　2 枚。

标本 2015HBD 采：17，小平钱，光背，郭宽穿阔。篆书钱文"绍圣元宝"，旋读。钱径 2.5、穿宽 0.5、厚 0.15 厘米。

标本 2015HBD 采：18，小平钱，光背，郭宽穿阔。篆书钱文"元丰通宝"，旋读。钱径 2.5、穿宽 0.6，厚 0.15 厘米。

2. 南寺台子遗址区调查

（1）南寺台子建筑遗址

南寺台子位于沟口冲沟以南边缘缓坡台地，受流水侵蚀及人为破坏影响，遗址保存较差。调查发现在二级台地上保存有一处建筑台地遗址和两处瘗骨塔遗存。西侧山梁上存有一处建筑遗址。

建筑台地遗址分布在一处半圆形台地上，由三级建筑台地和院落围墙组成。围墙南墙东西长 76、东墙南北长 38 米。建筑台地坐西朝东，由三级"凸"字形台地构成。自西向东第一级台地面宽 30、进深 30 米，东侧中部梯形坡道宽 6～12、斜长 6.8 米。第二级台地面宽 40、进深 20 米，东侧中部梯形坡道宽 7～12、斜长 7.5 米。第三级台地略呈长方形，南北面宽 18、东西进深约 24.5 米。台地上建筑遗址基本无存，零星采集到兽面纹瓦当、莲花纹滴水、细白瓷片等遗物。

瘗骨塔遗迹分布于建筑台地东南侧山坡下，呈圆形石堆状，底径 1～2、残高 0.5～1 米，存有 10 余处，其中两座被盗挖，暴露出大量的烧骨，故推测这种遗迹现象为瘗骨塔遗存。

套兽残块　3 件。

标本 2015HBN 采：1，红陶胎，施绿釉。残长 14、宽 4.5、厚 1.2 厘米（图 3-71，1；彩版一〇七，1）。

标本 2015HBN 采：2，红陶胎，施绿釉。残长 10、宽 5、厚 1.3 厘米（彩版一〇七，2）。

标本 2015HBN 采：3，红陶胎，施绿釉。残长 10、宽 5.5、厚 0.6～1 厘米（图 3-71，2；彩版一〇七，3）。

鸱吻尾部残块　1 件。

标本 2015HBN 采：5，如意形，红陶胎，施绿釉。残长 7、宽 3.7 厘米（图 3-71，3；彩版一〇七，4）。

琉璃舌部残块　1 件。

标本 2015HBN 采：6，红陶胎，中间刻划三道纵向槽纹，施绿釉。残长 5.5、宽 4～5 厘米（图 3-71，4；彩版一〇七，5）。

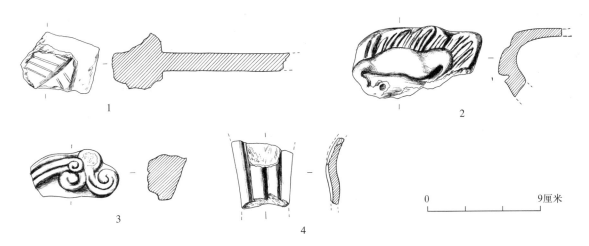

图3-71　南寺台子建筑遗址采集标本
1～2.套兽残块2015HBN采：1、3　3.鸱吻尾部残块2015HBN采：5　4.琉璃舌部残块2015HBN采：6

（2）南寺台子西南侧山脊建筑基址

共有2处，位于沟口西南侧山脊，两侧各有一较大冲沟，形制大致呈长方形，保存较差，地表散布有条砖、筒瓦与琉璃瓦片等。

1）1号建筑遗址

东北距拜寺口景区西1000米（彩版一〇八，1）。建筑遗址所在台地呈长方形，东西长20、南北宽13米，地表发现瓷片、筒瓦残片及少量琉璃瓦残片，台地南北两侧为山崖，北侧有4道石砌护坡，长约15、总宽1米。东侧地表可见石块铺筑墙基，长12.8、宽1、南墙残存2.6、残高0.1米。

筒瓦　1件。

标本2017HBSK4：1，泥质灰陶。残存瓦舌及少段瓦身，瓦舌较厚，方唇，瓦身隆起呈拱状，外壁光素，内壁有粗布纹。残长14.6、残宽9、壁厚2～3、瓦舌长2厘米（图3-72，1）。

琉璃宝瓶残片　1件。

标本2017HBSK4：4，泥质红陶。薄胎，胎体薄厚匀称，直壁微弧，横向弧度较大，外壁施绿色釉，釉层均匀，釉面光洁。残宽5、残高6.6厘米（图3-72，2）。

青白釉碗　1件。

标本2017HBSK4：2，圜底，圈足，瓦足较深，直足墙较高，足根尖圆，足墙内壁斜削。黄白色胎，胎质紧密，内外施青白色釉，釉色晶润，外釉未及底，内底刮涩圈。足径5.4、残高2厘米（图3-72，3）。

褐釉罐　1件。

标本2017HBSK4：3，弧壁，黄白色瓷胎，胎体薄厚均匀，瓷化度低，外壁施褐釉，表面可见两道刮釉弦纹，刮釉处呈火石红色，内壁未挂釉。残宽7厘米（图3-72，4）。

2）2号建筑基址

位于1号建筑基址东侧约100米（彩版一〇八，2）。台地呈长方形，地表散布少量灰陶瓦片、红褐陶瓦片，南北长10.3、东西宽6米，台地南北两侧为山崖，西侧靠山体，东侧下方为山坡。

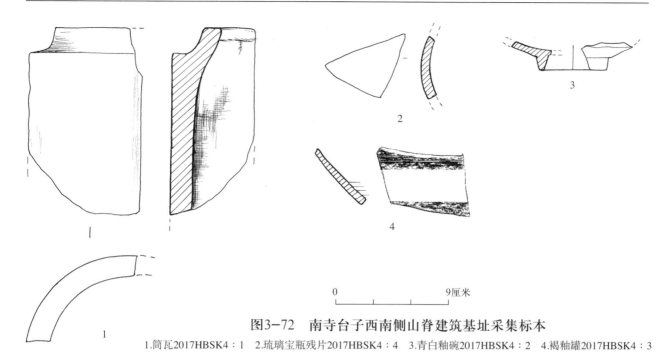

图3-72　南寺台子西南侧山脊建筑基址采集标本

1.筒瓦2017HBSK4：1　2.琉璃宝瓶残片2017HBSK4：4　3.青白釉碗2017HBSK4：2　4.褐釉罐2017HBSK4：3

台地东部、北部有石块砌筑护坡。

在调查的基础上，为进一步搞清遗址结构及性质，2015 年在高台遗址南侧开挖了两条探沟，2016 年又在高台遗址西侧及北侧开挖了三条探沟，并在高台西侧清理灰坑一处。通过这两次试掘，了解了大寺台子遗址区地层堆积情况，清理出了高台南侧台地、墙基及道路遗迹，明确了高台北侧登台踏步及北侧台地，同时出土了类型丰富的遗物，为明确遗址性质及丰富对遗址的认识起了重要作用。

3.2015G1试掘

2015 年 4 月试掘，位于高台基址东南侧，打破第二、三重墙垣。探沟 30 米 ×1 米，方向135°。地表散布砖瓦残块、石块。经过发掘，可辨地层堆积分 2 层，厚约 0.50 米。上层为文化堆积层，厚约 0.30 米，土质为黄土，包含大量砂砾、石块、碎砖瓦、少量动物骨、白釉与青釉瓷片，出土有瓦当、滴水、板瓦残块与烧制的土坯块等。下层为垫土层，垫土层可分两层，上层为黄土夹杂碎石，厚约 0.10 ～ 0.12 米，下层为灰土层，厚约 0.03 ～ 0.04 米。底部为生土层，生土层为原生山体，为黄土、砂石、石块混合（图 3-73）。探沟自北向南发现两处遗迹。

（1）探沟北侧建筑基址

位于探沟北侧，地表堆积厚约 0.2 厘米，土质为沙土，夹杂砖瓦碎块，下为厚约 0.40 米灰烬层，灰烬层下为较为坚硬的黄土踩踏面，该平面与探沟西侧一处砖铺地面基本持平。该平面南侧为单砖砌墙，高约 0.25 米，砖墙西侧有一方砖柱础，边长 0.38、厚约 0.05 米，中部挖空成圆形柱洞，直径约 0.15 米，柱洞内存有焦化木炭。方砖下有石柱础。该砖墙以南约 2.5 米处为又一处砖砌墙体，分两层砌筑，内侧（北）单砖平砌，共 9 层，高约 0.60 米，外侧立砖包砌。墙体向北倾斜。两处墙体之间堆积较为杂乱，内填大量碎砖瓦。

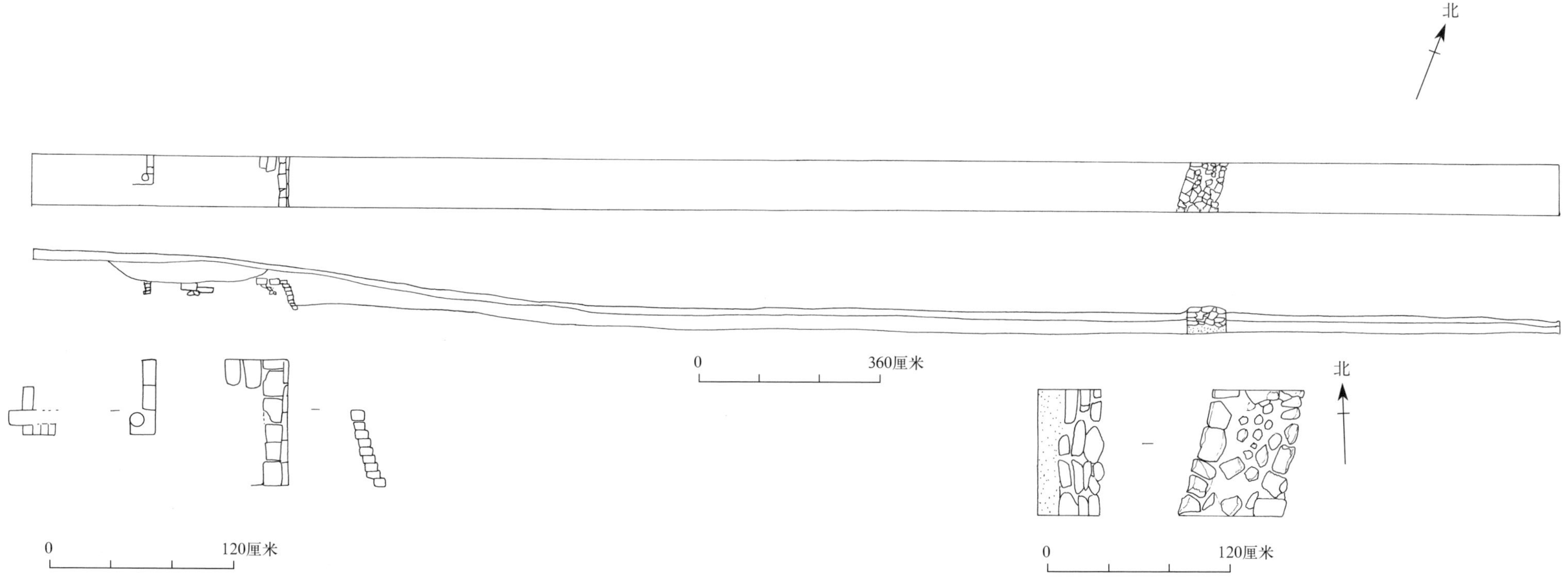

图3-73　拜寺口2015G1平、剖面图

（2）探沟南侧建筑基址

墙体东西走向，即高台建筑南侧第二道围墙。墙体宽约 0.8 米，内外侧石块垒砌，每侧宽约 0.20 米，石块可见 3～4 层，高约 0.50 米，石块中间间距 0.30～0.40 米，填砌黄土、碎石块夯实。内外墙面垒砌平整，选用石块较为方正。

板瓦　1 件。

标本 2015HBDG1：15，残，四分之一筒形，泥质灰陶。内模印麻布纹。残长 13.4、宽 20.6、厚 2.4 厘米（图 3-74，1；彩版一〇九，1）。

筒瓦　10 件。有红陶和灰陶两种。模制，半筒形，前端有凹凸瓦舌。内壁模印麻布纹，两侧内边有切割痕迹，舌部经陶轮旋转。整器较规整，火候较高，硬度好。

标本 2015HBDG1：1，完整。长 33.2、筒径 11、舌径 7、厚 1.5 厘米（图 3-74，2；彩版一〇九，2）。

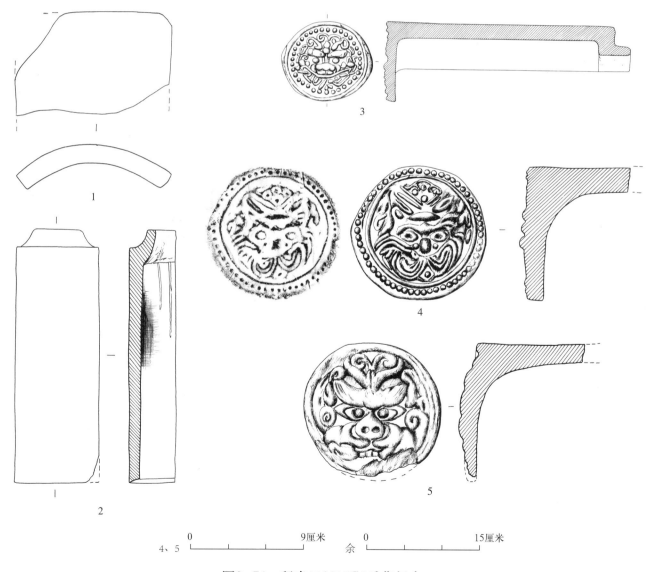

图3-74　拜寺口2015G1采集标本

1.板瓦2015HBDG1：15　2.筒瓦2015HBDG1：1　3～5.筒瓦带瓦当2015HBDG1：7、10、9

筒瓦带瓦当　4件。泥质灰陶。半筒形，模制，器内模印麻布纹。一端有凹凸瓦舌，一端有瓦当。两侧内边有切割痕迹。整器较规整。火候较高，硬度好。瓦当均为兽面纹，泥质灰陶。根据纹饰不同可分为六型。

A型　4件。当面兽面微凸，斜直角，额上有肉，弯眉怒目，尖耳，塌鼻，龇牙咧嘴，颔下有短髭。窄沿，沿内一圈连珠纹。

标本2015HBDG1：7，完整，筒瓦长32.4、筒径10.5、舌径7、厚1.8厘米。瓦当直径12.1、厚1厘米（图3-74，3；彩版一〇九，3）。

B型　1件。

标本2015HBDG1：10，圆饼形。兽面尖角，额上有肉，弯眉，圆眼点睛，尖鼻，龇牙咧嘴，颔上长须卷曲上弯。外缘模印一圈连珠纹，内印凸弦纹（图3-74，4；彩版一〇九，4）。

C型　1件。

标本2015HBDG1：9，圆饼形。当面微凸，兽面尖角分叉，圆眼，猪鼻，尖耳。外缘模印一圈凹弦纹（图3-74，5；彩版一〇九，5）。

D型　1件。

标本2015HBDG1：12，圆饼形。兽面尖角较粗，杏眼圆睁，塌鼻，龇牙咧嘴，牙齿外露。边缘较宽，外缘模印一圈凸弦纹（图3-75，1）。

E型　1件。

标本2015HBDG1：14，残，圆饼形，兽面外鼓，尖角较粗，连心眉，如意鼻，龇牙咧嘴，刻画生动（图3-75，2；彩版一〇九，6）。

F型　1件。

标本2015HBDG1：16，存右下部，兽面圆眼外突，龇牙咧嘴（图3-75，3）。

琉璃筒瓦　2件。均残，瓷胎，淡黄色，较坚硬。

标本2015HBDG1：25，有瓦舌，瓦面施绿釉。残长11、宽10、厚1.3厘米（彩版一一〇，1）。

滴水　2件。均残，泥质灰陶。滴面略呈三角形，下缘呈连弧状，模印花卉纹，素面，连接板瓦内模印麻布纹。

标本2015HBDG1：20，滴面残宽19、高8.7、厚1.5厘米，滴面模印莲花纹，质较硬（图3-75，4）。

琉璃建筑构件残块　1件。

标本2015HBDG1：26，泥质红陶。较硬。模印捏雕塑手法结合制成。表面施绿釉。残长8、残宽9.3、厚5.2厘米（图3-76，1；彩版一一〇，2）。

脊兽眼部残块　1件。

标本2015HBDG1：29，泥质红陶。含细砂。模印而成，素面。残长9.5、残宽8.5、厚1.5厘米（图3-76，2；彩版一一〇，3）。

土坯砖　3件。长方形，模制。浅红色，含砂砾及云母屑，推测以拜寺口北侧砂土为原料烧成，烧成温度较低，质酥松。

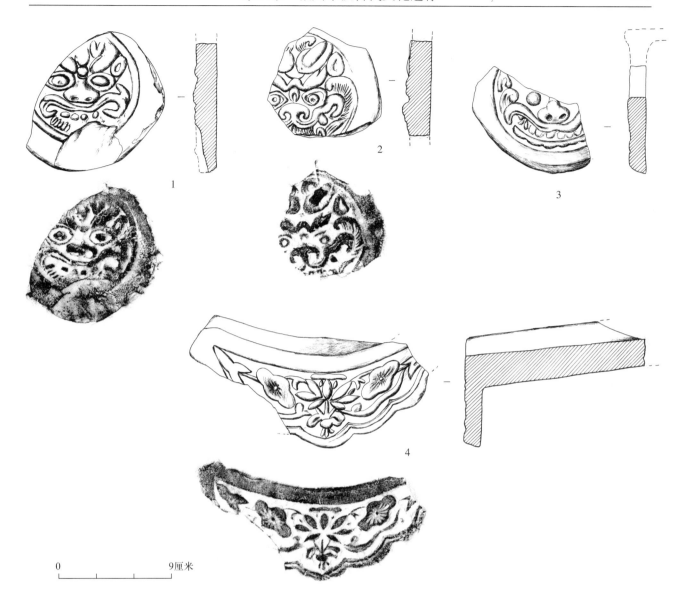

图3-75　拜寺口2015G1采集标本

1~3.筒瓦带瓦当2015HBDG1：12、14、16　4.滴水2015HBDG1：20

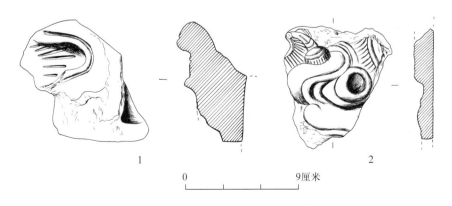

图3-76　拜寺口2015G1采集标本

1.琉璃建筑构件残块2015HBDG1：26　2.脊兽眼部残块2015HBDG1：29

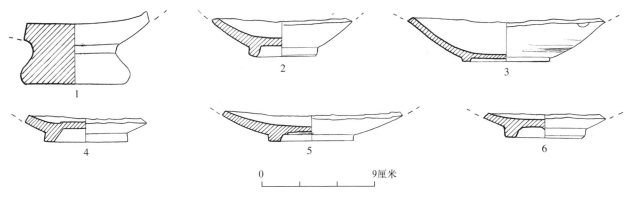

图3-77　拜寺口2015G1采集标本

1~5.白釉碗底2015HBDG1：31~35　6.青白釉碗2015HBDG1：30

标本2015HBDG1：38，长分别为14.5、15.5、17.5、厚约5厘米（彩版一一〇，4）。

白灰块　1件。

标本2015HBDG1：39，碗坨形，残，板结成块，较纯净，质较硬。直径约9.5、高3.8厘米（彩版一一〇，5）。

白釉碗底　5件。

标本2015HBDG1：31，高假圈足，外撇，足底有胎体粘连痕。白色瓷胎，胎质较硬，略粗糙，施白釉，有冰裂，积釉处发青色。内外施满釉。足径7.8、残高5厘米（图3-77，1；彩版一一〇，6）。

标本2015HBDG1：32，斜直壁，矮圈足，挖足过肩，碗底较薄。灰白色胎，坚致细密，内外壁施白釉，内壁满釉，外壁施釉近底，内壁釉下施白色化妆土，内底有砂圈。足径5.4、残高2.8厘米（图3-77，2）。

标本2015HBDG1：33，矮圈足，足缘齐平，足内旋挖较深，碗底较薄。土黄色胎，坚致细密，内外壁施白釉，内壁满釉，外壁施釉至中，内壁釉下施白色化妆土，内底有砂圈。足径7、残高3厘米（图3-77，3）。

标本2015HBDG1：34，矮圈足，足缘齐平，足内旋挖较深，碗底较薄。土黄色胎，坚致细密，内外壁施白釉，内壁满釉。内底旋修。足径约6.6、残高1.8厘米（图3-77，4）。

标本2015HBDG1：35，矮圈足，足缘齐平，足内旋挖较深，碗底较薄。土黄色胎，坚致细密，内外壁施白釉，内壁满釉，内壁釉下施白色化妆土，外壁施釉近底。足径6.6、残高2厘米（图3-77，5）。

青白釉碗　1件。

标本2015HBDG1：30，矮圈足，修足齐整，足墙较窄，足底有旋挖脐心。白色胎，略含细砂，坚硬致密，内外壁施青白釉，外壁釉至近足，内壁满釉，内底一圈刮釉，有叠烧痕，釉面光洁，透明度高，有开片。底径6.4、残高2厘米（图3-77，6）。

褐釉瓷片　1件。

标本2015HBDG1：36，瓜棱器残片，土黄色胎，坚硬致密，内壁有轮制弦纹，外壁纵向刻划出瓜棱状，外壁施半釉，酱褐色。残长8厘米（图3-78，1）。

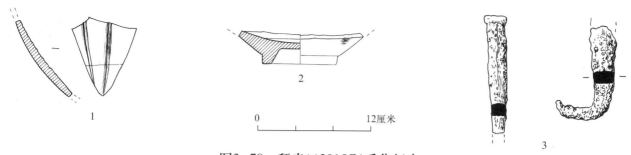

图3-78　拜寺口2015G1采集标本

1.褐釉瓷片2015HBDG1：36　2.酱釉碗底2015HBDG1：37　3.铁钉2015HBDG1：41

酱釉碗底　1件。

标本2015HBDG1：37，矮圈足，足缘修平，挖足较深，碗底较薄。土白色胎，坚硬致密，施酱褐色釉，外壁半釉，内壁满釉，内底刮出涩圈。足径8、残高3厘米（图3-78，2）。

铜钱　1枚。

标本2015HBDG1：40，铜制，小平钱，光背，郭宽穿阔，行书钱文"元丰通宝"，旋读。钱径2.4、穿宽0.6、厚0.15厘米。

铁器

铁钉　2枚。

标本2015HBDG1：41，铁制，锈蚀严重。正方体柄，头大尾尖，头部扁平。长12.4厘米（图3-78，3）。

4. 2015G2

位于高台建筑斜坡踏步前，东西向开挖10米×1米探沟一条，方向北偏东20°。其西南处有暴露出的方形铺地砖。清理出和台基踏步相关的石铺道路一条，方向基本与探沟方向垂直。道路宽2米，铺筑方法为两侧为石块垒砌，石块径约0.10～0.20米，中间空出0.50～0.60米填充泥沙踩实。探沟内基本无遗物出土，其上也无文化堆积，由于后期遭到破坏，表土层较浅（图3-79）。

2016年5～6月，为搞清楚高台建筑周围建筑布局，在大寺台子西侧及北侧又开挖了三条探沟。

5. 2016G1

位于高台遗址西北角，与高台遗址垂直，长7、宽2米，方向50°，探沟开挖后，在南端发现了登上高台的踏步遗迹，为进一步明确，在探沟南端沿高台遗址边缘向东西两侧扩方，扩挖了一条东西向的探沟将东侧登台踏步露出，扩方长8.5、宽2米。地层堆积较浅，共分两层：第①层，表土层，地表长草，厚约0.1米，灰褐色土，包含植物根系，地表堆积大量碎砖块。第②层，文化层（图3-80）。上层为倒塌堆积，包含大量碎砖块、少量碎瓦块等。

东西向探沟清理出高台遗址北壁墙体和沿北壁自东向西上行的登台踏步。探沟清理出高台遗址北侧11米墙体，墙体单层包砖，平铺顺砌，北壁略内斜，东壁顶部内斜70°。墙体抹白灰墙皮，厚约0.01米，东壁白灰上有赭红色颜料涂色。高台遗址北侧距底部高2.6米处呈砖铺平台，与西北部台地相平。

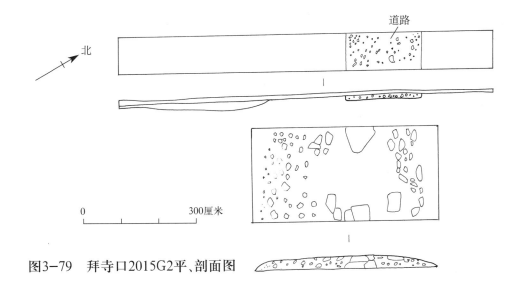

图3-79　拜寺口2015G2平、剖面图

高台遗址北侧清理出一组自东向西登台踏道。踏道斜长8.2米，约呈35°斜坡上行，宽约2米。踏道基础为土砌斜坡，表面分三部分构成：南侧与高台相连为单排方砖斜铺的散水，宽约0.4米。踏道中间为石砌台阶，宽约1.5米，残存13级台阶，台阶以石块垒砌边沿，内部以土填平，由于石块大小略有差异，台阶尺寸不尽相同，残存台阶自上而下尺寸为：第一级深0.5、高0.2米，第二级深0.52、高0.23米，第三级深0.46、高0.24米，第四级深0.46、高0.2米，第五级深0.44、高0.2米，第六级深0.6、高0.26米，第七级深0.5、高0.2米，第八级深0.46、高0.2米，第九级深0.44、高0.15米，第十级深0.56、高0.24米，第十一级深0.5、高0.2米，第十二级深0.5、高0.2米，第十三级深0.52、高0.2米。台阶北侧为石砌包边，宽约0.5米，石块不甚规整，与北部台基相连。

南北向探沟清理出高台遗址北侧台地的东侧边缘。台地分两级砌筑，上小下大，总高2.46米。台地外侧墙体以石块砌筑护壁，内部填筑黄土砂石。一级台地距地表0.3米，石砌护壁厚0.3、高0.58米，内填砂土碎石。二级台地较一级台地宽出0.8、高1.6米，砌筑护壁的石块较大，壁面平整，底部略外斜。二级台地下有厚约0.04米的垫土层，土质为黄土掺杂碎砂石。

条砖　2件。青灰色，细砂质。

标本2016HBDG1②：23，长36、宽17.6、厚6.3厘米（彩版一一一，1）。

标本2016HBDG1②：24，一面印手印纹，手印长18、宽12厘米。砖长36、宽18、厚6厘米（彩版一一一，2）。

方砖　1件。

标本2016HBDG1②：25，青灰色，细砂质。一面印右手印纹，手印长17、宽11厘米。砖边长36、厚5.5厘米（彩版一一一，3）。

滴水　4件。泥质灰陶。陶质较细，均残，倒三角形，两侧连弧状。

A型　3件。滴面模印连枝纹。

标本2016HBDG1②：3，滴面存中间单朵荷花及部分荷叶。滴面残宽5.7、高7.5、缘厚1.2、花心处厚约1.7厘米（彩版一一一，4）。

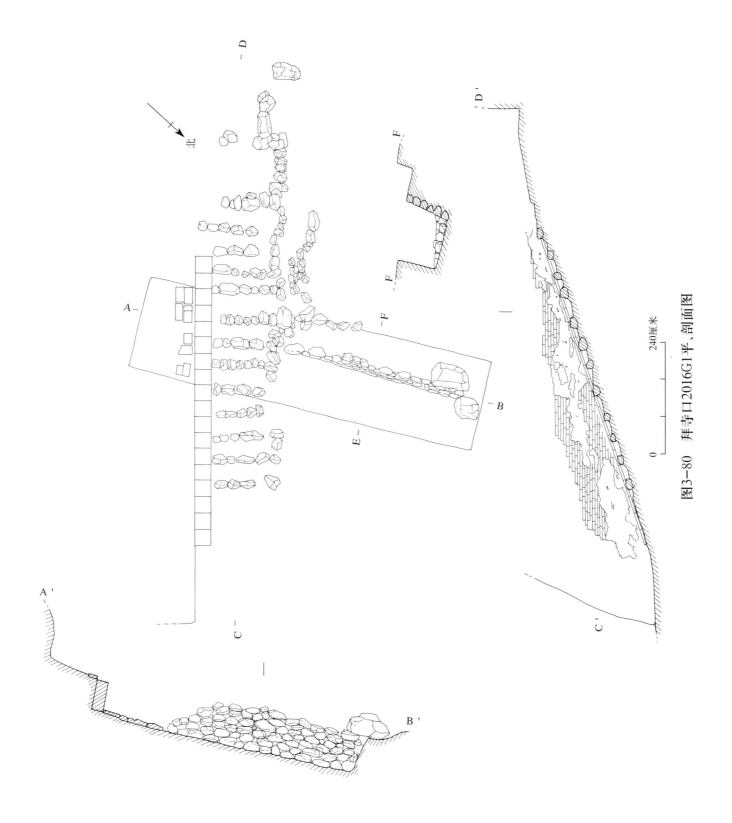

图3-80　拜寺口2016G1平、剖面图

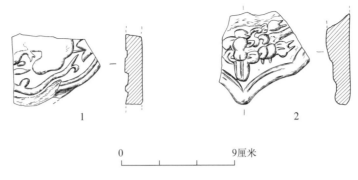

0　　　　　　　　9厘米

图3-81　拜寺口2016G1采集标本
1、2.滴水2016HBDG1②：5、4

标本2016HBDG1②：5，滴面存一侧荷叶及部分花瓣。滴面残宽7、残高5.7、缘厚1.2厘米（图3-81，1）。

B型　1件。滴面正中模印石榴纹，花形饱满，花瓣层层叠叠。两侧连弧状。

标本2016HBDG1②：4，滴面残宽7、高7.3、缘厚1、花心处厚约2厘米（图3-81，2；彩版一一一，5）。

瓦当　2件。泥质灰陶。陶质细腻，圆饼形，当心双圈内模印兽面纹，兽面杏核眼，眼珠圆凸点瞳，蹙眉上扬，眉上有角，眉心有小瘤，两侧心形耳，如意鼻，长须上翘，龇牙咧嘴，獠牙外露，面周髭须卷曲，纹饰突出于当面。瓦背有刻划痕。

标本2016HBDG1②：1，当面直径12.8、轮宽2、缘厚1.3厘米（图3-82，1；彩版

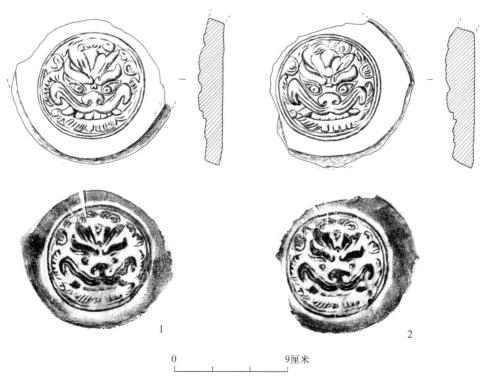

0　　　　　　　　9厘米

图3-82　拜寺口2016G1采集标本
1、2.瓦当2016HBDG1②：1、2

一一一，6）。

标本 2016HBDG1 ②：2，当面残径 12.5、轮宽 2、缘厚 1.5 厘米（图 3-82，2；彩版一一二，1）。

脊兽残块　2件。

标本 2016HBDG1 ②：21，泥质红陶。瓦棱状，中间凸起，面施绿釉。残长 6.5、宽 4.5、厚 2.3 厘米（彩版一一二，2）。

标本 2016HBDG1 ②：22，弯曲形，中间有纵向凹槽，面有绿釉痕。残长 11.3、残宽 5、厚 2 厘米。

白釉碗底　1件。

标本 2016HBDG1 ②：7，平底，折腹，圈足，足沿内斜，挖足较深。器内施白釉，底部有砂圈。足径 5.2、残高 2 厘米（图 3-83，1；彩版一一二，3）。

酱釉碗底　1件。

标本 2016HBDG1 ②：8，残，平底，假圈足。土黄色胎，器内施酱釉，外壁施釉近底。残宽 7.4、残高 2.8 厘米（图 3-83，2；彩版一一二，4）。

酱釉盘　1件。

标本 2016HBDG1 ②：9，侈口，平底，折腹，足缺失。内外施酱釉，内地刮出涩圈，外壁施釉不及底。口径 17.8 厘米（图 3-83，3；彩版一一二，5）。

黑白套色瓷碗底　1件。

标本 2016HBDG1 ②：6，矮圈足，平底，折腹。足内外旋修，足内修挖较深，足沿修圆。土黄色胎，致密略含细砂，内壁施化妆土后施白釉，釉色发黄，底部满釉，底心有叠烧粘连痕。外壁上半部施白釉，底部施一周宽约 1.6 厘米酱黑釉，施釉未及底。足径 6、残高 4 厘米（图 3-83，4；彩版一一二，6）。

6. 2016G2

位于高台遗址西北约 20 米处，探沟长 10、宽 2 米，方向 135°。探沟内土层自上而下分 3 层：

第①层，表土层，厚 0.2～0.3 米，为黄褐色沙土，包含植物根系及少量碎砖瓦。第②层，文化堆积层。自上而下可分三层：②a 层：建筑倒塌堆积层，厚约 0.4 米，包含大量碎砖、筒瓦、板瓦残块。②b 层：焚烧堆积的黑灰层，分布范围为自东向西 3.3 米处，向西延伸约 5 米，探沟

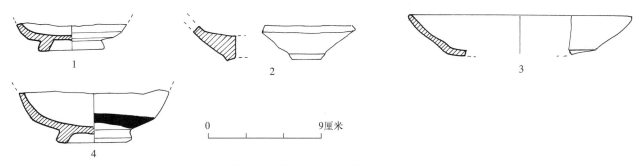

0　　　　　　　　9厘米

图3-83　拜寺口2016G1采集标本

1.白釉碗底2016HBDG1②：7　2.酱釉碗底2016HBDG1②：8　3.酱釉盘2016HBDG1②：9　4.黑白套色瓷碗底2016HBDG1②：6

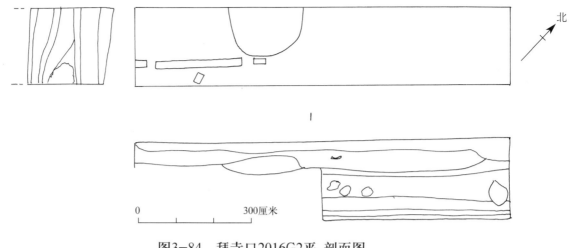

图3-84　拜寺口2016G2平、剖面图

东部为中心区，厚约 0.1 米，向西漫散开来，堆积渐薄，厚 0.02～0.06 米。较为纯净，上层较黑，下层发灰。此层中部偏西处有一处石灰堆积，直径 1.3～1.6、中心高 0.3 米，石灰较纯净，有小结块。② c 层为垫土层，整个探沟分布，厚 0.1～0.2 米，呈水平面，土层为黄土夹杂少量碎石，土质坚硬，推测为踩踏面。探沟西部偏北有一条焚烧过的木材遗存，嵌入垫土层中，可辨为方形木料，宽约 0.2、厚 0.1、长 2.6 米，木芯未燃尽。第③层，遗址区垫土层，厚 0.1～0.3 米，为坚硬板结的黄土，夹杂大小不一的石块。第④层，生土，即原生山体（图 3-84）。

出土遗物较多，有瓷片、板瓦、滴水、筒瓦等残块，还出土数量众多的白釉板瓦，呈堆状覆盖于白灰堆上，部分瓦面受到侵蚀。

花纹砖　1 件。

标本 2016HBDG2 ②：64，泥质灰陶。陶质较粗糙，含砂粒。背面平，正面模印花纹，花心呈骨朵状，花瓣重叠，立体感强。残长 13、残宽 10、砖厚 1.5 厘米，纹饰最高处厚约 5 厘米（图 3-85，1；彩版一一三，1）

板瓦　1 件。

标本 2016HBDG2 ②：7，泥质灰陶。陶质较细含砂粒，瓦内有布纹，瓦缘内侧有 0.5～0.9 厘米切割痕。瓦长 32、瓦首宽 18、瓦厚 1.8 厘米（图 3-85，2；彩版一一三，2）。

白釉板瓦　13 件。六分瓦。背面中腰鼓起。白瓷胎，略含细砂，坚硬致密，正背皆有轮制痕。分两型。

A 型　11 件。一侧瓦翅上、下两端切去边长 1.3 厘米的拐角，另一侧瓦翅正面边缘切削成宽约 1.5 厘米的斜坡，余边厚 0.5 厘米。背面施白釉，釉面较薄，釉下可见细小开片纹。两端留宽约 1 厘米涩胎。

标本 2016HBDG2 ②：8，瓦身长 17.2、宽 11～12、厚 1～1.5 厘米（图 3-85，3；彩版一一三，3）。

标本 2016HBDG2 ②：10，瓦身长 17.4、宽 11～12、厚 1.2～1.7 厘米（图 3-85，4）。

B 型　2 件。一角残失。两端翘起，中腰略塌。一侧瓦翅上、下两端切去边长 1.5 厘米的拐角，另一侧瓦翅正面边缘切削成宽约 1.5 厘米的斜坡。两端留宽约 1.5 厘米涩胎。

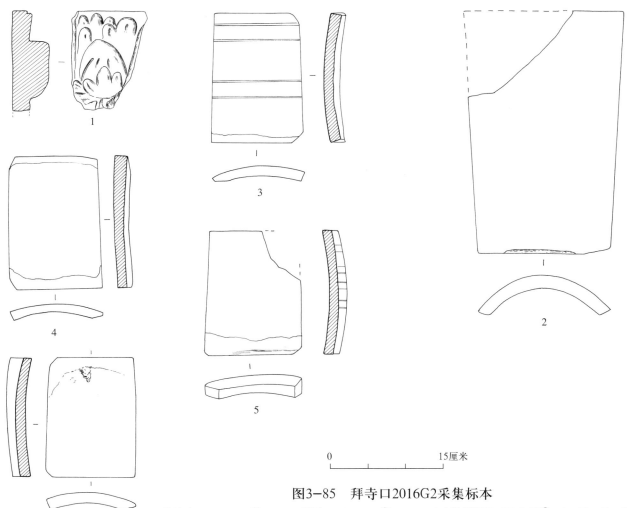

图3-85　拜寺口2016G2采集标本

1.花纹砖2016HBDG2②：64　2.板瓦2016HBDG2②：7　3～6.白釉板瓦2016HBDG2②：8、10、11、18

标本 2016HBDG2 ②：11，瓦身长 16.6、宽 12.8、厚 1～1.5 厘米（图 3-85，5；彩版一一三，4）。

标本 2016HBDG2 ②：18，瓦身长 16、宽 10.2～12、厚 1.2～1.3 厘米（图 3-85，6）。

筒瓦　6 件。分两型。

A 型　4 件。泥质红陶或灰陶。陶质较细，瓦头圆弧，瓦内有布纹。

标本 2016HBDG2 ②：1，边缘内侧有 0.5 厘米左右切痕。残长 19、瓦径 13、厚 1.8 厘米，瓦舌长 1.6、宽 9 厘米（图 3-86，1；彩版一一三，5）。

标本 2016HBDG2 ②：2，瓦头齐平，深弧颈，颈部有细弦纹。瓦翅断面内侧有 0.7 厘米切痕。瓦长 32.6、瓦径 13、厚 2 厘米，瓦舌长 1.8、残宽 4.6 厘米（图 3-86，2）。

标本 2016HBDG2 ②：5，陶质较细较硬，略有小孔。瓦翅断面内侧有 0.5 厘米切痕。残长 15.6、径约 9.4、厚 1.3 厘米（图 3-86，3）。

标本 2016HBDG2 ②：3，有小孔。瓦头齐平，深弧颈，颈部有细弦纹，瓦内细布纹，瓦翅断面内侧有 0.7 厘米切痕。残长 9、瓦径 13.4、厚 2 厘米，瓦舌长 1.8、径 9 厘米（图 3-86，4）。

B 型　2 件。绿釉，泥质红陶。陶质较细，略有小孔。瓦头齐平，深弧腹，瓦内印布纹。

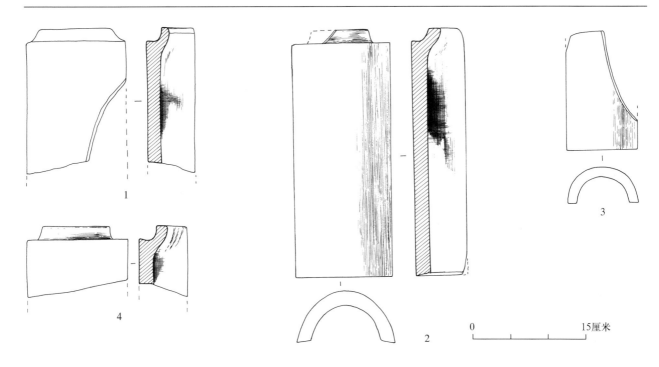

图3-86　拜寺口2016G2采集标本

1～4.筒瓦2016HBDG2②：1、2、5、3

标本2016HBDG2②：4，断面内侧有0.7厘米切痕。残长7、径约10.8、厚2厘米，瓦舌长2厘米（图3-87，1；彩版一一三，6）。

标本2016HBDG2②：23，瓦翅断面内侧有0.7厘米切痕。残长8.5、瓦残径12、厚2厘米（图3-87，2）。

滴水　2件。

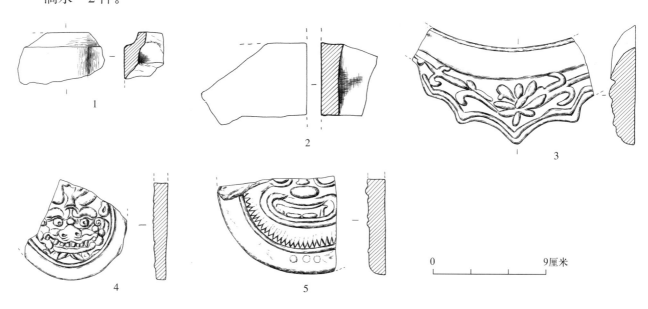

图3-87　拜寺口2016G2采集标本

1、2.筒瓦2016HBDG2②：4、23　3.滴水2016HBDG2②：21　4、5.瓦当2016HBDG2②：6、22

标本 2016HBDG2 ②：21，残。泥质灰陶。陶质较细。滴面模印花卉纹，中间单朵花卉，两边枝蔓草叶，两侧尖连弧状。滴面残宽 13.7、高 7.6、缘厚 1.2 ～ 2.1 厘米（图 3-87，3；彩版一一四，1）。

瓦当　5 件。均残，当面模印兽面纹，分两型。

A 型　3 件。泥质灰陶。

标本 2016HBDG2 ②：6，当面正中兽面眼珠圆凸点瞳，眉弓粗壮略勾回，眉间有"人"字形凸起，眉上有角，眉侧有桃形耳，兽面鼻梁隆起，鼻翼呈如意形，唇上有须，咧嘴露出一排方形齿，两侧獠牙露出，颌下有须。外施两圈凸旋纹。残径 8 ～ 8.5、轮宽 1、缘厚 0.8 ～ 1.1 厘米（图 3-87，4；彩版一一四，2）。

标本 2016HBDG2 ②：22，残存下部约四分之一。陶质较细，兽面阔鼻，龇牙咧嘴，面周有放射线状髭须，边轮饰乳丁纹，背有刻划痕。残宽 7.5 ～ 9.5、轮宽 2、缘厚 1 ～ 1.3 厘米（图 3-87，5）。

标本 2016HBDG2 ②：26，残存下部约四分之一。兽面凸眉，杏核眼，桃心耳，阔鼻，腮圆鼓起，咧嘴露牙，鬓鬚卷曲，颌下有须。边轮饰细乳丁纹。背有刻划痕。残宽 6.5 ～ 10.4、轮宽 1.5、缘厚 1.5 厘米，模印纹饰凸起较高，乳丁径约 0.3 厘米（图 3-88，1）。

B 型　2 件。绿釉，泥质红陶。

标本 2016HBDG2 ②：24，兽面眉毛粗短勾回，圆眼点瞳，眉上有角，两鬓桃形耳直竖，面

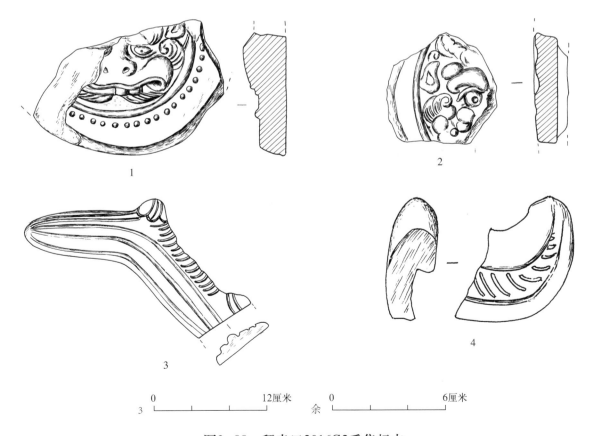

图3-88　拜寺口2016G2采集标本

1、2.瓦当2016HBDG2②：26、24　3.建筑装饰残块2016HBDG2②：20　4.脊兽残块2016HBDG2②：25

颊凸起，獠牙上翘，面周有卷曲的鬖鬏，毛发刻划丝缕清晰。瓦面施草绿色釉。残宽5.8～6、轮宽1、缘厚1.2厘米（图3-88，2；彩版一一四，3）。

标本2016HBDG2②：65，兽面眉毛粗短上扬，眉上有双杈形角，眉侧有桃形耳，面颊凸起，面周有卷曲的鬖鬏。瓦面施深绿色釉。残径6.5～11.5、轮宽1.5、缘厚1.2厘米。

建筑装饰残块　1件。

标本2016HBDG2②：20，泥质红陶。长条状，顶端圆弧形，正面模印平行条带纹，一侧刻划纵弧线纹，间隔10厘米有芽状突起，底部刻连弧纹，背面基本平整。残长25、宽4～7.6、厚2厘米，突起高2厘米（图3-88，3；彩版一一四，4）。

脊兽残块　1件。

标本2016HBDG2②：25，卷耳形，红陶胎，胎质较细，模印成形，捏塑加工，刻划纹饰，部分施绿釉。长8、宽5、厚2.5厘米（图3-88，4）。

琉璃建筑构件残块　2件。尖齿状，泥质红陶。施绿釉。

标本2016HBDG2②：27，残长5.5、宽2.8、厚2.6～4.8厘米（图3-89，1；彩版一一四，5）。

标本2016HBDG2②：28，残长6、宽3.6、厚2.4厘米（图3-89，2）。

琉璃鸱吻残块　2件。泥质红陶。施绿釉。

标本2016HBDG2②：29，口唇部残块，存一枚牙齿，胎体模印捏塑，有蛤蜊光。残长7.2、宽5、厚3厘米（图3-89，3）。

标本2016HBDG2②：31，鸱吻下边缘残块。残长13、宽6、厚1.6～3.8厘米（图3-89，4）。

绿釉宝瓶残块　1件。

标本2016HBDG2②：30，泥质红陶。施绿釉。残长4.4、宽5.4厘米（图3-89，5；彩版一一四，6）。

陶盆　1件。

标本2016HBDG2②：62，口沿，泥质灰陶。敛口，卷沿，尖圆唇，丰肩。口径19.8厘米（图3-90，1）。

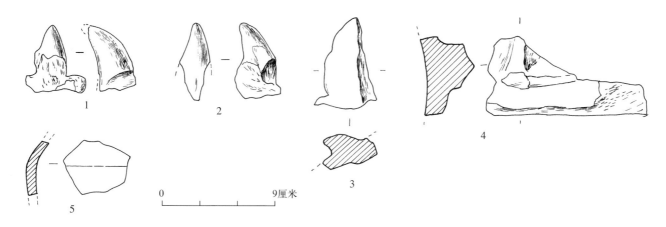

0　　　　　　　　　9厘米

图3-89　拜寺口2016G2采集标本

1、2.琉璃建筑构件残块2016HBDG2②：27、28　3、4.琉璃鸱吻残块2016HBDG2②：29、31　5.绿釉宝瓶残块2016HBDG2②：30

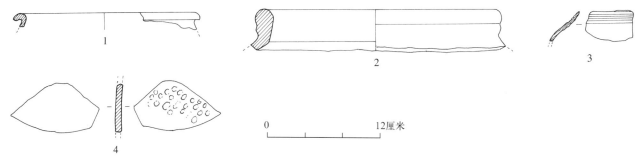

图3-90　拜寺口2016G2采集标本

1.陶盆2016HBDG2②：62　2.陶瓮2016HBDG2②：60　3、4.陶片2016HBDG2②：58、59

陶瓮　2件。均为口沿，泥质灰陶。

标本2016HBDG2②：60，直口，圆唇，唇外侧有二层台，圆肩。口径26厘米（图3-90，2）。

陶片　2件。泥质灰陶。陶质纯净细腻。

标本2016HBDG2②：58，颈部刻划四道细弦纹，肩略鼓。残宽5、残高3.2厘米（图3-90，3）。

标本2016HBDG2②：59，陶质较细，外壁光素，内壁印篦点纹。残宽9.4、残高5.2厘米（图3-90，4；彩版一一五，1）。

青釉碗　1件。

标本2016HBDG2②：52，口沿，敞口，圆唇微侈。灰白色胎，内外壁施豆青色釉。口径19厘米（图3-91，1；彩版一一五，2）。

青釉罐残片　1件。

标本2016HBDG2②：63，灰白色胎，坚硬细腻，内外皆有轮制痕。内壁施薄淡青色釉，外壁光素。残宽9.2、残高6.6厘米（图3-91，2）。

白釉碗　10件。均残。

口沿　7件。分两型。

A型　3件。敞口，尖圆唇微侈。白色胎，纯净致密，内外壁施白釉，口沿有开片，积釉处

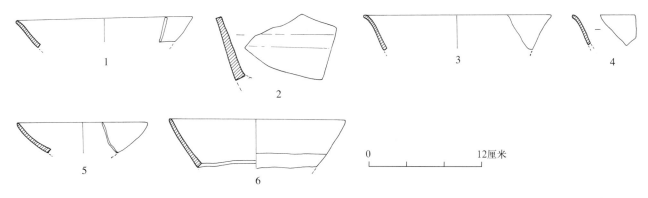

图3-91　拜寺口2016G2采集标本

1.青釉碗2016HBDG2②：52　2.青釉罐残片2016HBDG2②：63　3～6.白釉碗2016HBDG2②：53、55～57

泛青。

标本 2016HBDG2②：53，口径 20、残高 3.6 厘米（图 3-91，3；彩版一一五，3）。

标本 2016HBDG2②：55，残宽 3.8、残高 3.2 厘米（图 3-91，4；彩版一一五，4）。

B 型　4 件。敞口，尖圆唇，内外壁施化妆土后罩白釉。

标本 2016HBDG2②：56，釉色粉白。口径 14、残高 3.2 厘米（图 3-91，5）。

标本 2016HBDG2②：57，灰白色胎，釉色灰白，有酱黄色窑汗点。口径 18.8、残高 5.2 厘米（图 3-91，6）。

白釉碗底　3 件。

标本 2016HBDG2②：35，弧壁，高圈足，挖足过肩，底心较薄。土黄色胎，碗内施白釉，碗心有叠烧痕，外壁施釉未及底。足径 8.8、残高 4.2 厘米（图 3-92，1）。

标本 2016HBDG2②：36，弧腹，矮圈足。内外旋削，足心与外壁同厚，足缘较细。白瓷胎，胎质细腻坚硬，略含砂粒。内外壁施白釉，釉色发青，有开片，内底刮出宽 1.5 厘米涩圈，上有叠烧粘连痕。外壁施釉未及底，但近足处有流釉痕。足径 4、残高 2 厘米（图 3-92，2）。

标本 2016HBDG2②：37，挖足过肩，足沿平，平底，矮圈足。土黄色胎，内壁施化妆土后施白釉，底部有叠烧砂圈。足径 5.8、残高 1 厘米（图 3-92，3）。

青白瓷片　1 件。

标本 2016HBDG2②：38，灰白色胎，胎质坚硬较粗，内壁近底部有轮制痕，外壁刻划双弦纹。内外壁皆施青白色釉，均匀有开片。残宽 7、残高 6 厘米（图 3-92，4；彩版一一五，5）。

黄釉瓶（罐）残块　8 件。

标本 2016HBDG2②：45，圆肩，腹圆收。土黄色胎，胎质纯净坚硬，外壁施黄釉，二次施釉，第一次通体施釉，釉层较薄，呈姜黄色，第二次肩部以上施釉，釉层较厚，形成赭黄色釉色，肩部形成覆莲状流釉痕。残长 14、宽 7.5、厚 1 厘米。

黄釉瓶　1 件。

标本 2016HBDG2②：33，敞口外侈，圆唇，束颈，颈中凸起一圈，土黄色胎，胎质致密。外壁施焦黄釉，施釉较厚，颈部二次施釉绘成仰莲瓣，内壁光素。口径 14、残高 13 厘米（图 3-93，1）。

黄釉罐口沿　1 件。

标本 2016HBDG2②：32，直口，方唇，束颈，土白色胎，胎质略粗，外壁施黄釉。釉层部分脱落。残宽 14.6、高 4.2 厘米（图 3-93，2）。

酱釉碗　1 件。

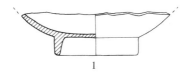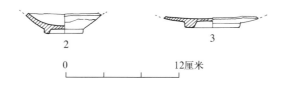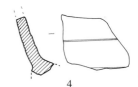

图3-92　拜寺口2016G2采集标本

1～3.白釉碗底2016HBDG2②：35～37　4.青白瓷片2016HBDG2②：38

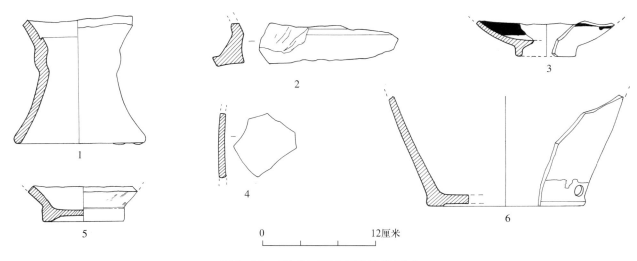

图3-93　拜寺口2016G2采集标本

1.黄釉瓶2016HBDG2②：33　2.黄釉罐口沿2016HBDG2②：32　3.酱釉碗2016HBDG2②：34　4、5.酱釉罐2016HBDG2②：39、51
6.酱釉缸底2016HBDG2②：50

标本2016HBDG2②：34，圈足，足内修挖较深，底部较薄。足沿内斜。土黄色胎，内壁施酱釉，底部刮出宽1.6厘米的涩圈，外部施釉未及底。足径6.4、残高3.4厘米（图3-93，3）。

酱釉罐　2件。

标本2016HBDG2②：39，残片，土黄色胎，坚硬致密，内壁施酱釉均匀，外壁酱釉刷成条纹状。残长6.8厘米（图3-93，4）。

标本2016HBDG2②：51，酱釉罐底，宽圈足，足外旋削较高，足内斜修较浅。足缘窄而平。土黄色胎，坚硬致密，近底部有轮制弦纹。器施酱釉，未及底。足径8.4、残高3.8厘米（图3-93，5）。

酱釉缸底　1件。

标本2016HBDG2②：50，矮圈足外撇，足内旋修，平底，足沿宽平。土黄色胎，胎质较粗，内壁施全釉，施釉较薄；外壁施釉至距底3厘米处，施釉较厚，胎釉结合处发火石红。足径16.8、残高11.6厘米（图3-93，6；彩版一一五，6）。

7. 2016G3

位于高台遗址西侧20米处，探沟长10、宽2米，方向135°。探沟内土层自上而下分3层：第①层，表土层，黄褐色沙土，较松软，包含植物根系及少量碎砖石块，厚0.1～0.2米。第②层，文化堆积层。灰白色土，包含兽面纹瓦当、滴水与瓷片等。探沟东部存石砌墙基遗址，距地表深0.16米，墙体残高0.25米，两侧石块垒砌，中间填砌砂土碎石块，夹杂少量碎瓦块，墙体宽约0.8米，方向30°。第③层，东侧有一处灰堆，长2.25、宽0.7、厚0.2米，灰堆中包含板瓦、筒瓦、碎砖等，碎砖块有烧熔结块的现象（图3-94）。

筒瓦　2件。泥质灰陶。含较粗砂粒和小白灰粒。瓦头齐平，瓦面及舌部有细弦纹，瓦内有细布纹，四棱斜削。

标本2016HBDG3②：3，通长21、瓦径11、厚1.5厘米，瓦舌长2.4、残宽6.2厘米（图3-95，1；彩版一一六，1）。

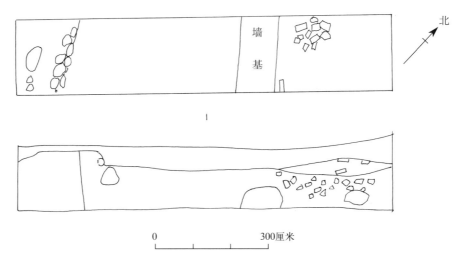

图3-94　拜寺口2016G3平、剖面图

　　标本 2016HBDG3 ②：4，圆弧颈，瓦面及颈部有细弦纹。通长 19.6、瓦径 10.6、厚 2 厘米，瓦舌长 2、宽 5.6 厘米（图 3-95，2）。

　　滴水　4 件。泥质灰陶。滴面模印兽面纹。兽面圆眼突出，眉弓凸起，眉尾飞扬，眉上有短角，眉心凸起圆瘤，上有梅花纹凹点。鼻翼挺括，龇牙咧嘴，两颊也有梅花纹圆瘤装饰，面周髭须卷曲上卷。两侧边为圆连弧状。

　　标本 2016HBDG3 ②：5，滴面宽 13.3、高 8、厚 2 厘米（图 3-95，3；彩版一一六，2）。

　　标本 2016HBDG3 ②：6，略残。滴面宽 13.3、高 8、厚 2 厘米（图 3-95，4；彩版一一六，3）。

　　标本 2016HBDG3 ②：7，滴面残宽 11.5、高 9.3、厚 2 厘米（图 3-95，5）。

　　标本 2016HBDG3 ②：8，滴面残宽 11.5、高 8.5、厚 1.5 厘米（图 3-96，1）。

　　瓦当　1 件。

　　标本 2016HBDG3 ②：2，泥质灰陶。当面模印兽面纹，兽面圆眼突出，眉弓高凸，眉上有角，眉心相联，上有凸起圆瘤，饰梅花纹凹点。三角形鼻，龇牙咧嘴，獠牙外露，两颊也有梅花纹圆瘤装饰，面周髭须卷曲上卷。当面径 11.5、当缘厚 1.5、纹饰高处凸出约 1 厘米（图 3-96，2；彩版一一六，4）。

　　建筑构件残块　1 件。

　　标本 2016HBDG3 ②：33，泥质红陶。有一分叉。残长 10、直颈 2.5 厘米，分叉残高 2 厘米（图 3-96，3；彩版一一六，5）。

　　陶罐　3 件。

　　标本 2016HBDG3 ②：10，泥质灰陶。直领，外侧唇沿两层，圆折肩。残宽 12.6、残高 9.4厘米（图 3-96，4）。

　　标本 2016HBDG3 ②：20，泥质灰陶。残宽 5、残高 9、壁厚 0.9 ～ 1.2、唇厚 2.3 厘米。

　　标本 2016HBDG3 ②：11，泥质灰陶。敛口，圆唇外侈，肩腹圆鼓。断面壁中发黑。残宽 7.6、残高 9.8 厘米。

　　擦擦　1 件。

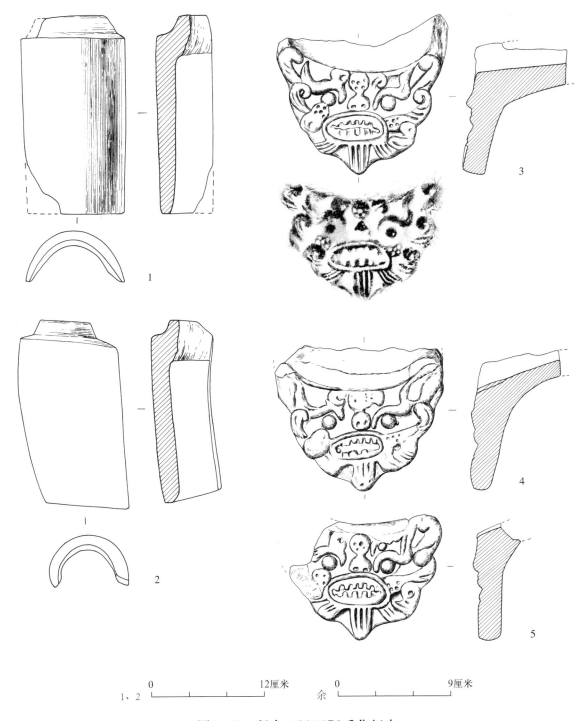

图3-95　拜寺口2016G3采集标本

1、2.筒瓦2016HBDG3②：3、4　3～5.滴水2016HBDG3②：5～7

标本2016HBDG3②：1，模制，泥塔，边缘不规整，胎泥外溢。高6.7厘米（图3-97，1；彩版一一六，6）。

酱釉碗　1件。

标本2016HBDG3②：9，矮圈足，足缘内斜。土黄色胎，胎质较细，内外壁施酱色釉，内底刮出涩圈，外壁施釉不及底。残宽5.6、残高2.4厘米（图3-97，2）。

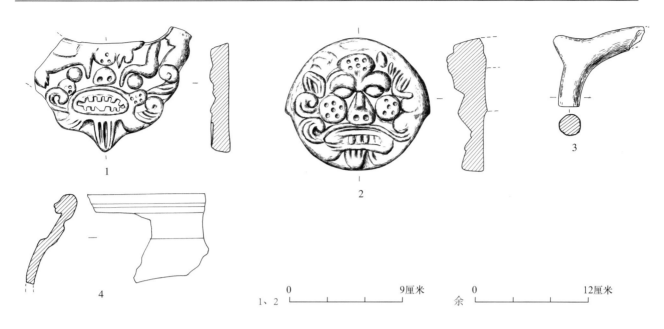

图3-96　拜寺口2016G3采集标本

1.滴水2016HBDG3②：8　2.瓦当2016HBDG3②：2　3.建筑构件残块2016HBDG3②：33　4.陶罐2016HBDG3②：10

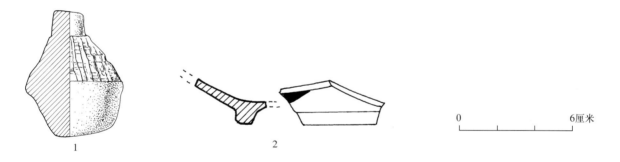

图3-97　拜寺口2016G3采集标本

1.擦擦2016HBDG3②：1　2.酱釉碗2016HBDG3②：9

8. 2016HBDH1

位于贺兰山拜寺口大寺台子东南侧高台建筑基址下。该灰坑所在平台，存多处高于地面的建筑基址，地表多见砖瓦等建筑构件。2016年11月，对高台建筑基址南部进行了探沟发掘，发掘面积42平方米，在此探沟（T4）发掘过程中，于探沟东壁中部，发现大型灰坑H1。经发掘，清理出土大量的砖瓦碎片堆积及数量众多的瓷器碎片。

2016G4依地势按北偏东35°布方，向下发掘深1.5～2米。地层堆积分三层，第①层：表土层，灰褐色，包含大、小砾石块、砖瓦。第②层：浅灰褐色，土质较硬，含大量砂石及砖瓦碎块。第③层：砾石层，发掘结束时未见底。在发掘第③层过程中，与东壁中部发现TG4打破灰坑壁，坑壁有火烧痕迹，随后向东侧扩方发掘并完成灰坑清理。

2016HBDH1开口于第②层下，平面呈圆角长方形，长4、宽2.25米。剖面呈竖筒形，坑壁不规则，底大致呈长方形，长3.25、宽1.7、深1.2米。底部不平，南高北低。坑内堆积为沙土，较松软，堆积物与坑壁有烧灼迹象。堆积中包含大量砖瓦碎块、瓷片、石子。经清理，出土鸱吻

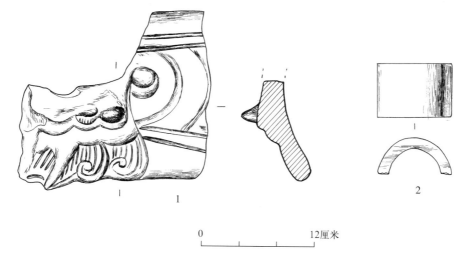

0 ⊢————————⊣ 12厘米

图3-98　拜寺口2016HBDH1采集标本
1.板瓦2016HBDH1：9　2.琉璃筒瓦2016HBDH1：5

残块、瓦当、滴水等建筑构件，另有泥塑造像残块与瓷器等遗物。

板瓦　1件。

标本2016HBDH1：9，泥质灰陶。底面为圆弧形，表面模印兽面，兽面顶部残，牙齿高突。右边缘完整，阴刻双弧线，左侧残。残长20、宽18厘米（图3-98，1；彩版一一七，1）。

琉璃筒瓦　1件。

标本2016HBDH1：5，泥质红陶。质地坚硬，半圆拱形，内有布纹，表面施绿色琉璃釉。长5.6、宽8厘米（图3-98，2；彩版一一七，2）。

滴水　3件。有兽面纹外、宝珠纹与莲花纹。

琉璃滴水　2件。泥质红陶。角与顶部残，宽缘，质地坚硬，分两型。

A型　1件。

标本2016HBDH1：6，滴面模印宝珠火焰纹。表面绿色琉璃釉已剥落。后连板瓦残失。残长10.2、残高7.5厘米（图3-99，1；彩版一一七，3）。

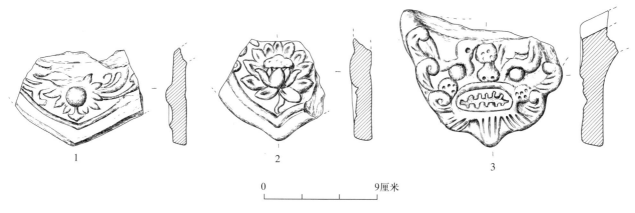

0 ⊢————————⊣ 9厘米

图3-99　拜寺口2016HBDH1采集标本
1、2.琉璃滴水2016HBDH1：6、7　3.灰陶滴水2016HBDH1：10

B 型　1件。

标本 2016HBDH1：7，滴面模印莲花纹，印纹清晰。后连板瓦残失。残长 8.4、残高 7.8 厘米（图 3-99，2；彩版一一七，4）。

灰陶滴水　1件。

标本 2016HBDH1：10，滴面模印兽面纹，残右上角，无缘，尖底四连弧，滴面较宽，弯眉，双眼圆凸，阔嘴，颌下三绺须毛。后连板瓦残失。残宽 12、高 9.2、胎厚 1.7 厘米（图 3-99，3；彩版一一七，5）。

装饰性建筑构件　12件。均为残块，泥质红陶。质地坚硬，施绿色琉璃，表面纹饰为贴塑，有兽形与雕花等。

瓦当　6件。均兽面纹，圆形宽缘，胎厚大体相同。根据兽面图案可分四型。

A 型　3件。兽面立角短眉。

标本 2016HBDH1：11，残余左上角四分之一。印纹清晰，图案凹凸明显。后连筒瓦残失。残长 7、残宽 6.6、胎厚 1.5 厘米（图 3-100，1）。

标本 2016HBDH1：12，残余右半部。残剥较多，后连筒瓦残失。残长 8、残宽 6.7、胎厚 1.7

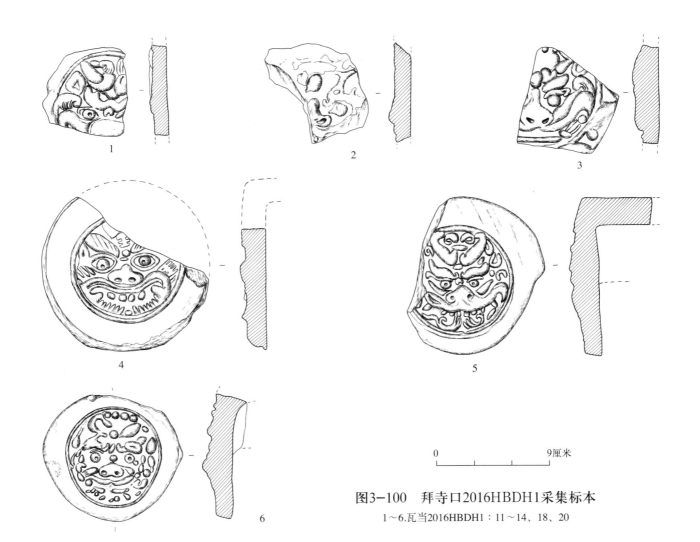

图3-100　拜寺口2016HBDH1采集标本

1～6.瓦当2016HBDH1：11～14、18、20

厘米（图3-100，2）。

标本2016HBDH1：13，残余右下角四分之一。阔嘴，牙齿外露。后连筒瓦残失。残长7.8、残宽8.9、胎厚2厘米（图3-100，3；彩版一一七，6）。

B型　1件。

标本2016HBDH1：14，残。兽面长眉，额中有"王"字，双眼圆睁，阔嘴，牙齿外露，颌下有短须。后连筒瓦残失。直径13.3、胎厚2厘米（图3-100，4；彩版一一八，1）。

C型　1件。

标本2016HBDH1：18，左上残。兽面叉角短眉，立耳，阔嘴，牙齿外露，颌下须毛内卷，印纹清晰。后连筒瓦残断。残长6.8厘米，瓦当直径12.5、胎厚2.2厘米（图3-100，5；彩版一一八，2）。

D型　1件。

标本2016HBDH1：20，基本完整，兽面立角短眉，双目圆睁，阔嘴，周围有一圈连珠纹，后连筒瓦残失。直径11、胎厚2.4厘米（图3-100，6；彩版一一八，3）。

装饰条形残块　9件。

标本2016HBDH1：1，中部以双方泥条围成圆形，内饰弧形阴刻线，四周以阴刻线表现花瓣。残长14、残宽13.4厘米（图3-101，1；彩版一一八，4）。

标本2016HBDH1：19，双方形条纹饰，表面有棱形印纹。残长10.8、残宽7厘米（图3-101，2；彩版一一八，5）。

标本2016HBDH1：28，双圆条纹样，条纹表面有棱形凹印纹。残长7、残宽4厘米（图3-101，3）。

标本2016HBDH1：23，方条纹样，贴塑条纹。大部纹样残损。残宽8.3、残高9、残厚2.5厘米（图3-101，4；彩版一一八，6）。

标本2016HBDH1：30，方条纹样，外周为双竖方条，内为弧形双方条纹。残长7.4、残宽4.4厘米（图3-102，1）。

标本2016HBDH1：26，垂弧纹样。表面贴塑大部剥落。残长、宽均为11.6厘米（图

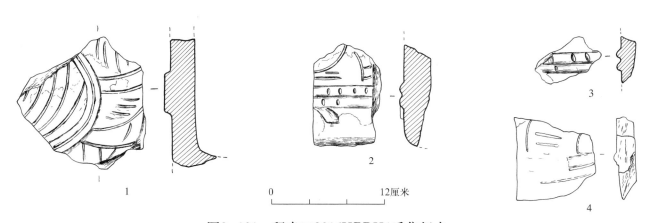

图3-101　拜寺口2016HBDH1采集标本

1~4.装饰条形残块2016HBDH1：1、19、28、23

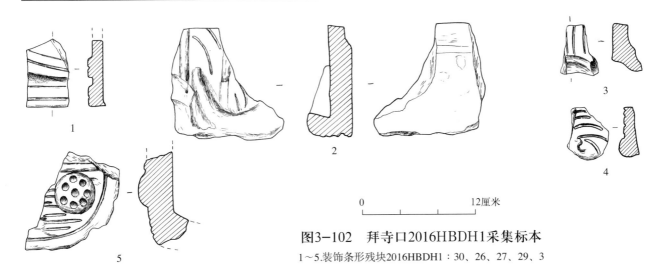

0　　　　　　　　　　　12厘米

图3-102　拜寺口2016HBDH1采集标本

1～5.装饰条形残块2016HBDH1：30、26、27、29、3

3-102，2）。

标本2016HBDH1：27，残，双方条纹样。残长5.2、残宽4厘米（图3-102，3）。

标本2016HBDH1：29，残，毛发形纹样，以弧线阴文表现，刻印较深。残长4.4、残高5.6厘米（图3-102，4；彩版一一九，1）。

标本2016HBDH1：3，花瓣形，尖部有一大珠，珠上有七小坑。残长11.6、残宽6厘米（图3-102，5；彩版一一九，2）。

套兽残块　3件。

标本2016HBDH1：2，塑有兽腿部，表面以麻点纹表现鳞片。残长8、残宽6.6厘米（图3-103，1；彩版一一九，3）。

标本2016HBDH1：15，三角形，浮雕套兽身体部位。残长4.6、残宽4厘米（图3-103，2）。

标本2016HBDH1：17，残长4.6、残宽4厘米（图3-103，3）。

功能性建筑构件　13件。有瓦当、滴水、板瓦、筒瓦等，其中滴水、筒瓦有泥质红陶与泥质

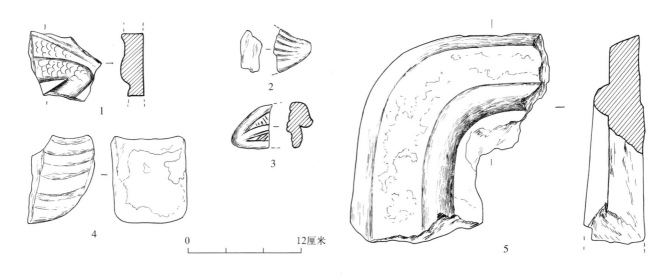

0　　　　　　　　　　　12厘米

图3-103　拜寺口2016HBDH1采集标本

1～3.套兽残块2016HBDH1：2、15、17　4.鸱吻残块2016HBDH1：8　5.条形边框2016HBDH1：31

灰陶两种。瓦当全为泥质灰陶。

鸱吻残块　1件。

标本2016HBDH1：8，泥质红陶。质地坚硬，鸱吻尾部。纹样残损，半圆形，表面施绿色琉璃釉。残长9.2、残宽6.6厘米（图3-103，4）。

泥塑构件残块　14件。均为红色泥质，浮雕塑形，表面涂白灰并施赭红色。某些残块可辨认出为佛身体及衣饰内容，表面有贴金，并同时出土泥塑边框，推测这些遗物为某一整体壁面佛教题材塑像的残留物。

条形边框　4件。

标本2016HBDH1：31，圆角方形边框一角，内边缘有圆凸棱，表面涂白灰并施赭红色彩。残长22、残宽18厘米（图3-103，5）。

标本2016HBDH1：32，方条形，右为穹顶状方条，左下为横向方条，其上为长方向错叠方格纹。表面涂白灰。残长6.3、残宽6厘米（图3-104，1）。

标本2016HBDH1：36，弧形条纹边框，外框方条纹，内框圆条纹。残长8.8、残宽4厘米（图3-104，2）。

标本2016HBDH1：41，弧形方条纹样。表面涂白灰，外表有赭红色线条。残宽6、残高4厘米（图3-104，3）。

璎珞珠　2件。

标本2016HBDH1：33，并列两排，残余四颗圆珠，品字形排列，表面涂白灰，外表有赭红色。残长7.6、残宽5.6厘米（图3-104，4）。

标本2016HBDH1：34，残余串联两颗圆珠，表面涂白灰，外表有赭红色，小块区域似有贴金。残长4.8、残高2.4厘米（图3-104，5）。

连珠纹样　2件。

标本2016HBDH1：38，椭圆形条带，上饰小连珠，残存11颗。表面熏黑。残长8厘米（图3-105，1）。

标本2016HBDH1：39，底部为一大珠，其上两圈小连珠，顶部为6连珠，中部连珠残余1颗。残长5.6、残高6厘米（图3-105，2；彩版一一九，4）。

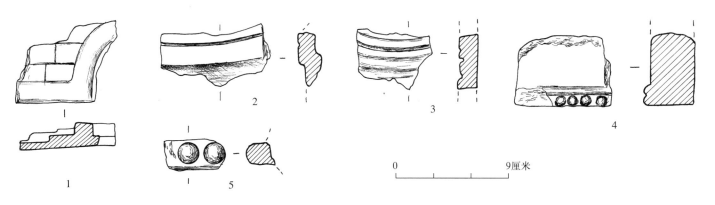

0　　　　　　　　9厘米

图3-104　拜寺口2016HBDH1采集标本

1~3.条形边框2016HBDH1：32、36、41　4、5.璎珞珠2016HBDH1：33、34

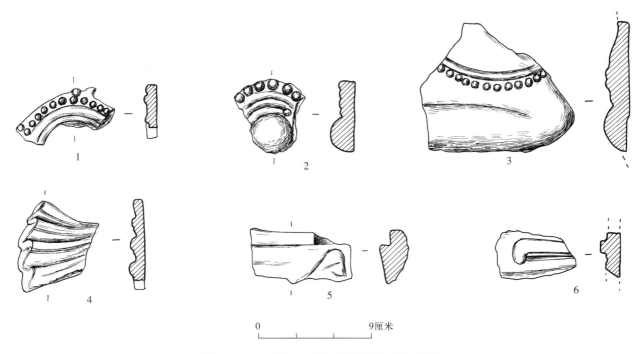

0　　　　　　　　　9厘米

图3-105　拜寺口2016HBDH1采集标本

1、2.连珠纹样2016HBDH1：38、39　3.菩萨腿部残块2016HBDH1：40　4~6.衣褶纹样2016HBDH1：42、35、37

菩萨腿部残块　1件。

标本2016HBDH1：40，菩萨跏趺坐左腿部残块。大腿覆盖一条披巾带及璎珞串珠，表面涂白灰，局部可见明显贴金。残长12.2、残高10.6厘米（图3-105，3）。

衣褶纹样　3件。表面涂白灰，外表有赭红色。

标本2016HBDH1：42，波浪状褶纹。残长7.2、残宽6厘米（图3-105，4；彩版一一九，5）。

标本2016HBDH1：35，卷筒状。残长8、残宽4厘米（图3-105，5）。

标本2016HBDH1：37，披巾状衣饰。残长6.4、残宽3.6厘米（图3-105，6）。

蔓草纹样　2件。

标本2016HBDH1：43，呈圆涡形两条，表面涂白灰，外表有赭红色。残长6.2、残高4.4厘米（图3-106，1；彩版一一九，6）。

标本2016HBDH1：16，中为圆珠，外周为花叶。表面涂白灰。残长4.4、残宽4厘米（图3-106，2）。

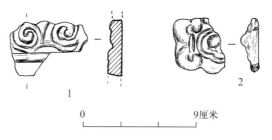

0　　　　　　　　　9厘米

图3-106　拜寺口2016HBDH1采集标本

1、2.蔓草纹样2016HBDH1：43、16

瓷器　121件。可辨器形包括瓮、匣钵、瓶、器盖、盆、罐、碗。其中碗数量最多，釉色有酱釉、白釉、青白釉。其中瓮、罐、匣钵均为酱釉，另有少量酱釉碗及浅盘；盆及部分碗为白釉；青白釉瓷器数量最多，器形包括瓶、碗、浅盘。

白瓷　39件。器形包括碗、盏与盘三类，其中白釉碗胎质不一，包括乳黄、灰白、灰等几种，施釉均匀度不一，基本上器内为满釉，器外或有半身釉，或无釉，且器外施釉不均，有流釉现象，器内可见叠烧痕迹。白釉盆则表面光洁，刻画或雕花精致，具有定窑白瓷特征。

白釉碗　16件。其中口沿11件、碗底5件。口沿根据口部不同可分三型。

A型　5件。敞口，尖圆唇，深弧腹，圜底，圈足，挖足过肩，器内及器外腹部施白釉，器内近底部有涩圈。

标本2016HBDH1：45，可复原，灰白色胎。外腹部釉较薄，不均匀，有流釉痕迹。口径18.4、底径5.6、高7.4、圈足高1.4厘米（图3-107，1；彩版一二〇，1～3）。

标本2016HBDH1：55，可复原。圆唇，圈足外撇。乳白色胎，器外腹上半部施白釉。口径19.6、底径5.6、高8、圈足高1厘米（图3-107，2）。

标本2016HBDH1：68，可复原。圆唇。乳黄色胎。器外腹下部以上施白釉，器底及圈足无釉。口径18、底径4.8、高7.5、圈足高1厘米（图3-107，3；彩版一二一，1）。

标本2016HBDH1：74，圆唇，平底。灰黄色胎。器外腹上半部釉面涂赭红色。口径19.2、底径7.2、高7、圈足高0.6厘米（图3-107，4）。

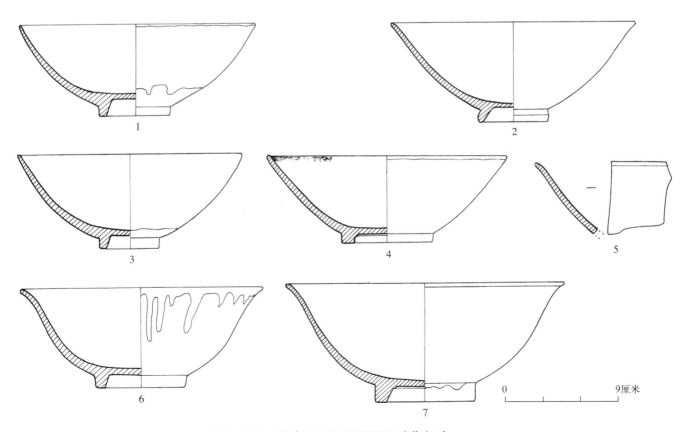

图3-107　拜寺口2016HBDH1采集标本

1～7.白釉碗2016HBDH1：45、55、68、74、142、46、54

标本 2016HBDH1：142，敞口，缘略外翻，弧腹，白色胎，胎内含石英颗粒及小气泡。口缘处釉面有较多杂质。残高 5.8、残宽 4.4 厘米（图 3-107，5）。

B 型　5 件。敞口，外侈，尖圆唇，深弧腹，圜底，圈足，挖足过肩，器内及口沿边缘施白釉，器内近底部有涩圈。

标本 2016HBDH1：46，可复原。浅灰色胎。沿口有流釉，器外无釉，器外壁有突弦纹，为制作刮抹痕迹。口径 19.4、底径 7、高 8、圈足高 1 厘米（图 3-107，6；彩版一二〇，4 ~ 6）。

标本 2016HBDH1：54，可复原。乳黄色胎。器外无釉，外壁有突弦纹，为制作刮抹痕迹。口径 22.2、底径 8、高 9.4、圈足高 1.2 厘米（图 3-107，7）。

标本 2016HBDH1：61，可复原。灰白色胎。器外腹上半部施白釉。口径 19、底径 6.2、高 7.2、圈足高 0.8 厘米（图 3-108，1）。

标本 2016HBDH1：71，深灰色胎，器外无釉。口径 16.6、底径 5.8、高 6、圈足高 0.7 厘米（图 3-108，2；彩版一二一，2、3）。

标本 2016HBDH1：147，乳黄色胎，胎质均匀内含小气泡。残高 5、残宽 3.8 厘米（图 3-108，3）。

C 型　1 件。

标本 2016HBDH1：102，圆唇，弧腹，腹较深。灰白色胎，含石英颗粒。器外壁施白釉，近底部釉变薄至无，内壁施白釉，釉面略欠均匀，表面有红褐色。口径 10、残高 4.6 厘米（图 3-108，4）。

白釉碗底　5 件。皆弧腹，圈足，器腹施白釉。根据足底不同可分为两型。

A 型　4 件。圜底。

标本 2016HBDH1：70，灰白色胎。腹下近圈足部半面有酱釉。底径 7.6、残高 3.3、圈足高 1.8 厘米（图 3-108，5）。

标本 2016HBDH1：72，灰褐色胎。有叠烧痕迹，器外下腹及底无釉。底径 6.2、残高 2.8 厘米（图 3-109，1）。

标本 2016HBDH1：73，灰黄色胎。器外下腹及底无釉。底径 7.6、残高 2 厘米（图

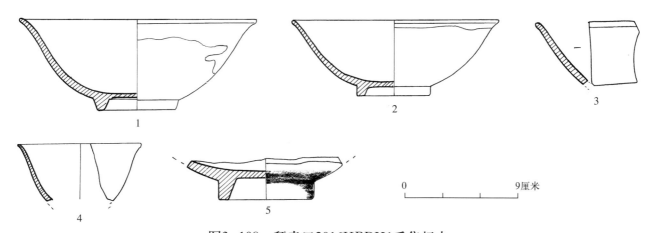

图3-108　拜寺口2016HBDH1采集标本

1~4.白釉碗2016HBDH1：61、71、147、102　5.白釉碗底2016HBDH1：70

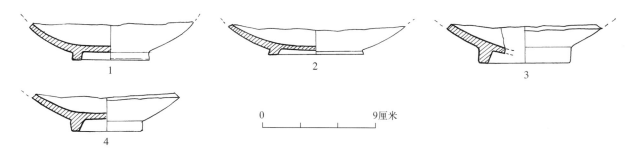

图3-109　拜寺口2016HBDH1采集标本

1～4.白釉碗底2016HBDH1：72、73、111、110

3-109，2）。

标本2016HBDH1：111，乳黄色胎。器外无釉，有叠烧痕。底径7.4、残高3厘米（图3-109，3）。

B型　1件。平底。

标本2016HBDH1：110，乳黄色胎。器外无釉，内部施白釉，有叠烧痕。底径5.6、残高2.8厘米（图3-109，4）。

白釉盏　6件。皆敞口，弧腹，圈足。根据口部不同可分为两型。

A型　4件。尖圆唇。口沿外侈，弧腹，圜底，矮圈足，器内施白釉，器外无釉，器内近底部有涩圈。

标本2016HBDH1：57，可复原，灰色胎。口沿附近有流釉。口径15.4、底径6、高3.2厘米（图3-110，1；彩版一二一，4）。

标本2016HBDH1：62，可复原。乳黄色胎。口径15.6、底径6.4、高4、圈足高0.6厘米（图3-110，2）。

标本2016HBDH1：66，可复原。灰白色胎。口径16、底径6.2、高3.2厘米（图3-110，3）。

标本2016HBDH1：67，可复原。灰白色胎。口径16.2、底径6、高4、圈足高0.4厘米（图3-110，4；彩版一二一，5）。

B型　2件。皆圆唇，矮圈足。乳黄色胎。器内及口沿施白釉，口沿外釉厚薄不均，器外腹

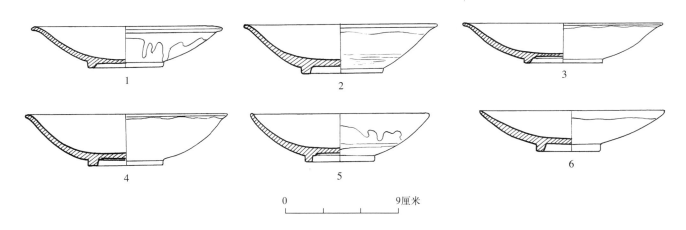

图3-110　拜寺口2016HBDH1采集标本

1～6.白釉盏2016HBDH1：57、62、66、67、58、69

部及底无釉，器内近底部有涩圈。

标本 2016HBDH1：58，可复原，平底。口沿釉脱落。口径 14.4、底径 5.6、高 3.8 厘米（图 3-110，5）。

标本 2016HBDH1：69，可复原，圜底。口径 14.8、底径 5.2、高 3.2 厘米（图 3-110，6；彩版一二一，6）。

白釉盘　17 件。其中口沿 5 件、腹底 12 件。均残片，白色瓷胎，质地均匀，表面光滑，敞口微敛，弧腹，平底，圈足。根据装饰技法可分为两型。

A 型　11 件。其中口沿 2 件，盘底 9 件。尖圆唇，唇口有切割修磨痕迹。器外基本素面，少量有阴刻弦纹，器内阴刻花叶、卷草纹饰。

标本 2016HBDH1：100，残长 7.6、残宽 4.2 厘米（图 3-111，1）。

标本 2016HBDH1：101，外壁口沿下有阴刻横向弦纹。残高 5、残宽 6.6 厘米（图 3-111，2）。

标本 2016HBDH1：96，内壁阴刻花叶纹。底径 9.4、残高 4.4 厘米（图 3-111，3；彩版一二二，1）。

标本 2016HBDH1：97，内壁阴刻花叶纹。底径 9、残高 3.8 厘米（图 3-111，4）。

标本 2016HBDH1：98，内壁阴刻花叶纹。底径 10、残高 3 厘米（图 3-111，5）。

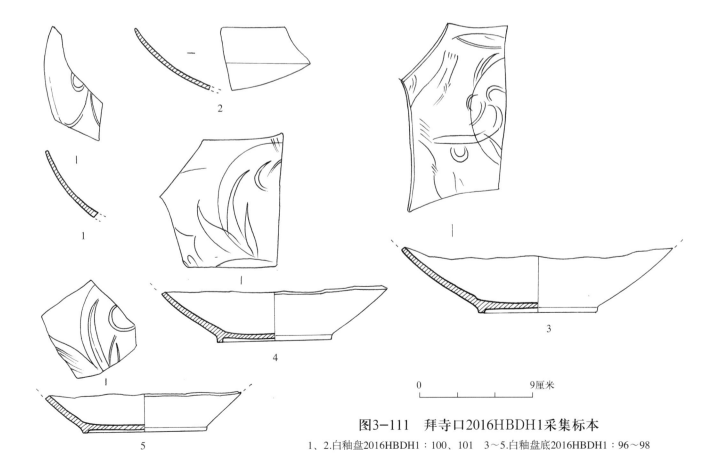

0　　　　　　　　　9厘米

图3-111　拜寺口2016HBDH1采集标本

1、2.白釉盘2016HBDH1：100、101　3～5.白釉盘底2016HBDH1：96～98

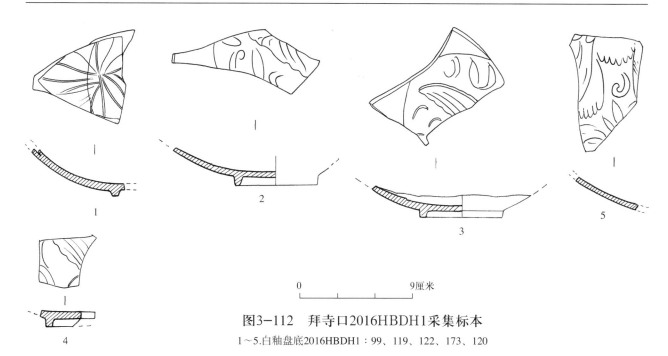

图3-112　拜寺口2016HBDH1采集标本

1～5.白釉盘底2016HBDH1：99、119、122、173、120

标本2016HBDH1：99，内壁阴刻花叶纹。残长7.6、足高0.6厘米（图3-112，1；彩版一二二，2）。

标本2016HBDH1：119，内壁阴刻花叶纹。底径6.6、残高2.4、足高0.7厘米（图3-112，2；彩版一二二，3）。

标本2016HBDH1：122，内壁阴刻花叶纹饰。底径6.6、残高1.8厘米（图3-112，3；彩版一二二，4）。

标本2016HBDH1：173，内壁阴刻细线波浪纹及竖线纹。残长4.6、残宽4、残高1.2、足高0.6厘米（图3-112，4）。

标本2016HBDH1：120，内壁阴刻鸟羽及线条。残长9.4、残宽5.8厘米（图3-112，5；彩版一二二，5）。

标本2016HBDH1：121，内壁可见一条宽约0.2厘米宽阴刻线位于残片中部。残宽12.2、残高2.6厘米（图3-113，1）。

B型　6件。其中口沿3件，盘底3件。尖圆唇。通体白釉，釉面均匀光滑，器外素面，器内剔刻鸟、卷云纹与花叶纹饰，内壁自口缘下1厘米处有一条宽约1厘米的卷草纹条带。

标本2016HBDH1：123，腹内剔刻鸟翅羽毛与卷云纹。残长10.7、残宽3.3厘米（图3-113，2；彩版一二二，6）。

标本2016HBDH1：182，腹内剔刻卷云纹与花鸟纹。残长6.2、残宽6厘米（图3-113，3）。

标本2016HBDH1：186，内壁自腹内剔刻卷云纹。残长5.8、残宽3.8厘米（图3-113，4）。

标本2016HBDH1：124，内壁器腹可见鸟羽翅与卷云纹，器底为花叶纹。底径6.2、足高0.6厘米（图3-113，5）。

标本2016HBDH1：190，内壁剔刻花叶纹。底径6.4、残高1.8厘米（图3-113，6）。

标本2016HBDH1：125，内壁剔刻鸟羽翅及卷云纹。残长9、残宽7.1厘米（图3-113，7）。

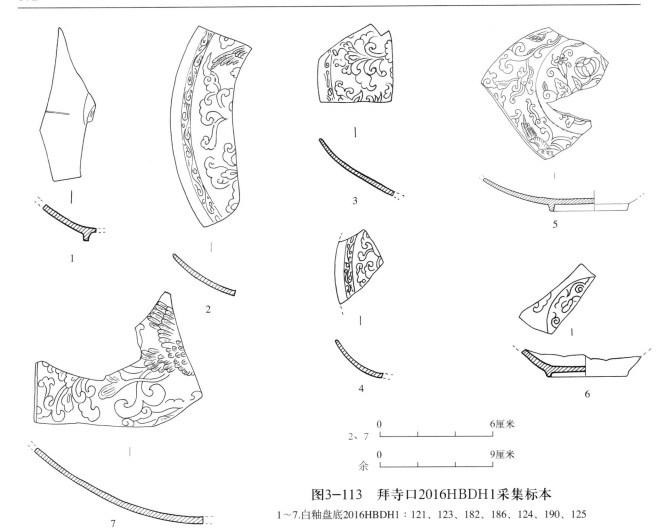

图3-113　拜寺口2016HBDH1采集标本

1～7.白釉盘底2016HBDH1：121、123、182、186、124、190、125

青白瓷　根据内壁有无花纹可分为两类。

Ⅰ类　表面无纹饰。白色瓷胎，内含小气泡，施青白釉，釉色浅偏白色，多见开片，釉面光滑，大多器外未施满釉，且分布不均匀，有流釉现象。器形有瓶、碗与盏等。

青白釉碗　14件。其中口沿6件，腹底8件。口沿根据腹部不同可分为两型。

A型　2件。敞口，深弧腹。

标本2016HBDH1：48，可复原。口沿微侈。高圈足，足略外撇。器内及器外腹部施青白釉，开片，分布较均匀，器外口部局部釉较厚，器内近底部有涩圈。口径13.6、底径5.4、高7、圈足高2厘米（图3-114，1；彩版一二三，1～3）。

标本2016HBDH1：78，白色胎，胎质均匀。内外腹上施青白釉，底部未施釉。口径18、残高6.6厘米（图3-114，2）。

B型　4件。敞口，弧腹。

标本2016HBDH1：47，可复原。口沿微侈，圆唇，圜底，矮圈足，器内及外腹部施青白釉，色浅偏白，分布较均匀，内近底部有涩圈。口径16、底径6、高4.2、圈足高0.6厘米（图3-114，3；彩版一二三，4）。

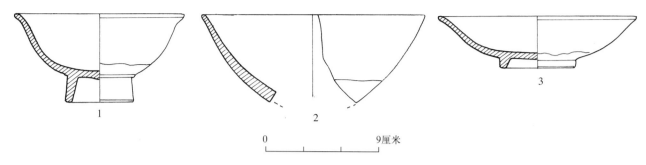

图3-114　拜寺口2016HBDH1采集标本

1~3.青白釉碗2016HBDH1：48、78、47

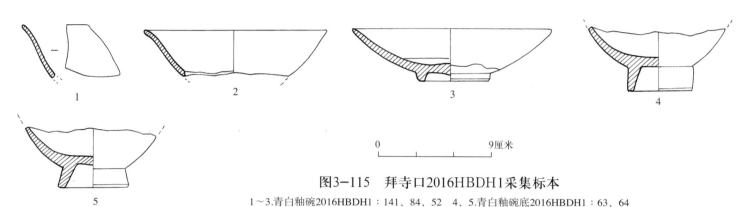

图3-115　拜寺口2016HBDH1采集标本

1~3.青白釉碗2016HBDH1：141、84、52　4、5.青白釉碗底2016HBDH1：63、64

标本2016HBDH1：141，白色胎。内外施青白釉，釉面有开片。残高4.1、残宽4.4厘米（图3-115，1）。

标本2016HBDH1：84，白色胎。内外施青白釉，皆素面，无纹饰。口径14.6、残高3.4厘米（图3-115，2；彩版一二三，5）。

标本2016HBDH1：52，可复原。方唇，圜底，矮圈足。白色胎。器内施青白釉，器外腹上施青白釉，偏白色，开片，器底无釉，器内近底部釉面有叠烧痕迹。口径16、底径5.6、高4.2厘米（图3-115，3；彩版一二三，6）。

青白釉碗底　8件。根据足底不同可分为两型。

A型　3件。高圈足，挖足过肩。白色胎，内外施青白釉，底部无釉。

标本2016HBDH1：63，圜底。腹部熏黑，釉面开片黑色浸入釉内，表面光滑。底径5.2、残高4.8、圈足高2厘米（图3-115，4）。

标本2016HBDH1：64，平底。釉面开片，表面光滑。底径5.6、残高4.8、圈足高1.8厘米（图3-115，5）。

标本2016HBDH1：51，圈足外撇，较深，足圈有凹槽。器腹残留青白釉，开片。器底内面施青白釉，有叠烧痕迹。足径8.2、残高3、圈足高1.6厘米（图3-116，1）。

B型　5件。圈足较矮，白色胎。

标本2016HBDH1：145，圜底，内外施青白釉，靠近足部未着釉。残径4.5、残高2.8厘米（图3-116，2）。

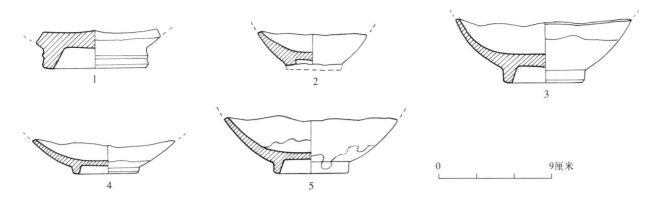

图3-116　拜寺口2016HBDH1采集标本

1～5.青白釉碗底2016HBDH1：51、145、50、53、65

标本2016HBDH1：50，圜底，腹部及器内施青白釉，开片，器内近底部有涩圈。底径6.4、残高4.8、圈足高1.2厘米（图3-116，3）。

标本2016HBDH1：53，圜底，腹部及器内施青白釉，开片，局部有深褐色，器内近底部有涩圈。底径5.2、残高2.4厘米（图3-116，4）。

标本2016HBDH1：65，平底。器腹内外施青白釉，底部有流釉，釉面开片，表面光滑，圈足及内底未施釉。底径6、残高4.2厘米（图3-116，5；彩版一二四，1）。

标本2016HBDH1：80，圜底，器腹内施青白釉，内底有叠烧痕，器外下腹无釉，圈足未施釉。底径4.9、残高2.6厘米（图3-117，1）。

青白釉圈足　1件。

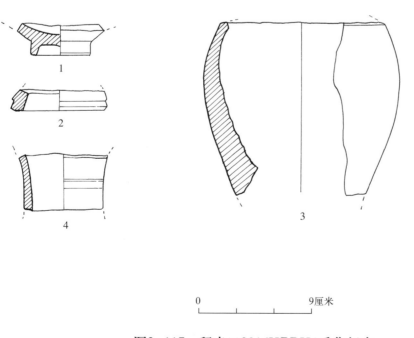
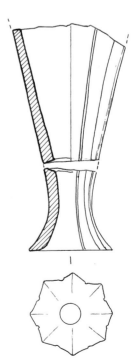

图3-117　拜寺口2016HBDH1采集标本

1.青白釉碗底2016HBDH1：80　2.青白釉圈足2016HBDH1：205　3～5.青白釉瓶2016HBDH1：79、179、85

标本 2016HBDH1：205，足底外撇，足中部切割为台阶状，足底切割斜面。底径 7.4、残高 1.6 厘米（图 3-117，2）。

青白釉瓶　3 件。均为残片，白色胎。

标本 2016HBDH1：79，腹片，鼓腹。白色胎，质地均匀，内含小气泡。器腹外通体施青白釉，有开片。残高 13.8 厘米（图 3-117，3；彩版一二四，2）。

标本 2016HBDH1：179，颈部残片。内收，中有两道弦纹。中有气孔。外壁施青白釉，釉有开片，内部无釉。残高 4.4、残宽 7 厘米（图 3-117，4）。

标本 2016HBDH1：85，口部残片。敞口，束颈。残为两段，上段瓶口部残高 6.6、下段腹部残高 11 厘米。瓶横截面呈八角星形，胎芯呈灰褐色。表面施釉，因窑变呈深紫色。口径 6.6 厘米（图 3-117，5；彩版一二四，3）。

Ⅱ类　器物阴刻或剔刻有花纹，白色瓷胎，质地均匀。器形有碗、盘、器盖等。

青白釉碗　42 件。根据花纹装饰技法可分为两小类。

Ⅱa 类　25 件。外壁无纹饰，内壁阴刻卷草纹。其中口沿 13 件，腹底 12 件。口沿根据腹部不同可分为三型。

A 型　5 件。敞口，微侈，尖圆唇，弧腹，圜底，圈足，器外壁无纹饰，内壁阴刻卷草纹。

标本 2016HBDH1：106，可复原，足内未施釉，其余通体施青白釉，表面光滑。口径 20、底径 5.6、高 5.6 厘米（图 3-118，1）。

标本 2016HBDH1：107，可复原，器壁顶薄，向下逐渐变厚。足内未施釉，其余通体施青白釉，表面光滑。口径 19.6、底径 5.6、高 5.8 厘米（图 3-118，2；彩版一二四，4）。

标本 2016HBDH1：157，内外壁均施青白釉，表面光滑。内壁口沿下 2 厘米处阴刻细密卷草纹。口径 16.8、残高 4 厘米（图 3-118，3；彩版一二四，5）。

标本 2016HBDH1：193，内外壁均施青白釉，表面光滑。外壁素面，内壁口沿下 2 厘米处阴刻细密卷草纹。口径 21.2、残高 3.6 厘米（图 3-118，4）。

标本 2016HBDH1：105，内外壁均施青白釉，口部部分釉面有残破，表面较光滑。内壁口沿下 1.5 厘米处阴刻细密卷草纹。残长 6.2、残宽 5 厘米（图 3-118，5；彩版一二四，6）。

B 型　1 件。

标本 2016HBDH1：118，深弧腹。内外壁均施青白釉，多气泡凹坑，较粗糙。器外壁阴刻花叶纹，内壁素面。口径 16.8、残高 5.2 厘米（图 3-119，1；彩版一二五，1）。

C 型　3 件。斗笠碗，内外壁均施青白釉。

标本 2016HBDH1：129，可复原。直弧腹。釉面有气泡及波浪，表面较粗。内壁口沿下 2.5 厘米处阴刻细密麻点及卷草纹。口径 13.2、残高 3.2 厘米（图 3-119，2；彩版一二五，2）。

标本 2016HBDH1：128，圈足。白色胎，圈足内未施釉。器外壁素面，内壁阴刻较精致的细密麻点及卷草纹。底径 3.6、残高 2.4 厘米（图 3-119，3；彩版一二五，3）。

标本 2016HBDH1：164，可复原，内底下凹，上部有叠烧粘釉痕迹。白色胎。内外壁施青白釉，釉有开片，表面光滑，底部未上釉。器外壁素面，内壁阴刻纹饰，残存稀疏细线条卷草纹。口径 12.8、底径 2.6、高 5.9 厘米（图 3-119，4）。

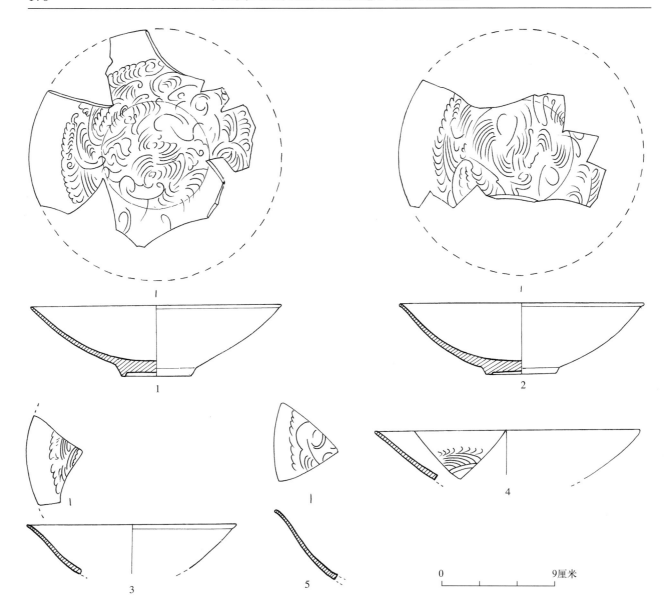

图3-118　拜寺口2016HBDH1采集标本

1~5.青白釉碗2016HBDH1：106、107、157、193、105

口沿残片　4件。白色胎。内外壁均施青白釉，表面光滑，外壁素面。

标本2016HBDH1：194，内壁口沿下2厘米处阴刻细密卷草纹。残长5.8、残宽4厘米（图3-119，5；彩版一二五，4）。

标本2016HBDH1：197，内壁口沿下2厘米处阴刻细密卷草纹。残长6、残宽3.4厘米（图3-120，1；彩版一二五，5）。

标本2016HBDH1：203，内壁口沿下2.5厘米处阴刻较精致的细密卷草纹。残长6.8、残宽8.4、胎厚0.3厘米（图3-120，2）。

标本2016HBDH1：204，内壁口沿下2.5厘米处阴刻细密卷草纹。残长8.6、残宽5.4厘米（图3-120，3）。

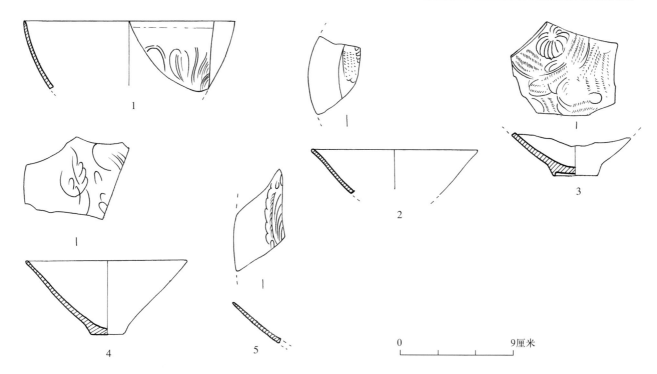

图3-119　拜寺口2016HBDH1采集标本

1.青白釉碗2016HBDH1：118　2~4.青白釉斗笠碗2016HBDH1：129、128、164　5.青白釉口沿残片2016HBDH1：194

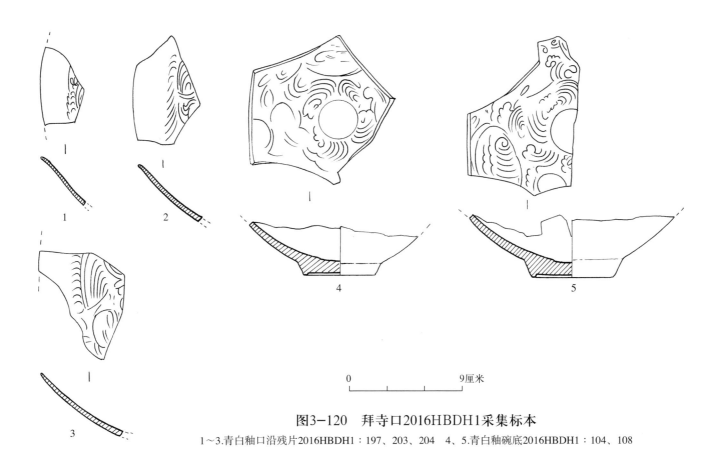

图3-120　拜寺口2016HBDH1采集标本

1~3.青白釉口沿残片2016HBDH1：197、203、204　4、5.青白釉碗底2016HBDH1：104、108

青白釉碗底　12件。皆残，圈足。白色胎。内外壁均施青白釉，表面光滑，圈足内未施釉。外壁素面，内壁阴刻卷草纹，底圈内无纹饰。根据足底不同可分为两型。

A型　8件。小平底略凹。

标本2016HBDH1：104，底径5.8、残高3.8、圈足高1厘米（图3-120，4）。

标本2016HBDH1：108，底径6.4、残高5厘米（图3-120，5；彩版一二五，6）。

标本2016HBDH1：159，釉面有气泡及杂质，腹部釉面有伤痕和叠烧痕迹，表面较粗。底径5.6、残高2厘米（图3-121，1；彩版一二六，1）。

标本2016HBDH1：161，釉面有较多气泡及杂质，粘连有叠烧其他器物瓷渣，表面较粗。底径6.4、残高3厘米（图3-121，2）。

标本2016HBDH1：162，釉内含小石英颗粒，表面较光滑，近底部粘连有长约1、宽约0.2厘米的其他器物瓷胎，为叠烧残留。底径7、残高2厘米（图3-121，3）。

标本2016HBDH1：163，釉内含小石英颗粒，表面略粗。底径5.4、残高2厘米（图3-121，4）。

标本2016HBDH1：174，残长5.8、残宽4、残高2.2厘米（图3-121，5）。

标本2016HBDH1：200，釉色较浅，釉面有较多小气泡，表面较粗。底径6.6、残高2厘米（图3-122，1）。

标本2016HBDH1：199，底径6.8、残高3厘米（图3-122，2）。

B型　4件。圜底。

标本2016HBDH1：158，釉面有熏黑，局部开片。底径4.8、残高2.8厘米（图3-122，3）。

标本2016HBDH1：165，底径5.4、残高1.6厘米（图3-122，4）。

标本2016HBDH1：171，釉内含小石英颗粒，表面略粗。残长4.2厘米（图3-122，5）。

标本2016HBDH1：180，釉内含小石英颗粒，表面略粗，器内釉上粘有瓷渣。底径6、残高2厘米（图3-122，6）。

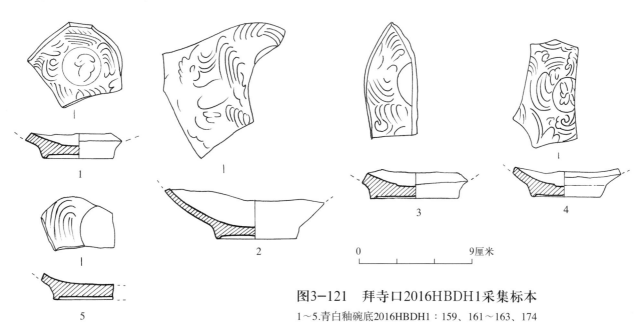

0　　　　　　　　9厘米

图3-121　拜寺口2016HBDH1采集标本

1～5.青白釉碗底2016HBDH1：159、161～163、174

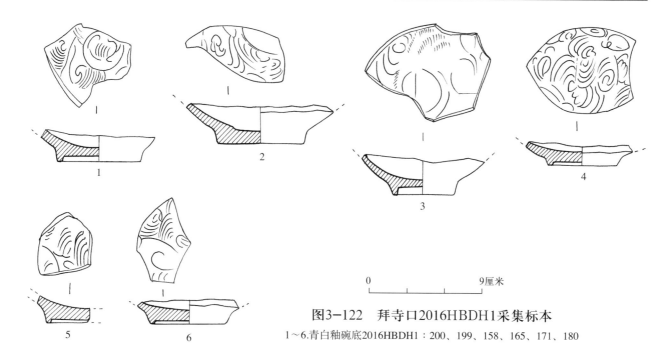

图3-122　拜寺口2016HBDH1采集标本

1～6.青白釉碗底2016HBDH1：200、199、158、165、171、180

青白釉器腹残片　1件。

标本2016HBDH1：185，靠近底部，白色胎。内外壁均施青白釉，表面略粗。外壁素面，内壁阴刻细线条卷草纹。残长12.8、残宽5.2厘米（图3-123，1）。

Ⅱb类　17件。其中口沿10件、腹底7件。敞口尖圆唇，斜直腹或弧腹，小平底，白色胎，外壁无纹饰，内壁剔刻花叶纹。

青白釉碗　10件。口沿。

标本2016HBDH1：113，可复原。釉内含小石英颗粒，表面粗糙。唇口局部有熏黑。内壁近口一周为一圈方形卷云纹，其下为莲花纹。口径15.2、残高3.4厘米（图3-123，2；彩版一二六，2）。

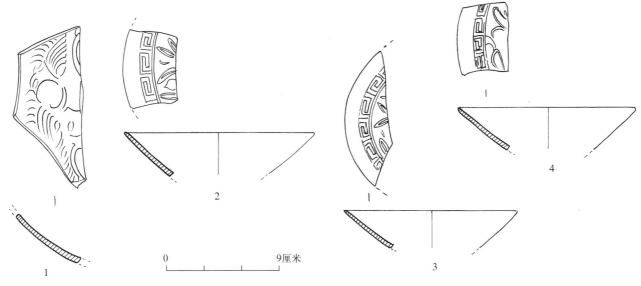

图3-123　拜寺口2016HBDH1采集标本

1.青白釉器腹残片2016HBDH1：185　2～4.口沿2016HBDH1：113、116、136

　　标本 2016HBDH1：116，釉色偏蓝，釉面有较多气泡，表面较粗。内壁釉下近口一周为一圈方形卷云纹，内部为花叶纹。口径 13.8、残高 3 厘米（图 3-123，3；彩版一二六，3）。

　　标本 2016HBDH1：136，釉色偏蓝，釉内含小石英颗粒，表面较粗。内壁釉下近口一周为一圈方形卷云纹，其下饰花叶纹。口径 14.2、残高 3.2 厘米（图 3-123，4；彩版一二六，4）。

　　标本 2016HBDH1：137，釉色偏蓝，釉内含小石英颗粒，表面较粗。唇口局部釉熔化。内壁釉下近口一周为一圈方形卷云纹，其下纹饰为桃叶纹。残长 6.6、残宽 4.8 厘米（图 3-124，1；彩版一二六，5）。

　　标本 2016HBDH1：152，可复原。釉色偏蓝，釉面有较多黑色杂质，表面较粗。内壁釉下近口一周为一圈方形卷云纹。口径 14、残高 3.2 厘米（图 3-124，2）。

　　标本 2016HBDH1：154，釉色偏蓝，釉内有较多黑色杂质。内壁近口一周阳刻一圈方形卷云纹。口径 16.6、残高 3 厘米（图 3-124，3）。

　　标本 2016HBDH1：156，可复原。釉色偏蓝，表面较光滑。内壁釉下近口一周为一圈方形卷云纹。口径 13.8、残高 3 厘米（图 3-124，4）。

　　标本 2016HBDH1：181，可复原。釉色偏蓝，釉面有较多气泡，表面较粗。内壁釉下近口一周为一圈方形卷云纹。口径 14.2、残高 2 厘米（图 3-124，5）。

　　标本 2016HBDH1：183，釉色偏蓝，釉面有较多气泡并粘连有较多石英颗粒，表面较粗，器内粘连一块三角形同类器物口沿残片。口径 14.2、残高 2.2 厘米（图 3-125，1）。

　　标本 2016HBDH1：202，釉色偏蓝，釉面有较多气泡，表面较粗。内壁釉下近口一周为一圈方形卷云纹，内部为花叶纹。口径 14、残高 2.8 厘米（图 3-125，2）。

　　青白釉碗底　7 件。

　　标本 2016HBDH1：114，釉色偏蓝，釉面有较多小气泡，表面较粗，底部未施釉。内壁顶部剔刻一条方形卷云纹条带，其下为花叶纹。底径 3.2、残高 2.4 厘米（图 3-125，3）。

　　标本 2016HBDH1：115，两个碗底粘连，釉面多有气泡，部分凝结烧坏，表面较粗，底部未

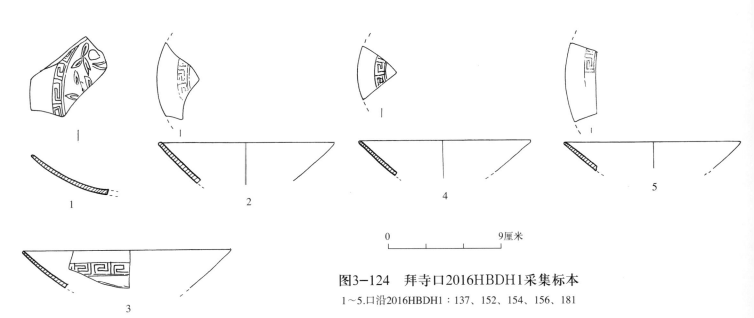

图3-124　拜寺口2016HBDH1采集标本

1~5.口沿2016HBDH1：137、152、154、156、181

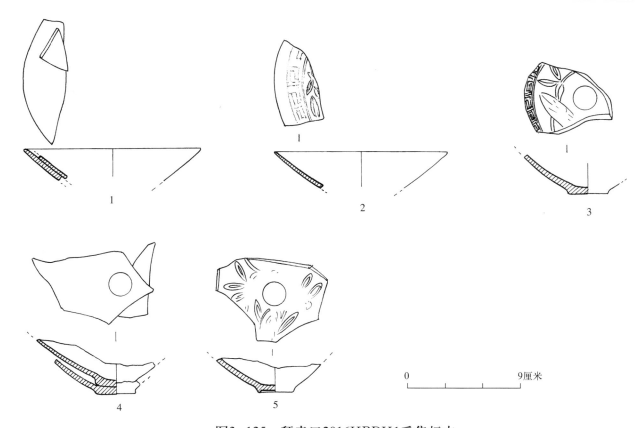

图3-125　拜寺口2016HBDH1采集标本

1、2.口沿2016HBDH1：183、202　3~5.青白釉碗底2016HBDH1：114、115、117

施釉。内壁纹饰不明显。底径3.2、残高4.6厘米（图3-125，4）。

标本2016HBDH1：117，底部周围有一圈宽约0.4厘米的下凹带。釉面有较多小气泡，表面较粗，底部未施釉。内壁剔刻花叶纹。底径2.8、残高2.6厘米（图3-125，5）。

标本2016HBDH1：127，底部周围有一圈宽约0.4厘米的下凹带。底部未施釉。内壁剔刻花叶纹。底径3、残高2.4厘米（图3-126，1；彩版一二六，6）。

标本2016HBDH1：139，釉色偏蓝，釉内含较多黑色杂质，表面较光滑，底部未施釉。内壁剔刻花叶纹。底径3、残高3厘米（图3-126，2）。

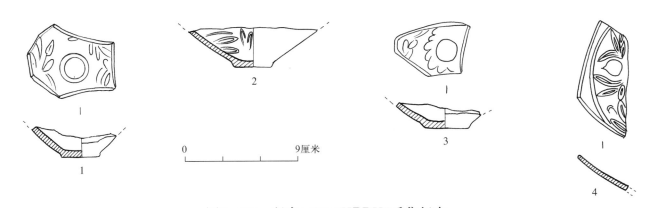

图3-126　拜寺口2016HBDH1采集标本

1~3.青白釉碗底2016HBDH1：127、139、167　4.青白釉腹片2016HBDH1：195

标本 2016HBDH1：167，内部底下凹。色调偏蓝，表面较光滑，底部未施釉。内壁剔刻细线条花叶纹。底径 3.4、残高 1.6 厘米（图 3-126，3）。

青白釉腹片　1 件。

标本 2016HBDH1：195，白色胎。内外壁均施青白釉，釉色偏蓝，釉面有较多气泡，表面较粗。外壁素面，内壁釉下剔刻纹饰，口部之下为桃与花叶纹。残长 9.2、残宽 4 厘米（图 3-126，4；彩版一二七，1）。

青白釉盏　2 件。

标本 2016HBDH1：49，可复原。敞口，圆唇，矮圈足，浅直腹。灰白色胎。器内及外腹部施青白釉，色浅偏白，器内近底部有涩圈。口径 12.8、底径 4.2、高 2.2 厘米（图 3-127，1）。

标本 2016HBDH1：56，可复原。敞口，方唇，唇口切割平整，深弧腹，高圈足，圈足外撇。白色胎。内外通体施青白釉，有开片，圈足内无釉。口径 9.2、底径 4.8、高 4.9、圈足高 1.8 厘米（图 3-127，2）。

青白釉盘　1 件。

标本 2016HBDH1：160，可复原。敞口，尖圆唇，斜直腹，内外皆平底。通体施青白釉，釉面光滑。器外及内壁素面，内底阴刻细线条卷草纹。口径 10、底径 8、高 2.6 厘米（图 3-127，3；彩版一二七，2）。

青白釉器盖　4 件。均残，圆弧形顶，外缘为条形宽缘，突出盖体 1 厘米，方唇，唇缘磨平。内缘内敛。白色胎。内外壁均施青白釉，釉内含小石英颗粒，表面略粗。外壁阴刻细线条卷草纹，内壁素面。

标本 2016HBDH1：112，口径 16.8、残高 3 厘米（图 3-127，4）。

标本 2016HBDH1：130，口径 13.4、残高 2.2 厘米（图 3-127，5）。

标本 2016HBDH1：131，口径 14.6、残高 2.6 厘米（图 3-127，6）。

标本 2016HBDH1：172，釉色略暗，色调偏蓝。口径 13.4、残高 3 厘米（图 3-127，7）。

酱釉瓷　15 件。可辨器形有罐、瓮、碗及浅盘。

酱釉碗　7 件。碗底 4 件。皆弧腹，圜底，圈足，挖足过肩。

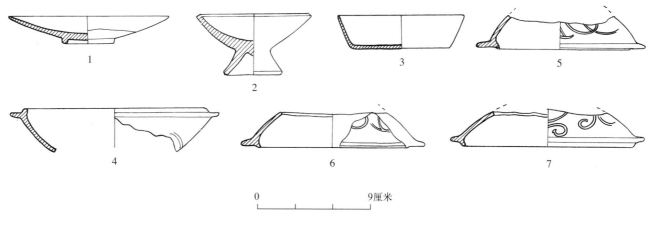

图3-127　拜寺口2016HBDH1采集标本

1、2.青白釉盏2016HBDH1：49、55　3.青白釉盘2016HBDH1：160　4～7.青白釉器盖2016HBDH1：112、130、131、172

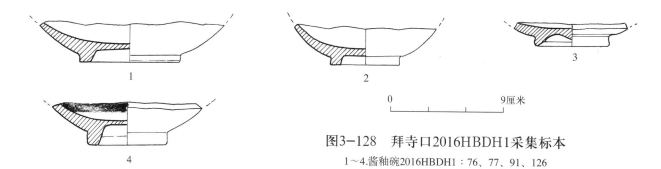

图3-128　拜寺口2016HBDH1采集标本

1～4.酱釉碗2016HBDH1：76、77、91、126

标本2016HBDH1：76，灰黄色胎，器腹施酱釉，器内腹上半有酱釉，底部无釉。足径8、残高3、圈足高1厘米（图3-128，1）。

标本2016HBDH1：77，灰黄色胎，器腹中部残留极少量酱釉，其他区域无釉。器表有修整突弦纹。足径5.6、残高3、圈足高0.8厘米（图3-128，2；彩版一二七，3）。

标本2016HBDH1：91，内壁外撇，中部凸起。褐色胎，胎质均匀。器表轮制明显，有凸棱。足径6、残高1.8厘米（图3-128，3）。

标本2016HBDH1：126，乳黄色胎，圈足内凹较多，器内外上腹部施酱釉，下半部及底部无釉。底径6.4、残高3.4厘米（图3-128，4）。

口沿　3件。皆敞口，微侈，圆唇，内外施酱釉，釉质均匀。

标本2016HBDH1：93，浅灰褐色胎，外壁有浅突弦纹。残高4.4、残宽5.4厘米（图3-129，1）。

标本2016HBDH1：94，浅灰褐色胎。外壁有浅突弦纹。残高3.2、残宽4厘米（图3-129，2）。

标本2016HBDH1：109，可复原。深弧腹。乳白色胎。器外口沿下有三道弦纹。口径22、残高4厘米（图3-129，3）。

酱釉盘　1件。

标本2016HBDH1：89，残，敞口，圆唇，圈足。通体施深酱釉，呈黑褐色。灰褐色胎，夹

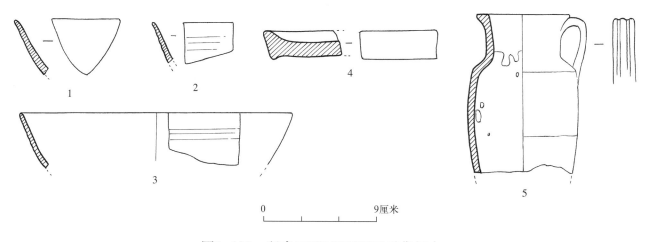

图3-129　拜寺口2016HBDH1采集标本

1～3.口沿2016HBDH1：93、94、109　4.酱釉盘2016HBDH1：89　5.酱釉罐2016HBDH1：59

砂，质地较硬。残长 6、残高 2、盘深 0.8 厘米（图 3-129，4）。

酱釉罐　1 件。

标本 2016HBDH1：59，残，侈口，方唇，平沿，直领溜肩，直弧腹。桥形耳，自口沿下至肩，耳中部有纵向条纹。乳黄色胎。器表施酱釉，下腹部无釉，口内领部施釉，内壁无釉。口径 7.4、腹径 8.8、残高 12.4 厘米（图 3-129，5；彩版一二七，4）。

酱釉瓮　5 件。均为口沿与腹底残片。

标本 2016HBDH1：60，敞口，方唇，平沿，唇外翻叠于器壁，表面饰凹弦纹。白色胎，质地较硬，夹砂。口沿施薄透明釉，腹部施酱釉，内部无釉。口径 33.4、残高 6.2 厘米（图 3-130，1）。

标本 2016HBDH1：92，敞口，方唇。口沿下 3 厘米有尖凸棱一周。残高 6.4、残宽 6 厘米（图 3-130，2）。

标本 2016HBDH1：90，敞口，圆唇，唇翻下叠于器壁，并有一周凸棱。红褐色胎，夹砂，质地较硬。器外壁施酱釉，口沿及器内口沿附近有透明釉，内壁口沿下无釉。残高 4.6、残宽 8.8 厘米（图 3-130，3）。

标本 2016HBDH1：75，直腹，腹上有粗突弦纹。口沿外侧及腹部施深黑褐色釉。内部无釉，有修整平行凸棱。口径 20.2、残高 16、胎厚 0.8 厘米（图 3-130，4；彩版一二七，5）。

酱釉瓮底　1 件。

标本 2016HBDH1：87，斜直腹，灰白色胎。上半部施棕褐色釉，下半部及内部无釉。器内有突弦纹，胎可见轮制痕迹。残高 6.5、残宽 13.4 厘米（图 3-130，5）。

匣钵　1 件。

标本 2016HBDH1：88，残。筒形，上粗下细，厚胎，夹砂，质地较硬，呈黑褐色。外壁施

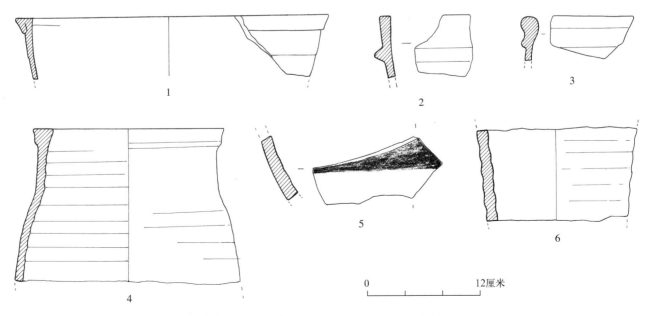

0　　　　　　　12厘米

图3-130　拜寺口2016HBDH1采集标本

1～4.酱釉瓮2016HBDH1：60、92、90、75　5.酱釉瓮底2016HBDH1：87　6.匣钵2016HBDH1：88

酱釉，偏褐绿色。内外均以粗弦纹使器形呈竹节状。残片最大直径 17、最小直径 15、厚 1.4、残高 9.6 厘米（图 3-130，6；彩版一二七，6）。

（四）拜寺沟殿台子遗址

殿台子遗址位于拜寺口沟尽头（彩版一二八，1），内蒙古自治区阿拉善左旗与宁夏交界处贺兰山分水岭下，距沟口约 20 千米，是一处规模较大的西夏建筑遗址，总面积约 5 万平方米，遗址核心区西、北、南三面环山，背靠分水岭，坐西朝东，呈喇叭口状分布于山脚下 5 级较大台地上，每级台地均有遗物散布，地势西高东低，遗址南侧一道冲沟贯穿遗址区，由于山洪冲刷，两侧山体塌落，遗址保存状况较差。遗址西侧山势陡峭，树木茂密、植被旺盛，山上有道路通往阿拉善左旗；南侧有大片松树林；北侧山势略缓，有数个缓坡台地，地表散落瓦片、残砖。北侧台地过冲沟山脊处有一较大台地，地表有少量瓷片、瓦片，当地人称之北花园。遗址核心区东北（过冲沟）山坡有三级台地，台地坐北朝南，地表散布砖瓦残块及少量瓷片。遗址核心区西北山腰有一小台地，也残存少量残砖瓦及瓷片。

1. 一号台地建筑遗址（核心区）

即拜寺口殿台子遗址核心区，由 5 级台地组成，由西向东分布，总面积约 3 万平方米，遗址中部有近现代牧民用石块及遗址内残砖垒砌房屋，整个遗址区地表散布较多残砖、筒瓦等建筑构件。

遗址台地自西向东编号，面积逐级变大，南侧有一道东西向冲沟穿过，冲沟断面文化层堆积较厚，表土层为淤积层，包含沙土、碎石、大石块，厚约 0.3 ～ 1.2 米；文化层堆积厚 0.5 ～ 1.3 米，内包含较多残砖、瓦片及烧土块、墙皮、建筑构件残块等，堆积底部有灰烬层，堆积内采集遗物均有明显火烧痕迹。

板瓦 7 件。分三型。

A 型 2 件。泥质灰陶。分两亚型。

Aa 型 1 件。

标本 2018HDTZ 采：1，一角残缺。平面呈梯形，瓦身隆起，横面弧度较大，外壁有纵向刮抹痕，内壁有布纹，宽端瓦口斜削，窄端瓦口圆滑，瓦身两侧有切割掰离痕迹，切痕整齐，掰离面较粗糙。长 30、残宽 17 ～ 22、壁厚 2 厘米（图 3-131，1；彩版一二八，2）。

Ab 型 1 件。重唇板瓦。

标本 2018HDTZ 采：13，仅存瓦头部分，唇沿呈尖圆状，内壁有布纹，唇面上有三道弦纹，下缘有捏泥塑痕迹。残宽 7 厘米（图 3-131，2）。

B 型 4 件。素烧瓷板瓦，分两亚型。

Ba 型 2 件。平面呈梯形，瓦身隆起，横面弧度较大，外壁有刮抹痕，内壁有布纹，宽端瓦口斜削，窄端瓦口圆滑，瓦身两侧有切割掰离痕迹，切痕整齐，掰离面较粗糙。

标本 2018HDTZ 采：2，微残。长 36.6、宽 17 ～ 22、壁厚 1.6 ～ 2 厘米（图 3-132，1；彩版一二八，3）。

标本 2018HDTZ 采：3，长 32.6、残宽 18 ～ 21、壁厚 1.8 厘米（图 3-132，2）。

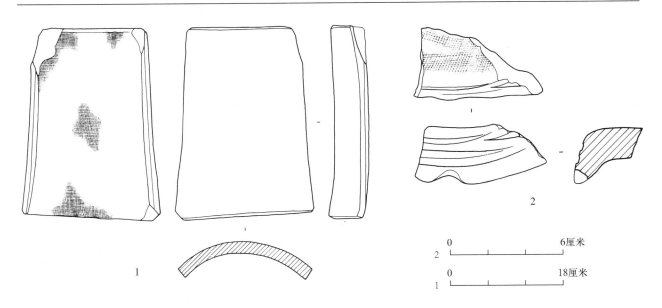

图3-131　拜寺口殿台子一号台地建筑遗址采集标本
1、2.泥质灰陶板瓦2018HDTZ采：1、13

　　Bb型　2件。平面呈梯形，瓦身隆起，横面弧度较大，凸面窄端横向有一排椭圆形纹饰，外壁有纵向印纹，内壁有布纹，瓦身一端有小圆孔，宽端瓦口斜削，瓦身两侧有切割掰离痕迹，掰离面较粗糙。

　　标本2018HDTZ采：4，残长33.2、残宽21、壁厚1.6厘米（图3-132，3）。

　　标本2018HDTZ采：5，残长23、宽16.4、壁厚2厘米（图3-132，4）。

　　C型　1件。白釉板瓦。

　　标本2018HDTZ采：14，残，残存部分一侧切角，瓦身横面略带弧度，内壁有制坯刮抹痕。白胎，质地较硬，内含砂粒，凸面施白釉，有剥釉。宽7、残长10.8、厚1.1厘米（图3-133，1）。

　　槽形瓦　2件。均残。

　　标本2018HDTZ采：15，残断，长条形，一面平，一面纵向有沟槽，左右起脊，一侧脊中间留平。灰白胎，胎体厚重。起脊一侧施黑釉，中间豁口一侧未施釉。残长14.4、宽9.6、槽厚1.6、脊厚3.1厘米（图3-133，2；彩版一二八，4）。

　　筒瓦　2件。瓦身隆起呈半筒状，内壁有布纹，一端有子口，瓦身两侧切割、掰离痕迹明显。分两型。

　　A型　1件。

　　标本2018HDTZ采：6，一角残，泥质灰陶。切痕贯通至子口，整体做工较规整。通长33、宽13、壁厚1.8、子口长2厘米（图3-133，3）。

　　B型　1件。

　　标本2018HDTZ采：8，绿釉琉璃，残，仅存子口与瓦身前端部分。砖红色胎，外施翠绿色釉，有流釉。残长9.6、宽14、壁厚1.8、子口长2.6、宽8厘米（图3-133，4；彩版一二八，5）。

　　滴水　8件。均残，莲花纹，上缘凹弧形，下缘连弧形，中部一莲花结莲蓬，一侧伸出花蕾

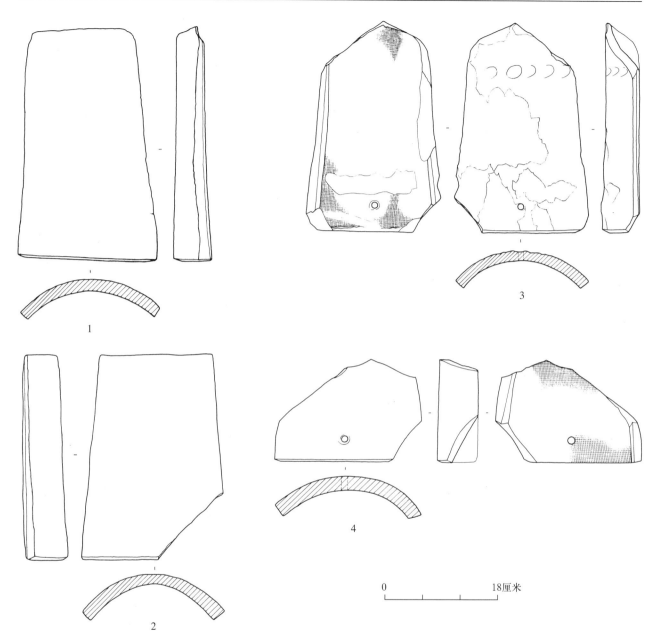

图3-132　拜寺口殿台子一号台地建筑遗址采集标本

1～4.素烧瓷板瓦2018HDTZ采：2～5

枝蔓。土黄色胎，胎体厚重，施绿釉。

标本 2018HDTZ 采：11，一侧残。残宽16.6、高7.6、后接板瓦壁厚2.2厘米（图3-134，1；彩版一二九，1）。

标本 2018HDTZ 采：12，滴面一侧及下缘残，釉面光亮，形制规整。残宽17.4、残高5、后接板瓦壁厚2.4厘米（图3-134，2；彩版一二九，2）。

瓦当　3件。泥质灰陶。当面模印兽面纹，均残。分三型。

A型　1件。

标本 2018HDTZ 采：7，后接筒瓦完整。兽面图案凸起，长角短眉，眉侧立小耳，怒目圆睁，

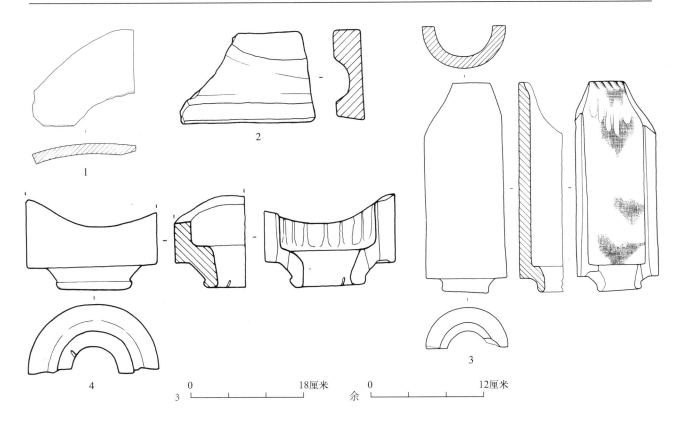

图3-133　拜寺口殿台子一号台地建筑遗址采集标本
1.白釉板瓦2018HDTZ采：14　2.槽形瓦2018HDTZ采：15　3、4.筒瓦2018HDTZ采：6、8

外饰一道凸棱纹。后接筒瓦瓦身隆起呈半筒状，内壁有布纹，子口与瓦身连接处呈沟槽状，瓦唇方沿，瓦身两侧切痕较粗糙。当面直径12、筒瓦长29、宽11.2、子口宽7.6、子口长1.6厘米（图3-134，3；彩版一二九，3）。

B型　1件。

标本2018HDTZ采：9，残存沿内模印兽面，图案凸起，长角弯眉，眉侧有小耳，双目圆睁，短狮鼻，阔嘴，两獠牙外呲，下颌有胡须，外郭饰一圈连珠纹。残长12厘米（图3-134，4；彩版一二九，4）。

C型　1件。

标本2018HDTZ采：10，当面有白色土锈，兽面叉角，外饰一圈连珠纹。直径11.5厘米（图3-134，5）。

黄釉建筑装饰构件残块　1件。

标本2018HDTZ采：16，表面圆凸，饰乳丁纹，内壁有手指戳痕，砖红色陶胎，外施黄釉，釉层较厚，釉色光亮，釉面有裂痕。长11、宽10厘米（图3-135，1；彩版一二九，5）。

琉璃宝相花纹残块　2件。

标本2018HDTZ采：17，砖红色陶胎，正面有宝相花纹，施绿色釉。残宽21.4、残高14厘米（图3-135，2；彩版一二九，6）。

标本2018HDTZ采：19，残长14厘米（图3-135，3）。

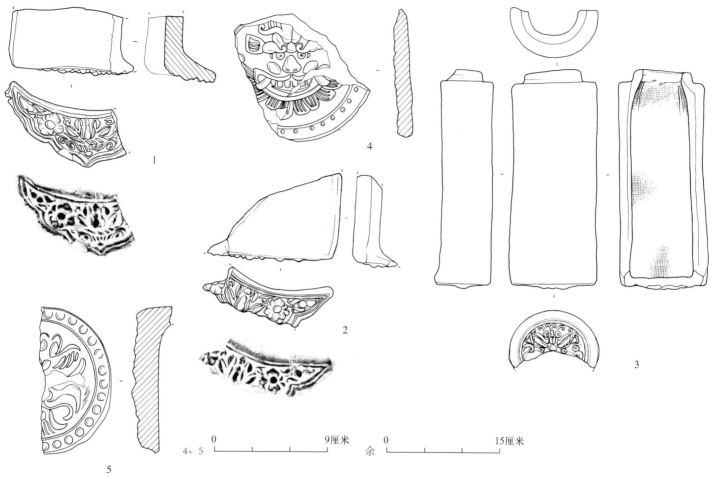

图3-134　拜寺口殿台子一号台地建筑遗址采集标本

1、2.滴水2018HDTZ采：11、12　3～5.瓦当2018HDTZ采：7、9、10

琉璃套兽眼部残块　1件。

标本2018HDTZ采：20，椭圆形长眼，眼球外突，眼睛上方有须毛状纹饰，顶开长方形孔。砖红色陶胎，施绿釉。残长21、残宽13厘米（图3-135，4）。

琉璃套兽残块　1件。

标本2018HDTZ采：21，砖红色陶胎，施绿釉。表面有须状纹饰，内侧有一贯通小圆孔。残长12、残宽6.3厘米（图3-135，5）。

琉璃花卉纹砖　1件。

标本2018HDTZ采：22，残，砖红色陶胎，施绿釉，正面饰花卉纹图案。残长15、残宽12、厚4.8厘米（图3-136，1；彩版一三〇，1）。

彩绘墙皮　1件。

标本2018HDTZ采：37，有被火烧过的痕迹，外侧彩绘白灰层被烧变形、硬化。残长22、残宽12厘米（图3-136，2）。

陶器　1件。

标本2018HDTZ采：36，夹砂黑陶釜口腹残片，口微敛，方唇，腹中上部出尖凸沿，烧结度

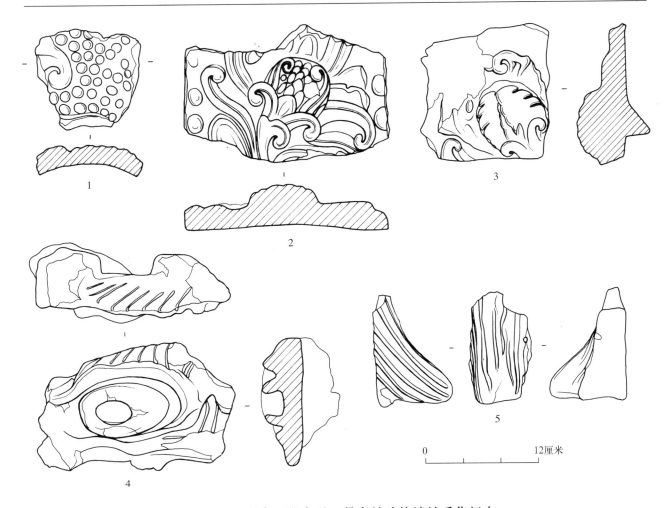

图3-135　拜寺口殿台子一号台地建筑遗址采集标本

1.黄釉建筑装饰构件残块2018HDTZ采：16　2、3.琉璃宝相花纹残块2018HDTZ采：17、19　4.琉璃套兽眼部残块2018HDTZ采：20
5.琉璃套兽残块2018HDTZ采：21

不高，外壁略平整，内壁粗涩。口径20、残高8.2厘米（图3-136，3）。

白釉碗　1件。

标本2018HDTZ采：29，口沿，敞口，斜弧腹，胎色浅黄，胎质细腻，内外壁罩化妆土施白釉，外壁施半截釉。残宽5.6、残高5.8厘米（图3-136，4）。

白釉花口瓶　1件。

标本2018HDTZ采：38，口沿，口沿外侈，花口，白胎，胎质细腻，内外罩化妆土施白釉，釉面有气孔。残宽4.5厘米（图3-136，5；彩版一三〇，2）。

青白釉碗底　3件。

标本2018HDTZ采：26，斜弧壁，圜底，高圈足，挖足过肩，外浅内深，足缘尖圆。白胎略厚，气泡、沙眼较多，内底刮涩圈。足径7、足墙高1.1厘米（图3-137，1）。

标本2018HDTZ采：27，高圈足，足墙外撇，足底乳突状，灰白胎。足径4.3、足墙高1.4厘

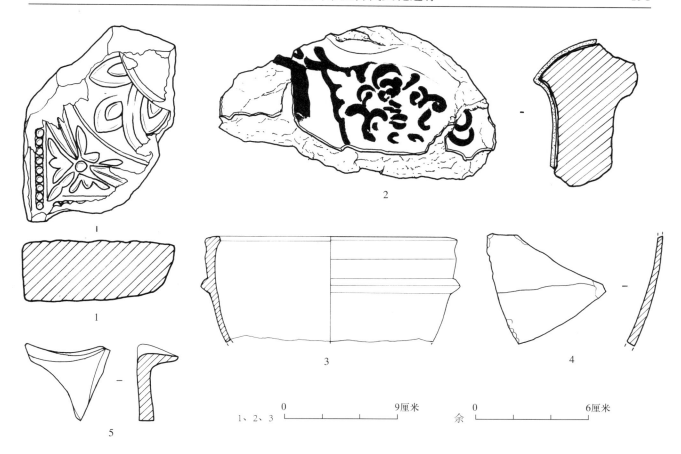

图3-136　拜寺口殿台子一号台地建筑遗址采集标本

1.琉璃花卉纹砖2018HDTZ采：22　2.彩绘墙皮2018HDTZ采：37　3.陶器2018HDTZ采：36　4.白釉碗2018HDTZ采：29　5.白釉花口瓶
2018HDTZ采：38

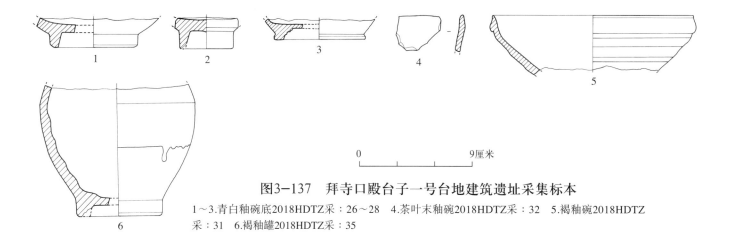

图3-137　拜寺口殿台子一号台地建筑遗址采集标本

1～3.青白釉碗底2018HDTZ采：26～28　4.茶叶末釉碗2018HDTZ采：32　5.褐釉碗2018HDTZ
采：31　6.褐釉罐2018HDTZ采：35

米（图3-137，2）。

标本2018HDTZ采：28，平底，矮圈足。有砂圈，挖足过肩，足墙外撇，足缘宽平。足径
7.2、足墙高0.8厘米（图3-137，3）。

茶叶末釉碗　1件。

标本 2018HDTZ 采：32，口沿，圆唇，敞口，黄胎，内外壁施茶叶末釉，釉层均匀，釉色光亮。残口宽 3.3、残高 2.7 厘米（图 3-137，4）。

褐釉碗　1 件。

标本 2018HDTZ 采：31，尖唇，敞口，斜壁，唇沿外翻，黄白胎，胎体略厚，内外壁施褐釉，釉层均匀，釉面光亮，内外壁施半截釉。口径 16、残高 4.3 厘米（图 3-137，5）。

褐釉罐　1 件。

标本 2018HDTZ 采：35，腹底，圆鼓腹，圈足，足沿外撇，黄胎，胎体略厚，外施褐釉，釉层薄厚不均，有积釉、流釉，施釉不及底，圈足处有烧结粘连物，内壁有修胎旋痕。足径 6.7、残高 10、壁厚 0.8 厘米（图 3-137，6；彩版一三〇，3）。

黑釉盘　1 件。

标本 2018HDTZ 采：30，口沿，圆唇，敞口，浅斜弧腹，白胎。内外施黑釉，釉质肥厚、润泽，外壁施半截釉。口径 16、残高 2.5 厘米（图 3-138，1）。

黑釉罐　2 件。

标本 2018HDTZ 采：33，口沿，方唇，折沿，敛口，斜肩。白胎，胎质细腻，内外施黑釉，釉质肥厚、润泽。口径 20 厘米（图 3-138，2；彩版一三〇，4）。

标本 2018HDTZ 采：34，腹片，斜肩，弧腹，白胎泛青，胎质细腻，外壁施黑釉，釉层均匀光亮，内壁有修胎旋痕。残长 10.7、残宽 8.7 厘米（图 3-138，3）。

青花碗底　3 件。

标本 2018HDTZ 采：23，平底，斜腹微弧，下腹内折，直圈足，足缘齐平，足底中心乳丁状，白胎泛黄，胎体略厚，内外壁罩化妆土施白釉，釉面光亮，釉下有蓝色彩绘。足径 7、残高 3.4、圈足高 0.7 厘米（图 3-139，1；彩版一三〇，5）。

标本 2018HDTZ 采：24，平底，斜腹微弧，下腹内折，直圈足，足缘齐平，足底中心乳丁状，白胎泛黄，胎体略厚，内外壁罩化妆土施白釉，釉面光亮，釉下有蓝色彩绘。底有砂圈，内底釉面呈火石红色。底径 6.3、残高 4、圈足高 0.5 厘米（图 3-139，2）。

标本 2018HDTZ 采：25，敞口，圆唇，斜弧腹，下腹内折，平底，底有砂圈，矮圈足，足墙

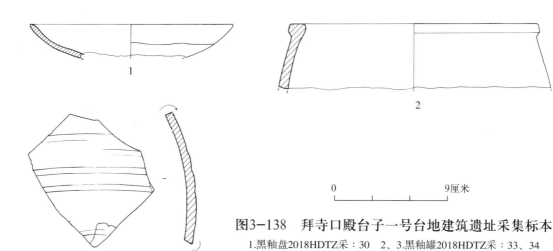

图 3-138　拜寺口殿台子一号台地建筑遗址采集标本

1.黑釉盘 2018HDTZ 采：30　2、3.黑釉罐 2018HDTZ 采：33、34

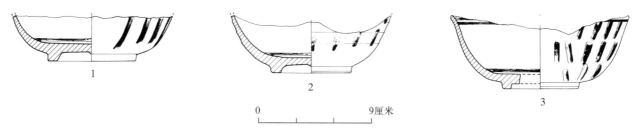

图3-139　拜寺口殿台子一号台地建筑遗址采集标本

1～3.青花碗底2018HDTZ采：23～25

圆削。灰白胎，内外壁施白釉，釉下蓝色简单彩绘，釉层均匀光亮。口径14.1、底径6、高5.8、足墙高0.4厘米（图3-139，3；彩版一三〇，6）。

2.二号台地建筑遗址

位于遗址核心区中部北侧约15米处，共2级台地，坐北朝南，地表长满荒草。1级台地略呈长方形，东西长35、南北宽15米。地表散布较多灰陶板瓦、筒瓦残块等。2级台地位于1级台地南侧下方约20米，地势平坦，长满荒草、灌木，台地东西长56.4、南北宽15米，地表散布残砖、板瓦残件等。

建筑构件

筒瓦　1件。

标本2018HDTZ3采：1，残，泥质灰陶。瓦身隆起，半筒状，凸面有刮抹痕迹，内壁有布纹，瓦舌宽厚，圆唇，瓦舌与筒瓦连接处呈沟槽状，瓦身两侧切割、掰离痕迹，切痕较浅，掰离面粗糙。残长18.7、宽14.6、瓦舌长2.2、瓦舌宽9.4厘米（图3-140，1）。

青白釉碗　2件。

标本2018HDTZ3采：2，碗底，弧壁，圜底，圈足，挖足过肩，足墙内削。白胎，质地较硬，内底有涩圈，内外施白釉，外施釉不及底，釉层均匀、光亮，釉面有冰裂纹。底径6、残高3.1、足墙高0.8厘米（图3-140，2）。

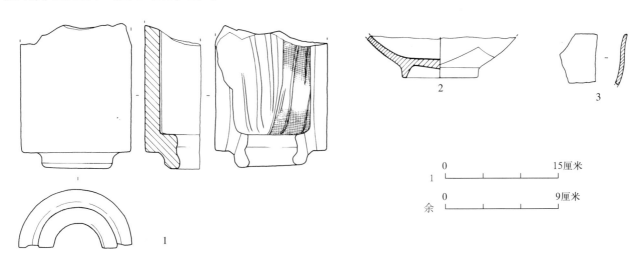

图3-140　拜寺口殿台子二号台地建筑遗址采集标本

1.筒瓦2018HDTZ3采：1　2、3.青白釉碗2018HDTZ3采：2、3

标本 2018HDTZ3 采：3，口沿，圆唇，敞口微侈，白胎，胎体较薄，内外壁施白釉，釉层均匀、光亮，釉面有冰裂纹。残口宽 1.8、残高 3.8、壁厚 0.3 厘米（图 3-140，3）。

3. 三号台地建筑遗址

位于遗址核心区中部北侧山坡，4 号台地南侧下方，共 2 级台地，坐西朝东，西靠山崖，南侧面沟，台地东部有小道，通至 4 号建筑遗址区。1 级台地位于西侧临山处，南北长 20、东西宽约 12 米，地表洪冲淤积较厚，台地东部散布较多筒瓦、板瓦等建筑构件残块。2 级台地位于 1 级台地东南侧下方，长方形，中部隆起，东西长 14.5、南北宽 12.5 米，地表散落较多碎瓦。

板瓦　2 件。均残，泥质灰陶。瓦身隆起，凸面有工具刮抹痕迹，内壁有布纹。

标本 2018HDTZ2 采：1，平面略呈梯形，瓦身两侧有掰离、切割痕迹，切痕规整，掰离面略粗糙。残长 25.2、残宽 21、厚 1.8 厘米（图 3-141，1）。

标本 2018HDTZ2 采：2，瓦身残存一侧有掰离、切割痕迹，切痕、掰离面粗糙，瓦头斜削较厚，尾部较圆滑略薄。通长 38.4、残宽 7 ～ 10、厚 2.2 厘米（图 3-141，2）。

筒瓦　1 件。

标本 2018HDTZ2 采：3，泥质灰陶。残断，瓦身隆起，半筒状，凸面有刮抹痕迹，内壁有布纹，瓦舌尖圆，瓦身两侧有切割、掰离痕迹，切痕较浅，掰离面粗糙。残长 20.4、宽 12.2、瓦舌长 2、瓦舌宽 6.8 厘米（图 3-141，3）。

青白釉碗　1 件。

标本 2018HDTZ2 采：4，口沿，敞口，弧壁，高圈足，足墙直立，挖足过肩，器形规整。白胎，内底有涩圈。内外施青白釉，外施釉不及底，釉层均匀、光亮，釉面布满冰裂纹。底径 6.2、残高 5、足墙高 2 厘米（图 3-141，4）。

褐釉盆　1 件。

标本 2018HDTZ2 采：6，敞口，尖圆唇，斜沿，斜弧腹，浅黄色胎，胎体粗厚，内含较多砂粒。内外施褐釉，施釉不及底。釉层厚，釉面气泡较多，内壁光滑，外壁粗糙。口径约 37、残高 7.4、壁厚 1.3 厘米（图 3-141，5）。

酱黄釉瓷片　1 件。

标本 2018HDTZ2 采：7，口沿，红褐色胎，胎体粗厚，内外施酱黄釉，釉质肥厚，表面凹凸不平。残长 8.4 厘米（图 3-141，6）。

黑釉瓷片　1 件。

标本 2018HDTZ2 采：5，瓷罐腹片，腹壁圆鼓，胎色浅黄，胎体粗厚，内含少量砂粒，内外施黑釉，内壁施半釉。残长 16.5 厘米（图 3-141，7）。

4. 四号台地建筑遗址（北花园遗址）

共 2 级台地，位于核心区最北侧山梁，坐北朝南，地表长满杂草与松树，散布有砖瓦残块与瓷片。当地人俗称北花园遗址。1 级台地位于北侧山脊，东西长约 19、南北宽 6.5 米，南侧边缘有石块铺筑道路，长 7、宽 2.56 米。地表散落较多砖瓦残块。2 级台地位于 1 级台地下方，背靠山崖，南侧面沟，地表平坦，东西长约 20、南北宽 9 ～ 10 米，地表散落少量绿釉琉璃筒瓦残件。

槽形砖　1 件。

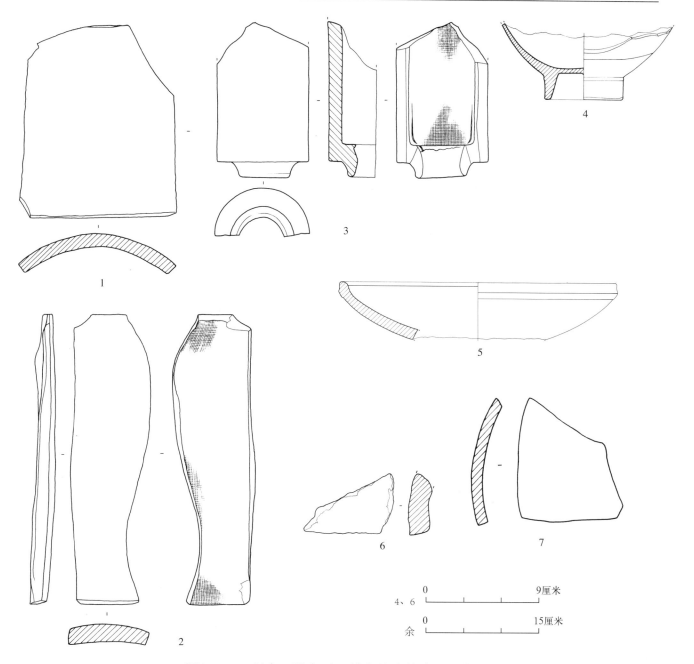

图3-141　拜寺口殿台子三号台地建筑遗址采集标本

1、2.板瓦2018HDTZ2采：1、2　3.筒瓦2018HDTZ2采：3　4.青白釉碗2018HDTZ2采：4　5.褐釉盆2018HDTZ2采：6　6.酱黄釉瓷片2018HDTZ2采：7　7.黑釉瓷片2018HDTZ2采：5

标本2018HDTZ1采：1，残，泥质灰陶。长条形，一面平，一面中间内凹呈槽状，一侧长边有三道凸棱。残长24、残宽8～13、侧边宽7.6厘米（图3-142，1）。

白釉碗底　1件。

标本2018HDTZ1采：4，弧壁，圜底，圈足，挖足过肩，圈足有修胎旋痕。灰白胎，内底有砂圈，内壁罩化妆土施白釉，釉层均匀、光亮，外壁有窑汗及气泡未挂釉。底径7、残高3.4、圈足高1.2厘米（图3-142，2）。

白釉盘　1件。

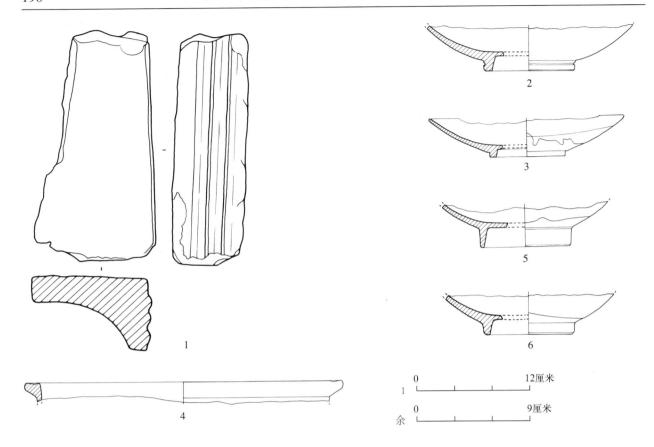

图3-142　拜寺口殿台子四号台地建筑遗址采集标本

1.槽形砖2018HDTZ1采：1　2.白釉碗底2018HDTZ1采：4　3.白釉盘2018HDTZ1采：5　4.白釉盆2018HDTZ1采：6　5、6.青白釉碗底2018HDTZ1采：2、3

标本2018HDTZ1采：5，残，敞口，尖圆唇，浅弧腹，圜底，圈足，挖足过肩，圈足有修胎旋痕。灰白胎，内底有砂圈，内外壁罩化妆土施白釉，釉层均匀、光亮，外壁施半截釉。口径15.5、底径6、残高2.8、圈足高0.6厘米（图3-142，3）。

白釉盆　1件。

标本2018HDTZ1采：6，残，口沿，方唇，折沿，敞口，沿面内凹，青白色胎体，口沿罩化妆土施白釉，釉层均匀、光亮。口径25.3厘米（图3-142，4）。

青白釉碗底　2件。斜弧壁，圜底，高圈足，足墙直立，挖足过肩，足内壁斜削。白胎，内底刮涩圈，内外壁施白釉，釉层稀薄，釉面光亮，布满冰裂纹，外壁施釉不及底。

标本2018HDTZ1采：2，足径7、残高3、圈足高1.5厘米（图3-142，5）。

标本2018HDTZ1采：3，足径7.2、残高3、圈足高1.2厘米（图3-142，6）。

5.五号台地建筑遗址

位于殿台子遗址核心区第五级台地东北侧山坡，二者之间被一冲沟隔断。台地坐北朝南，共3级（由北至南命名），北靠山体，南侧面沟，临沟一侧有石块砌筑护坡，台地之间为斜坡，高差15~45米，有小道相连，地表散落建筑构建残件。

（1）1级台地

位于山坡较高处，长方形，地势东高西低，沟坡较陡。台地东西长52、南北宽11米，西端

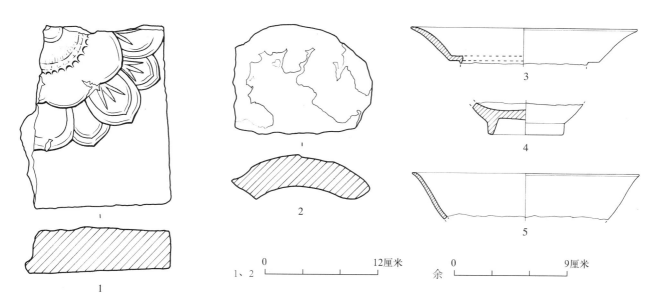

图3-143　拜寺口殿台子五号台地建筑遗址采集标本

1.莲花纹方砖2018HDTZ4Ⅰ采∶1　2.琉璃宝瓶残块2018HDTZ4Ⅰ采∶2　3.青釉盘2018HDTZ4Ⅰ采∶6　4、5.青白釉碗2018HDTZ4Ⅰ
采∶3、5

遭洪水损毁严重，地表散布较多建筑构件残件，西端地表采集"嘉祐通宝"铜钱1枚。

莲花纹方砖　1件。

标本2018HDTZ4Ⅰ采∶1，泥质灰陶。正面模印莲花纹，背面有制坯痕迹。残长19.2、残宽14.6、厚4厘米（图3-143，1）。

琉璃宝瓶残块　1件。

标本2018HDTZ4Ⅰ采∶2，空心，砖红色陶胎，胎体较厚，外施绿色釉，釉层较厚，内壁凹凸不平有修胎痕。残长15、残高11.2厘米（图3-143，2）。

青釉盘　1件。

标本2018HDTZ4Ⅰ采∶6，残。圆唇，敞口微侈，斜直壁，下腹向内平折，平底，灰白胎，胎质细腻，内壁施透明釉，釉层均匀、光亮，外壁口沿处有窑汗。口径18、残高2.8厘米（图3-143，3）。

青白釉碗　2件。

标本2018HDTZ4Ⅰ采∶3，碗底，圜底，圈足，足缘圆滑，挖足过肩，足墙直立，足墙内壁斜削。灰白胎，胎体略厚，内含气泡，内施青白釉，内底有涩圈。底径6、残高2.5、足墙高1.2厘米（图3-143，4）。

标本2018HDTZ4Ⅰ采∶5，口沿，圆唇，敞口微侈，外壁斜弧，白胎，质地较硬，内外壁施白釉，釉层均匀，釉色光亮，釉面有冰裂纹。口径18、残高3.4厘米（图3-143，5）。

青白釉瓷片　1件。

标本2018HDTZ4Ⅰ采∶8，弧壁，白胎，内含小气孔，内外壁施青白色釉，釉色光亮、润泽，釉面有冰裂纹，内壁数道凹弦带纹。残长4.6、残宽3.6厘米（图3-144，1）。

茶叶末釉碗底　1件。

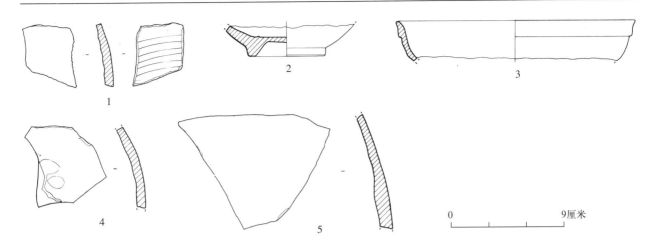

0　　　　　　　　　9厘米

图3-144　拜寺口殿台子五号台地建筑遗址采集标本

1.青白釉瓷片2018HDTZ4Ⅰ采：8　2.茶叶末釉碗底2018HDTZ4Ⅰ采：4　3.褐釉瓷碗2018HDTZ4Ⅰ采：7　4.黑釉罐残片2018HDTZ4Ⅰ
采：10　5.黑釉瓷片2018HDTZ4Ⅰ采：9

　　标本2018HDTZ4Ⅰ采：4，圈足，挖足过肩，足沿宽厚，足墙内壁斜削，薄底。胎色浅黄，
胎体略厚，内施茶叶末釉，釉层均匀，釉色暗淡无光泽，内底刮带状涩圈。底径6、残高2.3、足
墙高1、足沿宽0.7厘米（图3-144，2）。

　　褐釉瓷碗　1件。

　　标本2018HDTZ4Ⅰ采：7，口沿，敞口，圆唇，弧壁，灰白胎，胎质细腻，内外施褐釉，釉
层均匀、光亮。口径19、残高3、壁厚0.3厘米（图3-144，3）。

　　黑釉罐残片　1件。

　　标本2018HDTZ4Ⅰ采：10，弧壁，灰白胎，胎质细腻，外壁施黑釉，釉层均匀。釉色暗淡
无光泽。内壁有流釉及修胎旋抹痕。残高6、残宽5厘米（图3-144，4）。

　　黑釉瓷片　1件。

　　标本2018HDTZ4Ⅰ采：9，弧壁，胎色灰白，胎体略厚，质地较硬，内外壁施黑釉，外釉釉
色暗淡。外壁平整，内壁凹凸不平。残长12、残宽9厘米（图3-144，5）。

　　（2）2级台地

　　位于1级台地南侧下方约50米处，略呈长方形，台地东西长31、南北宽10米。地表散布较
多建筑构件残件。西端地表有一椭圆形石堆，采用片状青色、红褐色条石垒筑，石堆南北长4.9、
东西宽2.6、高出地表1.3米。

　　滴水　2件。泥质灰陶。滴面月牙形，上缘凹弧形，下缘连弧形，外缘饰凸弦纹，后连接板
瓦。滴面模印莲花纹，中部一莲花结莲蓬，一侧伸出花蕾枝蔓。后接板瓦内壁布满土锈。

　　标本2018HDTZ4Ⅱ采：2，滴面宽19.4、高7.2、后接板瓦壁厚1.6厘米（图3-145，1）。

　　标本2018HDTZ4Ⅱ采：3，一侧残，后接板瓦凸面有烧结粘连物。滴面残宽11、高6.4、后
接板瓦壁厚1.6厘米（图3-145，2）。

　　瓦当　1件。

　　标本2018HDTZ4Ⅱ采：1，泥质灰陶。残存部分可见当面与筒瓦粘连痕迹，当面模印兽面纹，

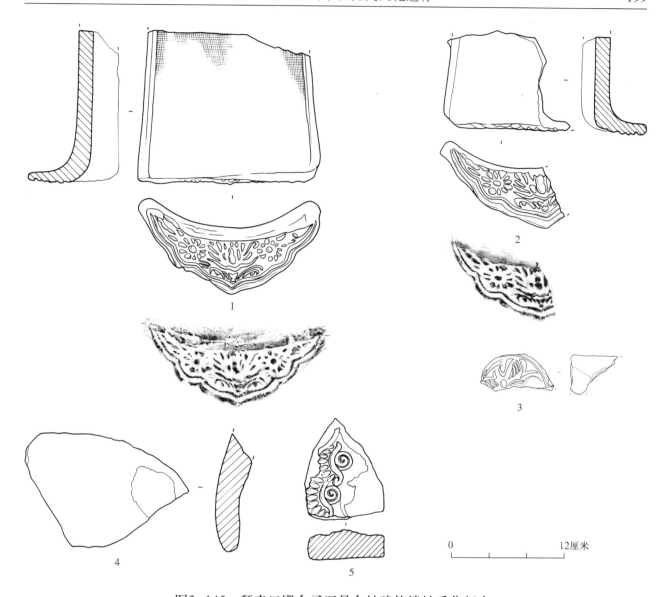

图3-145　拜寺口殿台子五号台地建筑遗址采集标本

1、2.滴水2018HDTZ4Ⅱ采：2、3　3.瓦当2018HDTZ4Ⅱ采：1　4.琉璃建筑装饰构件残块2018HDTZ4Ⅱ采：4　5.琉璃脊饰残块2018HDTZ4Ⅱ采：5

兽面图案凸起，斜叉角，眉毛竖立。残长7.7、残宽3.6厘米（图3-145，3）。

琉璃建筑装饰构件残块　1件。

标本2018HDTZ4Ⅱ采：4，砖红色陶胎，胎体较厚。弧壁，有口沿，圆唇，外壁施绿釉，釉面粗涩，无光泽，内壁有手指压印痕。残长17、残宽12厘米（图3-145，4）。

琉璃脊饰残块　1件。

标本2018HDTZ4Ⅱ采：5，砖红色陶胎，施绿釉，模印须毛状纹饰。残长11、残宽8厘米（图3-145，5）。

青釉碗　1件。

标本2018HDTZ4Ⅱ采：8，平底，矮圈足，挖足过肩，足缘较宽，足墙内壁斜削。灰胎，内壁施青釉，釉色光亮。底径6、残高2.5、足墙高0.7、足沿宽0.7厘米（图3-146，1）。

白釉瓷残片　2件。白胎，内外壁施白釉，外釉不及底。

标本2018HDTZ4Ⅱ采：11，残长3.8、残宽3.1厘米（图3-146，2）。

标本2018HDTZ4Ⅱ采：12，残长2.6、残宽1.6厘米（图3-146，3）。

青白釉碗　1件。

标本2018HDTZ4Ⅱ采：7，平底，矮圈足，挖足过肩，足缘较宽，足墙直立。白胎，胎质较细，内底施白釉，釉色发青。足径6、残高1.1、足墙高0.7、足沿宽0.7厘米（图3-146，4）。

褐釉碗　1件。

标本2018HDTZ4Ⅱ采：6，平底，圈足，足墙直立，足缘齐平，挖足过肩，圈足有修胎痕迹。灰白胎，胎质较细，内施褐釉，内底刮涩圈，底较薄。底径6.8、残高2.8、足墙高1厘米（图3-147，1）。

褐釉底座　1件。

标本2018HDTZ4Ⅱ采：10，仅存部分底座。圈足，底座中间有空心灯柱。胎色浅黄，胎质较细，圈足处有流釉。底径3.9、残高3.5厘米（图3-147，2）。

褐釉瓷片　1件。

标本2018HDTZ4Ⅱ采：9，圆肩，肩部饰两道凹弦纹。灰白胎，外施褐釉，釉层均匀，釉面光亮。残长7.7、残宽7.2厘米（图3-147，3）。

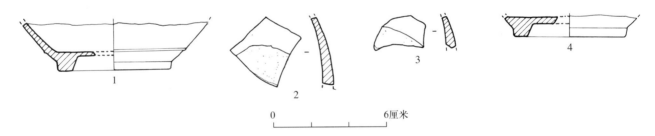

0　　　　　　　　　　6厘米

图3-146　拜寺口殿台子五号台地建筑遗址采集标本

1.青釉碗2018HDTZ4Ⅱ采：3　2、3.白釉瓷残片2018HDTZ4Ⅱ采：11、12　4.青白釉碗2018HDTZ4Ⅱ采：7

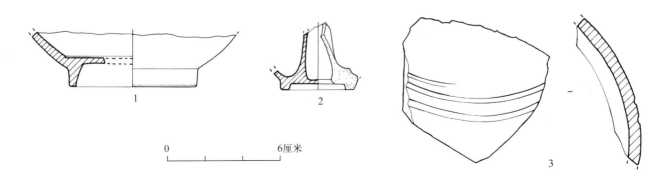

0　　　　　　　　　　6厘米

图3-147　拜寺口殿台子五号台地建筑遗址采集标本

1.褐釉碗2018HDTZ4Ⅱ采：6　2.褐釉底座2018HDTZ4Ⅱ采：10　3.褐釉瓷片2018HDTZ4Ⅱ采：9

（3）3级台地

位于2级台地南下方约15米，窄长状，坐北朝南，北侧山坡散落较多砖瓦残件，地表灌木、杂草茂密，发现极少量砖瓦残块。

（五）镇木关建筑遗址

即"镇北口"。其中最高处遗址位于北依山峰、三面临沟的高台地上，与沟底高差达40米，筑有石阶以便上下。台地面积约2000多平方米，其上遍布砖瓦、琉璃建筑构件、瓷器碎片与宋代货币等。此台地民间俗称"皇城台子"。由此以下，海拔1510米处有两级建筑台地遗址，海拔1490米处有五级建筑台地遗址。沟口有一处面积2000余平方米的方形石城，城门内外堆积大量琉璃建筑构件。城东存有大片石砌墙基，无建筑材料遗存。此次调查记录了皇城台子遗址区、皇城台子东侧两处台地及2座烽火台。

1. 皇城台子遗址区

位于镇木关沟口内1.5千米北侧山顶台地。遗址坐北朝南，整体呈南北向分布于山顶两级台地之上，面积约2000多平方米，北侧编号二级台地，其上为1号建筑基址；南侧编号一级台地，其上为2号建筑基址，地表有墙基，散布有方砖、条砖、筒瓦、板瓦等建筑残片和少量琉璃瓦与彩绘墙皮等。遗址内发现8处盗洞，盗洞内有瓦片、残砖等遗物。此台地民间俗称"皇城台子"。

（1）一号建筑基址

位于建筑遗址区北侧，背靠山体修筑于山顶台地之上，台地修整较平整，东、南两侧有石砌护坡，东北部有一道路。地表残存石砌墙基及砖铺地面，发现有瓦片、残砖与彩绘墙皮等。台地整体呈长方形，南北长12、东西宽9米，台地北部东西两侧残存一段石砌墙体，东墙残长3.5、残高0.2米，西墙残长3.2、残高1.2、宽0.2～0.9米。

（2）二级建筑基址

位于一号建筑基址南侧下方，台地整体呈长方形，南北长65、东西宽58米，台地四周有数级石砌护坡，台地之上有两处建筑基址，坐北朝南分布。地表发现较多琉璃瓦与残砖等。台地北部有一东西向略凸出地表的土堆（墙体），长33、宽5米，土墙南侧有两处建筑遗迹。台地中部有一条石块砌筑墙基，墙基南北两侧各有一房基遗迹，北部房基地表呈长方形，面积约200平方米，地表有较多瓦片、残砖。南部房址地表呈凸字形，面积约300平方米，地表发现较多琉璃瓦、残砖、瓦片等，房址南部有石块砌筑护坡。

在调查基础上对台地1号建筑基址西侧盗坑进行了清理，将盗坑清理扩挖成长2.3、宽1.4米的坑状。经过清理，发现盗洞深1.1米，坑内为建筑倒塌堆积，黑褐色土，土质较疏松，包含大量绿色琉璃建筑构件残块和瓦当（兽面、龙纹）及陶质佛像残块，盗洞底部为平整的夯筑建筑表面。

盗坑堆积内采集到琉璃龙纹瓦当、灰陶兽面纹瓦当、绿釉兽面纹瓦当、灰陶兽面纹滴水、琉璃兽面纹滴水、琉璃莲花纹方砖、泥塑残块、佛像残块等西夏时期文化遗物，据此推断镇木关皇城台子为西夏时期皇家寺院遗址。

地表采集遗物主要为板瓦、筒瓦、瓦当、滴水、脊饰、瓷片与佛教遗物，多为残块。

琉璃板瓦　1件。

标本2017HZMG2采：12，可复原，砖红色胎，瓦身隆起，内壁有布纹，施绿釉，前端口部圆滑，后端尾部齐平，瓦身两侧有切割、掰离痕。长31.6、宽16.2～19.6、壁厚1.4～2厘米（图3-148，1）。

筒瓦　3件。

琉璃筒瓦　2件。残，砖红色胎，瓦身隆起呈半筒状，内壁有布纹，前端有子口，子口较窄，子口与筒瓦连接处呈沟槽状，瓦身两侧有切割、掰离痕迹。

标本2017HZMG2采：13，残长23.6、宽13、高7、壁厚2厘米（图3-148，2；彩版一三一，1）。

标本2017HZMG2采：14，残长7、宽13.2、子口长2.2、子口宽8厘米（图3-148，3）。

黄褐釉筒瓦　1件。

标本2017HZMG2采：15，仅残存部分瓦身，瓦身隆起，内壁有布纹，砖红色陶胎，外壁施黄褐色釉，釉层均匀，釉面光亮。残宽11.2、残长5.8、壁厚1.8厘米（图3-148，4；彩版一三一，2）。

滴水　9件。滴面呈月牙形，上缘凹弧形，下缘连弧状，后连接板瓦。根据纹饰不同可分为四型。

A型　1件。石榴花纹。

标本2017HZMG2采：24，泥质灰陶。面饰石榴花纹，花朵盛开，花蔓卷曲，图案规整，疏密得当，滴面背面有红色漆痕。滴面宽20、高8.5、后接板瓦壁厚1.5厘米（图3-149，1；彩版

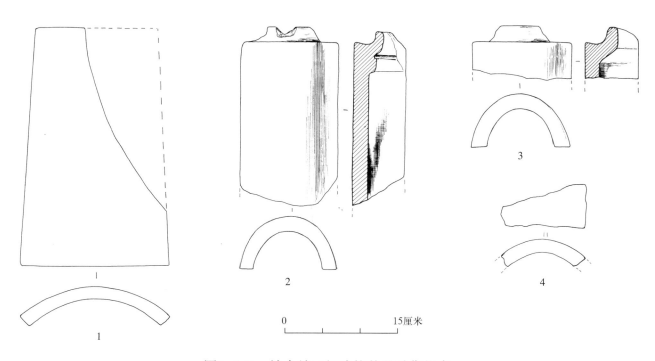

0　　　　　　　　　　　　15厘米

图3-148　镇木关二级建筑基址采集标本

1.琉璃板瓦2017HZMG2采：12　2、3.琉璃筒瓦2017HZMG2采：13、14　4.黄褐釉筒瓦2017HZMG2采：15

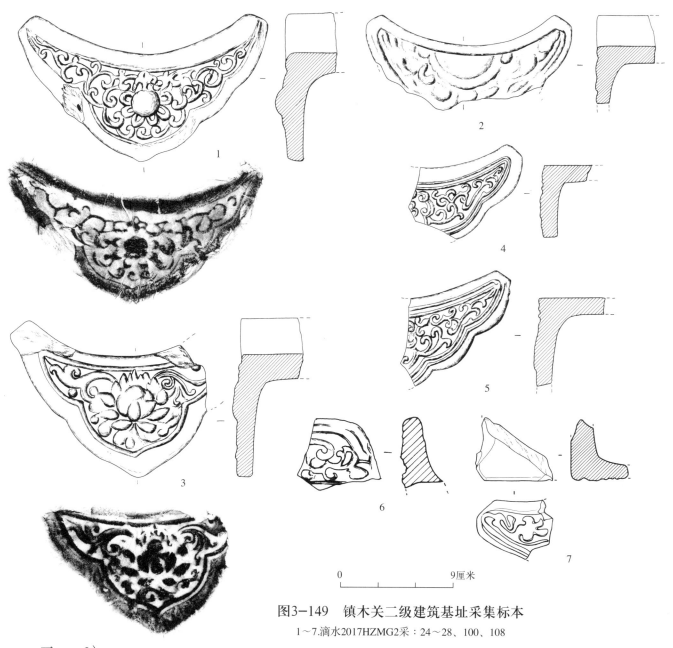

图3-149　镇木关二级建筑基址采集标本

1～7.滴水2017HZMG2采：24～28、100、108

一三一，3）。

B 型　2件。莲花纹。

标本2017HZMG2采：25，砖红色陶胎，内含少量砂粒，滴面下缘残。莲花纹图案漫漶。滴面宽16.4、残高5、后接板瓦壁厚1.3厘米（图3-149，2）

标本2017HZMG2采：26，浅红色陶胎，挂绿色琉璃釉，釉面布满土锈。宽缘，中间莲花绽放，结莲蓬，两侧枝叶展开，图案规整。滴面残宽14.8、高9.6、后接板瓦壁厚2厘米（图3-149，3；彩版一三一，4）。

C 型　4件。均为绿釉琉璃花卉纹，形制、纹样相同，滴面模印卷草纹，图案规整，外缘施2道凸弦纹，滴面均残。

标本2017HZMG2采：27，黑灰色陶胎，滴面残宽9.8、高5.8厘米（图3-149，4；彩版一三一，5）。

　　标本 2017HZMG2 采：28，滴面残宽 8、残高 6.8 厘米（图 3-149，5）。

　　标本 2017HZMG2 采：100，滴面残宽 6.6、残高 5.6 厘米（图 3-149，6；彩版一三一，6）。

　　标本 2017HZMG2 采：108，砖红色胎，残存右半部分。残宽 6、残高 4.5 厘米（图 3-149，7）。

　　D 型　2 件。龙纹滴水，泥质灰陶。后接板瓦。

　　标本 2017HZMG2 采：105，滴面左侧残失，龙身剥落较重，龙鳞清楚。滴面残宽 13.8、残高 6、后接板瓦残长 10.2、残宽 14 厘米（图 3-150，1）。

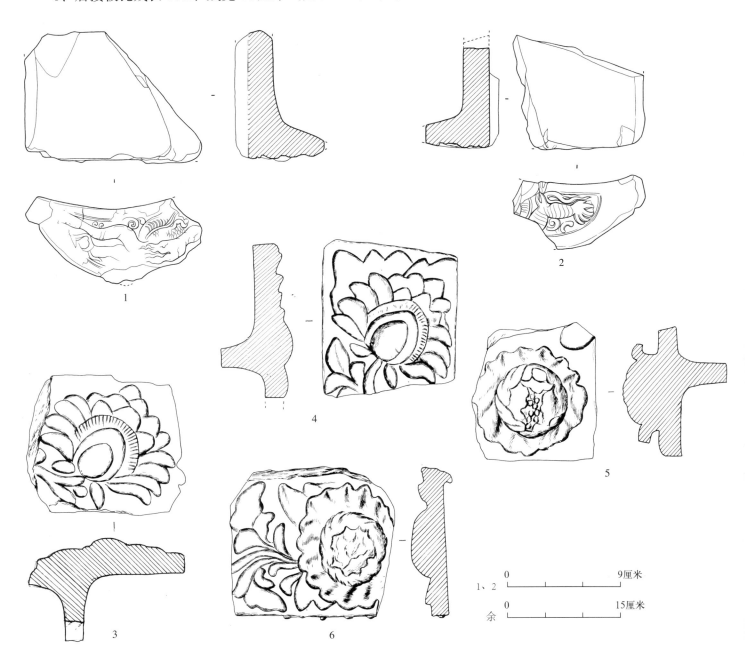

图3-150　镇木关二级建筑基址采集标本

1、2.滴水2017HZMG2采：105、106　3、4.宝相花纹脊饰残件2017HZMG2采：29、30　5、6.团花图案脊饰2017HZMG2采：31、32

标本 2017HZMG2 采：106，残存左半部分，存有一爪。滴面残宽 10.5、残高 5.2、后接板瓦残长 9.2、残宽 9 厘米（图 3-150，2）。

宝相花纹脊饰残件　2 件。泥质红陶。胎体略厚，表面施绿釉，局部散发紫色光晕，釉面风化处呈黄白色。表面塑造宝相花纹，花叶肥厚，花朵盛开，纹饰清晰高凸。背面饰凹弦纹。

标本 2017HZMG2 采：29，残存垂直向横梁与脊筒表面相连，横梁中部开圆孔。脊筒残长 21、残宽 18、面厚 1.8 ～ 3 厘米（图 3-150，3；彩版一三二，1）。

标本 2017HZMG2 采：30，表面有一道残脊。残长 21、残宽 17.8、面厚 3 ～ 9.6 厘米（图 3-150，4）。

团花图案脊饰　10 件。脊筒残件，泥质红陶。胎体略厚，表面施绿色釉，釉面风化发白，花朵表面施黄釉。脊饰表面塑造高浮雕团花花叶纹饰，花朵高凸，花叶肥厚，花朵盛开。背面饰凹弦纹。

标本 2017HZMG2 采：31，表面有一道背脊。残高 18.2、残宽 16.6、面厚 2.4 ～ 14、花朵直径约 15 厘米（图 3-150，5）。

标本 2017HZMG2 采：32，表面粘连一段泥条。残长 22、残宽 20、面厚 2.2 ～ 4.6、花朵直径 16.6 厘米（图 3-150，6；彩版一三二，2）。

花叶纹建筑装饰构件　18 件。均为釉陶。背面平直（部分背面有横梁残迹），表面皆塑造花叶纹，纹饰突出，线条流畅。

标本 2017HZMG2 采：38，釉色黄绿相间，背面平直，有交错刻划纹。表面花叶纹，叶面肥硕，造型逼真。残高 14.6、残宽 17、厚 4 厘米（图 3-151，1；彩版一三二，3）。

标本 2017HZMG2 采：40，表面塑造高浮雕莲花造型，花瓣施浅绿色釉，釉层肥厚，其余表面施翠绿色釉，釉面光亮，釉层较厚。残高 12、纹饰高 7.8 厘米（图 3-151，2）。

标本 2017HZMG2 采：44，面施墨绿色釉，釉色光亮，釉层较厚。背面平直，有刻划纹。残高 10.6、残宽 14、厚 3 ～ 4 厘米（图 3-151，3；彩版一三二，4）。

瓦当　9 件。兽面纹 5 件。泥质灰陶。当面模印兽面纹，图案凸起，兽面纹瓦当根据兽面造型不同可分为四型。

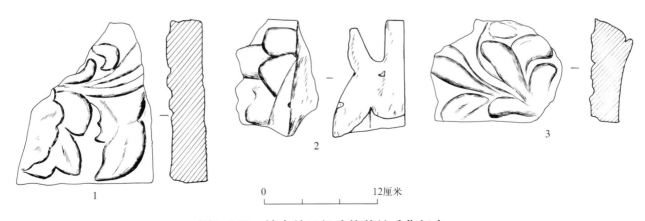

0　　　　　　　　　12厘米

图3-151　镇木关二级建筑基址采集标本

1～3.花叶纹建筑装饰构件2017HZMG2采：38、40、44

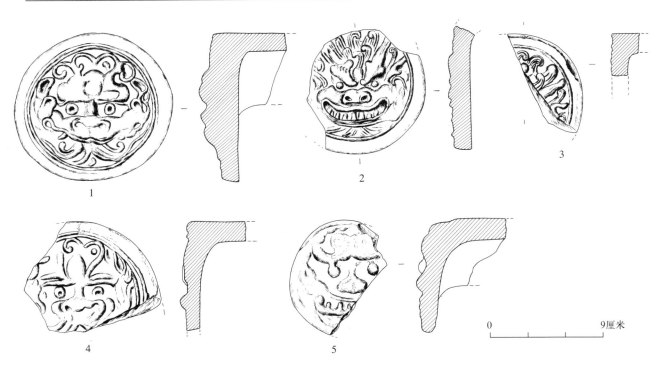

图3-152　镇木关二级建筑基址采集标本

1~5.瓦当2017HZMG2采：16~20

A 型　1件。

标本 2017HZMG2 采：16，当面完整。斜角，粗眉小眼，眉侧立小耳，高鼻阔嘴，两腮圆鼓，须毛卷曲，形态狰狞、凶猛，外缘饰两道凸弦纹。当面直径 12.5、缘宽 1.1 厘米（图 3-152，1；彩版一三二，5）。

B 型　2件。

标本 2017HZMG2 采：17，残。长角斜立，瞠目立眉，眉侧立小耳，短鼻，龇牙咧嘴，两腮圆鼓，须毛卷曲，外缘饰一道凸弦纹。当面残宽 9.5、缘宽 1 厘米（图 3-152，2）。

标本 2017HZMG2 采：18，残存四分之一当面。兽面斜角，有小耳。残长 9.5 厘米（图 3-152，3）。

C 型　1件。

标本 2017HZMG2 采：19，残，兽面叉角斜立，额上鬃毛卷曲，横眉瞠目，高鼻，表情狰狞、凶猛，窄缘，外饰一道凸弦纹，制作工艺较粗糙。残长 10.9、缘宽 1 厘米（图 3-152，4）。

D 型　1件。

标本 2017HZMG2 采：20，残，窄缘，后接筒瓦，工艺略粗糙，布满土锈。兽面凸眼圆睁，双角略粗，高鼻，嘴大张，嘴角上翘，尖齿外露。当面残宽 9、后接筒瓦残长 17.1 厘米（图 3-152，5）。

绿釉琉璃　4件。根据当面纹饰不同可分为两型。

A 型　2件。龙纹，圆形，浅灰红色胎，挂绿色琉璃釉，当面模印龙纹图案，龙头侧面上抬，龙身上下翻动，龙鳞排列整齐，气宇轩昂。宽边轮，外饰一圈卷云纹，整体制作规整。

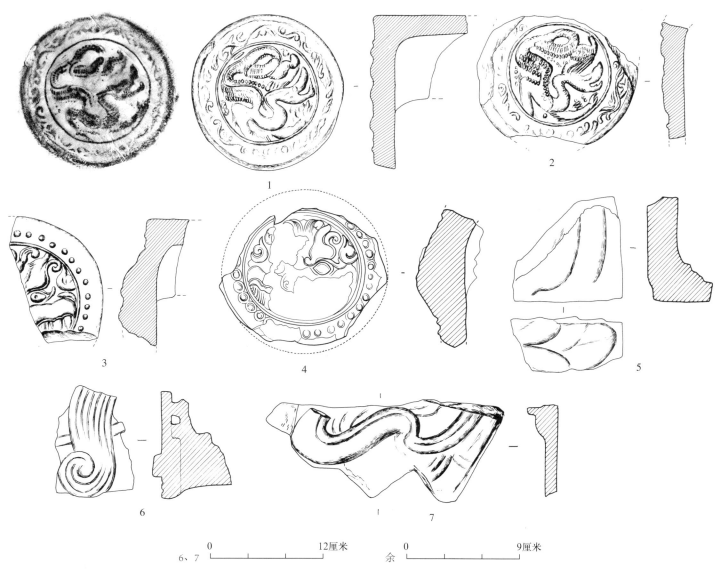

图3-153　镇木关二级建筑基址采集标本

1、2.绿釉琉璃2017HZMG2采：21、22　3、4.绿釉琉璃2017HZMG2采：23、111　5～7.建筑装饰构件残块2017HZMG2采：45、48、56

标本2017HZMG2采：21，釉面土锈较多，后接筒瓦外壁有烧结粘连痕。当面直径12、边轮宽1.8～2、后接筒瓦壁厚1.4～2厘米（图3-153，1；彩版一三二，6）。

标本2017HZMG2采：22，边轮残，当面直径12.6、边轮宽2、厚1.8厘米（图3-153，2）。

B型　2件。兽面纹，均残，圆形，砖红色胎，挂绿色琉璃釉，釉面光亮。当面模印兽面纹图案，图案高凸，兽面图案狰狞凶猛，长角斜立，弯眉凸眼。宽缘，外饰一圈连珠纹，整体制作规整。

标本2017HZMG2采：23，后接筒瓦外壁有烧结粘连物。兽面两腮圆鼓无须，呲牙咧嘴。当面残宽11.6、边轮宽2、壁厚2厘米（图3-153，3）。

标本2017HZMG2采：111，当面残宽13.4、边轮宽2厘米（图3-153，4；彩版一三三，1）。

建筑装饰构件残块　13件。泥质红陶。表面施绿釉。

标本 2017HZMG2 采：45，釉色光亮，局部釉色散发紫晕。两个残面直角相连，平底。一面塑枝叶纹，另一面塑造叠压褶皱纹。残长 12、残高 12.8、厚 3.6 厘米（图 3-153，5）。

标本 2017HZMG2 采：48，釉面开片较多。顶部平折，外侧塑造须毛状纹饰，须毛末端卷曲。残长 11.6、残高 8.4 厘米（图 3-153，6）。

标本 2017HZMG2 采：56，釉层较厚，釉色墨绿，似脊饰，片状，表面塑造龙纹，纹饰高凸，背面平整。残长 25.4、厚 1.2～3.4 厘米（图 3-153，7；彩版一三三，2）。

标本 2017HZMG2 采：57，釉层较厚，釉色墨绿。片状，塑造龙纹。残长 14 厘米（图 3-154，1）。

标本 2017HZMG2 采：69，表面施黄釉，釉面粗涩。背平，表面塑造卷曲须毛纹，纹饰突起。残长 9.6、厚 2.2～3.6 厘米（图 3-154，2）。

标本 2017HZMG2 采：81，厚胎，表面施绿釉，釉层稀薄，釉色翠绿。背面凹凸不平，表面有一椭圆孔通至另一侧。残长 14.2 厘米（图 3-154，3）。

标本 2017HZMG2 采：83，胎体略厚，外施绿色琉璃釉，釉层厚，剥釉严重。内壁粗糙不平，壁面有数道凹弦纹。表面纹饰残断不辨。残长 11.6、残宽 9.4 厘米（图 3-154，4；彩版一三三，3）。

标本 2017HZMG2 采：85，绿釉，釉面似被焚烧过，表面起泡，粘连异物较多。残件表面塑造高浮雕花叶形纹饰，花朵高凸。残宽 10、花朵高 4 厘米（图 3-154，5）。

标本 2017HZMG2 采：88，表面突起，内壁凹凸不平。表面施绿色琉璃釉，釉层薄，釉色暗淡。边角椭圆，内有一窄沿，沿内数道平行刻槽纹。残长 9、残宽 7.8 厘米（图 3-155，1）。

标本 2017HZMG2 采：90，表面施黄釉，釉层稀薄。背面平整，表面塑造似卷曲须毛纹。残长 5.6、厚 2～3 厘米（图 3-155，2）。

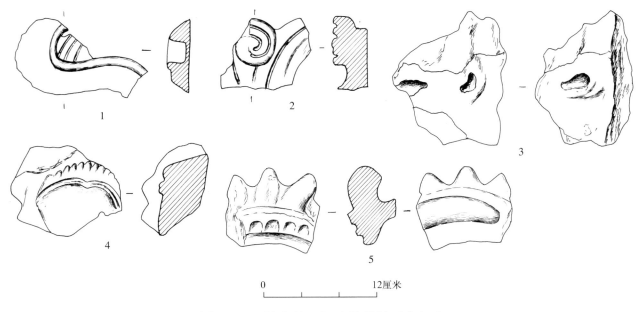

图3-154　镇木关二级建筑基址采集标本

1～5.建筑装饰构件残块2017HZMG2采：57、69、81、83、85

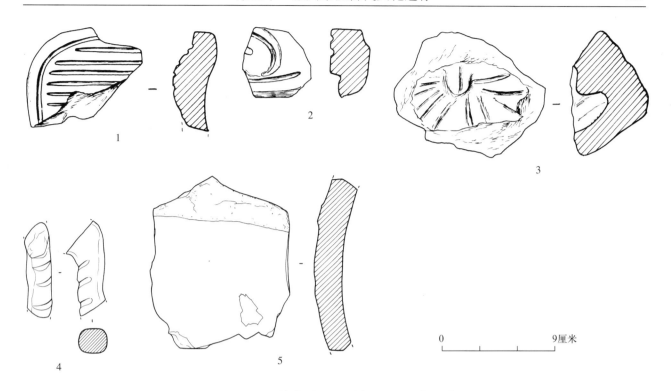

图3-155　镇木关二级建筑基址采集标本

1～5.建筑装饰构件残块2017HZMG2采：88、90、101、109、110

标本 2017HZMG2 采：101，花朵状，表面内凹塑造呈花朵状，花瓣细窄，中间簇拥一花蕊。残长 12.2、残宽 10 厘米（图 3-155，3）。

标本 2017HZMG2 采：109，柱状，砖红色胎，挂绿色琉璃釉，釉面光亮。表面有几道凹槽。残长 7.5 厘米（图 3-155，4）。

标本 2017HZMG2 采：110，绿釉残块，砖红色胎，挂绿色琉璃釉，釉面光亮。残宽 11、残高 13.5 厘米（图 3-155，5）。

鸱吻腮部残件　1 件。

标本 2017HZMG2 采：46，绿釉，泥质红陶。釉色光亮。鼓腮，腮后有卷毛及腮状纹饰，制作工艺精湛。残长 8、厚 1.2 ～ 2.5 厘米（图 3-156，1；彩版一三三，4）。

脊兽残件　2 件。泥质红陶。

标本 2017HZMG2 采：47，表面施绿琉璃釉。底部似板瓦状，表面有涡状兽耳、圆孔状兽眼及腮纹。残长 15、残高 8 厘米（图 3-156，2；彩版一三三，5）。

标本 2017HZMG2 采：62，厚胎，表面施翠绿色琉璃釉，釉层厚，釉面开片较多。表面塑造嘴角褶皱纹及三个大乳丁纹。残长 16.2、残高 9 厘米（图 3-156，3）。

琉璃兽耳残件　1 件。

标本 2017HZMG2 采：49，泥质红陶。表面施绿色琉璃釉。残件下部似眉头，眉上有须毛，眉头上方竖立小耳，耳朝外侧伸展。残长 10 厘米（图 3-156，4；彩版一三三，6）。

套兽残件　5 件。泥质红陶。绿釉。

标本 2017HZMG2 采：50，腭下有卷须，腭外施青绿色琉璃釉，腭上有一尖牙，腭内无釉。

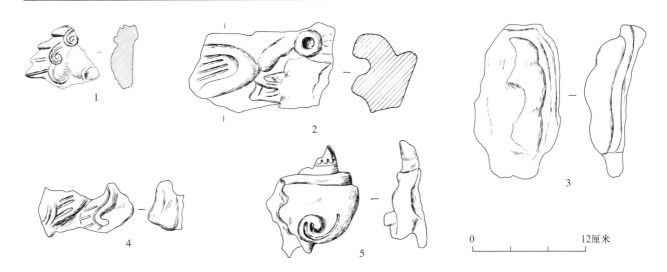

图3-156　镇木关二级建筑基址采集标本

1.鸱吻腮部残件2017HZMG2采：46　2、3.脊兽残件2017HZMG2采：47、62　4.琉璃兽耳残件2017HZMG2采：49　5.套兽残件2017HZMG2采：50

残宽9.9、残高11.6厘米（图3-156，5）。

标本2017HZMG2采：61，顶部平整，有一圆孔，绳状长眉，眉梢上翘，椭圆形眼球，眼珠圆洞状。残长18、残高9.2、顶厚2厘米。

标本2017HZMG2采：76，厚胎，表面施翠绿色琉璃釉。鸱吻尾部卷尾，内侧残，弯曲状，内侧有一錾状凸棱。残高10.6、残宽17.8厘米（图3-157，1）。

标本2017HZMG2采：84，鳍状残片，表面施绿色琉璃釉，釉面风化，颜色淡青色。形状似套兽腮后外鳍。残长8.4、残宽5.6厘米（图3-157，2）。

标本2017HZMG2采：91，正面塑造尖牙、须毛及嘴角褶皱纹，背面不甚平整。残长9.8、残宽4～7、最厚处2厘米（图3-157，3；彩版一三四，1）。

脊饰残块　6件。泥质红陶。

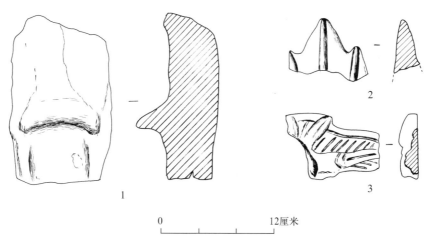

图3-157　镇木关二级建筑基址采集标本

1～3.套兽残件2017HZMG2采：76、84、91

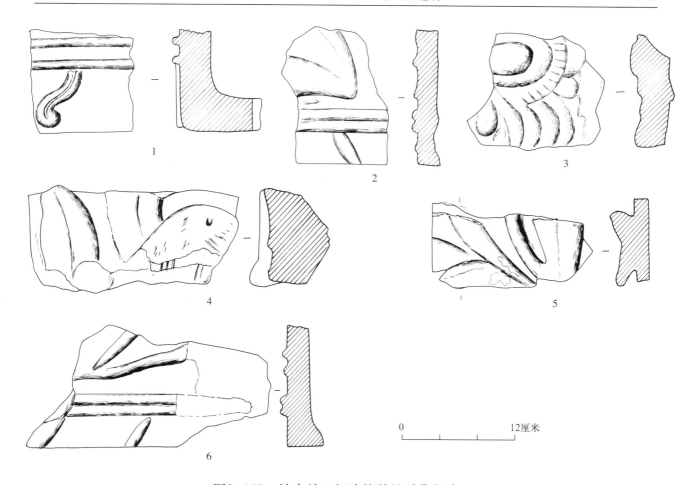

图3-158 镇木关二级建筑基址采集标本

1~6.脊饰残块2017HZMG2采：51、53、58~60、67

标本2017HZMG2采：51，厚胎，表面施紫褐色釉，釉层均匀，釉色暗淡，有脱釉。制作规整，表面塑造草叶纹及两道凸棱。残宽11、残高10~11、厚3~4厘米（图3-158，1；彩版一三四，2）。

标本2017HZMG2采：53，表面施绿釉，釉层均匀，釉面光亮。残件呈片状，背面平素，表面塑造立体纹饰，纹饰似草叶纹。残长9.4、残高14.2、厚2~3厘米（图3-158，2；彩版一三四，3）。

标本2017HZMG2采：58，宝相花纹，胎体略厚，表面施绿色釉，局部散发紫色光晕，釉面风化剥落严重。表面塑造宝相花纹，花叶肥厚，花朵盛开，纹饰清晰高凸，背面饰凹弦纹。残宽14、残高12厘米（图3-158，3）。

标本2017HZMG2采：59，厚胎，表面施浅绿色釉，釉层均匀肥厚，釉色暗淡，釉面有开片，局部脱釉。制作规整，表面塑造高浮雕花叶纹，叶片大而肥厚。从断茬痕迹看，叶片、花朵和连接面不是一次性制作而成，花朵、花叶粘贴于连接面之上。残件背面残存一道宽梁。残宽22.4、残高10.4厘米（图3-158，4）。

标本2017HZMG2采：60，厚胎，表面施绿釉，釉层薄厚不一，有脱釉，局部釉面散发紫晕。制作规整，表面塑造高浮雕花枝、花叶纹，花枝略微弯曲，花叶呈条状，叶片肥厚。残高

7.4～9、残宽 17、面厚 1.6～4.2 厘米（图 3-158，5）。

标本 2017HZMG2 采：67，表面施绿釉，釉层均匀，釉面光亮。残件呈片状，背面平素，表面塑造立体纹饰，纹饰似草叶纹。残长 26、残高 12.8、厚 2.2～3.8 厘米（图 3-158，6）。

褐釉爪纹建筑装饰构件残片　4 件。砖红色厚陶胎。表面塑造弯眉状纹饰及爪状纹饰，背面有数道凹弦纹。

标本 2017HZMG2 采：93，残长 19、厚 3～4 厘米（图 3-159，1）。

标本 2017HZMG2 采：94，残长 12、残宽 8.2、厚 1.2～4.5 厘米（图 3-159，2）。

标本 2017HZMG2 采：95，残长 15、残宽 8、厚 4 厘米（图 3-159，3；彩版一三四，4）。

标本 2017HZMG2 采：96，薄片状。残长 9.6、残宽 8、厚 1.4 厘米（图 3-159，4；彩版一三四，5）。

绿釉琉璃宝瓶　1 件。

标本 2017HZMG2 采：97，残片，弧壁，灰白瓷胎，胎体薄厚均匀，胎质致密，内外壁施绿色琉璃釉，釉色光亮，釉面散发孔雀蓝色。残长 6.2、壁厚 0.6 厘米（图 3-159，5）。

片状残块　3 件。泥质灰陶。

标本 2017HZMG2 采：98，表面施绿色琉璃釉。表面塑造重叠状形纹饰，背平，表面较粗糙。残长 7、厚 1 厘米（图 3-160，1）。

标本 2017HZMG2 采：102，片状，泥质红陶。表面塑造纹饰，纹饰不辨。残高 7、残宽 5 厘米（图 3-160，2）。

标本 2017HZMG2 采：103，两面凹凸不平，泥质红陶。表面有白色彩绘，塑造纹饰，残段纹饰不辨。残长 8.4 厘米（图 3-160，3；彩版一三四，6）。

贴塑残块　1 件。

标本 2017HZMG2 采：107，砖红色胎，挂绿色琉璃釉，釉面光亮。表面施有龙鳞状凸起。残长 5.3、残宽 4.7 厘米（图 3-160，4）。

耳朵状残块　1 件。

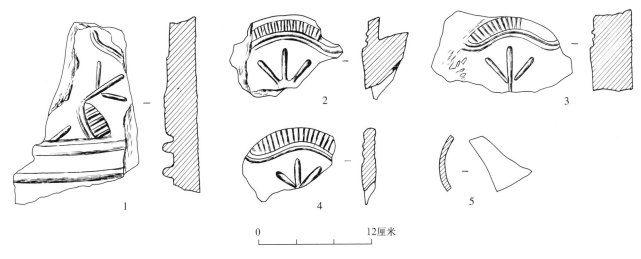

图3-159　镇木关二级建筑基址采集标本

1~4.褐釉爪纹建筑装饰构件残片2017HZMG2采：93~96　5.绿釉琉璃宝瓶2017HZMG2采：97

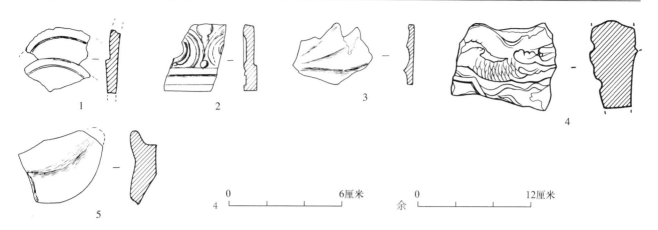

图3-160　镇木关二级建筑基址采集标本

1～3.片状残块2017HZMG2采：98、102、103　4.贴塑残块2017HZMG2采：107　5.耳朵状残块2017HZMG2采：99

标本2017HZMG2采：99，泥质灰陶。片状，形似扇状耳，表面施绿色琉璃釉，釉面有后期焚烧痕迹，表面粗涩，颜色发乌且粘有较多残渣。残长8.8、残宽7厘米（图3-160，5）。

柱状装饰残件　1件。

标本2017HZMG2采：112，灰陶。形似罗马柱，中间有一圆形贯通孔，整体制作规整，表面塑造柱状造型，背平。残件下部为莲座，莲座上为柱状造型。残长6.6、孔径0.5厘米（图3-161，1）。

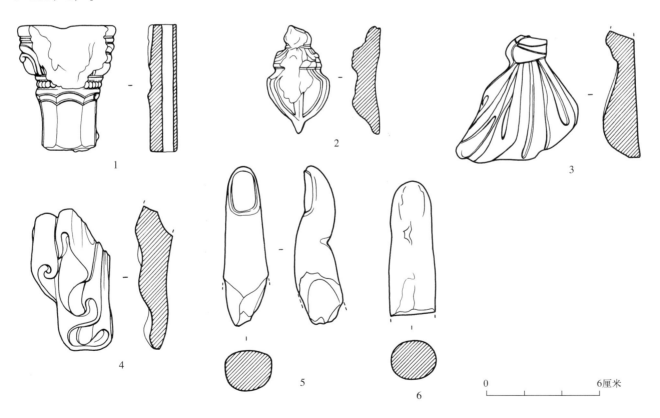

图3-161　镇木关二级建筑基址采集标本

1.柱状装饰残件2017HZMG2采：112　2.金刚杵状物残件2017HZMG2采：113　3.衣结残块2017HZMG2采：114　4.衣褶残件2017HZMG2采：115　5、6.佛像手指2017HZMG2采：116、117

金刚杵状物残件　1件。

标本2017HZMG2采：113，灰陶。模制，残存部分为杵尖部分，杵尖三股，尖顶，托于仰莲座之上，背平。残长5.7厘米（图3-161，2）。

衣结残块　1件。

标本2017HZMG2采：114，灰色，表面褶皱，有一结，衣纹自然流畅，背平，背面有手指刮抹痕迹。断茬处可见铁钉，残件表面有铁锈和颜料痕迹。残长6.6厘米（图3-161，3）。

衣褶残件　1件。

标本2017HZMG2采：115，泥质，灰色，表面衣纹叠压褶皱，自然流畅，背平，背面有手指捏塑指纹印，断茬处可见内部铁钉。残长7.4厘米（图3-161，4）。

佛像手指　2件。

标本2017HZMG2采：116，灰色，模制，手指大小比成人手指略大，制作规整逼真，表面敷有颜料，手指断茬可见内部铁钉。残长8.3厘米（图3-161，5）。

标本2017HZMG2采：117，材质似红砂岩粉末混合制成，圆柱形，指状，表面粘有白灰。残长7厘米（图3-161，6）。

花形装饰残块　1件。

标本2017HZMG2采：118，灰陶。模制，片状表面塑造圆形花朵纹饰，背平。残长3.4、残宽2.4厘米（图3-162，1）。

青釉瓷片　2件。

标本2017HZMG2采：11，圆唇，敛口，斜折肩。白胎，胎体较厚，胎质紧密，内外施青釉，釉质肥厚，釉色润泽光亮。肩宽3厘米（图3-162，2；彩版一三五，1）。

标本2017HZMG2采：10，弧壁。白胎，胎体较厚，胎质紧密，内外施青釉，釉质肥厚，釉色润泽光亮。残长5、残宽2.4、壁厚1.4厘米（图3-162，3）。

白釉碗　2件。

标本2017HZMG2采：1，可复原，敞口，尖圆唇，斜弧腹，浅圜底，圈足，挖足过肩。灰白色薄胎，胎质紧密，内壁及口沿施化妆土罩白釉，外壁有修胎旋痕。口径16、足径6.6、高3.4

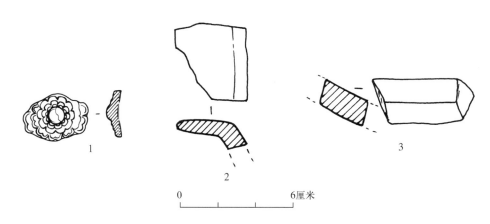

图3-162　镇木关二级建筑基址采集标本

1.花形装饰残块2017HZMG2采：118　2、3.青釉瓷片2017HZMG2采：11、10

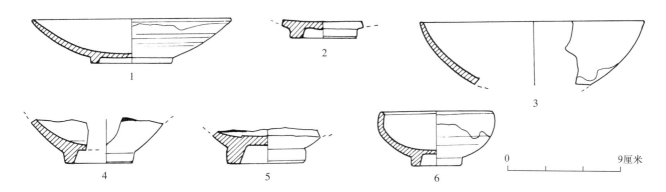

图3-163　镇木关二级建筑基址采集标本

1、2.白釉碗2017HZMG2采：1、5　3～5.褐釉碗2017HZMG2采：2、3、8　6.褐釉盏2017HZMG2采：7

厘米（图3-163，1；彩版一三五，2）。

　　标本2017HZMG2采：5，平底，圈足，足缘齐平。红褐色胎，内底罩化妆土施白釉，釉面略粗涩，外底有裂痕。足径5.4厘米（图3-163，2）。

　　褐釉碗　3件。

　　标本2017HZMG2采：2，口沿，圆唇，敞口，弧腹，黄胎，内外施褐釉，釉层均匀，釉面有光泽。口径18、壁厚0.4厘米（图3-163，3）。

　　标本2017HZMG2采：3，圈足，薄底，足内壁斜削，挖足过肩，黄胎，胎体较厚，胎质紧密。内外壁施褐釉，釉面略粗涩，外壁施半截釉。内底刮涩圈。足径5.4、圈足高1.1厘米（图3-163，4；彩版一三五，3）。

　　标本2017HZMG2采：8，圈足，足墙宽厚，挖足过肩。灰白胎，胎质紧密，内底施褐釉，底刮涩圈，内底有修胎旋痕。足径6.2、圈足高1.4厘米（图3-163，5；彩版一三五，4）。

　　褐釉盏　1件。

　　标本2017HZMG2采：7，可复原，圆唇，敛口，弧腹微曲，圜底，圈足，挖足过肩。黄白胎，内外施褐釉，釉层均匀，釉色光亮，口沿刮釉，外壁施半釉。口径9、足径4、高4.4、圈足高1厘米（图3-163，6；彩版一三五，5）。

　　酱釉瓷片　2件。均为口沿，圆唇，敞口。

　　标本2017HZMG2采：4，灰白胎，略厚，胎质紧密。内外施酱釉，釉层均匀，釉面光亮。残高3、残长4.6厘米（图3-164，1）。

　　标本2017HZMG2采：6，黄胎，内外施褐釉，内壁口沿下有两道凹弦纹。残宽4.5、残高2.6、壁厚0.4厘米（图3-164，2）。

　　器足　1件。

　　标本2017HZMG2采：9，兽蹄形，残断，柱状，暗灰色胎，外施绿釉，釉面有赭红色窑变。残高6厘米（图3-164，3）。

　　石磨盘　1件。

　　标本2017HZMG2采：104，残，磨盘上扇圆形，中间内凹，有进料口，下面有平行线型齿槽，中部有轴孔。直径34、中间厚4厘米（图3-164，4；彩版一三五，6）。

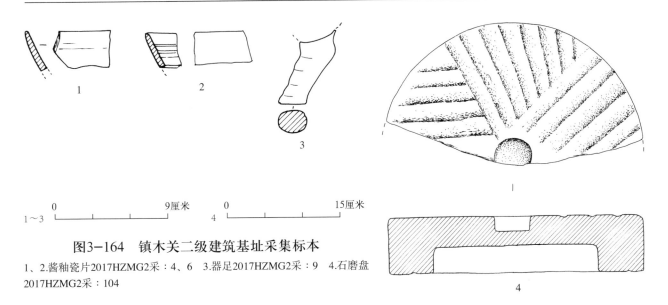

图3-164　镇木关二级建筑基址采集标本

1、2.酱釉瓷片2017HZMG2采：4、6　3.器足2017HZMG2采：9　4.石磨盘
2017HZMG2采：104

2. 皇城台子东北侧台地建筑遗址

位于皇城台子核心区东北侧，共有2处，台地保存较差，是对山坡进行修整、垫平后形成，长满荒草，边缘有石砌护坡，地表散布有零星建筑构件残块。

（1）1号台地建筑遗址

位于镇木关沟北，皇城台子东侧约100米山坡台地之上。台地平面呈长方形，长40、宽16米。台地中部有一道南北向土坎，长5、宽1.5米，中部高出地表0.8米。南侧护坡采用砂岩石块砌筑，保存较好，护坡残长12～17、宽0.7～1、残高0.6～0.8米，北侧有坡状土石堆积，地表遗物较少，仅发现一片瓷片。东侧另有两级台地，台地南侧有两级护坡，护坡长16.5、宽0.8、高0.6米。

（2）2号台地建筑遗址

位于1号台地东侧，两台地间隔有一小冲沟。地表长满荒草，碎石较多。平面呈长方形，长50、宽34米，台地西侧靠北有一处略呈方形的建筑遗迹，面宽9、残长8.8米，北侧被山石覆盖，边界不清。东部杂草较高，地表有大量碎瓦。南侧有二级台地，长60、宽5～10米，地表未发现遗迹遗物。

板瓦　1件。

标本2017HZMG3Ⅲ采：1，泥质灰陶。残，瓦身隆起，表面布满土锈，内壁有粗布纹，平面呈梯形，瓦身两侧有切割、掰离痕迹，切痕整齐，掰离面粗糙。残长20.6、瓦头宽18.8、壁厚1.8厘米（图3-165，1；彩版一三六，1）。

筒瓦　2件。泥质灰陶。残，瓦身隆起呈半筒状，内壁有布纹，前端有子口，子口较窄。

标本2017HZMG3Ⅱ采：1，瓦身一侧有切割、掰离痕迹。残长11、壁厚1.7、子口长2、子口宽6.8厘米（图3-165，2；彩版一三六，2）。

标本2017HZMG3Ⅲ采：2，尾端残，瓦唇尖圆，瓦身两侧有切割、掰离痕迹。残长21、壁厚1.8、子口长2.2、子口宽6.6厘米（图3-165，3；彩版一三六，3）。

瓦当　1件。

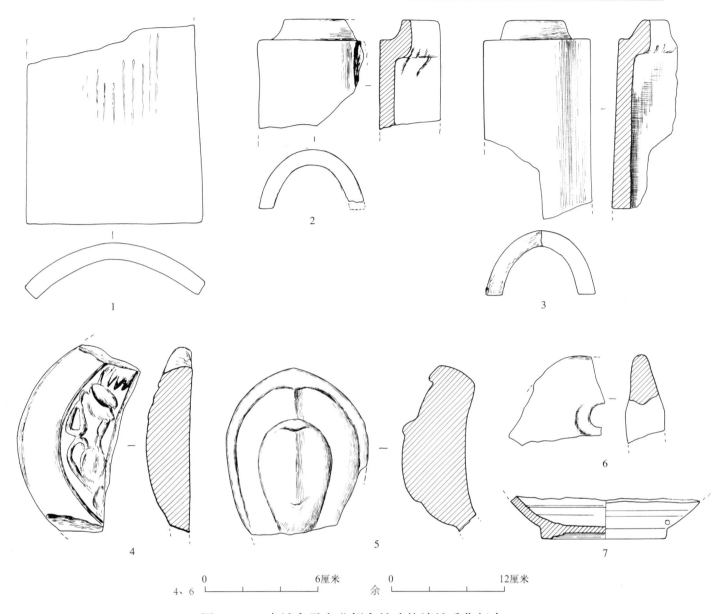

图3-165 皇城台子东北侧台地建筑遗址采集标本

1.板瓦2017HZMG3Ⅲ采：1 2、3.筒瓦2017HZMG3Ⅱ采：1、2017HZMG3Ⅲ采：2 4.瓦当2017HZMG3Ⅲ采：3 5.莲瓣2017HZMG3Ⅰ采：1 6.酱釉器座2017HZMG3Ⅰ采：2 7.瓷罐2017HZMG3Ⅱ采：2

标本 2017HZMG3 Ⅲ采：3，泥质灰陶。残存三分之一当面，圆形，宽沿，外饰一道凸弦纹，当面模印兽面纹，图案凸起，残存当面可见兽角与兽耳。残高10、残宽5.2厘米（图3-165，4；彩版一三六，4）。

莲瓣 1件。

标本 2017HZMG3 Ⅰ采：1，泥质红陶。莲瓣重层，表面凸起，施黄釉。残长17.6、残宽15厘米（图3-165，5；彩版一三六，5）。

酱釉器座 1件。

标本 2017HZMG3 Ⅰ采：2，泥质红陶。上小下大，表面施酱釉。残高4.7厘米（图3-165，6；彩版一三六，6）。

瓷罐　1件。

标本 2017HZMG3 Ⅱ 采：2，平底，假圈足，斜弧壁，黄白色胎，胎质略粗，外壁有修胎旋痕，内外无釉。足径 13.4、残高 4.2、壁厚 0.8 厘米（图 3-165，7）。

（六）大水渠沟房址

位于大水渠沟沟内约 500 米沟北台地上（彩版一三七，1），紧邻自然保护区消防通道，遗址南侧山顶有烽火台一座（长城调查时已记录）。遗址所在台地南低北高，呈缓坡状，地表长满荒草。经过地面仔细调查，发现该区域有长方形石块围筑遗迹 9 个，东西向分布于沟北台地。通过地表遗物，将此区域分为房址区与农田区，房址区位于西侧台地，地表遗物较多；农田区位于东侧，地表遗物较少。

西侧台地地面可见数道石墙，采用 2 ～ 4 排石块垒砌，较规整，宽 0.40 ～ 0.70、残高 0.10 ～ 0.40 米。地表采集有筒瓦、条砖、瓷片、铜钱。房址南端保存较好，东墙残长 21、西墙残长 16、中部北墙长 18 米，残存部分房址中部有石块铺筑道路，长 15、宽 2 米，路东西两侧各残存两间房屋遗迹。

东侧台地地表遗物较少，发现数个石块围筑长方形遗迹（彩版一三七，2），石块码放随意、大小不一，可能为农田田坎护坡。

筒瓦　1件。

标本 2017HDSQ 采：1，残，泥质灰陶。表面土锈较大，瓦舌圆唇，瓦身与瓦舌连接处呈沟槽状，瓦身隆起呈半筒状，外壁素面，内壁有布纹。残长 15.4、宽 12、壁厚 2、瓦舌长 2.4、宽 7.6 厘米（图 3-166，1）。

褐釉缸残片　1件。

标本 2017HDSQ 采：3，斜壁微弧，内外饰波浪纹。黄白胎，胎体粗疏，内含砂粒。内外施酱褐色釉，釉面粗涩，暗淡无光。残高 12.2 厘米（图 3-166，2）。

酱釉瓮　1件。

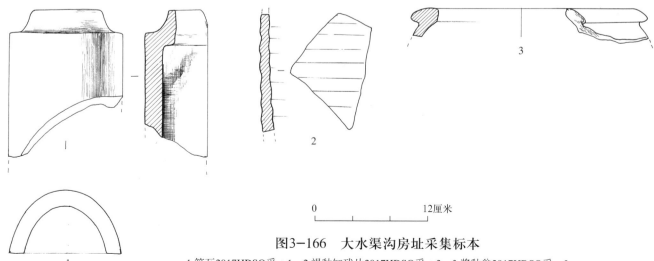

0　　　　　　　12厘米

图3-166　大水渠沟房址采集标本

1.筒瓦2017HDSQ采：1　2.褐釉缸残片2017HDSQ采：3　3.酱釉瓮2017HDSQ采：2

标本 2017HDSQ 采：2，口沿，敛口，宽平沿，白色厚胎，胎质细密，修胎规整，外施酱釉，釉层薄厚不均。口径 25、残高 3 厘米（图 3-166，3）。

铜钱　1 枚。

标本 2017HDSQ 采：4，皇宋通宝，方孔圆钱，铜钱表面锈迹斑斑，直径 2.5 厘米。

（七）滚钟口建筑遗址

俗称"小口子"。沟内发现建筑遗址较多，有延福寺遗址、莲花山遗址、青羊溜山顶遗址、大寺沟遗址与题刻，其中老君庙、贺兰庙、日月庙、禹王台、小洞天、晚翠阁、清真寺与贺兰山庄在旧址上进行了重修，原址不清，本次不予记录。

1.延福寺遗址

位于滚钟口景区内日月庙下方台地之上（彩版一三八，1），台地呈"凸"字形，遗址坐北朝南，东西向，北侧靠山，东、南侧有石砌护坡，其中东侧护坡残存 8、南侧护坡残存 3 米。遗址台地东西长 28、南北宽 15 米，地表及护坡断面发现有瓷片、筒瓦与瓦当等残块，遗址北靠山体一侧有厚 0.70～1.50 米堆积层，堆积内包含瓦片、子母砖残块、琉璃瓦片、白灰墙皮、灰烬层（厚 0.17～0.20 米）、烧土块等，遗址北侧中部地表有两个石柱础，一个顶部露出底部，一个位于地表，柱础上圆下方，上面直径 0.25、下面边长 0.30 米，柱础高 0.40 米（彩版一三八，2）。遗址东南部有一石块铺筑小道路。

长方砖　1 件。

标本 2017HYFS 采：1，残，青灰色，砖体较薄，表面有白灰痕迹，正面较平整，背面略粗糙有一道凹槽。残长 19.8、宽 14.8、厚 3.8 厘米（图 3-167，1）。

斜边（仿木构）砖　1 件。

标本 2017HYFS 采：2，青灰色，表面有白灰痕迹，砖一侧内凹呈斜面，正面平整，背面粗糙。长 30.6、宽 15.2、厚 5.6、斜面宽 3.8 厘米（图 3-167，2）。

板瓦　2 件。均为四分瓦，凸面光滑，两侧切割、掰离痕迹明显。

标本 2017HYFS 采：3，完整，泥质灰陶。外表有工具刮削痕迹，瓦内有布纹，一端口部切割较平，一端口部圆滑。长 20.6、宽 14、厚 1.4 厘米（图 3-167，3）。

标本 2017HYFS 采：4，残，瓷板瓦，形体较大，做工细致，外表有工具刮削痕迹，瓦面有绿釉残留，瓦内较光滑，两侧、两端切割面平整。瓦长 33.4、宽 22.4、厚 2.2 厘米（图 3-167，4）。

筒瓦　1 件。

标本 2017HYFS 采：5，泥质灰陶。略残，轮制，瓦身呈半筒状，前端有子口，子口尖圆形，凸面光滑，凹面粗糙，两侧有切割痕迹，整体较厚重、粗糙。长 18.4、宽 11.2～11.6、壁厚 2、子口长 2 厘米（图 3-167，5）。

褐釉盏　1 件。

标本 2017HYFS 采：6，口沿，敞口，圆唇，弧壁，褐釉，灰白胎，内外施半釉，釉色发亮。口径 10.8 厘米（图 3-167，6）。

褐釉瓮　1 件。

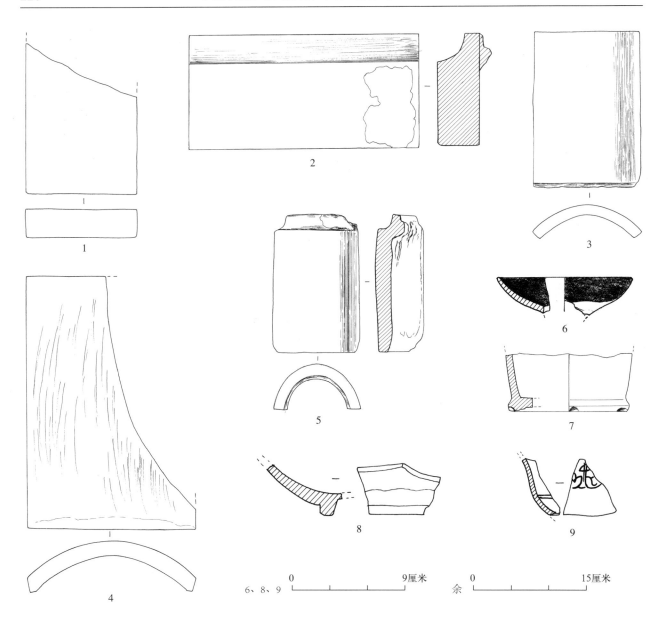

图3-167　滚钟口延福寺遗址采集标本

1.长方砖2017HYFS采：1　2.斜边砖2017HYFS采：2　3、4.板瓦2017HYFS采：3、4　5.筒瓦2017HYFS采：5　6.褐釉盏2017HYFS
采：6　7.褐釉瓮2017HYFS采：9　8.黑釉碗2017HYFS采：8　9.青花瓷碗残片2017HYFS采：7

　　标本2017HYFS采：9，腹底，灰褐厚胎，胎质较粗，内含砂粒，内外施褐釉，外底露釉，底部盘状凸出。底径16、残高7.6厘米（图3-167，7）。

　　黑釉碗　1件。

　　标本2017HYFS采：8，碗底，圈足，内外施黑釉，釉下施化妆土，外壁腹下、内底露胎，胎体较厚，圈足较宽。残宽4.4厘米（图3-167，8）。

　　青花瓷碗残片　1件。

　　标本2017HYFS采：7，腹部弧圆，胎质青白细腻，内外施透明釉，外壁有花纹图案。残高3厘米（图3-167，9）。

2. 大寺沟建筑遗址

位于滚钟口景区大寺沟内约 4 千米，沟内南北两侧有数级石砌护坡台地，分布于山坡缓坡处，北侧为建筑遗址，南侧似为耕地。沟南有石砌护坡、石块围筑台地六级，沿沟坡东西向分布，台地地表遗物较少。

沟北建筑遗址面积约 500 平方米，地表散布筒瓦残片、板瓦残片及少量瓷片，遗址坐北朝南，分布于沟北两级台地之上，南部靠近冲沟有石砌护坡，残长 70、高 2 ～ 5 米。房屋遗址位于两级台地，靠近冲沟房址被洪水破坏严重，地表仅残存部分墙基，形制不清，北部靠近山体，中部有石块铺筑踏步。

褐釉瓮 1 件。

标本 2017HDSG 北采：1，口沿，敞口，圆唇，口下有一道凸棱，内外施褐釉，釉下施化妆土，釉色光亮，外腹下露胎。口径 21、残高 5.5 厘米（图 3-168，1）。

3. 莲花山遗址

位于滚钟口景区莲花山山顶山坳两级台地之上，西、南、北三面环山。遗址分布于东西向两级台地，遗址中部有小冲沟一条，东部略缓，西部地势较平坦。遗址东部台地地表遗物较少，台地被洪水冲刷边缘已不明显，面积约 1500 平方米。西侧台地呈长方形，东西长 30、南北宽 22 米，面积 660 平方米，地表散布瓷片、板瓦残片及少量琉璃瓦片。台地东部、南部、北部有石砌护坡，东侧护坡长 22、高 1.2 米；南侧护坡残存 13、北侧护坡残存 2.6 米，东南侧有石块铺筑道路通往下方台地，道路残长 2、残宽 4 米。台地西部地表稍有隆起，疑似建筑倒塌堆积。

白釉圈足 1 件。

标本 2017HLHS 采：3，白胎，挖足过肩，圈足略外撇，内底、圈足外壁施白釉，足底有支钉痕迹，圈足内壁斜削。底径 4.8 厘米（图 3-168，2）。

褐釉罐 1 件。

标本 2017HLHS 采：2，腹片，白胎泛黄，台体略厚，外施褐釉。残宽 5.3、高 4 厘米（图 3-168，3）。

黑釉碗 1 件。

标本 2017HLHS 采：1，口沿，圆唇，敞口，黑白胎，内外壁施黑釉，外壁口沿下有凹弦纹。残宽 3.9、高 5.4 厘米（图 3-168，4）。

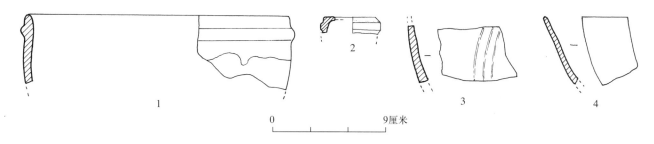

0　　　　　　　9厘米

图3-168　滚钟口大寺沟建筑遗址与莲花山遗址采集标本

1.褐釉瓮2017HDSG北采：1　2.白釉圈足2017HLHS采：3　3.褐釉罐2017HLHS采：2　4.黑釉碗2017HLHS采：1

4. 青羊溜山遗址

位于滚钟口景区内西侧青羊溜山山顶（彩版一三九，1），共发现建筑遗址 3 处，地势较高。

（1）1 号建筑遗址

位于青羊溜山东侧山坡近山顶处，遗址东侧有一小山包，西侧为山坡，遗址地表采用石块垒筑长方形房基，南北长 13、东西宽 7 米，地表发现有瓷片与少量瓦片。

白釉碗　1 件。

标本 2017HQYL1 采：2，口沿，敞口，尖圆唇，灰白胎，胎质细腻，内外壁罩化妆土施白釉，釉层均匀。残长 3.5、残高 2.4 厘米（图 3-169，1）。

（2）2 号建筑遗址

位于滚钟口青羊溜山山顶，依山势自上而下有四级台地。

1）一级台地建筑遗址

面积 150 平方米，南、北及西侧为自然山体，东侧边缘有石砌护坡，护坡残长 17、高 0.90～1.30 米，台地西侧岩石上阴刻有"神仙寺"三字。台地护坡下散布大量瓦片。

筒瓦　2 件。均残，仅存前端部分，瓦身隆起，内壁有布纹。

标本 2017HQYL2 采：1，泥质灰陶。前端有瓦舌，方唇，残存一侧有切割痕迹，切痕较浅。残长 12.6、残宽 8.2、壁厚 1.6、瓦舌长 2 厘米（图 3-169，2；彩版一三九，2）。

标本 2017HQYL2 采：2，泥质红陶。前端有子口，瓦身两侧有切割、掰离痕迹，切痕较深，整体工艺较粗糙。残长 9、宽 7.2、壁厚 1.2 厘米（图 3-169，3）。

滴水　2 件。均残，泥质灰陶。分两型。

A 型　1 件。

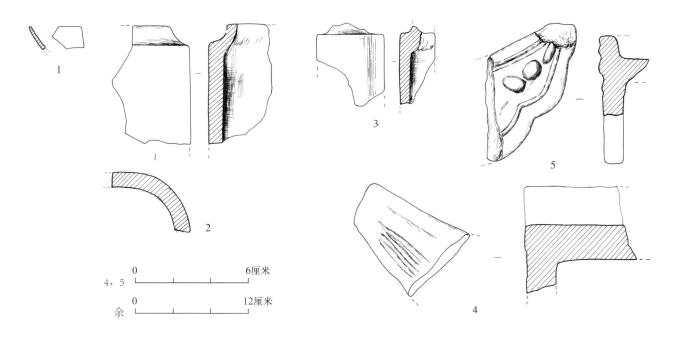

图3-169　滚钟口青羊溜山遗址采集标本

1.白釉碗2017HQYL1采：2　2、3.筒瓦2017HQYL2采：1、2　4、5.滴水2017HQYL2采：3、4

标本2017HQYL2采：3，兽面纹，仅存部分滴面及后接板瓦，滴面模印兽面纹，残存部分有须状纹饰，滴面上缘凹弧形，下缘残损，制作工艺较粗糙。滴面残宽4.5、残高5.8、后接板瓦残长7、壁厚1.5～1.9厘米（图3-169，4；彩版一三九，3）。

B型　1件。

标本2017HQYL2采：4，花卉纹，仅存部分滴面，模印花卉纹，滴面下缘连弧状，外沿饰凸线纹。滴面残宽8.4、残高4.4厘米（图3-169，5）。

陶盏　1件。

标本2017HQYL2采：9，口沿，敞口，圆唇，弧壁，土黄色陶胎，质地较硬。口径8厘米（图3-170，1）。

白釉碗　1件。

标本2017HQYL2采：7，平底较薄，矮圈足，挖足过肩，足墙直立，足沿齐平。灰白色胎，胎质较细，内外罩化妆土施白釉，釉层均匀，釉色发黄，外施釉不及底，内底砂圈。足径6、足高0.6厘米（图3-170，2；彩版一三九，4）。

褐釉碗　3件。

标本2017HQYL2采：5，足沿尖圆状，胎质略粗。平底较薄、圈足，挖足过肩，足墙宽厚，足壁内削。黄白色厚胎，内底施褐釉，底刮涩圈。足径6、足高1.1厘米（图3-170，3）。

标本2017HQYL2采：6，平底较薄、圈足，挖足过肩，足墙宽厚，足壁内削。黄白色厚胎，内底施褐釉，底刮涩圈。釉面釉烧结粘连物，圈足处有窑汗。足径8、足高1.1厘米（图3-170，4）。

标本2017HQYL2采：8，口沿。敞口，圆唇，弧壁，外壁口沿下有一道凹弦带纹。土黄色胎，胎质较细，内外壁施褐色釉，釉层均匀，釉色光亮。残宽2.4、残高2.8厘米（图3-170，5）。

褐釉罐　1件。

标本2017HQYL2Ⅱ采：1，平底，矮圈足，下腹斜直。灰色胎，内外壁施化妆土，外壁有窑汗，内壁有流釉痕迹。底径8、残高6.6、壁厚0.6～1厘米（图3-171，1；彩版一三九，5）。

酱釉器耳　1件。

标本2017HQYL2采：10，桥形耳，中间饰凹弦纹，黄白色胎，胎质细腻，表面施酱褐色釉，釉面光亮有光泽。残长3、宽2厘米（图3-171，2）。

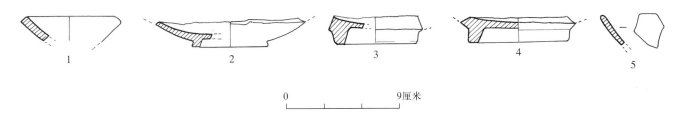

图3-170　滚钟口青羊溜山遗址采集标本

1.陶盏2017HQYL2采：9　2.白釉碗2017HQYL2采：7　3～5.褐釉碗2017HQYL2采：5、6、8

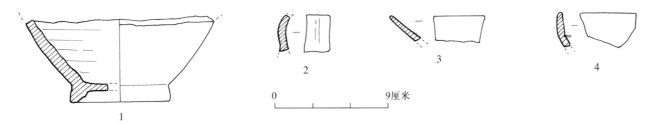

图3-171　滚钟口青羊溜山遗址采集标本

1.褐釉罐2017HQYL2Ⅱ采：1　2.酱釉器耳2017HQYL2采：10　3.白釉碗2017HQYL2Ⅲ采：2　4.褐釉碗2017HQYL2Ⅲ采：1

2）二级台地建筑遗址

位于一级台地南侧下方，台地略呈缓坡状，西高东低，南北长28、东西宽约13米，台地东侧有石块砌筑护坡，残长15.6、残高0.65～1.60米，西侧为自然山体。地表散布残砖、筒瓦与瓷片。

3）三级台地建筑遗址

位于二级台地东南侧下方、台地略呈缓坡，西高东低，南北长20、东西宽12米，台地东西两侧有石砌护坡，南侧为自然山体，地表散布瓷片、瓦片与砖块等。

白釉碗　1件。

标本2017HQYL2Ⅲ采：2，口沿，敞口，圆唇，微弧壁。胎色浅黄，胎质较细，内外壁施白釉，釉层均匀，釉色泛黄。残长4、残高2厘米（图3-171，3）。

褐釉碗　1件。

标本2017HQYL2Ⅲ采：1，口沿，敞口，圆唇，弧壁。胎色发黄，胎质较细，内外壁施褐色釉，釉层均匀，釉色光亮，内壁有一道凹弦纹。残长4.4、残宽2.8、壁厚0.4厘米（图3-171，4）。

4）四级台地建筑遗址

位于三级台地东南下方，台地西高东低，东西长20、南北宽18米，台地南、北、西侧利用自然山体巨石围挡，中部、东部有石砌护坡，中部护坡残长12、东部护坡残长15、高0.60～1.40米，地表有少量瓦片、砖块、瓷片分布。

（3）3号建筑遗址（核心区）

位于2号建筑遗址南侧约100米山顶缓坡台地，遗址南侧靠近山体，山体岩石有三处题刻，刻有"停云""心旷神怡"，另一题刻岩石表面风化字迹模糊不清。东侧为山坡，东侧、北侧边缘砌有护坡。

遗址南北向分布于三级台地。

一级台地面积约300平方米，凸字形，东西最宽处23、南北宽22米，台地南侧突出部分砌有护坡，南北长9.2、东西宽5、高0.7～1.5米，中部有踏步遗迹，宽3、斜高1.5米，踏步通至二级台地，一级台地地表零星散布筒瓦、板瓦、手印纹砖残块。

二级台地紧邻一级台地，长方形，东西宽34、南北长22.5米，台地东部、南部有石块砌筑护坡，东部护坡砌筑至三级台地地表，长30、残高0.60～1.50米，台地中部有石块铺筑道路通至三级台地，道路长 26、宽 2.5 米，地表散布砖块（青砖、红褐色砖块）、筒瓦、板瓦及手印纹砖块。

三级台地位于二级台地下方，平面呈长方形，南北长 22、东西宽 17 米，台地地表散布瓦片、砖块，三级台地下方有数个台地，地表遗物极少。

筒瓦　1 件。

标本 2017HQYL3 采：1，泥质灰陶。仅存瓦身前端，瓦身隆起，前端有子口，口部内壁有制坯工具压印痕，残长 5.2、残宽 10.4、子口宽 6.6、子口长 2 厘米（图 3-172，1）。

白釉碗　1 件。

标本 2017HQYL3 采：3，残，弧壁，薄底，圈足，挖足过肩，足墙直立，足沿齐平。土黄色胎，质地较细，内壁罩化妆土施白釉，釉面布满土锈，外壁施半釉，有脱釉。足径 6.2、残高 3、足高 0.7 厘米（图 3-172，2）。

青白釉碗　1 件。

标本 2017HQYL3 采：4，口沿，敞口，尖圆唇，弧壁。浅灰色胎体，胎质较细，内壁施白釉，外壁施青釉，釉层均匀。釉色光亮。残长 2.4、残高 2.8 厘米（图 3-172，3）。

褐釉碗　1 件。

标本 2017HQYL3 采：2，残，圈足，足沿较宽，挖足过肩，土黄色厚胎，内底刮涩圈，底施褐釉。足径 5.6、足高 1.3 厘米（图 3-172，4）。

（八）大口子建筑遗址

位于贺兰山自然保护区马莲口管理站辖内大口子沟西侧台地，台地西高东低，遗址东南侧为现代废弃采石场，西北方向约 300 米山坡有烽火台一座，遗址北侧为冲沟，边缘有保护区架设消防管道，遗址东西向分布于 5 级台地，总面积 1500 平方米，地表平坦，长满荒草。遗址地表散布有瓷片、少量琉璃瓦残片、筒瓦残片（灰陶、红褐陶）、残砖等建筑构件残块，从台地断面可看出遗址文化层堆积较厚。

遗址台地由东至西记录，一、二、三级台地地表有石柱础，二、三级台地与四、五级台地间

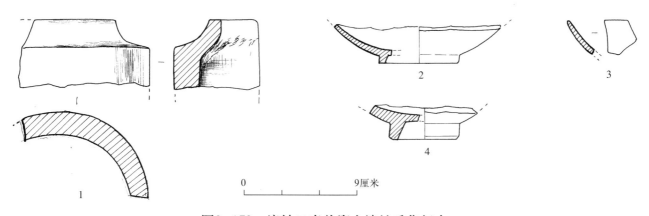

0　　　　　　　9厘米

图3-172　滚钟口青羊溜山遗址采集标本

1.筒瓦2017HQYL3采：1　2.白釉碗2017HQYL3采：3　3.青白釉碗2017HQYL3采：4　4.褐釉碗2017HQYL3采：2

有石砌踏步。从地表遗迹及遗物判断建筑规模较大、规格较高。

1. 一级台地建筑遗址

位于遗址最东端，台地西部有现代采石场房屋倒塌建筑垃圾，台地南北长90、东西宽30米，地表散布少量瓷片、筒瓦残片、板瓦残片、残砖，台地东侧中部地表发现圆形石柱础两个，柱础顶部露出，底部部分埋于地下，保存较好，柱础顶部莲花瓣状直径0.80、柱础底部直径1.10米，柱础间距离4米。

槽形瓦　1件。

标本2017HDKZⅠ采：1，瓷质，残断，一面平，一面有沟槽，一侧起脊，灰白胎，胎体厚重。残长8.8厘米（图3-173，1）。

褐釉碗　1件。

标本2017HDKZⅠ采：2，残，圈足，挖足过肩，灰白胎，胎体略厚，内施褐釉，内壁两道凹弦纹，内底有涩圈，外腹下及圈足未挂釉，外底呈朱红色。足径5.2、残高4.2厘米（图3-173，2）。

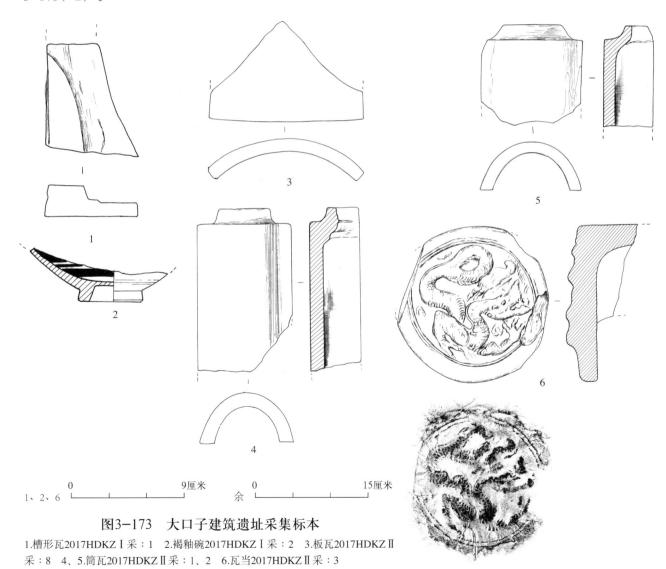

0　　9厘米　　0　　15厘米
1、2、6　　　　　　　　余

图3-173　大口子建筑遗址采集标本

1.槽形瓦2017HDKZⅠ采：1　2.褐釉碗2017HDKZⅠ采：2　3.板瓦2017HDKZⅡ
采：8　4、5.筒瓦2017HDKZⅡ采：1、2　6.瓦当2017HDKZⅡ采：3

2.二级台地建筑遗址

紧邻一级台地，地势平坦，南北长100、东西宽45米，地表建筑构件遗物分布较密集，有瓦当、槽形砖、琉璃瓦与瓷片等。台地中部有道路通往三级台地，道路两侧石块砌边，道路长36、东部宽2、西部宽3.1米，二级台地道路东北部发现石柱础一个，柱础圆顶方座，柱础高0.30、顶部直径0.25、底部边长0.35米。

板瓦　1件。

标本2017HDKZⅡ采：8，泥质灰陶。残，四分瓦，凸面光滑，凹面有粗布纹，两侧切割、掰离痕迹明显，口部切割较平。残长13.2、宽20.4、厚1.8厘米（图3-173，3）。

筒瓦　2件。瓦后端残断，瓦身半筒状，一端有子口，内壁有布纹，两侧有切割和掰离痕迹。

标本2017HDKZⅡ采：1，泥质灰陶。凸面光滑。残长21.6、厚1.8、宽12.6、子口长2、子口厚1.4厘米（图3-173，4；彩版一四〇，1）。

标本2017HDKZⅡ采：2，砖红色陶胎，外壁施墨绿色釉，子口处流釉。残长13.2、宽13、厚1.6、子口长2、子口厚1厘米（图3-173，5）。

瓦当　1件。

标本2017HDKZⅡ采：3，泥质灰陶。后接筒瓦残断，当面模印龙纹，龙身修长曲折，矫健有力，呈飞腾状，外饰两道凸弦纹。当面直径12.3、缘宽1.3厘米（图3-173，6；彩版一四〇，2）。

青釉碗　3件。

标本2017HDKZⅡ采：4，口沿。尖唇，敞口，弧壁，灰白胎，外壁施透明釉，釉下施姜黄色化妆土，内壁施白釉。口径21、残高4.8厘米（图3-174，1）。

标本2017HDKZⅡ采：5，口沿。方唇，敞口，卷沿，灰胎，内外施透明釉。残高4.4、残宽2.4厘米（图3-174，2）。

青釉碗底　1件。

标本2017HDKZⅡ采：6，圈足，内壁斜削，足底较宽，灰胎，胎质紧密，内底施透明釉，外底、圈足部未施釉。足径6.4、残高1.8、足高1厘米（图3-174，3）。

酱釉缸　1件。

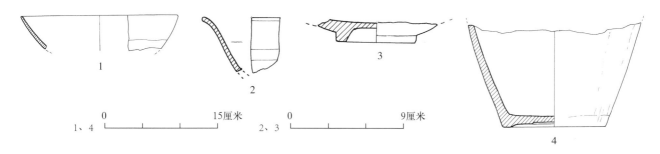

图3-174　大口子建筑遗址采集标本

1、2.青釉碗2017HDKZⅡ采：4、5　3.青釉碗底2017HDKZⅡ采：6　4.酱釉缸2017HDKZⅡ采：7

标本 2017HDKZ Ⅱ 采：7，残，暗圈足，灰胎略厚，外壁施酱釉，底部无釉。足径 13.6、残高 12.6 厘米（图 3-174，4）。

3.三级台地建筑遗址

紧邻二级台地，地表有采石场废弃房屋倒塌建筑垃圾，台地南北长 105、东西宽 46 米，地表散布手印纹砖、筒瓦、板瓦残块及少量琉璃瓦残片，台地东部道路北侧发现石柱础两个，西侧有石砌护坡，高 3 米。

板瓦　2 件。均残。

标本 2017HDKZ Ⅲ 采：2，瓷胎，瓦面呈弧形微微隆起，暗灰色胎，外壁施白釉，釉色略泛青，釉面布满冰裂纹，内壁呈火石红色。残长 6.2、残宽 6.4 厘米（图 3-175，1）。

标本 2017HDKZ Ⅲ 采：4，红褐色陶胎，四分瓦，凸面略光滑，凹面有布纹，两侧切割、掰离痕迹明显，口部圆滑。残长 25.6、宽 17.6、厚 2 厘米（图 3-175，2）。

槽形瓦　1 件。

标本 2017HDKZ Ⅲ 采：1，残，瓷质，一面平，一面有沟槽，两侧起脊，一段削割呈斜状，白胎略泛黄，胎体厚重仅一侧斜面施褐釉。残长 10.2、宽 9.2、槽厚 2 厘米（图 3-175，3；彩版一四〇，3）。

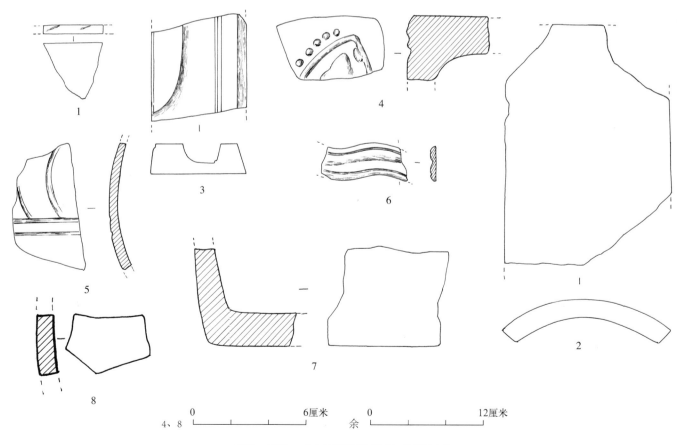

图3-175　大口子建筑遗址采集标本

1、2.板瓦2017HDKZⅢ采：2、4　3.槽形瓦2017HDKZⅢ采：1　4.瓦当2017HDKZⅢ采：3　5、6.建筑装饰构件2017HDKZⅢ采：5、6
7.褐釉缸底2017HDKZⅢ采：7　8.褐釉瓷片2017HDKZⅢ采：8

瓦当　1件。

标本 2017HDKZ Ⅲ 采：3，残，泥质灰陶。当面残存一角，模印有图案，后接板瓦残断。当面残宽 5.5、后接板瓦残长 6 厘米（图 3-175，4）。

建筑装饰构件　2件。均残。

标本 2017HDKZ Ⅲ 采：5，瓦形装饰，灰白瓷胎，表面弧状隆起，呈瓦状，外壁阴刻纹饰，内壁较平整，有一方形戳印纹，一侧边缘完整。残宽 13.6 厘米（图 3-175，5）。

标本 2017HDKZ Ⅲ 采：6，套兽残件，灰白瓷胎，表面施绿釉。残长 9.2、宽 3.4 厘米（图 3-175，6；彩版一四〇，4）。

褐釉缸底　1件。

标本 2017HDKZ Ⅲ 采：7，平底，黄褐色厚胎，胎质粗糙，内含砂粒，内外施褐釉，外壁釉层较厚，底部无釉。底厚 3.4、壁厚 2.6、残高 10 厘米（图 3-175，7）。

褐釉瓷片　1件。

标本 2017HDKZ Ⅲ 采：8，黄白厚胎，内外壁施褐釉，内壁釉层较厚。残长 4.6、残宽 3 厘米（图 3-175，8）。

4.四级台地建筑遗址

四级台地紧邻三级台地，位于三级台地西部上方，台地略呈方形，地势较平坦，南北长 22、东西宽 21 米。地表发现有筒瓦、条砖、兽面纹瓦当等建筑构件残块。台地东侧断坎建筑堆积较厚，包含碎瓦、大量白灰墙皮。台地西部有石砌护坡，中部有石条铺筑踏步通往五级台地，踏步采用石块砌边，石条砌筑台阶，踏步宽 2 米，残存 7 级台阶，每层台阶高 0.25 米。

瓦当　1件。

标本 2017HDKZ Ⅳ 采：1，当面完整，后接筒瓦残失。当面模印兽面纹，兽面凸起，面目狰狞，立角弯眉，眉侧立双小耳，怒目圆睁，呲牙咧嘴，嘴角上翘，鬃毛胡须卷曲，宽缘。当面直径 12.8、缘宽 2 厘米（图 3-176，1；彩版一四〇，5）。

白釉罐　1件。

标本 2017HDKZ Ⅳ 采：4，残，灰白胎，外壁施白釉，有数道凹旋纹。残高 5.2 厘米（图

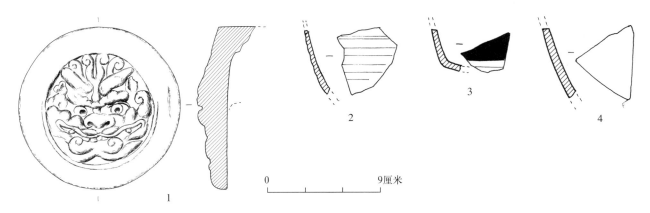

0　　　　　　　9厘米

图3-176　大口子四级台地建筑遗址采集标本

1.瓦当2017HDKZⅣ采：1　2.白釉罐2017HDKZⅣ采：4　3.黑釉罐2017HDKZⅣ采：3　4.黑釉瓷片2017HDKZⅣ采：2

3-176，2）。

黑釉罐　1件。

标本 2017HDKZⅣ采：3，残，斜直腹，灰白胎，外壁施黑釉，底部无釉。残高 3 厘米（图 3-176，3）。

黑釉瓷片　1件。

标本 2017HDKZⅣ采：2，灰白胎，内外壁施黑釉。残宽 4.6 厘米（图 3-176，4）。

5. 五级台地建筑遗址

位于四级台地西部上方，台地南北长 26、东西宽 15 米，地表平坦，长满荒草，地表散布较多砖瓦残块。台地上有石块垒筑房基遗迹，房基东侧连接踏步，南北长 10、东西宽 5 米，房基宽 0.40 米；房基西侧有一堆较完整筒瓦，瓦堆摆放整齐，瓦内有白灰痕迹，筒瓦长 0.23、宽 0.12 米。

筒瓦　2件。泥质灰陶。瓦身半筒状，一端有子口，凸面光滑，内壁有布纹，两侧切割较规整，后端内壁斜削，子口、后端有白灰残留。

标本 2017HDKZⅤ采：1，完整。长 22.6、宽 12.2～12.6、厚 1.6、子口长 1.9 厘米（图 3-177，1）。

标本 2017HDKZⅤ采：2，微残。长 24.8、宽 12.6、厚 2.2、子口长 2.2 厘米（图 3-177，2）。

墨书贺兰石　1件。

标本 2017HDKZⅤ采：9，石块，略呈长方形，较平整一面有墨书字迹。石块残长 19.2、宽 11 厘米（图 3-177，3；彩版一四〇，6）。

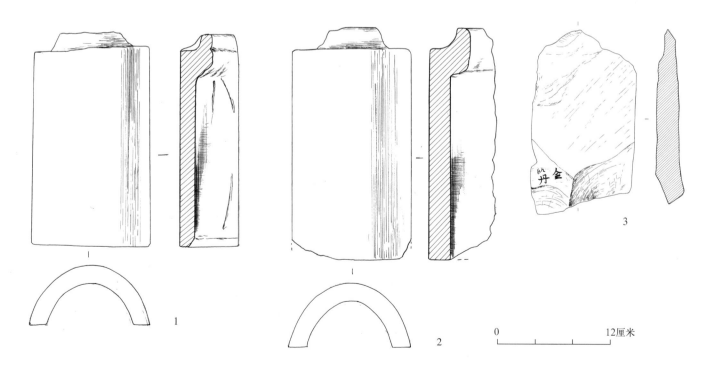

图3-177　大口子五级台地建筑遗址采集标本

1、2.筒瓦2017HDKZⅤ采：1、2　3.墨书贺兰石2017HDKZⅤ采：9

（九）独石沟石圈遗迹

位于贺兰山马莲口自然保护区独石沟内 1000 米冲沟南侧斜坡台地，西高东低。石圈呈不规则形，由两排石块垒砌，所用石块没有人工修整痕迹。石墙宽 1 米，高出地表 0.30 ～ 0.60 米，东墙长 21、西墙长 17.7、南墙长 19、北墙长 13.6 米，地表未发现遗物。

（一〇）青羊沟建筑遗址

位于贺兰山马莲口自然保护区青羊沟沟口山前缓坡台地，地势西高东低。建筑遗址面积约 1 平方千米，遗址南侧为冲沟，南侧 30 米处台地有烽火台一座，东侧有辅墩 10 座；遗址核心区由西至东有四级台地，四级台地南侧下方有两级台地。地表发现有筒瓦、板瓦残片与瓷片等。

一、二、三、四级台地由西向东呈"八字形"分布至山脚，一、二级台地遗物较多，地表散布较多筒瓦残片、板瓦残片、残砖及少量瓷片，二级台地东部边缘琉璃瓦残片较多。三、四级台地地表散布筒瓦残片、板瓦残片、砖块及少量瓷片，此外，地表采集有砖雕残块。四级台地南侧下方两级台地面积约 500 平方米，地表有残砖、瓦片、瓷片等遗物。

遗址核心区东部下方缓坡处及遗址南部下方有数个石块围筑石圈，有长方形、不规则形，地表没有遗物，分析可能为近代田坎或者羊圈。

筒瓦　2 件。均残。

标本 2017HQYGⅠ采：1，暗红色陶胎，正面施绿釉，瓦内有布纹。残宽 7.4、残长 5.2、厚 1.6 厘米（图 3-178，1）。

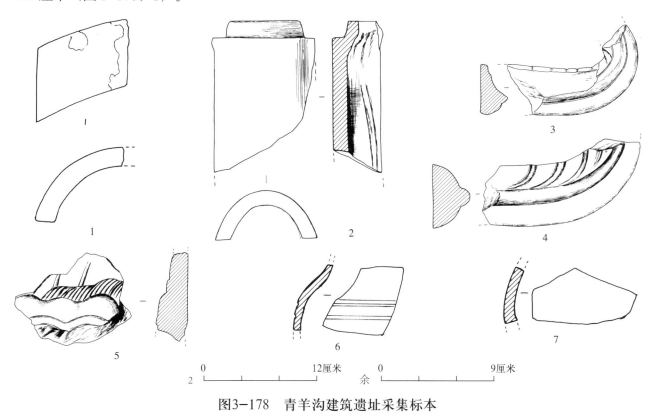

图3-178　青羊沟建筑遗址采集标本

1、2.筒瓦2017HQYGⅠ采：1、2017HQYGⅡ采：1　3～5.装饰构件残块2017HQYGⅡ采：2、2017HQYG采：2、2017HQYG采：1
6、7.青釉罐2017HQYGⅠ采：4、5

标本 2017HQYG Ⅱ 采：1，泥质灰陶。筒瓦前段，轮制，瓦身呈半筒状，前端有子口，正面光滑，瓦内有粗布纹，一侧有切割和掰离痕迹。残长 18、宽 12.2、厚 1.8、子口长 2.1、子口厚 1.2 厘米（图 3-178，2）。

装饰构件残块　3 件。弯曲状，泥质红陶。背面较平整。

标本 2017HQYG Ⅱ 采：2，正面中部起脊呈卷曲状。长 10.3、宽 4 厘米（图 3-178，3）。

标本 2017HQYG 采：2，正面中部起脊塑造羽翼状纹饰。长 12.7、宽 4.7 厘米（图 3-178，4）。

标本 2017HQYG 采：1，一面光滑平整，一面塑造鳍状纹饰和波浪形纹饰。残长 8.5、残宽 7 厘米（图 3-178，5）。

青釉罐　2 件。均残。

标本 2017HQYG Ⅰ 采：4，灰白厚胎，外施透明釉。肩下有两道凹弦纹。残宽 5.2 厘米（图 3-178，6）。

标本 2017HQYG Ⅰ 采：5，釉下施化妆土，表面有一道凸棱，内壁未施釉。灰白厚胎，外施透明釉。残宽 8.4 厘米（图 3-178，7）。

白釉碗　2 件。

标本 2017HQYG Ⅰ 采：2，口沿，残，敞口，圆唇，灰白薄胎，内外施白釉，釉层较薄，釉下施化妆土。残宽 3.2 厘米（图 3-179，1）。

标本 2017HQYG 采：6，碗底，圈足，灰白胎，内壁施白釉，外底未施釉。残高 2 厘米（图 3-179，2）。

白釉瓷片　1 件。

标本 2017HQYG Ⅰ 采：3，灰白厚胎，外施白釉，釉下施化妆土，内壁施灰白釉，腹壁下未施釉。残宽 4.2 厘米（图 3-179，3）。

酱釉碗　1 件。

标本 2017HQYG 采：4，碗底，圈足，灰白厚胎，内施褐釉，内底露胎，外底未施釉，圈足略外撇。底径 7.4、残高 3 厘米（图 3-179，4）。

碗底残片　2 件。均残，圈足，灰白胎，未见挂釉。

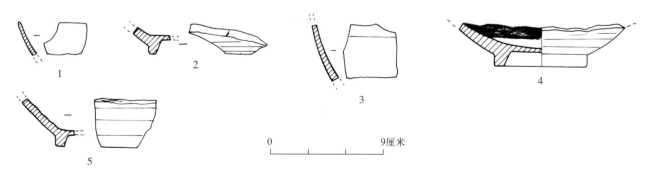

图3-179　青羊沟建筑遗址采集标本

1、2.白釉碗2017HQYGⅠ采：2、2017HQYG采：6　3.白釉瓷片2017HQYGⅠ采：3　4.酱釉碗2017HQYG采：4　5.碗底残片
2017HQYGⅡ采：4

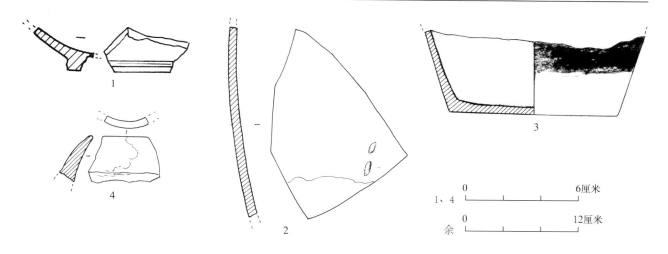

图3-180　青羊沟建筑遗址采集标本
1.碗底残片2017HQYG采：5　2.酱釉罐2017HQYG采：3　3.酱釉瓮底2017HQYGⅡ采：5　4.宝瓶口部残块2017HQYGⅡ采：3

标本2017HQYGⅡ采：4，胎质细腻，足底内凹，碗内壁有数道凸棱。残宽5厘米（图3-179，5）。

标本2017HQYG采：5，圈足较矮，足底外侧有道凸弦纹。残高2.4厘米（图3-180，1）。

酱釉罐　1件。

标本2017HQYG采：3，腹片，胎质青白，内含细砂，外施酱釉。宽14.6、高20厘米（图3-180，2）。

酱釉瓮底　1件。

标本2017HQYGⅡ采：5，胎质青白，内外施酱釉，外壁近底处及底部未施釉，内底有砂圈。底径18、残高8厘米（图3-180，3）。

宝瓶口部残块　1件。

标本2017HQYGⅡ采：3，陶胎，表面施绿釉。残高2.3、残宽2.5～3.8厘米（图3-180，4）。

（一一）山嘴沟建筑遗址

沟内两处石窟已经出版了考古报告，不再叙述，此次仅记录沟内发现的4处建筑遗址，多借助山体平台、自然洞窟建于高台之上。

1.1号建筑遗址

位于山嘴沟内5千米主沟东北一岔沟内。遗址坐东朝西，背靠山体，西侧有石砌护坡，护坡从山底冲沟边砌筑至台地边缘，台地北侧山坡有石块铺筑道路沿山下冲沟边通至遗址所在台地。台地地表残存有墙体数道，地面散布筒瓦、瓷片、砖雕残块、残砖等遗物。地表残存墙体可看出有门道及两间房屋遗迹，房址坐东朝西，南侧门道残存两侧墙体，南窄北宽，门道南侧墙体长2、残高2.2、宽0.3米，门道宽2.2米，墙体底部1.5米为双排石块垒砌，上部0.7米为土坯垒筑，墙体内侧抹有两层草拌泥及白灰墙皮，疑为后期翻修或者二次利用，里面一层白灰墙皮有壁画痕迹。门道北端墙体墙紧贴南侧墙体外侧而建，西墙残长 4.3、残高 1.85、宽 0.3 米，东墙残长 1.2、残高 1.9、宽 0.3 米，形制与前门道一致，门道宽 2.8 米。门道后东西向残存 3 道房屋墙体，墙体形制与门道墙体一致，均施两层草拌泥及白灰墙皮，从墙体痕迹判断两间房址均面阔 10、进深 6 米。遗址东北山体有山洞两个，系自然山洞后被人工稍作修整利用，两个山洞均有人类使用痕迹，洞 1 口宽 5、进深 7 米，内有石块垒筑墙体将洞一分为二。洞 2 口宽 5.8、进深 2.3 米，洞内最高处 2.2 米，洞外壁面上方凿有小槽，可能为搭建外部建筑所用。

砖　2 件。均残，泥质灰陶。分两型。

A 型　1 件。

标本 2017HSZG1 采：1，长条砖，砖体一面刻划似"西"字。残长 20、宽 20、厚 6 厘米（图 3-181，1）。

B 型　1 件。

标本 2017HSZG1 采：7，花纹砖，下端残断，一面顶端斜削呈斜面，一面模印莲花枝叶纹图案，花叶自然舒展。残长 25.6、宽 20、厚 5 厘米（图 3-181，2）。

板瓦　2 件。泥质灰陶。凸面光滑，凹面有布纹，两侧切割、掰离痕迹明显。分两型。

A 型　1 件。

标本 2017HSZG1 采：2，略残，四分瓦，口部切割较平整。长 34、窄端宽 17.5、宽端宽

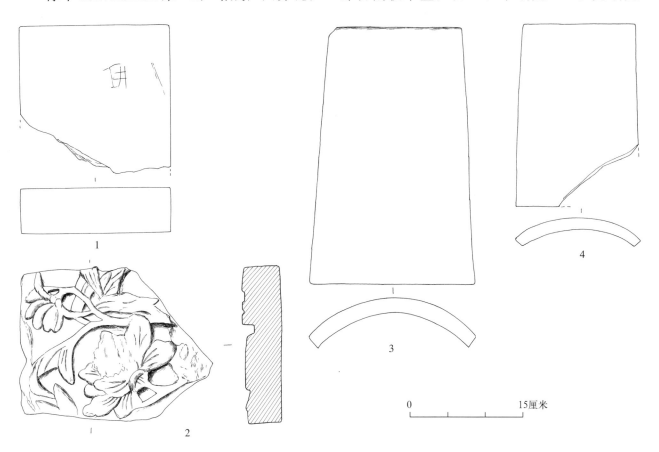

图3-181　山嘴沟建筑遗址采集标本

1、2.砖2017HSZG1采：1、7　3、4.板瓦2017HSZG1采：2、3

22.3、厚 2 厘米（图 3-181，3）。

B 型　1 件。

标本 2017HSZG1 采：3，微残，形体较大，窄端口部圆滑，宽端口部切割较平整。长 24.4、宽端宽 16、窄端宽 15、厚 1.5 厘米（图 3-181，4）。

筒瓦　2 件。均为泥质灰陶。瓦身半筒状，一端有子口，凸面光滑，内壁有布纹，两侧切割、掰离痕迹明显。

标本 2017HSZG1 采：4，残，切割、掰离面较平直，前端略厚。长 32.4、厚 2、宽 13、子口长 2 厘米（图 3-182，1）。

标本 2017HSZG1 采：5，完整，切割规整，后端内壁也斜削。长 21、壁厚 2、宽 10.8、子口长 2.4 厘米（图 3-182，2；彩版一四一，1）。

建筑装饰构件　2 件。泥质灰陶。

标本 2017HSZG1 采：6，底座，底部呈长方形，内空，底部内凹有圆孔，一侧表面有弯曲羽翼状纹饰，一侧纹饰脱落。长 13.6、宽 12.8 厘米（图 3-182，3）。

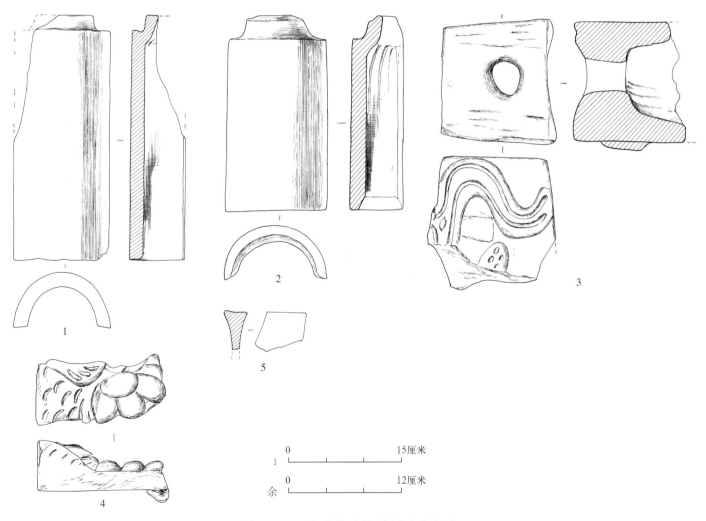

图3-182　山嘴沟建筑遗址采集标本

1、2.筒瓦2017HSZG1采：4、5　3、4.建筑装饰构件2017HSZG1采：6、8　5.黑釉缸2017HSZG1采：9

标本 2017HSZG1 采：8，表面有鳞片状纹饰。残长 14、残宽 3 ～ 5.2 厘米（图 3-182，4）。

黑釉缸　1 件。

标本 2017HSZG1 采：9，口沿残片，尖唇，宽沿平折，暗灰色胎，内含砂粒，内外施黑釉，内壁有较多气泡。残宽 5、残高 4、沿宽 2.4 厘米（图 3-182，5）。

2. 2 号建筑遗址

位于 1 号建筑遗址东南侧约 20 米，二者之间有石块铺筑道路相通。遗址分布于山坡两级台地上。

（1）一级台地

长方形，南北向，南北长 40、东西宽 5.5 ～ 7 米，台地东侧有石砌护坡，西侧为山体。建筑遗址位于台地北侧，残存西墙、南墙，西墙残长 4.2、残高 1.1 米，双层墙体，外层为条砖叠砌，砖块间施以白灰，内层为石块垒砌。南墙为双排石块垒筑，残长 7.8、残高 2 米。地表散布筒瓦残片、板瓦残片、残砖。

（2）二级台地

位于一级台地下方，与 1 号建筑遗址位于同一平面，地表有少量筒瓦残片，台地东侧有石块砌筑护坡。台地有石块铺筑房基，房址残存东、南、北三面墙体，南、北面墙体为双排石块垒砌，石块间抹有草拌泥，残长 3.4、残高 0.5 ～ 1.3 米，墙宽 0.5 米。东墙为土坯墙，残长 2.6、残高 1.1、宽 0.26 米。东墙内侧可见两层草拌泥及白灰皮。

花纹砖　1 件。

标本 2017HSZG2 采：1，泥质灰陶。长方形，残存一半，近缘处有凸棱，一段凸棱呈山形，中间模印卷叶纹，背面平整。残长 22、残宽 16.4、厚 6、图案高 2 厘米（图 3-183，1；彩版一四一，2）。

瓦当　1 件。

标本 2017HSZG2 采：2，残，泥质灰陶。仅存下半部。当面模印兽面纹，兽面鼻尖凸起，呲牙咧嘴，两腮胡须卷曲，嘴下胡须竖直，当面无边轮。残宽 22 厘米（图 3-183，2）。

套兽上颌部残件　1 件。

标本 2017HSZG2 采：3，泥质灰陶。龙首状，高鼻，张嘴，嘴上翘，门齿立于其上，上唇两侧尖牙残断，口中空，绳状眉，眼珠圆凸，眼睑上有柱状残断痕迹，小耳位于眉后。上颌残长 18.6、残宽 10 厘米（图 3-183，3；彩版一四一，3）。

套兽残件　3 件。泥质灰陶。

标本 2017HSZG2 采：4，两侧有须状纹饰。残宽 5.2 ～ 6、残高 11 厘米（图 3-183，4）。

标本 2017HSZG2 采：6，一侧残，一侧表面有竖耳及卷曲须毛。残长 14、残高 9 厘米（图 3-183，5）。

标本 2017HSZG2 采：11，一侧残，另一侧器表上部有卷曲状须毛纹饰，底部较平整。残长 12.2、残高 10 厘米（图 3-183，6）。

动物形饰残件　5 件。泥质灰陶。

标本 2017HSZG2 采：5，一侧残，一侧器表上部有鳍状纹饰，鳍下有鳞纹。残长、宽均 16

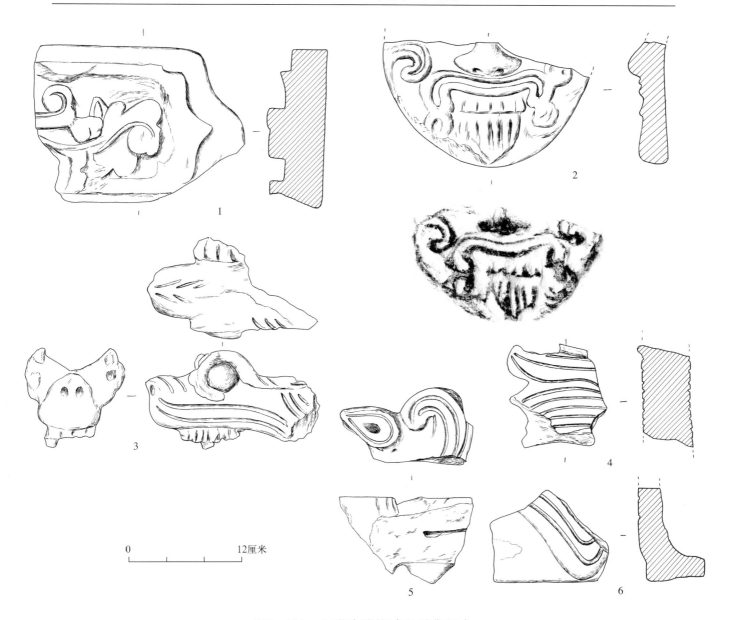

图3-183　山嘴沟建筑遗址采集标本

1.花纹砖2017HSZG2采：1　2.瓦当2017HSZG2采：2　3.套兽上颌部残件2017HSZG2采：3　4～6.套兽残件2017HSZG2采：4、6、11

厘米（图3-184，1）。

标本2017HSZG2采：7，一侧残，一侧器表上有卷曲状须毛及鳞状纹饰。残长19.4、残宽14.6厘米（图3-184，2）。

标本2017HSZG2采：8，一侧残，另一侧器表上部有须毛及鳞状纹饰。残长19厘米（图3-184，3）。

标本2017HSZG2采：9，一侧残，另一侧器表上部有须毛及鳞状纹饰。残长10.7、残宽9.3厘米（图3-184，4）。

标本2017HSZG2采：10，一侧残，另一侧器表上部有椭圆形捏塑鳞状纹饰。残长9.6、残宽5～8厘米（图3-184，5）。

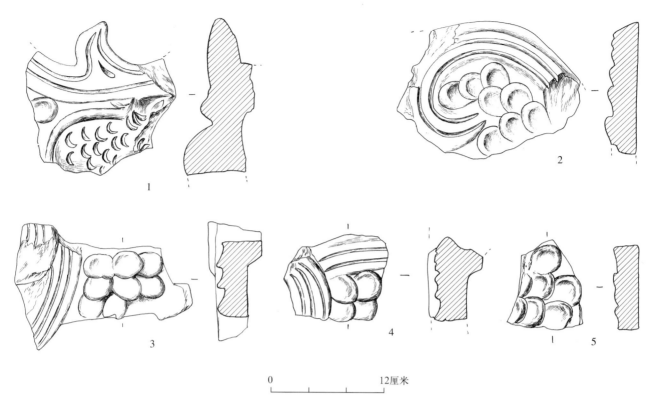

0 ————————— 12厘米

图3-184　山嘴沟建筑遗址采集标本

1~5.动物形饰残件2017HSZG2采：5、7~10

装饰残块　1件。

标本2017HSZG2采：19，红陶。背面凹凸状，不规整，正面模印花卉纹图案，图案突起，上部似莲花花苞，花下卷叶纹与花枝相连，疑为贴塑类残件。残高15.2、残宽14.2厘米（图3-185，1）。

陶鼎　1件。

标本2017HSZG2采：18，底部残件，圆底，下腹微鼓，柱状足，略外撇，外腹壁有片状堆塑，红褐色陶胎。足高3.4厘米（图3-185，2）。

陶罐　2件。红褐色陶胎。

标本2017HSZG2采：16，口沿残件，方唇，广口，粗长直颈，溜肩，内外壁有修胎旋痕。口径11、残高8.2厘米（图3-185，3）。

标本2017HSZG2采：17，腹底残片，平底，下腹内收，内底有旋痕。底径11、残高6厘米（图3-185，4）。

酱褐釉罐　2件。红褐胎。

标本2017HSZG2采：12，腹片，内壁有修胎旋痕，外壁施酱釉，釉面粗涩有开片。残宽6.2、残高6.2、厚0.5~0.65厘米（图3-186，1）。

标本2017HSZG2采：14，肩部残片，外施酱釉，釉面有剥釉。残长9.4、残宽3.2厘米（图3-186，2）。

黑釉瓷片　2件。黄胎，胎体较厚，内含砂粒，表面圆鼓，外壁施黑釉，器表有连续凸起鱼

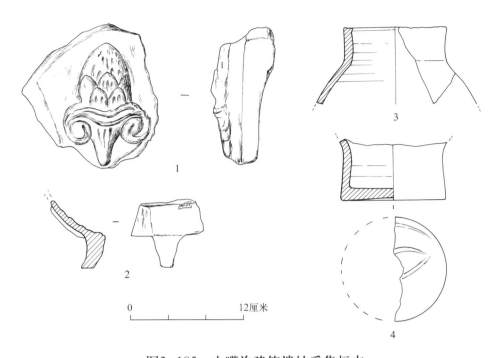

图3-185　山嘴沟建筑遗址采集标本

1.装饰残块2017HSZG2采：19　2.陶鼎2017HSZG2采：18　3、4.陶罐2017HSZG2采：16、17

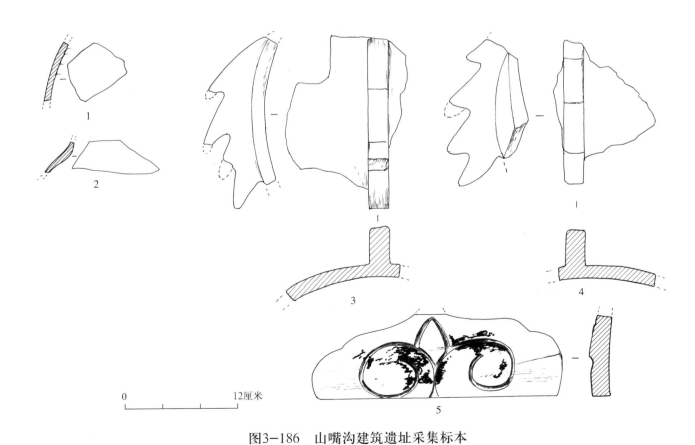

图3-186　山嘴沟建筑遗址采集标本

1、2.酱褐釉罐2017HSZG2采：12、14　3、4.黑釉瓷片2017HSZG2采：13、15　5.木牌饰2017HSZG2采：21

鳍状纹饰。

标本 2017HSZG2 采：13，残长 18.2、残宽 12.2、鳍宽 2、高 3～5 厘米（图 3-186，3；彩版一四一，4）。

标本 2017HSZG2 采：15，残长 15.2、宽 10.4 厘米（图 3-186，4；彩版一四一，5）。

木牌饰　1 件。

标本 2017HSZG2 采：21，顶部两侧为连弧形，顶中部削平，下部平整，牌饰两侧略不对称。木牌正面阴刻花枝纹，花枝对称卷曲，花朵位于中间，表面有红色漆痕，背面平整，左侧有火烧痕迹。通长 26.4、高 9、厚 2 厘米（图 3-186，5；彩版一四一，6）。

3. 3 号建筑遗址

位于 2 号建筑遗址西侧上方，背靠山体，东侧山坡较陡，采用石块砌筑护坡垒筑平台至山体凹进平面，形成平台。长方形，东西长 5、南北宽 3.6 米，东侧护坡砌筑较规整，石块间夹有草拌泥。台地地表发现有筒瓦、板瓦、残砖及少量瓦当、滴水残片。台地上残存两道墙体，墙体砌筑至山体凹进部分顶部，两墙间距 3 米。墙体由两排石块夹杂草拌泥砌筑，北墙残长 3.1、残高 1.2、宽 0.4 米，墙体内外均施三层草拌泥及白灰墙皮。南侧墙体内置有一根直径 0.13 米圆形木柱，墙体残长 3.4、残高 2～2.5、墙宽 0.4 米，墙外侧施有 3 层草拌泥及白灰皮，墙内侧施两层草拌泥及白灰墙皮。两道墙体将山体凹进部分隔成一个房屋空间，内垒筑有地台，已破坏，地台残存部分可看到彩绘痕迹，南墙外侧第二层白灰墙面也有壁画痕迹。

瓦当　2 件。均残，兽面纹，泥质灰陶。

标本 2017HSZG3 采：1，兽面凸出，呲牙咧嘴，双目怒睁，眉角双耳斜立，上额鬃毛卷曲，嘴下胡须直立，窄缘，周饰一道凹弦纹。当面直径 9 厘米（图 3-187，1；彩版一四二，1）。

标本 2017HSZG3 采：2，兽面嘴大张，尖牙外露，嘴角胡须卷曲状，上额饱满，眼珠圆鼓，面貌狰狞，上缘饰连珠纹。当面直径 10 厘米（图 3-187，2）。

滴水　3 件。

标本 2017HSZG3 采：3，陶质，滴面残，后接板瓦均残失，滴面呈连弧三角形，模印兽面纹，大眼圆睁，宽鼻，呲牙咧嘴，嘴角上扬，下缘残损。滴面残宽 11.9、残高 7.6、厚 1.5 厘米（图 3-187，3）。

标本 2017HSZG3 采：4，陶质，滴面残，后接板瓦残断，滴面上边凹弧形，下缘残，滴面模印花卉纹，中部石榴花纹，一侧为枝叶。滴面残宽 14.2、残高 5.3、后接板瓦残长 12.2、宽 11.5、厚 1.5 厘米（图 3-187，4；彩版一四二，2）。

标本 2017HSZG3 采：5，陶质，滴面残，后接板瓦残断，滴面上边凹弧形，下缘残，滴面模印兽面纹，仅残存兽面上额部，鬃毛卷曲。滴面宽 12、残高 2.8、后接板瓦残长 15.3、宽 11.8、厚 1.5 厘米（图 3-187，5；彩版一四二，3）。

4. 4 号建筑遗址

位于 1 号建筑遗址西北侧沟内山坳山体凹进处，遗址建于石砌台基之上，呈刀把形，距沟底高约 10 米，东西长 6、最宽处 3 米，东侧略宽，西侧略小。平台东西两侧皆有石块砌筑踏步，东侧踏步依山体岩石铺筑少量石块，西侧踏步做工规整，宽约 0.60～1.0、斜长 3 米。平台地表散

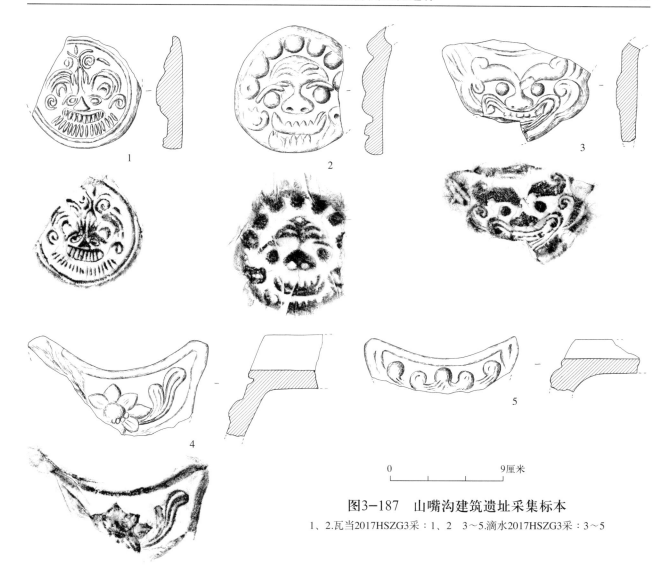

图3-187　山嘴沟建筑遗址采集标本
1、2.瓦当2017HSZG3采：1、2　3～5.滴水2017HSZG3采：3～5

布筒瓦、板瓦、残砖，平台中部东西两边各有一道采用双排石块夹杂草拌泥垒筑的墙体，墙内各置有一根直径0.12米圆形木柱，东墙残长1.7、残高1.8、宽0.4米，墙内有白灰墙皮，墙外抹有草拌泥皮，西墙残长1.6、残高1.4、宽0.4米，形制与东墙一致，两墙间距2.1米，墙体往北垒筑至山体凹进部分，并在两墙之间山体凿有小龛，龛高1、宽2米，龛内顶部疑似残存彩绘痕迹，存有石绿色痕迹。

5.5号建筑遗址

位于山嘴沟内5千米东北侧山顶石块砌筑平台之上，遗址坐南朝北，北侧为较陡山坡，遗址所在平台系人工在山顶岩石上用石块砌筑而成，平台东侧边缘较直，西北侧呈圆弧形，平台南端东西长18、最宽处10米，地表散布较多残砖、瓦片，也发现有瓦当、滴水、砖雕残块、槽形砖、榫卯砖残块。地表残存遗迹为房址，大部分墙体已坍塌，墙基部分基本保留，房址呈东西向联排分布于台地，东侧房址位于台地东部边缘，房址墙基保存较完整，墙基采用石块垒筑，长7、宽3米，墙体宽0.4米。中间房址地表残存南、西、东侧墙基，东、南墙为石块垒筑，东侧墙基地表残长3米，西墙采用双排条砖砌筑，砖墙地表残存长5、宽0.4米，条砖之间施有白灰浆，北墙地表无痕迹，中间房址东西宽 4、南北长 7 米，房址北部平台边缘有石柱础两个，柱础东西向分布，间距约 0.4 米，柱础直径 0.75、柱础孔径 0.3 米，柱础北部地表铺有两层砖块，东侧柱础露出地表约 0.5 米，西侧柱础顶部露出地表，房址西南角有盗扰痕迹。西侧房址位于台地西侧边缘，南北长 4.9、东西宽 3 米，由于台地西侧呈圆弧形，受地形限制房址往南收进去约 2.5 米，西房址东墙北部与中间房址共用砖体，东墙南部墙体为石块砌筑。

斗拱砖　1 件。

标本 2017HSZG5 采：1，微残，泥质灰陶。长条形，砖体一面修胎规整，一面略粗糙。规整一面半边砖体修整为斜坡状，似仿木建筑斗拱结构。砖体通长 33.6、宽 16、厚 6.4、斗拱结构长 16.2 厘米（图 3-188，1；彩版一四二，4）。

异形条砖　4 件。均残，泥质灰陶。

标本 2017HSZG5 采：2，砖角磕损，长条状，砖体较薄，平面略带弧度，两头直边，两侧圆边，砖身两面均有白灰粘连，一面有三个小圆孔，未穿透。通长 30.8、宽 13.6、厚 2.6 厘米（图 3-188，2；彩版一四二，5）。

标本 2017HSZG5 采：4，"舌状"形，微残，砖体一端为正常砖体结构，另一端呈舌头状结构逐渐变窄，中间弧状突起。通长 19.6、砖体宽 13.8、厚 5、舌状结构长 12.8 厘米（图 3-188，3）。

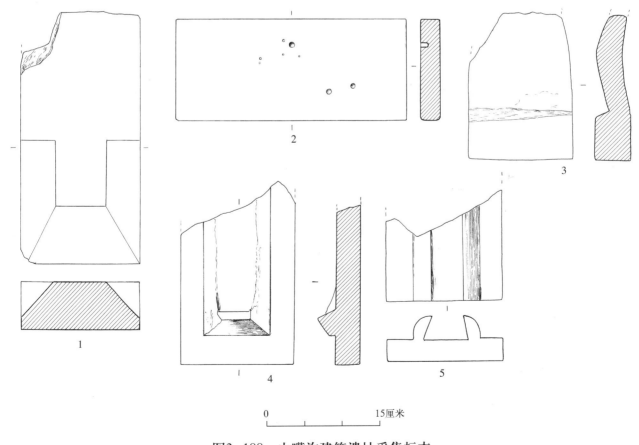

0　　　　　　　　　　　　15厘米

图3-188　山嘴沟建筑遗址采集标本

1.斗拱砖2017HSZG5采：1　2～5.异形条砖2017HSZG5采：2、4～6

标本 2017HSZG5 采：5，长条形，圆边，砖体较薄，一面平整，表面粘有白灰，另一面中部高浮雕长方形槽状构造。残长 24.2、宽 15、厚 3.2、槽边高 5.6 厘米（图 3-188，4；彩版一四二，6）。

标本 2017HSZG5 采：6，砖体较薄，两侧圆边，砖身一面平素，另一面塑造"八字形"卡扣状结构，砖身粘有白灰。残长 14.8、宽 15.6、厚 3 厘米，卡扣状结构高 3.2、底宽 6、顶宽 4.2 厘米（图 3-188，5）。

仿木构砖　1 件。

标本 2017HSZG5 采：3，微残，泥质灰陶。长条形，砖一侧雕刻呈锯齿状，似屋檐状。长 29.4、宽 9.6、厚 4 厘米（图 3-189，1；彩版一四三，1）。

楔形砖　1 件。

标本 2017HSZG5 采：7，微残，泥质灰陶。长方形，砖体一头砖面斜削呈坡状，整体呈楔状，砖两侧及平整一面均粘有白灰。长 22.6、宽 9.6、厚 1.8～4.6 厘米（图 3-189，2）。

斜边手印纹砖　1 件。

标本 2017HSZG5 采：8，残断，泥质灰陶。砖体一面平整，另一面有手指压印纹，压痕较深，砖一头呈 45° 斜边。残长 15.4、厚 6 厘米（图 3-189，3；彩版一四三，2）。

（犁尖状）楔状砖　2 件。均残，楔状，泥质灰陶。内含煤渣、砂粒。胎质疏松，一端尖圆，另一端宽扁，一面平整，一面弯曲内凹，横截面呈梯形。

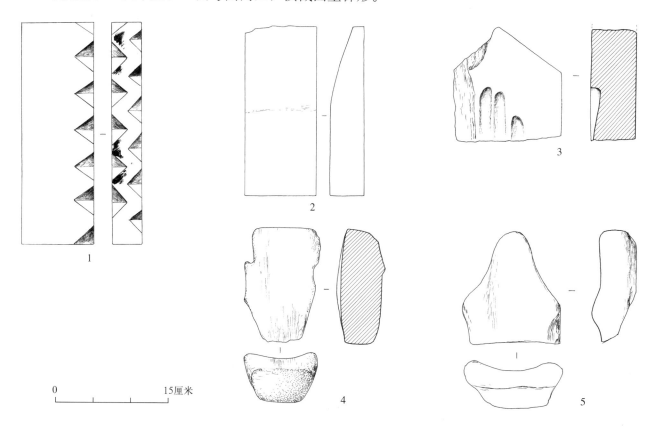

0　　　　　　　15厘米

图3-189　山嘴沟建筑遗址采集标本

1.仿木构砖2017HSZG5采：3　2.楔形砖2017HSZG5采：7　3.斜边手印纹砖2017HSZG5采：8　4、5.（犁尖状）楔状砖2017HSZG5采：9、10

标本 2017HSZG5 采：9，通长 15、残宽 4～9.4 厘米（图 3-189，4）。

标本 2017HSZG5 采：10，通长 15、最宽处 13 厘米（图 3-189，5）。

脊饰　11 件。均残，泥质灰陶。

标本 2017HSZG5 采：11，砖雕，表面高浮雕花叶纹，上下两侧完整，背面粘连白灰，有一残脊。残长 23、砖厚 3.2～3.8、纹饰高 2～3 厘米（图 3-190，1）。

标本 2017HSZG5 采：12，片状，左右两侧边沿平整，表面高浮雕塑造花叶纹图案，纹饰清晰。背面有一断茬痕。宽 23、残高 11～16、厚 3.8～5.8 厘米（图 3-190，2）。

标本 2017HSZG5 采：13，片状，左右及下侧边沿平整，表面高浮雕塑造花叶纹图案，纹饰高清晰。背面横向有一横梁。残长 23.5、宽 11～16、厚 2.8～4 厘米，横梁长 19.2 厘米（图 3-190，3）。

标本 2017HSZG5 采：15，侧面及底边平整，正面塑造弯曲飘带状纹饰，背面横向有一"工"字形粘连结构。残长 17、残高 18.4、面厚 2～2.8、"工"字形结构残宽 9.6 厘米（图 3-190，4）。

标本 2017HSZG5 采：14，侧面及底边平整，正面塑造龙形纹饰。残长 19、最宽处 12、面厚 2 厘米（图 3-190，5；彩版一四三，3）。

标本 2017HSZG5 采：16，砖雕，砖角斜角，正面塑造飘带状纹饰，背面有残脊。残长 13.6、面厚 4 厘米（图 3-191，1）。

标本 2017HSZG5 采：17，砖雕，砖角斜角，正面塑造飘带状纹饰，背面粗糙。残长 9.2、面

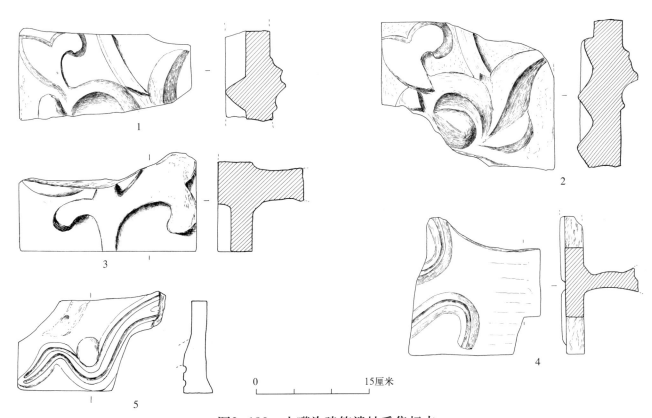

0　　　　　　　　　　　　　15厘米

图 3-190　山嘴沟建筑遗址采集标本

1～5.脊饰2017HSZG5采：11～13、15、14

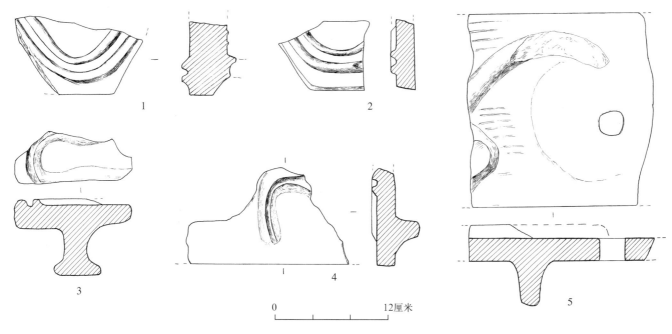

图3-191　山嘴沟建筑遗址采集标本
1～5.脊饰2017HSZG5采：16～20

厚2～2.5厘米（图3-191，2）。

标本2017HSZG5采：18，砖雕，正面塑造飘带状纹饰，背面有一横梁。残长12.6、面厚2.2～2.5、横梁宽5.3厘米（图3-191，3）。

标本2017HSZG5采：19，砖雕，表面纹饰剥落，残存弧状纹饰，纹饰高突，面有一椭圆小孔，背面纵向有一残脊与底相连。残长17、高10.2、面厚2～4.6厘米（图3-191，4）。

标本2017HSZG5采：20，片状，左右两侧边沿平整，表面高浮雕塑造花叶纹图案，纹饰高清晰。背面有一断茬痕。宽20.7、残长18.6、厚2.4厘米（图3-191，5）。

标本2017HSZG5采：21，片状，上下两侧平整，表面塑造花叶纹图案，纹饰剥落，仅存一花叶状高浮雕。背面平素，有一断茬痕。宽18.8、残长23、厚2.4厘米（图3-192，1）。

砖雕底座　1件。

标本2017HSZG5采：22，微残，泥质灰陶。长条状，上部雕刻花叶纹，花叶向两侧伸展，花朵簇拥中间，雕刻线条流畅。底长19.4、宽5、花叶残高11.4厘米（图3-192，2；彩版一四三，4）。

兽眼　1件。

标本2017HSZG5采：23，泥质灰陶。片状，背面平素，表面纹饰似兽眼，弯眉大眼，眼睑较厚。残长13.4、残宽11、厚3.4厘米（图3-192，3）。

套兽残块　1件。

标本2017HSZG5采：24，泥质灰陶。残高5.5厘米（图3-192，4）。

建筑装饰构件残件　3件。泥质灰陶。

标本2017HSZG5采：25，造型似花叶纹枝叶末端。残长6.4、宽2.2～4厘米（图

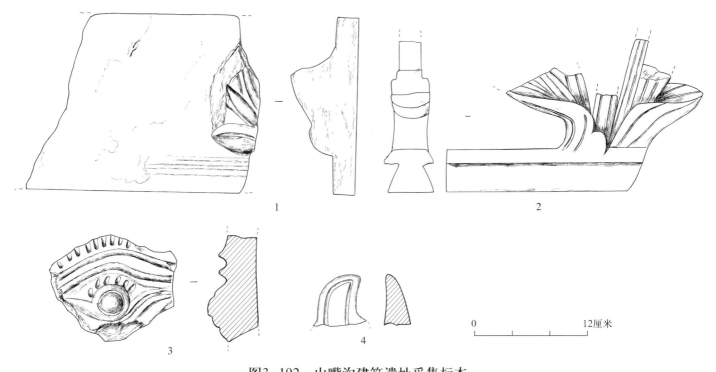

图3-192　山嘴沟建筑遗址采集标本

1.脊饰2017HSZG5采：21　2.砖雕底座2017HSZG5采：22　3.兽眼2017HSZG5采：23　4.套兽残块2017HSZG5采：24

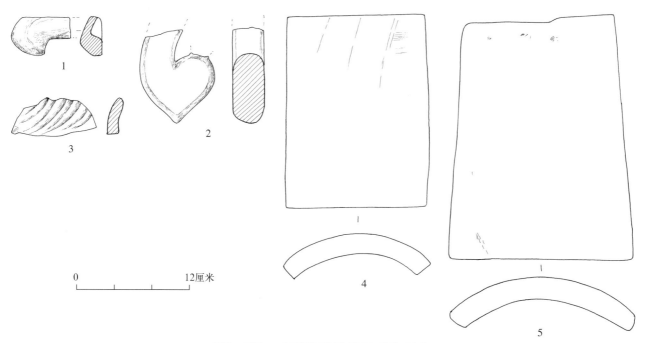

图3-193　山嘴沟建筑遗址采集标本

1～3.建筑装饰构件残件2017HSZG5采：25～27　4、5.板瓦2017HSZG5采：28、29

3-193，1）。

　　标本2017HSZG5采：26，立体形。残长10、残宽8、厚3.4厘米（图3-193，2）。

　　标本2017HSZG5采：27，表面刻有弧形线纹，背面有一手指戳印纹。残长9厘米（图3-193，3）。

板瓦　2件。泥质灰陶。完整，四分瓦，凸面光素，凹面有布纹，两侧切割、掰离痕迹明显。

标本 2017HSZG5 采：28，口部切割较平整。长 20.5、宽 14.6～15、厚 2 厘米（图 3-193，4）。

标本 2017HSZG5 采：29，一端宽一端窄，整体制作工艺较粗糙。长 26、宽 16～19.6、厚 2.4 厘米（图 3-193，5）。

筒瓦　2件。泥质灰陶。瓦身半筒状，一端有子口，凸面光素，内壁有布纹，两侧内壁斜削，切割规整，尾端内壁斜坡状。

标本 2017HSZG5 采：30，完整。通长 20.4、拱高 6、壁厚 1.8、宽 10.4、子口长 2.2 厘米（图 3-194，1）。

标本 2017HSZG5 采：31，残。通长 22、拱高 6.6、壁厚 1.8、宽 11.6、子口长 1.8 厘米（图 3-194，2；彩版一四三，5）。

滴水　2件。均残，泥质灰陶。兽面纹。

标本 2017HSZG5 采：36，滴面上沿凹弧，下沿连弧状，中间模印兽面纹，兽面突起，斜角弯眉，眉心相连，圆眼高鼻，嘴大张，两腮有卷毛。残宽 12、高 9.5 厘米（图 3-194，3）。

标本 2017HSZG5 采：37，后接板瓦，滴面上沿凹弧，兽面纹饰突起，绳状弯眉，眉梢有卷毛，大眼圆凸。后接板瓦完整，瓦身两侧切割规整。滴面宽 13、后接筒瓦长 18、厚 1.3 厘米（图 3-194，4）。

瓦当　4件。均残，泥质灰陶。当面模印兽面纹。

标本 2017HSZG5 采：32，后接筒瓦微残。兽面形态夸张，弯眉凸眼，长鼻高突，嘴大张，獠牙外露，两腮有卷毛。后接筒瓦瓦身半筒状，一端有子口，一端连接瓦当，瓦身凸面光素，内壁工具痕，两侧内边斜削。通长 19.6、当面直径 9.8、后接筒瓦宽 11 厘米（图 3-194，5；彩版一四三，6）。

标本 2017HSZG5 采：33，仅存少许当面及瓦身，瓦当面斜，兽面额头有一绣球，绳状弯眉，眉侧各一尖耳，凸眼凹瞳，鼻尖高突，两腮有卷曲状鬓毛。后接筒瓦瓦身两侧内边斜削，瓦面光素，内壁横向有工具刮抹痕迹。当面直径 9.8、后接筒瓦宽 10.8、筒瓦壁厚 1.8 厘米（图 3-194，6）。

标本 2017HSZG5 采：34，仅存兽面上额，额上有鬓毛状纹饰。后接筒瓦完整，形体较小，瓦身半筒状，一端有子口，凸面光素，内壁有工具刮抹痕，两侧内边斜削，整体制作不甚规整。通长 20、当面残宽 10、后接筒瓦宽 10～11 厘米（图 3-194，7）。

标本 2017HSZG5 采：35，仅存少许当面及瓦身，当缘饰一圈乳丁纹，缘内仅存兽面上额，额上有卷曲鬓毛，两侧各有一小耳，兽面高突。当面直径 11.5、后接筒瓦残长 6.8、筒瓦壁厚 1.6 厘米（图 3-194，8）。

6. 山嘴沟庙址（千佛洞）

位于 4 号建筑遗址北侧山坳半山腰，平台东西向，砌筑于斜坡山岩之上，长 28、宽 2.5～5、高 2～3.6 米，平台北侧山体凿有洞窟，洞窟东侧平台保存较好，西侧坍塌严重。平台地表散布

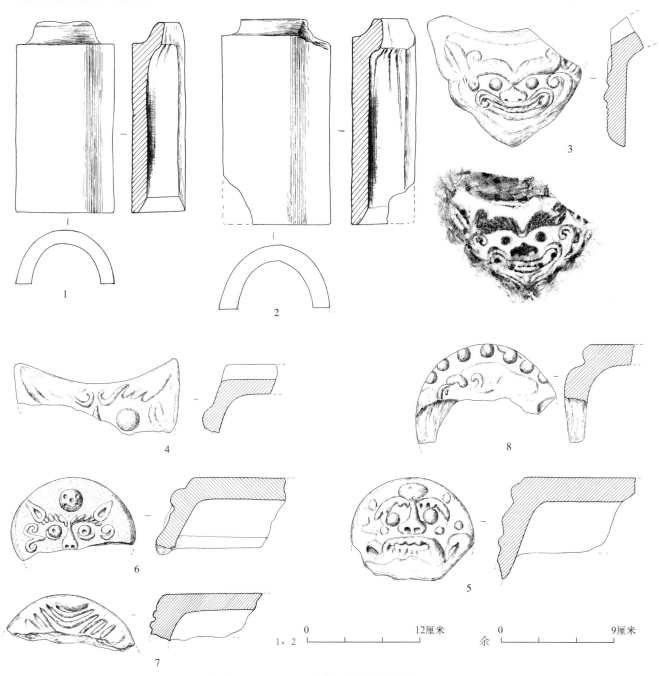

图3-194　山嘴沟建筑遗址采集标本

1、2.筒瓦2017HSZG5采：30、31　3、4.滴水2017HSZG5采：36、37　5~8.瓦当2017HSZG5采：32~35

大量条砖及少量瓷片、筒瓦残片，洞窟东西两侧各有一道砖墙遗迹，两墙间距6米。东墙残存部分长1.2、高0.7、宽0.4米，墙外侧抹有草拌泥，内侧有两层草拌泥及白灰墙皮，西墙已塌毁。洞窟口宽3、高1.8、进深4.5米，洞窟内东西宽5.6、高2.6米，窟内东北角凿有壁龛，壁龛内散布大量佛像残块，龛距洞内地表1.2米，龛高3.4、宽2.9、进深2米，龛后壁呈圆弧状。洞窟地表内散布大量泥质、陶质佛像残块及方形手印纹砖、瓷片、砖雕建筑构件残块和木质构件残块。窟内东侧壁面修整较平整，洞口部分顶部至底部有彩绘壁画，大部分被破坏，从破坏部分可看到共有6层白灰面绘有5层壁画，西侧壁面较粗糙，没有发现壁画。

佛教遗物　65件。采集较多。

A 型　38件。泥塑模制小型佛像，背平。佛像着通肩式袈裟，佛衣自身后通覆两肩，左侧覆于左肩臂后自然下垂，右侧自腋下过腹部搭至左臂。结跏趺坐于莲花座上，后有头光和背光。莲座下接祥云围绕的榜题，内部以细铁丝联结。佛像及榜题内贯通一经咒纸卷和一根芨芨草或细铁丝，背后封泥贴塑于洞窟壁上。制作佛像泥内羼麻，佛面金装，头、背光、衣饰、莲座及祥云敷彩装饰。根据佛像手势不同可分三亚型。

Aa 型　14件。双手结智拳印。佛像着红色通肩式佛衣，颈下有纹，胸前肌肤袒露，腕部戴镯，内着绿色长裙，裙腰外翻，衣纹流畅自然。

标本 2017HSZG6 采：1，佛像仅存身部及莲座。外着红色通肩式佛衣，腰部右侧背光彩绘黄色。莲座熏黑。佛像背面平整，背中贯通一根芨芨草杆，背后粘附泥饼。莲座底部横穿小段铁丝，正面挽系。佛像残高 10.8、双膝宽 8.4 厘米（图 3-195，1；彩版一四四，1）。

Ab 型　4件。双手合十。佛像着红色通肩式佛衣，胸前肌肤袒露，腕部戴镯，内着绿色长裙，裙腰外翻，衣纹流畅自然。

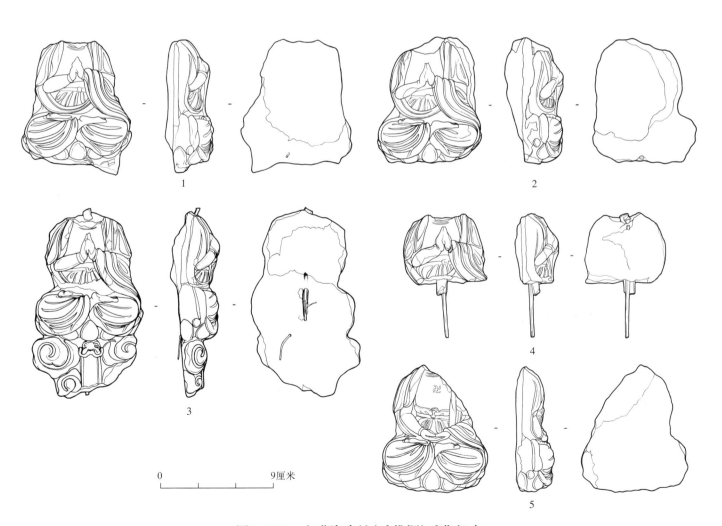

0 _____ 9厘米

图3-195　山嘴沟庙址（千佛洞）采集标本

1～5.佛教遗物2017HSZG6采：1、3、8、11、2

标本2017HSZG6采：3，佛像仅存身部及莲座，表面略残损，粘附白灰。上下可见中贯芨芨草杆两端。佛像背后粘附泥饼。泥饼羼料较多，泥质较粗糙。残高10、双膝宽8.2厘米（图3-195，2；彩版一四四，2）。

标本2017HSZG6采：8，佛像存身部、莲座及榜题部分。佛像表面熏黑，粘附白灰，颈部残处露出经咒纸卷，背部露出中贯芨芨草杆，题榜上部穿系细铁丝。残高14.5、双膝宽8.5厘米（图3-195，3；彩版一四四，3）。

标本2017HSZG6采：11，仅存佛像上半身，表面熏黑。颈、腰部残断处露出装卷经咒及芨芨草杆，纸卷可见两层，内侧为黄色书写经咒纸卷，外侧包裹白色麻纸。背面粘泥及白灰。残高9.8、肩宽4.5厘米（图3-195，4；彩版一四四，4）。

Ac型　20件。佛像施禅定印。身着红色通肩式佛衣，胸前肌肤袒露，胸口印"卍"字纹，腕部戴镯，内着绿色长裙，腰间系带，裙腰外翻，佛像结跏趺坐于莲座之上，衣纹流畅自然。

标本2017HSZG6采：2，佛像仅存身部及莲座，表面熏黑略残，底部可见芨芨草杆空腔，背部有纵向刻划痕。残高10、双膝宽8.4厘米（图3-195，5；彩版一四四，5）。

标本2017HSZG6采：4，佛像仅存下半身部及莲座，表面残损，衣纹处可见敷色，佛像手、足部可见泥金痕。腰部残处及莲座下露出经咒纸卷，莲座下残存铁丝。背部粘连泥块较厚。残高7.9、双膝宽8.1厘米（图3-196，1）。

标本2017HSZG6采：21，佛像仅存上半身且自中间裂开，经咒纸卷脱出。纸卷内外共三层，内层为黄色草纸，残长7、宽3.4厘米，红色楷书"軍力佛"，字迹向外纵向自两边卷折呈宽约

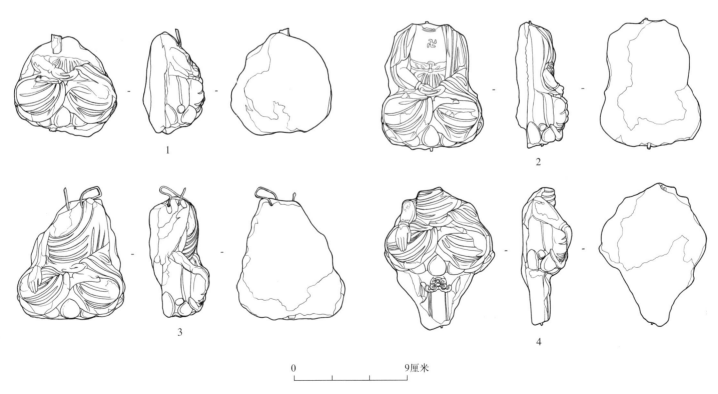

图3-196　山嘴沟庙址（千佛洞）采集标本

1～4.佛教遗物2017HSZG6采：4、6、5、7

0.8厘米的窄条；中层淡黄色纸，质略细密，残长5.8～7.1、宽3.8厘米，红色纵向印制楷体经文："临唵部临""多钵怛囉"，字迹向外将内层包裹其中，纵向自两边卷折。外层纸质与中层相近，纸条残长约10、宽约2.5厘米，斜向卷裹于中层之上（彩版一四四，6）。

标本2017HSZG6采：6，佛像仅存身部及莲座，表面熏黑，上下残处露出芨芨草杆及经咒纸卷，背部粘连泥块。残高10、双膝宽8厘米（图3-196，2；彩版一四五，1）。

标本2017HSZG6采：20，佛像仅存下半身部及莲座，表面熏黑敷彩剥落，上下残处露出经咒纸卷，芨芨草杆脱落。背部有刻划痕（彩版一四五，2）。

B型　27件。佛像着覆肩袒右式袈裟。佛衣自身后绕覆左肩、臂，过胸腹之际自右腋下绕过后下垂，右肩、臂袒露。双手施降魔印，左手自然弯曲置于腹前，手掌朝上，右手置于右膝，指头触地。胸口印"卍"纹，手腕带镯。结跏趺坐于莲座上，衣纹流畅自然。

标本2017HSZG6采：5，佛像存身部及莲座，右肩部残。上下残处露出贯穿铁丝及经咒纸卷。佛身敷彩难辨，莲座呈绛红色。残高9.4、双膝宽8.5厘米（图3-196，3）。

标本2017HSZG6采：7，佛像存身部及莲座。佛身敷彩呈黑色，莲座呈绛红色。残高11、双膝宽8.5厘米（图3-196，4）。

标本2017HSZG6采：9，佛像存身部及莲座。上下残处露出贯穿铁丝及经咒纸卷。佛身敷彩脱落严重。残高10.7、双膝宽8.5厘米（图3-197，1；彩版一四五，3）。

佛像头部　8件。佛像顶发光平，额顶有髻，额发由中间向两侧分开隆起，佛面熏黑，面容丰颐，双目微闭，额间有白毫。佛像黑发，面容金装。

标本2017HSZG6采：15，左耳垂部及颔下可见金装残迹。后接圆形头光，残存黄色彩绘。头光内残存贯穿芨芨草杆。残高4.3厘米（图3-197，2）。

标本2017HSZG6采：14，头光残。颈部两侧各见一小圆孔。颈部残处可见贯穿芨芨草杆及经咒纸卷。残高4厘米（图3-197，3）。

标本2017HSZG6采：22，头光残。颈部残处可见贯穿芨芨草杆。面周及双耳处可见金装残迹。头光处残存绿色彩绘。

标本2017HSZG6采：23，头光基本无存。颈部残处可见贯穿细铁丝空腔。左耳下略见金装残迹。

标本2017HSZG6采：24，头光无存。头后部可见捏痕指纹。面周及双耳处可见金装残迹（彩版一四五，4）。

标本2017HSZG6采：25，头后部可见芨芨草杆空腔。左额部见红彩，耳部及额髻存金装残迹。

标本2017HSZG6采：26，佛像头光，圆饼状，与佛像贴合一同塑成，中突起，存芨芨草杆空腔，头光部敷黄彩。

标本2017HSZG6采：27，佛像背光，饼状弧形，为佛像左侧背光，熏黑，边缘略呈红色，近佛像一侧存绿色敷彩。

榜题部　5件。呈倒三角形，与佛像同塑，中心同贯芨芨草杆。表面中间为长方形红色题框（也有绿框者），周围施绿色莲叶，下托红色俯仰莲花，两侧彩色祥云围绕，底部云气流束

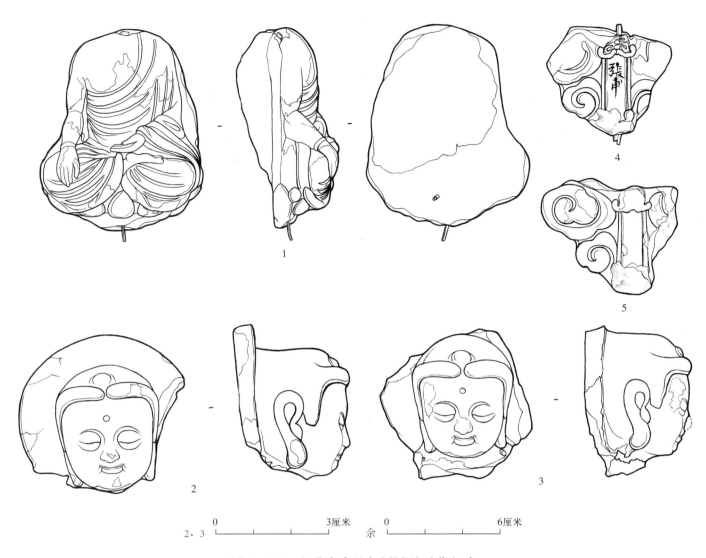

图3-197　山嘴沟庙址（千佛洞）采集标本

1.佛教遗物2017HSZG6采：9　2、3.佛像头部2017HSZG6采：15、14　4、5.榜题部2017HSZG6采：12、13

成尖。

标本 2017HSZG6 采：12，榜题上楷体墨书"张甫"。残高 6.4 厘米（图 3-197，4；彩版一四五，5）。

标本 2017HSZG6 采：13，榜题及祥云已被熏黑，残端可见贯通芨芨草杆。残高 5.7 厘米（图 3-197，5；彩版一四五，6）。

标本 2017HSZG6 采：28，榜题字迹残失。

标本 2017HSZG6 采：29，榜题左侧祥云，底敷黄彩，凹纹处覆敷红色，鲜艳亮丽。

标本 2017HSZG6 采：31，榜题下部莲座及云尖，已被熏黑。残处可见中贯细铁丝空腔。

大型佛像头部残块　1件。

标本 2017HSZG6 采：38，黄土细砂羼麻泥塑，表面贴塑螺发，螺发大小不一。发部涂黑色，面部敷红色后泥金。

人像足部残块　1件。

标本 2017HSZG6 采：34，黄土细砂羼麻塑像，足蹬厚底船靴，鞋底涂白色，鞋面及帮涂红色，鞋面画两道纵向黑线。腿足中间有芨芨草杆空腔。

铁钉泥块　3 件。

标本 2017HSZG6 采：10，整体呈圆锥形，泥块分两部分粘合，上层为锥形泥块，细泥羼砂羼麻草捏塑而成，质地较致密坚硬，中间倒插四棱形铁钉，泥块顶面平整，径约 2.5 ～ 3、高 6.3、铁钉露出长 2.5 厘米，底部与泥饼粘连相接；下层泥饼为黄土细砂羼麻质，直径 6.2、厚约 1 厘米，底面有凹凸印痕，推测这种泥块为将塑像连缀在壁面上所用（图 3-198，1）。

标本 2017HSZG6 采：19，泥块上下两部脱开，可见底部中间羼草并有虫蛀痕迹。泥块底径 6 ～ 8.3、通高 10.2、铁钉露出长约 2.5 厘米。

塑像残块　7 件。

标本 2017HSZG6 采：16，黄土细砂羼麻塑像腿部残块，扁圆柱形，上小下大，前侧上段刻斜竖纹，中部刻两圈弦纹，下段光素，表面敷彩颜色难辨。底端可见木骨空腔。残长 9.2 厘米（图 3-198，2）。

标本 2017HSZG6 采：36，黄土细砂羼麻泥塑残块，表面敷绛红色彩料，背面有横、纵两道木骨空腔。

标本 2017HSZG6 采：30，祥云纹残块，黄土细砂羼麻影塑，残断处有细铁丝空腔，白色打底，表面敷朱红、石绿彩料。

标本 2017HSZG6 采：32，黄土细砂羼麻塑像片状残块，表面施石绿色彩料。

标本 2017HSZG6 采：33，黄土细砂羼麻塑像弧壁状残块，表面施朱红色彩料，纵穿两根芨芨草杆片。

标本 2017HSZG6 采：37，黄土细砂羼麻羼草秸塑像，表面施石青色彩料。

标本 2017HSZG6 采：39，形体厚重，分两层塑造，内层为黄土羼大量秸秆，外层为黄土细砂羼麻塑形，黑色平面上有红色圆形孔窝，一侧边涂绿色彩料。

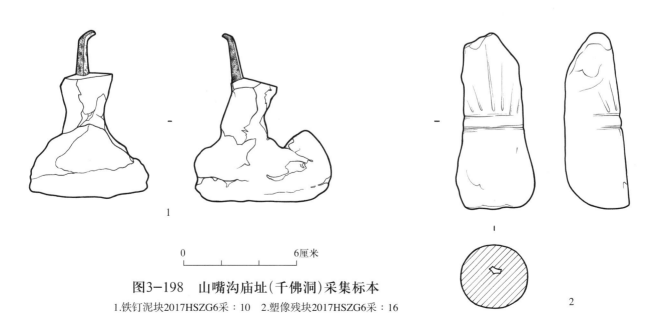

0 ⊢⊣⊢⊣⊢⊣⊢⊣ 6厘米

图3-198　山嘴沟庙址（千佛洞）采集标本

1.铁钉泥块2017HSZG6采：10　2.塑像残块2017HSZG6采：16

第二节　墓葬

大窑沟西夏墓地

该墓地位于贺兰山井子泉自然保护区大窑沟山前洪冲平原，地表遍布砾石粗砂，植被稀疏，多为灌木，墓地南 3 千米为 102 省道，北侧 1000 米有井子泉护林站监控铁塔，南北两侧各有冲沟，总面积 2 平方千米，整体地势略呈西高东低。地面调查共发现西夏墓葬 30 座，部分墓葬筑有围墙及碑亭，所发现墓葬东西向分布于大窑沟山前洪冲平原，由西至东墓葬规格逐渐变小，所发现墓葬均有盗扰痕迹，整体保存状况较差。以下墓葬间距离测点位于封土中间。

1. 大窑沟西夏墓地 M1

位于贺兰山井子泉自然保护区大窑沟山前洪冲平原山脚，地表遍布砾石粗砂，植被稀疏。M1 地表发现两座碑亭与部分围墙遗迹，围墙遗迹内有一座主墓、两座陪葬墓，西侧有数座现代墓。墓葬围墙平面呈长方形，地表仅残存部分遗迹，长约 70、宽 30 米，南墙中部留有门道，两座碑亭位于南墙外东西两侧。

M1-1　主墓　位于围墙内北部中间，地表封土、墓道面积大于 M1-2、M1-3。墓道南北向，封土馒头状，位于墓道北侧，由碎石、沙土筑成，底部东西长 8、南北宽 5.8、残高 2 米。墓道南低北高呈坡状，长 19.5、宽 4.5、残高 0.2～0.5 米，墓道地表铺有小卵石、碎石子与沙土。墓道中部及靠近封土处各有盗洞一个，地表采集有白瓷片与铁片。

M1-2　位于 M1-1 东南侧约 50 米，地表有封土及墓道，封土位于墓道南端，椭圆形，较矮，由碎石、沙土筑成，底部呈圆形，直径 7.2、残高 1.3 米。墓道南北向，填充有小卵石、碎石子与沙土，长 13.5、宽 3.5～4.5 米。墓道近封土处有一椭圆形盗坑痕迹，地表采集白灰皮一块。

M1-3　位于 M1-1 西南侧 40、M1-2 西侧约 20 米处，地面有封土及墓道，封土位于墓道西端，遭盗洞破坏严重，封土矮小，由碎石、砂土垒筑，底径约 2、残高 0.8 米，墓道东西向，填充有小卵石、砾石、沙土，长 10.5、宽 1.2 米。

碑亭 1　位于墓葬南围墙外门道西侧，仅残存台基，略呈圆形，直径 6、残高 0.3 米，地表散布有槽形砖、筒瓦、板瓦、方砖、石碑残块及少量白灰皮，筒瓦、板瓦均为灰陶，瓦内有布纹。

碑亭 2　位于墓葬南围墙外门道东侧，距碑亭 1 约 19 米，碑亭仅残存台基，台基呈方形，边长 11.8、残高 0.6 米，地表散布筒瓦残片、板瓦残片、残砖，筒瓦有灰陶、红褐陶，瓦内有布纹。

槽形砖　2 件。均残，泥质灰陶。长方形，一面呈凹槽状，两侧有凸棱，两端中部有榫卯形口，一端凹进，一端凸出。

标本 2017HDM1 碑亭 1 采：1，长 36.4、宽 22、厚 2.4、槽口宽 15 厘米（图 3-199，1）。

标本 2017HDM1 碑亭 1 采：2，残长 30、宽 22.4、厚 2.4、槽口宽 15.2 厘米（图 3-199，2）。

筒瓦　1 件。

标本 2017HDM1 碑亭 2 采：1，残，泥质灰陶。半筒状，前端有子母口，两侧有切割掰离痕迹，内壁有布纹。通长 33、宽 13.4、厚 2、子口长 2.2、子口厚 1.2 厘米（图 3-199，3）。

白釉碗　1 件。

标本 2017HDM1 采：1，口沿残片，圆唇，侈口，灰胎较薄，内外施白釉。宽 4.4、高 3 厘米

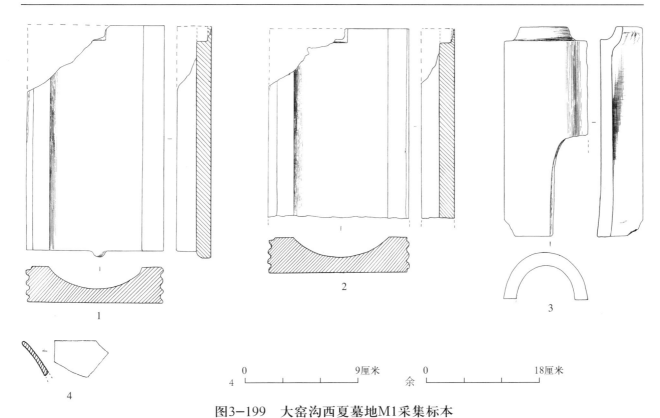

图3-199　大窑沟西夏墓地M1采集标本

1、2.槽形砖2017HDM1碑亭1采：1、2　3.筒瓦2017HDM1碑亭2采：1　4.白釉碗2017HDM1采：1

（图3-199，4）。

2.大窑沟西夏墓地M2

位于 M1 东侧约 70 米处，地表发现三座墓葬及墓葬围墙、门道遗迹，主墓位于北侧，两座陪葬墓位于其南侧，门道位于墓葬南部。

M2-1　位于墓地北部，地表有封土及墓道，墓葬南北向，M2-1 为主墓，封土、墓道面积大于 M2-2、M2-3。封土椭圆形，位于墓道北侧，由碎石、沙土筑成，底部圆形，直径 6.5、残高 1.3 米，墓道填充小卵石、砾石与沙土，长 20、宽 4 米，封土上有一椭圆形盗坑，长 4、宽 3.6 米。

M2-2　位于 M2-1 东南侧 39 米处，墓葬南北向，地表有封土及墓道，封土位于墓道南端，较矮，馒头形，由碎石、沙土筑成，底部东西长 5.3、南北宽 4.5、残高 1 米，墓道填充小卵石、碎石子与沙土，长 9.1、宽 1.6、高出地表约 0.3 米，墓道近封土处有圆角长方形盗坑，长 1.2、宽 0.8 米。

M2-3　位于 M2-1 西南侧 30 米处，墓葬东西向，地表有封土及墓道，封土位于墓道西端，较矮，椭圆形，由碎石、沙土筑成，封土底部东西宽 4、南北长 4.6、残高 0.6 米，墓道填充小卵石、碎石子于沙土，长 8、宽 1.5、高出地表约 0.3 米。封土西北侧有少量筒瓦残片。

M2 门道　位于墓地南部，在 M2-2 西南 13.5、M2-3 东南 20 米处，门道长方形，南北长 4.4、东西宽 3.8、高出地表 0.3 米。

白釉碗　1件。

标本 2017HDM2 采：1，口沿残片，圆唇，敞口，外壁斜直，白胎较薄，内外施白釉，内壁

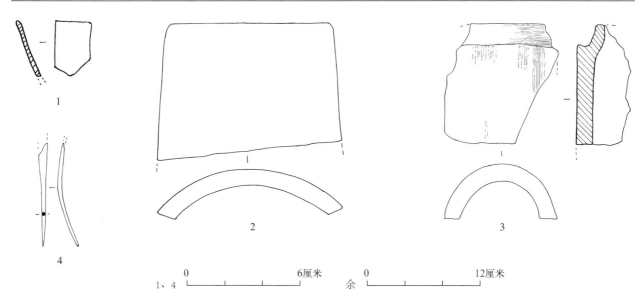

图3-200　大窑沟西夏墓地采集标本

1.白釉碗2017HDM2采：1　　2.板瓦2017HDM5采：2　　3.筒瓦2017HDM5采：1　　4.铁钉2017HDM5碑亭采：1

釉面有冰裂纹。宽2、高3厘米（图3-200，1）。

3.大窑沟西夏墓地M3

位于M2东侧约50米，西侧25米处为部队训练砂石道路。墓葬南北向，地表有封土及墓道，封土位于墓道南端，较矮，呈扁圆形，由碎石、沙土筑成，底部直径5、残高0.8米；墓道填充小卵石、碎石子与沙土，长8、宽2米，墓道近封土处有圆角长方形盗坑，封土上有一圆形盗洞。

4.大窑沟西夏墓地M4

位于M3东南侧约50米处，地表有围墙，围墙东西长28、南北宽18米，仅残存地表痕迹，围墙内有墓葬两座，南墙中部留有门道，门道长2.5、宽约1米。

M4-1　位于墓地围墙内西北侧，墓葬南北向，地表有封土及墓道。封土位于墓道北侧，较矮，呈椭圆形，由碎石、沙土筑成，底部呈圆形，直径6.2、残高0.8米；墓道填充小卵石、砾石与沙土，长11.5、宽4米，墓道南部宽1.2、北部宽2米，封土近墓道处有直径2.5米圆形盗坑。

M4-2　位于墓地围墙内东南侧，地表有封土及墓道，墓葬南北向。封土位于墓道南端，破坏严重，由碎石、沙土筑成，地表遗迹呈长方形，东西宽3.3、南北长3.8米。墓道填充小卵石、砾石与沙土，长14、南部宽2.5、北部宽1.5米，墓道靠近封土处有一直径3.5米盗坑，盗坑周围地表散布残砖，墓葬地表发现白灰墙皮。

5.大窑沟西夏墓地M5

位于M4东侧约50米处，地表有围墙遗迹，较明显，东墙长54、西墙长58、南墙长47、北墙长53米。南墙中部有门道建筑遗迹，地表散布筒瓦与板瓦残片。围墙内有墓葬三座，均有盗扰，南墙门道东南侧10米处地表有碑亭遗迹。

M5-1　位于墓地围墙内西北侧，墓葬南北向，地表有封土及墓道。封土位于墓道北端，圆锥形，由碎石、沙土筑成，底部呈圆形，直径8.5、残高1.5米；墓道南低北高呈坡状，填充小卵石、砾石与沙土，长21.6、南部宽1.2、北部宽2米，高出地表约0.2～0.6米，墓道近封土处有盗坑痕迹。

M5-2　位于墓地围墙内东南侧，M5-1东南侧40米处，地表有封土及墓道，墓葬南北向。封土位于墓道南端，圆锥形，由碎石、沙土筑成，底部直径6、残高1.3米；墓道填充小卵石、砾石与沙土，长8.6、南部宽0.6、北部宽1.5米，墓道近封土处有一椭圆形盗坑痕迹。

M5-3　位于墓地围墙内西南侧，M5-1南侧30米，M5-2西侧25米处。地表有封土及墓道，墓葬东西向。封土位于墓道西端，圆锥形，由碎石、沙土筑成，底部直径5、残高1米；墓道填充小卵石、砾石与沙土，长8.5、南部宽0.6、北部宽1.8米，墓道近封土处有一椭圆形盗坑痕迹。

M5碑亭　位于墓葬南围墙外门道东南侧10米处，仅残存台基，圆形，直径6.5、残高0.4米，地表散布筒瓦残片、板瓦残片与残砖，筒瓦有灰陶、红褐陶，瓦内有布纹，台基上发现少量瓷片及红砂岩残块，残块可能为石碑或石像生残块。

板瓦　1件。

标本2017HDM5采：2，泥质灰陶。残，四分瓦，凸面光滑，凹面有粗布纹，两侧切割、掰离痕迹明显。残长13.6、宽18～19.6、厚1.8厘米（图3-200，2）。

筒瓦　1件。

标本2017HDM5采：1，泥质灰陶。残，存瓦身前端，半筒状，子口较长，内壁有布纹。残长12.8、厚1.8、子口长2.2、厚1.8厘米（图3-200，3）。

铁钉　1件。

标本2017HDM5碑亭采：1，钉帽残失，表面锈蚀。残长5.5厘米（图3-200，4）。

6. 大窑沟西夏墓地M6

位于M5东侧约30米处，地表有围墙遗迹，围墙底部宽约1.5米，东墙长32、西墙长30、南墙长28、北墙长32米。围墙内有墓葬三座，均被盗扰，南墙中部留有门道，门道残存地表，南北长4、东西宽3米。

M6-1　位于墓地围墙内西北侧，墓葬南北向，地表有封土及墓道。封土位于墓道北端，圆锥形，由碎石、沙土筑成，底部呈圆形，直径6、残高0.9米；墓道填充小卵石、砾石与沙土，长7.5、南部宽1、北部宽2米，墓道近封土处有直径4米椭圆形盗坑。

M6-2　位于墓地围墙内东南侧，M6-1东南19米处，地表有封土及墓道，墓葬南北向。封土被盗洞破坏严重，仅残存底部，由碎石、沙土筑成，底部长3～6米；墓道填充小卵石、砾石与沙土，长6、南部宽2、北部宽1米，墓道近封土处有直径3米圆形盗洞。

M6-3　位于墓地围墙内西南侧，M6-1西南14米，M6-2西侧12米处。地表有封土及墓道，墓葬东西向。封土位于墓道西端，较矮，扁圆形，由碎石、沙土筑成，底部直径3、残高0.2米；墓道填充小卵石、砾石与沙土，长5.7米，墓道宽1.5米，墓道近封土处有直径2.5米圆形盗坑。

7. 大窑沟西夏墓地M7

位于M6东侧约20米处，地表有围墙遗迹，围墙底部宽约1.5～2米，东、西、北墙均长50米，南墙地表无痕迹。围墙内有墓葬三座，均被盗扰，南墙中部留有门道，东西宽3.7米，围墙东南角南23米处有长6、宽4.8米长方形石堆遗迹。

M7-1　位于墓地围墙内西北侧，地表有封土及墓道，墓葬南北向。封土位于墓道北端，扁圆状，由碎石、沙土筑成，底部呈圆形，直径 5.3、残高 0.8 米；墓道填充小卵石、砾石与沙土，长 13、宽 3 米，墓道近封土处有直径 4.5 米椭圆形盗坑。

M7-2　位于墓地围墙内东南侧，M7-1 东南 35 米处，墓葬南北向，地表有封土及墓道。封土位于墓道南端，破坏严重，仅残存底部，由碎石、沙土筑成，底部呈圆形，直径 3.6 米；墓道填充小卵石、砾石与沙土，长 4.3 米，墓道宽 1.2 米，高出地表 0.4 米，封土上有直径 3 米圆形盗洞。M7-3 位于墓地围墙内西南侧，M7-1 南 20 米处。墓葬被部队训练所挖土坑破坏严重，地表形制已不清。

8. 大窑沟西夏墓地M8

位于 M7 东侧约 40 米处，墓葬南北向，地表有封土及墓道。封土位于墓道北端，扁圆状，由碎石、沙土筑成，底部呈圆形，直径 6、残高 1 米；墓道填充小卵石、砾石与沙土，长 7 米，南窄北宽，宽 1 ～ 1.5 米，墓道近封土处有直径 4.5 米椭圆形盗坑。

9. 大窑沟西夏墓地M9

位于 M8 东侧约 25 米处，地表有围墙遗迹，围墙底部宽约 0.7 米，两侧包裹宽 15 厘米石块，东、西墙均长 20 米，南、北墙均长 18 米，南墙中部留有门道。地表有封土及墓道，墓葬南北向。封土位于墓道北端，低矮，扁圆状，由碎石、沙土筑成，底部呈圆形，直径 3.8、残高 0.5 米；墓道填充小卵石、砾石与沙土，长 7、宽 1.2 米，墓道近封土处有直径 3.6 米圆形盗坑。

10. 大窑沟西夏墓地M10

位于 M9 东侧约 20 米处，墓葬南北向，地表有封土及墓道。封土位于墓道北端，低矮，紧临封土西侧有部队训练所挖长方形土坑，封土由碎石、沙土筑成，底部呈圆形，直径 3.3 米；墓道填充小卵石、砾石与沙土，长 8 米，墓道南宽北窄，宽 1 ～ 1.5 米，墓道近封土处有直径 2.8 米圆形盗坑。

剔刻花青釉瓷片　1 件。

标本 2017HDM10 采：1，白胎略厚，胎质粗糙泛黄，外施青釉，表面有剔刻花图案，下部瓜棱状。宽 4.5、高 4.3 厘米。

11. 大窑沟西夏墓地M11

位于 M10 东侧约 20 米，西北方向 800 米有井子泉护林站监控塔，地表有墓葬三座，一座主墓两座陪葬墓，墓葬均被盗扰，西南部 M11-3 地表只残存部分封土。

M11-1　位于墓地北侧，墓葬南北向。地表有封土及墓道。封土位于墓道北端，扁圆状，由碎石、沙土筑成，底部呈圆形，直径 4.5、残高 0.4 米；墓道填充小卵石、砾石与沙土，南窄北宽，呈缓坡状，长 13.5、宽 1.5 ～ 2 米，高出地表 0.20 ～ 0.40 米，墓道近封土处有直径 3 米椭圆形盗坑。

M11-2　位于 M11-1 东南 19 米处，盗扰严重，地表有封土及墓道，墓葬南北向。封土位于墓道南端，低矮，扁圆状，由碎石、沙土筑成，底部直径 3.5、残高 0.4 米；墓道填充小卵石、砾石与沙土，长 5.2 米，宽不详，墓道近封土处有直径 4 米圆形盗坑。

M11-3　于 M11-1 南侧 16 米，M11-2 约 14 米处，墓葬仅残存少部分封土痕迹，底部呈圆形，直径 3 米。

石堆　位于M11-3南侧3米处，圆形，底部直径3.8、高出地表0.3米，石堆内包含碎石、沙土，边缘明显。

12. 大窑沟西夏墓地M12

位于M11东侧约30米，西北方向800米有井子泉护林站监控塔，墓地中间有一部队训练所挖长方形土坑，地表发现墓葬三座，一座主墓，两座陪葬墓，均被盗扰，东南侧M12-2地表只残存部分封土。

M12-1　位于墓地北侧，地表有封土及墓道，墓葬南北向。封土位于墓道北端，较矮，扁圆状，由碎石、沙土筑成，底部呈圆形，直径4.2、残高0.5米；墓道填充小卵石、砾石与沙土，南窄北宽，呈缓坡状，长7.8、宽1～2米，墓道近封土处有直径3.8米圆形盗坑。

M12-2　位于M12-1东南侧12米处，盗扰严重，封土仅残存底部痕迹，底部呈圆形，直径3.8米，北部有直径3米圆形盗坑，盗坑两侧散布碎石、沙土，墓道被盗坑破坏，地表无痕迹。

M12-3　位于M12-1南侧10米处，东北16米处为M12-2，地表有封土及墓道，墓葬东西向。封土由碎石、沙土筑成，仅残存底部痕迹，直径3米，呈圆形；墓道填充小卵石、砾石与沙土，长3.7、宽1米，墓道近封土处有直径2米圆形盗洞。

13. 大窑沟西夏墓地M13

位于M12东侧约70米处，保存状况不佳，墓葬南北向，地表有封土及墓道。封土位于墓道北端，仅残存底部痕迹，由碎石、沙土筑成，底部呈圆形，直径4米；墓道填充小卵石、砾石与沙土，长9米，墓道南宽北窄，宽1.5～2米，墓道近封土处有直径3.8米圆形盗坑。

M13东南侧26米处有一圆角方形台基遗迹，台基边长2.3、高出地表约0.3米，台基由小石块、小卵石与沙土筑成，地表没有发现遗物。

14. 大窑沟西夏墓地M14

位于M13东侧约40米，西北800米有井子泉护林站监控塔，地表发现墓葬两座，均被盗扰。

M14-1　位于M14-2西侧10米处，地表有封土及墓道，墓葬南北向。封土位于墓道北端，较矮，扁圆状，由碎石、沙土筑成，底部呈圆形，直径4、残高0.6米；墓道填充小卵石、砾石与沙土，长13米，南窄北宽，呈缓坡状，宽1.5～3.2米，墓道近封土处有直径3.2米圆形盗坑。

M14-2　位于M14-1东侧10米处，墓葬南北向，封土及墓道破坏严重。封土位于墓道南端，低矮，由碎石、沙土筑成，底部直径3、残高0.4米；墓道填充小卵石、砾石与沙土，长5.2、宽1.2米，墓道近封土处有直径3米圆形盗坑。

15. 闽宁村西夏墓地

地表现已无封土痕迹，仅采集标本11件，均为残件。

筒瓦　1件。

标本2017HMNZ采：1，泥质灰陶。残，瓦身半筒状，套接头和瓦面呈沟槽状，瓦舌较直，瓦身有制坯时留下的压印痕，内壁有布纹，两侧切割、掰离痕迹明显，切割规整、掰离面较粗糙。残长15.6、宽14、厚1.8、子口长1.6厘米（图3-201，1）。

瓦当　3件。均泥质灰陶。兽面纹，当面残，后接筒瓦残失，兽面纹饰较模糊，凸轮，宽缘，外轮饰一圈连珠纹，制作较粗糙。

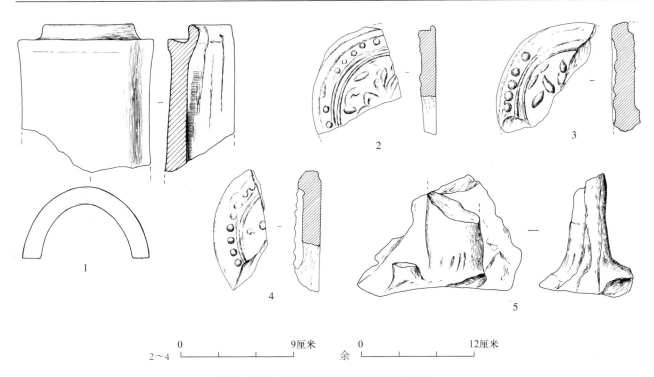

图3-201　闽宁村西夏墓地采集标本

1.筒瓦2017HMNZ采：1　2～4.瓦当2017HMNZ采：2～4　5.套兽残件2017HMNZ采：5

标本2017HMNZ采：2，兽面叉角，竖耳，双边轮。残宽9.8、厚1.3厘米（图3-201，2）。

标本2017HMNZ采：3，外轮饰凸线纹和一圈连珠纹。残宽11.2、厚1.5厘米（图3-201，3）。

标本2017HMNZ采：4，残宽9.7、厚1.4厘米（图3-201，4）。

套兽残件　5件。

标本2017HMNZ采：5，残存部分舌根及獠牙，舌根宽扁，中部微微隆起，獠牙残存椭圆形牙根。残宽16.8、残高12厘米（图3-201，5）。

标本2017HMNZ采：6，犄角残件，犄角根部分叉，断面呈柱状，底部覆瓦边缘尖圆状。残宽12.8、残高8.4厘米（图3-202，1）。

标本2017HMNZ采：7，眼部残件，椭圆形眼球，大而前凸。残件长12、最宽处8、残高6.4厘米（图3-202，2）。

标本2017HMNZ采：8，唇部残件，器表饰褶皱状纹饰。残长7.6、残宽5厘米（图3-202，3）。

标本2017HMNZ采：9，犄角残件，圆柱形弯曲状。残长9、直径2.4厘米（图3-202，4）。

石器　2件。

标本2017HMNZ采：10，表面不规整，一面有工具加工凿迹。残长8.4、残宽7～8厘米（图3-203，1）。

标本2017HMNZ采：11，残断，表面有须毛状纹饰。残长9.8、残宽4.4、残高4.6厘米（图3-203，2）。

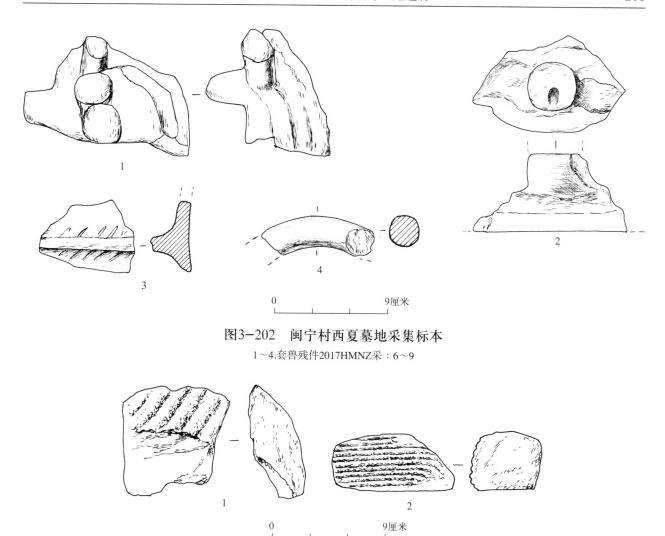

图3-202　闽宁村西夏墓地采集标本

1~4.套兽残件2017HMNZ采：6~9

图3-203　闽宁村西夏墓地采集标本

1、2.石器2017HMNZ采：10、11

第三节　石堆

1.苏峪口石堆

位于苏峪口沟灵光寺西侧山脊，西北侧山顶为苏峪口1号烽火台。地表石块、杂草较多。石堆呈椭圆形，采用较小页岩石片、小石块、碎石、沙土垒筑而成，顶部隆起，距地表约1.3米。推测该石堆疑似墓葬封土。

2.拜寺口石堆

拜寺口沟口南侧与殿台子遗址核心区东北侧山坡建筑遗迹区山腰各2座。

（1）拜寺口沟口南侧

1）1号石堆

位于拜寺口大寺台子南侧冲沟山前缓坡台地。石堆底部平面呈长方形，顶部呈椭圆形。底部东西长11.3、南北宽7.7米，顶部东西长4、南北宽3米，残高约1米。底部采用石块砌边，往上逐层内收，砌筑高度 0.5 米，内部填充有碎石、沙土，顶部散布较多残砖，石堆东部有石块铺筑踏步，残长 0.8、宽 2.1 米。

2）2 号石堆

位于 1 号东侧。底部长方形，顶部略呈椭圆形，底部四周用单排石块围筑，中间填充沙土、碎石块，顶部中间有一圆形盗洞（直径 1、深 0.7 米），盗洞内发现夹砂红陶片、白灰皮及白瓷片。石堆底部东西长 4.6、南北宽 4、残高约 0.7 米。

（2）殿台子遗址核心区东北侧山坡建筑遗迹区

1 号石堆

位于殿台子遗址核心区东北侧山坡建筑遗址区 2 级台地东侧约 30 米处，石堆垒筑于山腰一较大自然岩石平台之上，略呈方形，周围用较大红褐色砂岩堆筑，中部填充碎石、小石块，垒筑随意，地表无遗物。石堆边长约 1.6 米，顶部距岩石表面约 1 米。

3. 大水渠沟石堆

位于大水渠沟内约 3 千米沟南侧山脚下。采用大、小石块夹杂沙土垒筑，平面略呈覆钵形，底部直径 18、高约 4.8 米，顶部被盗扰，较平，直径 7.2 米。石堆南侧有长 3、宽 2.5 米盗坑，顶部有一方形盗坑，边长 1.6、深 1 米（见彩版一三七，2）。

第四节　石刻、岩画

1. 苏峪口摩崖石刻

位于银川市贺兰县洪广镇金山村苏峪口向内约 10 千米处的石壁上。共有摩崖石刻造像 3 处。

（1）1 号摩崖造像

保存较好，刻于一半圆形佛龛内，整体呈浅浮雕形（彩版一四六，1）。头戴宝冠，面部饱满，神态端庄，体态丰腴。双手置于胸前，拇指与食指相捻，其余各指自然舒散，呈说法印。结跏趺坐于仰莲台之上，头光、背光用简单的线条勾勒而成。在佛像头部两侧各雕刻有一直径约 0.50 米的圆圈，代表日月，这种风格在其他佛像中较为少见。佛像通高 9.15、宽 6.6 米，比例协调，技法娴熟，显示出了高潮的雕刻工艺。

护法像位于佛像左侧，雕刻于长方形龛内，保存较好。人首兽身，面目狰狞，左手高举法器，右手握于胸前，身着璎珞饰件，站立于仰莲台之上。在护法头部两侧也刻有圆形的日月图案。护法像高 4.0、宽 3.0 米。莲台下刻有梵文咒语，即三怙主咒语中的金刚手菩萨咒。

（2）2 号摩崖造像

位于 1 号摩崖造像西南侧（彩版一四六，2），相距稍远。四臂观音像，保存较好，刻于一半圆形佛龛内，整体呈浅浮雕形。观音结跏趺坐于仰莲台之上，头戴宝冠，面部饱满，神态端庄，体态丰腴，颈部挂有璎珞等饰件。两手合掌于胸前，另两手中的一只手拿法器，一只手似举莲花。在头部两侧雕刻有圆形的日月图案。像通高 3.95、宽 2.82 米。莲台下刻有两行梵文咒语，上面一行是六字真言，下面一行是文殊菩萨咒。

（3）3 号摩崖造像

3 号摩崖造像崖面几乎为直壁（彩版一四六，3）。两臂观音像，保存较好，刻于一半圆形佛龛内，整体呈浅浮雕形。观音结跏趺坐于仰莲台之上，身体略向右倾斜。头戴宝冠，面部饱满，神态端庄，体态丰腴，颈、腰部皆挂有璎珞等饰件。左手执一似剑的法器，右手大拇指与食指相捻，掌心拿有一带莲状托盘的莲茎，莲茎从体前而下，绕至左肩后。在头部两侧雕刻有圆形的日月图案。像通高 4.2、宽 2.9 米。

苏峪口摩崖造像始凿年代不详，但从凿刻痕迹推测，刻迹清晰，自然侵蚀轻微，凿刻时间大约在清代初期。佛像头部两侧均刻有两个圆形饰物，这种佛像形制在汉地元明以前佛像中极为少见，最早出现在清朝康熙年间，两边的圆圈表示日月，在清代藏传佛教的唐卡或壁画中佛像上方饰有日月形象，而在贺兰山发现的西夏佛像中未有此类型，因此将苏峪口石刻摩崖造像判定为清代。

2. 朱峰沟摩崖石刻

位于银川市西夏区贺兰山西路街道办事处农牧场社区。摩崖造像雕刻于一独立山体崖面之上，面向西北，主尊佛像为浮雕，两侧像为线阴刻，其中右侧像风化严重，细部多已漫漶不清。

主尊佛像保存较好，刻于一尖拱形长方形龛内，整体浮雕而成。佛像结跏趺坐于莲台之上，螺发高凸，面相方圆，大耳垂肩，右胸袒，身披袈裟。左手屈于腹前，右手自然下伸，指端下垂，手掌向外，作与愿印。通高 2.65、宽 1.20 米。左侧线刻造像，局部风化漫漶，束发，右手扶膝，盘腿而坐。高 2.4、宽 1.3 米。右侧线刻造像现风化，细部漫漶不清。石刻下方置有石案，长 1.43、高 0.80 米，石刻西侧为冲沟，山顶为现代采石场。石刻南侧山体拐角处有一自然石洞，洞内有石块垒筑平台，用途不详，石洞下方岩壁阴刻有 "X 佛沟" 字迹。

第五节　瓷窑遗址

1. 插旗口瓷窑遗址

位于插旗口头道沟内沟底西侧台地，窑址西侧为插旗口林管站废弃房屋及一蓄水池，窑址东侧有一水池及羊圈，窑址台地东、南下方为河道，有流水，台地对面为山坡。窑址建在沟内缓坡台地之上，地表长有荒草，散布较多瓷片、破碎匣钵，台地下方有水源，台地旁有煤层堆积。地表共发现现代窑炉 4 座，均为馒头窑（圆窑），采用石块、砂土砌筑，窑址整体保存状况较差。窑址所在台地，南北长约 35、东西宽约 31 米。

采集瓷器根据釉色可分为白釉、青白釉和黑（酱）釉三大类。器形有碗、盘、瓶、罐等。

青釉碗　1 件。

标本 2017HGYZY 采：50，灰白色胎，含细砂，青绿色釉，色微发黄。内底平阔，挖足过肩，底部薄厚均匀，足沿修成圆棱形。内壁施满釉，较薄，积釉处呈黄绿色，刻有花纹，底部细线刻牡丹花叶，足径 9.9 厘米（图 3-204，1）。

白釉碗　3 件。

标本 2017HGYZY 采：12，口沿。敞口，斜壁，外壁多小棕眼。口径 14 厘米（图 3-204，2）。

标本 2017HGYZY 采：13，口沿。敞口，方唇，斜壁，外壁多小棕眼。内壁口沿下有叠烧粘

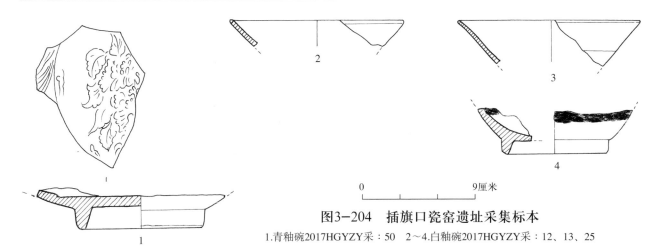

图3-204　插旗口瓷窑遗址采集标本

1.青釉碗2017HGYZY采：50　2～4.白釉碗2017HGYZY采：12、13、25

连痕。口径 14.6 厘米（图 3-204，3）。

标本 2017HGYZY 采：25，碗底。弧壁，内底修平，挖足过肩，底部较薄，足沿修成鱼脊状。足径 8.4 厘米（图 3-204，4）。

青白釉碗　8 件。皆存底部，胎质坚致洁白，较细腻，含细砂。釉色清润，积釉处呈淡青色或淡绿色。分三型。

A 型　4 件。弧壁，圈足，挖足过肩，足墙竖直，足沿尖窄。

标本 2017HGYZY 采：22，圜底，内底满釉刮出涩圈，外壁施釉近底。内底有叠烧粘连痕。足径 4.2 厘米（图 3-205，1；彩版一四七，1）。

标本 2017HGYZY 采：18，胎质较粗。底近平，足墙较高。内壁施釉较厚，积釉处呈淡青色，有玻璃质感。残高 3.4 厘米（图 3-205，2）。

标本 2017HGYZY 采：16，内底涩圈修平，圈足略高，底有脐心。足径 4.6 厘米（图 3-205，3）。

标本 2017HGYZY 采：14，圜底，底部薄厚适中。胎质较细，施釉薄而均匀，内壁满釉，刮出涩圈，内壁有细线刻划花纹。足径 4.5 厘米（图 3-205，4；彩版一四七，2）。

B 型　2 件。弧壁，圈足外斜，挖足过肩，足沿自外侧修窄。

标本 2017HGYZY 采：51，胎体厚重，底部较厚。内壁满釉，底部积釉处呈绿色，有玻璃质感，外壁施釉近底。足径 8.6 厘米（图 3-206，1）。

标本 2017HGYZY 采：15，两件碗底叠烧粘连。圜底中坦，施釉清润均匀，内壁满釉，内底

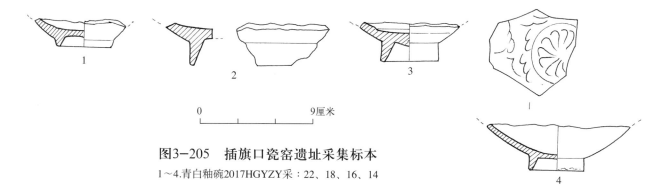

图3-205　插旗口瓷窑遗址采集标本

1～4.青白釉碗2017HGYZY采：22、18、16、14

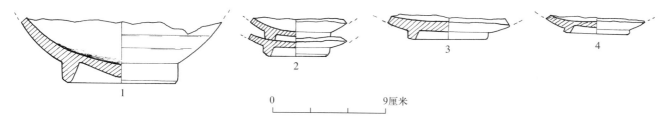

图3-206　插旗口瓷窑遗址采集标本

1～4.青白釉碗2017HGYZY采：51、15、20、21

刮出涩圈，有叠烧粘连痕，外壁施釉至底足。足径5.2厘米（图3-206，2；彩版一四七，3）。

C型　2件。圈足，挖足过肩，底心较厚，足沿宽平。

标本2017HGYZY采：20，内底刮出涩圈。足径6.3厘米（图3-206，3）。

标本2017HGYZY采：21，矮圈足，圈足外撇。内壁施满釉。足径5.2厘米（图3-206，4）。

茶叶末釉碗　2件。弧壁，圜底。

标本2017HGYZY采：43，浅黄色胎，内外壁施酱茶色釉，内外壁皆施半釉，底部露胎，有叠烧印痕。挖足不过肩，底厚与壁相近，足沿自外侧修成尖棱。足径9厘米（图3-207，1）。

标本2017HGYZY采：17，施茶叶末绿釉，内壁满釉，底周刮出涩圈，外壁施釉未及底。底部较厚，足沿方平。足径6厘米（图3-207，2）。

茶叶末釉罐口沿　2件。敛口，芒口。

标本2017HGYZY采：29，折肩，浅灰色胎，内外壁施茶叶末釉，呈色较深，折肩处呈酱色。口径15.2厘米（图3-207，3；彩版一四七，4）。

标本2017HGYZY采：30，敛口，圆唇内敛，鼓腹。浅灰色胎，内外壁施茶叶末釉。口径21.6厘米（图3-207，4）。

茶叶末釉瓶　1件。

标本2017HGYZY采：32，小口，卷沿外翻，直领。浅黄色胎，内外壁施茶叶末釉，棱脊处呈酱色。口径5.4厘米（图3-208，1）。

酱釉碗　4件。胎呈浅灰色或灰白色，胎质细密，略含细砂。釉色为黑色或酱色。器形较大，足沿自外侧修窄。

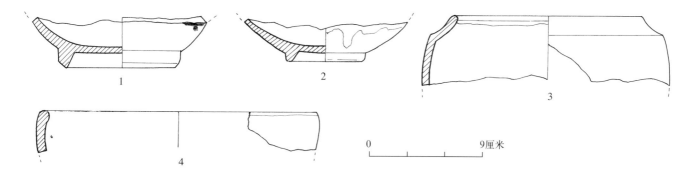

图3-207　插旗口瓷窑遗址采集标本

1、2.茶叶末釉碗2017HGYZY采：43、17　3、4.茶叶末釉罐口沿2017HGYZY采：29、30

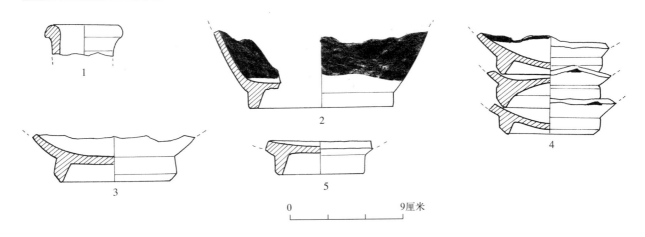

图3-208　插旗口瓷窑遗址采集标本

1.茶叶末釉瓶2017HGYZY采：32　2~5.酱釉碗2017HGYZY采：42、41、27、19

标本2017HGYZY采：42，斜弧壁，挖足过肩，内底修平，底较薄。内壁施满釉，刮出涩圈。浅黄色胎，酱釉，底较薄，足沿较窄，外壁施釉不及底。足径11.4厘米（图3-208，2）。

标本2017HGYZY采：41，圜底，内、外壁皆施半釉，灰白色胎，碗底露胎。足径8.6厘米（图3-208，3）。

标本2017HGYZY采：27，3件叠烧，深灰色胎，叠烧遮盖处呈紫红色，露胎处呈火石红。由于叠烧粘连过密，上下层碗底部发生鼓胀炸裂而损毁。最下层碗足径6.8厘米（图3-208，4；彩版一四七，5）。

标本2017HGYZY采：19，酱釉，内底露胎，底较薄，挖足过肩，足沿修成方圆棱，足径6.6厘米（图3-208，5）。

酱釉盆　1件。

标本2017HGYZY采：31，折沿，尖圆唇，浅黄色胎，内外壁施酱釉。口径19.8厘米（图3-209，1）。

酱釉罐　8件。灰白色胎，胎质略粗。内壁满釉，外壁部分施釉不及底。多数内外壁施同色釉，少量内外壁施釉不同。

标本2017HGYZY采：48，圜底，圈足，挖足不过肩。底心略薄，足沿自外侧斜修呈窄棱，内外壁施酱黑色釉，内壁满釉，外壁施釉近底。足径8.4厘米（图3-209，2）。

标本2017HGYZY采：45，圜底，圈足，挖足不过肩。内壁有鼓包，足沿圆平，内外壁施酱黑色釉，内壁满釉，外壁施釉及底。足径10.4厘米（图3-209，3）。

标本2017HGYZY采：47，底圜底，圈足，挖足不过肩。足沿方平。内外壁施酱黑色釉，皆为满釉，底足露胎。足径12厘米（图3-209，4）。

标本2017HGYZY采：44，弧腹，圜底，圈足，挖足不过肩。足沿圆平。胎略疏松，内壁满釉，施墨绿色釉，外壁施酱黑色釉，施釉近底。足径10.4厘米（图3-209，5）。

标本2017HGYZY采：46，圜底，较平，圈足，挖足过肩。底心有脐心上下鼓出，足沿圆平，内壁施酱色釉，内壁满釉，外壁施白釉近底。足径7厘米（图3-210，1）。

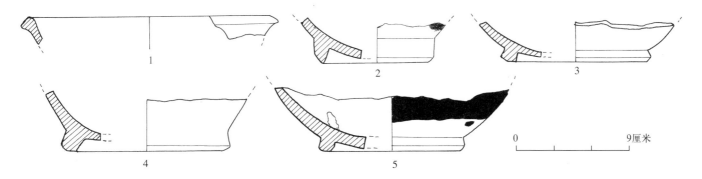

图3-209　插旗口瓷窑遗址采集标本
1.酱釉盆2017HGYZY采：31　2~5.酱釉罐2017HGYZY采：48、45、47、44

标本 2017HGYZY 采：49，圜底，较平，圈足，挖足过肩。胎体较厚，内圈足。内壁有轮制弦纹，满釉，施酱黑釉，外壁施酱釉，外壁施釉及底。足径 11.4 厘米（图 3-210，2）。

标本 2017HGYZY 采：40，圜底，较平，圈足，挖足过肩。底有脐心，足沿齐平。内壁施酱釉。足径 9 厘米（图 3-210，3）。

酱釉肩部残块　1 件。

标本 2017HGYZY 采：37，敛口，折肩，肩部丰圆，浅黄色胎，内壁施酱色釉，外壁敷化妆土后施白釉，釉面残破无光。残高 7 厘米（图 3-210，4）。

酱釉器座　1 件。

标本 2017HGYZY 采：52，鼓状柄，下接喇叭形足，足心内凹，柄内中空。外壁施酱黑色釉，施釉近底。残高 6、足径 7.2 厘米（图 3-210，5；彩版一四七，6）。

匣钵　5 件。分三型。

A 型　2 件。直桶形，白色瓷胎，平底，直壁，近底处有三个圆孔，孔外壁较内壁大，推测为自内向外捅开。大小不一。

标本 2017HGYZY 采：26，胎体粗厚，内底粘有一层细砂，中间有垫窝。外底边缘有一圈叠装粘连痕。底径 25、残高 8.2、孔径 3.5 厘米（图 3-211，1）。

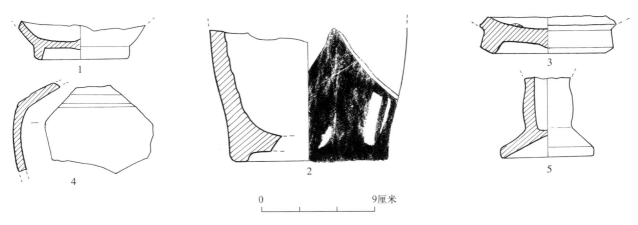

图3-210　插旗口瓷窑遗址采集标本
1~3.酱釉罐2017HGYZY采：46、49、40　4.酱釉肩部残块2017HGYZY采：37　5.酱釉器座2017HGYZY采：52

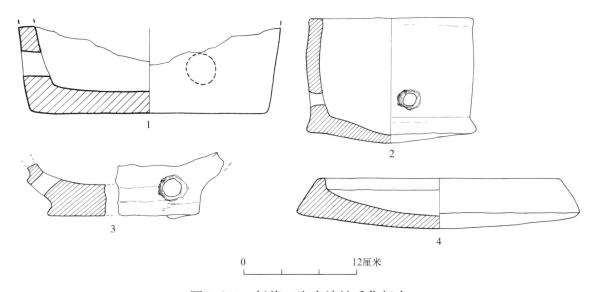

图3-211　插旗口瓷窑遗址采集标本

1～3.匣钵2017HGYZY采：26、3、4　4.匣钵盖2017HGYZY采：8

B型　2件。直桶形，白色瓷胎，平底微凹，底部外沿撇出，近底处有三个圆孔。

标本2017HGYZY采：3，壁略仰，口部微敛。底部有细砂，底心较薄。外底有白瓷器口沿印痕。底径18、孔径1.4、高13.3、口径17.6厘米（图3-211，2；彩版一四八，1）。

标本2017HGYZY采：11，胎体较白，壁略薄，内底有细砂，中间有垫饼和青白瓷器足部粘连痕，外底边缘与下层匣钵口部粘连。外壁粘有酱色窑汗。底径20、孔径2.3～3、残高11厘米（彩版一四八，2）。

C型　1件。

标本2017HGYZY采：4，漏斗形。灰色瓷胎，口大，弧壁，底小且厚，内底圜形，外底平，近底处有圆孔。内底有圈足器装烧粘连痕，外底粘有同色瓷胎残块。底径16.2、孔径2、残高6、壁厚1.2、底厚3.3厘米（图3-211，3）。

匣钵盖　1件。

标本2017HGYZY采：8，灰白胎，胎体粗厚。圆盘形，上小下大，边沿凸起，底平。外壁施黄绿色护胎釉，上下底露胎。上底面粘有一层细砂，有底径较大器物装烧痕。口径25、底径30、高5.2厘米（图3-211，4）。

顶碗　2件。灰白色素胎，轮制，上底旋挖成筒形，上小下大，上沿齐平，下沿圆润。

标本2017HGYZY采：1，斜壁，近底微弧。内壁有鼓包。口沿粘连同色瓷胎，底沿粘酱釉痕。口径13.4、底径11.6、高7.8厘米（图3-212，1；彩版一四八，3）。

标本2017HGYZY采：2，斜壁，足沿外撇。口沿粘连酱釉痕，底沿粘碎瓷渣。口径16.4、底径12.4、高8厘米（图3-212，2）。

支烧具　1件。

标本2017HGYZY采：5，灰白胎，外壁施酱色护胎釉，直桶形，平底，底部外撇，内壁有轮制弦纹，内底心有螺旋尖状凸起。底部粘有砂粒，之上粘一薄层瓷胎垫层。底径10、残高9.8

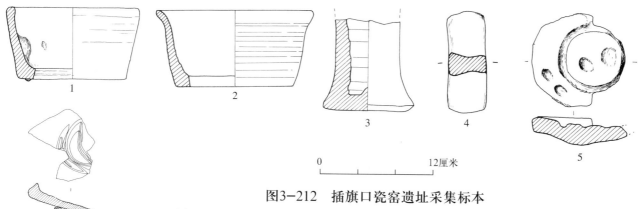

图3-212　插旗口瓷窑遗址采集标本

1、2.顶碗2017HGYZY采：1、2　3.支烧具2017HGYZY采：5　4.垫条2017HGYZY采：7　5、6.垫饼2017HGYZY采：6、9

厘米（图3-212，3；彩版一四八，4）。

　　垫条　1件。

　　标本2017HGYZY采：7，细白瓷胎，长方条形，四棱凸起，中间略扁，有裂痕。长10.8、宽4厘米（图3-212，4；彩版一四八，5）。

　　垫饼　2件。圆饼形，灰白色瓷土掺砂粒捏成，大小不一，较装烧器物底足略大。

　　标本2017HGYZY采：6，残宽9.8、厚1.5厘米，装烧器物足径6厘米（图3-212，5；彩版一四八，6）。

　　标本2017HGYZY采：9，仅存装烧器物底足切印部分。上下粘有砂粒。直径6、厚约0.5厘米（图3-212，6）。

　　2.贺兰口瓷窑址

　　位于贺兰口沟内贵房子沟底西侧坡地之上，地表杂草较多。有瓷窑址2处，保存状况较差。

　　（1）Y1

　　顶部坍塌，残存窑体，石砌墙体，平面形制呈马蹄形，条石垒砌，窑室西壁底部两侧各有一方形烟孔，窑室外有一圈石块砌筑围墙遗迹。窑门未清理。西壁宽2.54、北壁宽2.5、南壁宽2.54米，窑门宽1.24米，窑炉残高2.2米。墙体有烧结流渣面。窑内填满沙石，出土标本较少，主要有瓷器与窑具等，瓷器主要为青白瓷，器形以碗为主。窑具主要有匣钵碎片、垫饼、探棒等（彩版一四九，1）。

　　青釉瓷片　1件。

　　标本2017HGFZY1采：9，灰白色胎，坚致细腻，内外壁施青釉，呈黄绿色，内底刮涩圈。残片宽5.3、高3厘米（图3-213，1）。

　　青白釉碗　3件。

　　标本2017HGFZY1采：5，可复原，敞口，撇沿，弧壁，圆腹，内底平阔，圈足。外壁口沿下有四道轮制弦纹。灰白色胎，细腻坚硬，圈足竖直，器底沉稳。内外壁施青白釉，发影青色，釉层较薄，内底刮涩圈，涩圈较宽，外壁施釉近底，胎釉结合处有火石红色。挖足内外相当，足沿自外侧修圆。口径16、足径6、高7.8厘米（图3-213，2；彩版一五〇，1）。

　　标本2017HGFZY1采：8，弧壁，圜底坦阔，宽涩圈，灰白色胎，胎体略滞涩，外壁施釉近

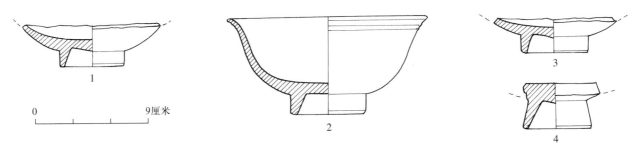

图3-213　贺兰口瓷窑址采集标本
1.青釉瓷片2017HGFZY1采：9　2～4.青白釉碗2017HGFZY1采：5、8、10

底，青白釉，釉层较薄，釉面已蚀。直圈足，足沿窄，挖足略过肩，底有脐心。足径5厘米（图3-213，3）。

标本2017HGFZY1采：10，白胎，高圈足，内外壁施青白釉，内底刮涩圈，挖足与肩齐深，外底有脐心。足径5.4、足高2厘米（图3-213，4）。

青白釉斗笠碗　2件。

标本2017HGFZY1采：7，可复原，敞口，斜直壁，内尖底，呈斗笠状。灰白胎，胎质细腻。青白釉，内壁满釉，外壁半釉，釉面已蚀。矮圈足，挖足较浅，底有脐心，足沿自外侧修窄。足径3.6、口径11.2、高4.5厘米（图3-214，1；彩版一五〇，2）。

标本2017HGFZY1采：6，可复原，敞口，微撇，内壁有模印短平行线花纹。口径11.2、足径3.4、高4.6厘米（彩版一五〇，4）。

青白釉罐　3件。

标本2017HGFZY1采：15，斜弧腹，喇叭形圈足，底较厚，上下底心皆有脐心，白瓷胎，内外壁施青白釉，内壁满釉，外壁施釉近底，积釉处呈深黄绿色，外壁露胎处呈火石红色，足径4.4厘米（图3-214，2）。

标本2017HGFZY1采：13，细白胎，胎体较薄，有轮制弦纹，附有桥形耳，残断，内壁素胎，外壁施青白釉，釉面已蚀。残块宽6、高4.4厘米（图3-214，3）。

标本2017HGFZY1采：11，白胎，弧壁，圜底，圈足残，挖足不过肩，底有脐心。施青白

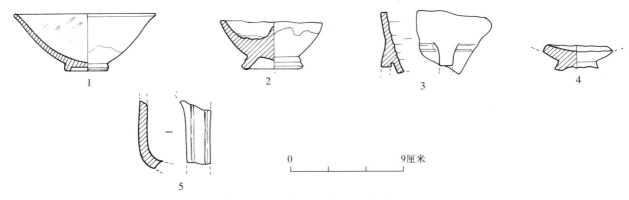

图3-214　贺兰口瓷窑址采集标本
1.青白釉斗笠碗2017HGFZY1采：7　2～4.青白釉罐2017HGFZY1采：15、13、11　5.器耳残块2017HGFZY1采：12

釉，内壁满釉，外壁半釉。足径 3.4 厘米（图 3-214，4）。

器耳残块　1 件。

标本 2017HGFZY1 采：12，长方条形桥耳，浅棕色胎，酱色釉，呈酱色和黑色斑驳，釉面光润。残长 5、宽 2 厘米（图 3-214，5）。

火照　1 件。

标本 2017HGFZY1 采：4，圆棍形，白灰质，一端磨圆。残长 3.7、直径 0.9 厘米（图 3-215，1）。

垫饼　3 件。白瓷胎质，圆饼形，底面平，上面有捏痕。

标本 2017HGFZY1 采：1，上面有圈足印痕，且粘有细砂。直径 6、厚 0.8 厘米（图 3-215，2）。

标本 2017HGFZY1 采：2，仅存圈足内部分。直径 5.7、厚 0.7 厘米（图 3-215，3）。

标本 2017HGFZY1 采：3，仅存圈足内部分。直径 6.3、厚 0.5 厘米（图 3-215，4）。

（2）Y2

距 Y1 约 15.5 米，已塌毁，仅存地表小部分窑室（彩版一四九，2），石砌墙体，形制结构不清楚，北墙宽 2.5、西墙长 2.3、宽 0.3、残高 0.8 米，窑炉残存墙体往上内收。窑炉未清理。

Y1 与 Y2 周围采集标本有瓷器和窑具。瓷器有白釉、青白釉、青釉、黑釉和褐釉瓷。胎色有浅黄色、浅灰色、白色三种，坚硬致密。瓷器多为单色釉。器形主要有碗、盘、瓶、罐等生活用具。窑具主要有匣钵、顶碗、垫饼和探棒。

青釉碗　5 件。

标本 2017HGFZY 采：10，平底，圈足，挖足不过肩。有螺旋涡痕，外底有脐心，底较壁厚，竖直圈足，足沿齐平，外侧修窄。内壁施青釉，釉面不均，呈条绺状，釉呈黄绿色，外壁施釉不及底，显火石红色。足径 5.4、足高 1.2、残高 2.8 厘米（图 3-216，1）。

标本 2017HGFZY 采：16，两件碗足部粘连。宽平底，圈足，挖足过肩。浅灰色胎，含细砂，底部碗刮涩圈叠烧，碗内壁施青釉，外壁施釉不及底，足沿齐平，外侧修窄。足径 9.4、残高 2.8 厘米（图 3-216，2）。

标本 2017HGFZY 采：14，斜弧壁，平底，圈足，挖足过肩。内底刮涩圈同时修平，内底较圈足略大，足沿自内外两侧修窄。内外壁施釉，釉面蚀化，足径 9.2、残高 3.8 厘米（图

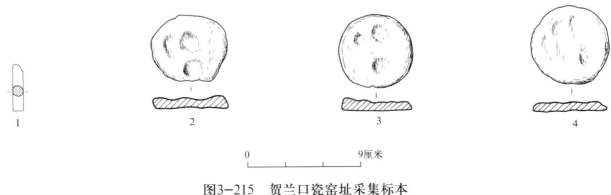

0 ———— 9厘米

图3-215　贺兰口瓷窑址采集标本
1.火照2017HGFZY1采：4　2～4.垫饼2017HGFZY1采：1～3

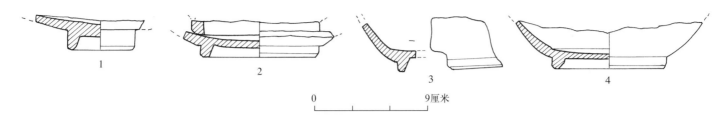

0　　　　　　　　　9厘米

图3-216　贺兰口瓷窑址采集标本

1～3.青釉碗2017HGFZY采：10、16、6　4.青釉碗2017HGFZY采：14

3-216，4）。

标本2017HGFZY采：15，平底，圈足，挖足过肩。内底挂釉露出化妆土，胎釉结合处呈酱色。足径7厘米。

标本2017HGFZY2采：6，平底，圈足，挖足过肩。外壁施釉至底，釉面多棕眼。残高4.2厘米（图3-216，3；彩版一五〇，4）。

青釉口沿　2件。

标本2017HGFZY2采：12，胎体薄巧，斜壁，敞口微侈，外壁施半釉，釉色发黄。宽3.6、高2.8厘米（图3-217，1）。

标本2017HGFZY2采：17，浅黄色胎，胎质细腻。碗上半部施化妆土，上罩青釉，下半部外壁施酱釉。宽3.8、高4厘米（图3-217，2）。

青釉腹片　1件。

标本2017HGFZY采：23，斜弧壁，灰色胎，胎体纤薄，胎釉结合处发白，碗外壁有三道凹弦纹，内壁胎体刻牡丹花叶纹，内外壁施青釉，釉层较厚，釉色发黄绿色，瓷片上有两处铁钉焗痕。宽7、高6厘米（图3-217，3）。

白釉碗　2件。

标本2017HGFZY2采：25，腹片。胎质坚硬纯净，土黄色胎，内外壁敷化妆土罩透明釉，釉色泛青绿，釉面粉白细腻。残长4.6、残高2.6厘米（图3-217，4）。

标本2017HGFZY2采：11，口沿。胎质坚硬纯净，弧腹，尖唇，侈口外卷，浅黄色胎，施白釉，釉色发黄，细腻无光。口径13.6、残高3厘米（图3-217，5）。

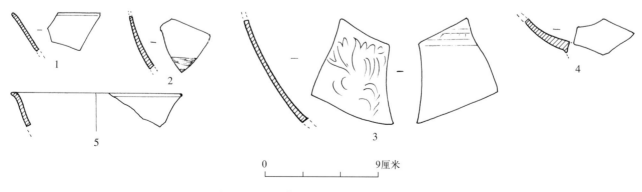

0　　　　　　　　　9厘米

图3-217　贺兰口瓷窑址采集标本

1、2.青釉口沿2017HGFZY2采：12、17　3.青釉腹片2017HGFZY采：23　4、5.白釉碗2017HGFZY2采：25、11

青白釉碗 8件。根据底足不同可分为两型。

A型 5件。圜底，圈足，挖足过肩。

标本 2017HGFZY 采：12，矮圈足，底厚近于壁中，内外壁施青白釉，内底刮出较宽的涩圈，外壁施釉不及底。足沿自外侧修圆。足径6.2、残高2厘米（图3-218，1）。

标本 2017HGFZY2 采：2，胎体略粗涩，弧壁，器壁近足处较厚，底厚近于壁中，内外壁施青白釉，内底刮出较宽的涩圈，外壁施釉不及底。挖足较深，足沿自外侧修圆。足径6.4厘米（图3-218，2）。

标本 2017HGFZY2 采：7，内外壁施釉较厚，积釉处呈淡色，胎釉结合处略显火石红色。足径6.6厘米（图3-218，3；彩版一五〇，5）。

标本 2017HGFZY2 采：5，矮圈足，圜底略凹，内底刮出涩圈，有叠烧粘连痕，足沿自外侧斜修，足径4.2厘米（图3-218，4）。

标本 2017HGFZY2 采：4，弧壁，内底略平，底厚近于壁中，足沿尖窄，外壁施釉至底，釉面清薄细腻。足径4.8厘米（图3-218，5；彩版一五〇，6）。

B型 3件。弧壁，平底，高圈足。

标本 2017HGFZY 采：7，内外壁施影青釉，内底刮涩圈，外壁施釉至足，挖足略深于肩，足沿窄平。足径6、残高6厘米（图3-219，1；彩版一五一，1）。

标本 2017HGFZY 采：9，弧壁，底心较厚有脐心，内底刮涩圈，叠烧粘连变形，圈足外撇，

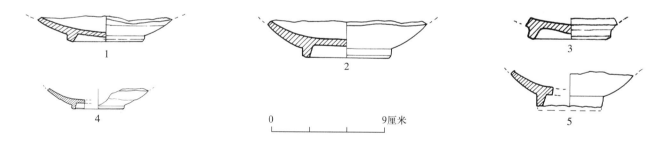

图3-218 贺兰口瓷窑址采集标本

1～5.青白釉碗2017HGFZY采：12、2017HGFZY2采：2、7、5、4

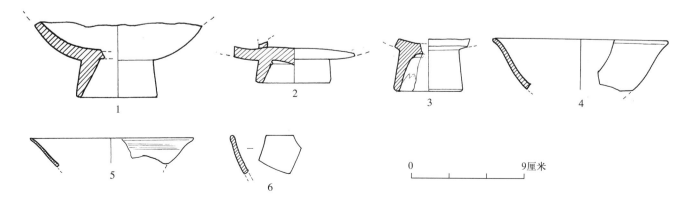

图3-219 贺兰口瓷窑址采集标本

1～3.青白釉碗2017HGFZY采：7、9、8 4～6.青白釉口沿2017HGFZY2采：10、2017HGFZY采：20、21

足沿自内外两侧修窄。足径 6、足高 1.6 厘米（图 3-219，2）。

标本 2017HGFZY 采：8，底心较厚，内底刮涩圈，圈足外撇，足沿窄平，施釉至足，积釉处呈淡青色。足径 5.4、足高 3.4 厘米（图 3-219，3；彩版一五一，2）。

青白釉口沿　3 件。

标本 2017HGFZY2 采：10，侈口，卷沿，弧壁，圆腹，外壁有弦纹，内外壁施青白釉，外壁施半釉，釉面蚀化。口径 14 厘米（图 3-219，4）。

标本 2017HGFZY 采：20，侈口，弧壁，胎质细白薄巧，釉面光润清透，略呈影青色。口径 13 厘米（图 3-219，5）。

标本 2017HGFZY 采：21，敞口，弧壁，胎质细白，釉质清透，有开片纹，呈淡青色。残宽 3.2、高 3 厘米（图 3-219，6）。

青白釉瓷片　1 件。

标本 2017HGFZY 采：22，白瓷胎，略含细砂，内外壁施青白釉，一侧器表内外壁白釉上覆盖褐色釉，褐色釉层较厚，有流云纹。残宽 4.6、高 3.8 厘米（图 3-220，1）。

青白釉瓶　2 件。残。

标本 2017HGFZY2 采：18，弧形，外壁施青白釉，釉面有均匀开片，内壁素面。残宽 4.8、高 2.3 厘米（图 3-220，2；彩版一五一，3）。

标本 2017HGFZY2 采：14，内壁有轮制弦痕，外壁饰两道凹弦纹，外壁施釉，釉面大部分蚀化剥落。宽 4.1、高 5 厘米（图 3-220，3）。

茶叶末釉碗　1 件。

标本 2017HGFZY 采：18，弧壁，圈足。浅灰色胎，内外壁皆施釉近底，外壁底部有火石红色，内底修平，有叠烧粘连残块，挖足略过肩，器底厚与壁中相近，足沿自内外两侧修窄。足径 8、残高 2.2 厘米（图 3-220，4）。

酱褐釉碗　1 件。

标本 2017HGFZY 采：17，弧壁，圈足。土黄色胎，细密坚硬，圜底，挖足过肩，底较薄，足沿齐平。内外壁施褐釉，内底刮出涩圈，外壁施半釉，釉色均匀朴实。足径 6.6、残高 5 厘米（图 3-220，5）。

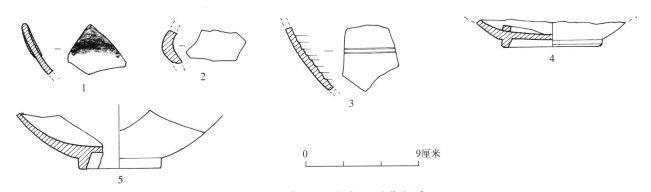

0 ————————— 9厘米

图3-220　贺兰口瓷窑址采集标本

1.青白釉瓷片2017HGFZY采：22　2、3.青白釉瓶2017HGFZY2采：18、14　4.茶叶末釉碗2017HGFZY采：18　5.酱褐釉碗2017HGFZY采：17

酱褐釉罐 5 件。

标本 2017HGFZY2 采：13，斜直腹，内外壁有轮制弦纹，土黄色胎，外壁施褐釉未及底，胎釉结合处有火石红色，内壁素胎有流釉痕。宽 9、残高 7 厘米（图 3-221，1）。

标本 2017HGFZY 采：19，牙白色胎，弧腹，矮圈足，肩高足浅，器底薄，足沿宽平。外壁施半釉，内壁光素，器底粘釉痕，足径 8.8、残高 5.6 厘米（图 3-221，2）。

标本 2017HGFZY 采：24，弧壁，浅灰色胎，外壁施褐釉，釉色较深，凸起处釉色呈酱色，内壁光素有弦纹。残宽 6.2、高 5 厘米（图 3-221，3）。

标本 2017HGFZY2 采：15，瓷罐肩部残片，丰圆肩，浅灰色胎，含细砂，外壁有轮制弦纹，外壁施酱黑色釉，釉薄处呈酱色，内壁素胎，有流釉痕。残宽 9.5、高 4 厘米（图 3-221，4）。

标本 2017HGFZY2 采：8，仅存底部，内底平，浅灰色胎，内外壁施酱黑色釉，外壁施釉至足，足墙直，挖足圆而浅，足沿宽平。足径 5.8 厘米。

酱釉瓷片 1 件。

标本 2017HGFZY2 采：16，粉白色瓷胎，内外壁施紫金酱釉，釉光强烈。残宽 4、高 5 厘米。

酱釉罐 1 件。

标本 2017HGFZY 采：13，浅黄色胎，略疏松。圈足，圜底较坦阔，内外壁施酱色釉，内底刮涩圈，外壁施釉近底。圈足较厚，挖足过肩，足沿修成圆形。足径 7 厘米。

窑具 主要有匣钵、顶碗和垫饼。

匣钵 3 件。平底，桶形，白瓷胎，较粗厚，近底部有三个圆孔。

标本 2017HGFZY 采：1，质略疏松。匣壁下半部竖直，上半部外鼓，平底，底部有鼓包。匣底中间有灰黑色夹层。匣钵内外有大小不一的褐色釉疤。匣钵上下皆有叠烧粘连痕。底径 18.6、口径 18.2、高 10.4、壁厚 1.4、底厚 2.4 厘米。孔径 1.6 厘米（图 3-222，1）。

标本 2017HGFZY 采：2，较坚致。残壁竖直，平底。内底粘一层细砂，外底有一层白釉，内外壁有褐色釉疤和斑点。底径 18、残高 8、壁厚 1.4～1.8、底厚 2.6 厘米。孔径 2 厘米（图 3-222，2；彩版一五一，4）。

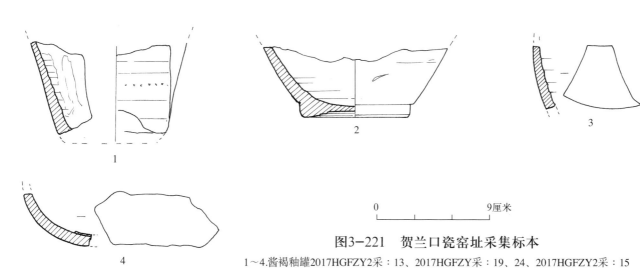

图3-221 贺兰口瓷窑址采集标本

1～4.酱褐釉罐2017HGFZY2采：13、2017HGFZY采：19、24、2017HGFZY2采：15

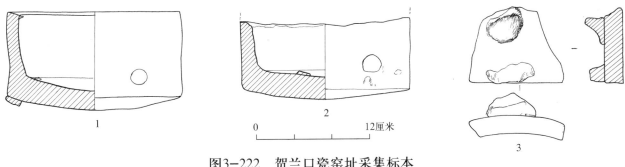

图3-222　贺兰口瓷窑址采集标本

1～3.匣钵2017HGFZY采：1、2、11

标本 2017HGFZY 采：11，匣钵残块，直筒型，白瓷胎，较厚重，外壁粘有用以间隔匣钵的瓷土块或条，内外壁粘有青白釉窑汗。匣钵壁厚2、残块宽10、高8厘米（图3-222，3）。

顶碗　1件。

标本 2017HGFZY 采：3，灰色胎，表面呈褐色，喇叭筒形，碗壁两头薄，中间厚，内外有轮制弦痕，高8厘米（图3-223，1）。

垫饼　2件。饼状，白色瓷土捏成，较粗糙，大小薄厚不一，主要用于垫在装烧器物之下与匣钵间隔。

标本 2017HGFZY 采：4，一面有粘连的白瓷碗（盘）口沿残块，残块周围被烧结的褐色釉块粘连。直径12、厚1.6厘米（图3-223，2）。

标本 2017HGFZY2 采：1，残，一面有圈足印痕，器底内径6厘米。垫饼直径10、厚1.4厘米（图3-223，3）。

装烧残块　1件。

标本 2017HGFZY 采：5，粗白瓷匣钵，内装烧青白釉碗，瓷碗圈底，弧壁，内底刮涩圈，器底薄厚适中，足沿窄，器足与匣钵以细砂相隔，瓷碗近底部与匣钵之间被酱黑色流釉填充粘连。匣钵底厚1.4、残高5.4厘米（图3-223，4；彩版一五一，5）。

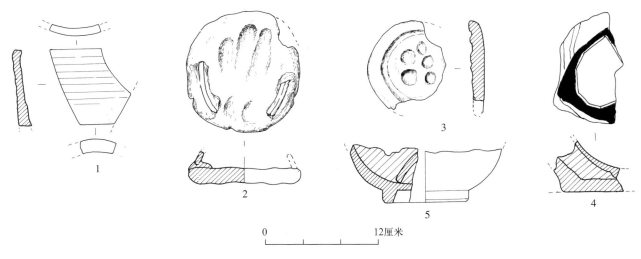

图3-223　贺兰口瓷窑址采集标本

1.顶碗2017HGFZY采：3　2、3.垫饼2017HGFZY采：4、2017HGFZY2采：1　4.装烧残块2017HGFZY采：5　5.烧结残块2017HGFZY采：6

烧结残块　1件。

标本2017HGFZY采：6，下部为青白瓷大碗，弧壁，挖足略过肩，外壁有流釉痕，碗内叠烧一件高足器，两件器物被烧熔的釉渣粘连损毁。足径9.2、残高5.4厘米（图3-223，5；彩版一五一，6）。

3.苏峪口瓷窑址

位于苏峪口沟内中缸窑子。窑室分布于苏峪口沟北东、西侧山坡之上，在该山坡地表及山坡断面共发现13处古代瓷窑遗迹及多处建筑遗迹，地表及断层发现大量瓷片、破碎匣钵、残次品瓷器，在山坡发现有煤渣堆积，山坡断层处文化层堆积较厚，堆积内包含大量瓷片、残匣钵。建筑遗迹地表发现有瓦片、残砖、石砌建筑基础、石砌护坡等。

窑炉遗迹

（1）Y1

靠近山体，窑址仅存地表遗迹，在其西部冲沟断面发现大量瓷片、残匣钵、烧土块，瓷片器形以碗居多。Y1西侧冲沟断面堆积，共5层。①地表层，沙土，夹杂较多砾石，土层包含较多植物根茎。②沙土层，灰白色，包含较多碎石。③花土层，包含草木灰、红烧土块、石块、瓷片。④沙土层，灰褐色，包含流渣、木炭、红烧土块、砾石、瓷片。⑤沙石层。

（2）Y2

位于Y1西南部山坡，西侧约8米处有一处房址（彩版一五二，1），房址仅存部分石砌墙基，房址南北长4.9、东西宽4.7米，门道位于南侧偏东，宽0.75米，房址下方有石块铺筑宽1米道路。Y2地表散布较多瓷片、破碎匣钵，窑址西侧冲沟也发现较多瓷片、破碎匣钵，器形以碗居多，有少量缸。地表形制呈马蹄状，窑室墙体为石块砌筑，东西长2.8、南北宽1.8米，在其南侧山坡有台地较平整，边缘有石砌护坡，疑为当时操作台。

（3）Y3

位于Y2南侧约24米处下方山坡，其北侧有一房址（F2），房址仅存石砌墙基，地表遗迹略呈圆角方形，边长约3.3米，门道位于西南侧，宽约1米。Y3仅存地表石砌窑体墙体遗迹，地表散布较多瓷片、破碎匣钵。

（4）Y4

位于Y3西南侧约35米处，离山体较近，山坡有煤渣堆积，北侧有一条东西向冲沟，地表散布较多瓷片、匣钵，堆积较厚。

（5）Y5

位于Y4南侧山坡，靠近山体，处于冲沟西侧边缘，窑址仅存窑室西侧墙体，地表有较多瓷片、残破匣钵（彩版一五二，2）。

（6）Y6

位于Y5南侧山坡，靠近山体，窑址仅存地表石块砌筑墙体，略呈马蹄形，东西进深2.73、南北宽2.67米，地表杂草石块较多，散布较多瓷片、残破匣钵。

（7）Y7

位于苏峪口路北山坡岔沟北侧西端坡地（彩版一五三，1），靠近山体、煤场，窑址仅存地表石块砌筑墙体，坐东朝西，略呈马蹄形，东墙南北长 3.4、北墙东西长 3.5 米，窑室进深 2.25 米，东北角残存窑室墙体宽 0.55、残高 0.38 米，地表杂草石块较多，散布较多瓷片、残破匣钵，采集有白瓷碗底、酱釉瓷片、匣钵残片。

（8）Y8

位于 F3 东侧约 2.5 米（彩版一五三，2），靠近山体、煤场，窑址大部分被煤渣覆盖，仅露出东南角。窑址地表遗迹南北外长 3、东西外长 2.5 米，窑室墙体厚 0.45 米，残高 0.55 米，窑室内壁有黄褐色烧结面，窑址西南侧有约 2 米的废料、残渣、灰土堆积层，堆积内包含大量破碎匣钵、白瓷片及少量酱釉瓷片。

（9）Y9

位于 Y8 东南侧约 45 米，窑址北侧为扁桃树林，大部分被山石沙土掩埋，仅露出东墙部分，残长 0.6、残宽 0.35、残高 0.2 米，墙体为石块砌筑，窑址地表散布匣钵残片、白瓷片、碗底等。

（10）Y10

位于 Y9 南侧约 17.5 米，窑址大部分被沙土掩埋，仅露出部分东、西、南墙，墙体为石块砌筑，东墙残长 0.7、宽 0.4 米，南墙残长 2.1、宽 0.45 米，西墙残长 0.7 米，地表有少量匣钵残片、白瓷片。

（11）Y11

位于 Y10 西南下方 22 米处，窑址地表隐约可见部分石砌墙体，东墙外长 1.8 米，地表散布大量匣钵残片、白瓷片。

（12）Y12

位于 Y11 南 23 米处（彩版一五四，1），窑址坐东朝西，东、西、北窑室石砌墙体保存较好，窑室平面呈长方形，东墙长 2.62、残高 1.5、墙厚 0.4 米，墙体外侧底部埋于沙土中，北墙残长 3、残高 1.55、墙厚 0.5 米，窑室内壁烧结面厚 3～7 厘米，窑址西侧坡地堆积大量匣钵残片、瓷片，周围地表散布较多瓷片、匣钵残片。

（13）Y13

位于 Y12 西南约 28 米（彩版一五四，2），窑址周围 长满蒙古扁桃树、灌木，窑室东墙、南墙露出地表，东墙内长 2.6、残高 0.5、墙厚 0.5～0.7 米，南墙残长 2、残高 0.35 米，窑室内壁烧结面厚 7～10 厘米，窑址西南侧堆积内包含大量匣钵残片、瓷片。

白釉板瓦　2 件。胎体白色或灰白色，釉色有青白釉和青釉，与青白瓷胎釉相同。

标本 2017 苏峪口采：20，瓷板瓦粘连块，长方形，残半，灰白色胎，青釉，八块板瓦竖立排烧粘连，四角放置瓷土泥球间隔，倾斜滑落导致粘连。板瓦宽 12、厚 1 厘米（图 3-224，1；彩版一五五，1）。

标本 2017 苏峪口采：21，五块瓷板瓦与匣钵壁粘连残块，板瓦灰白色胎，胎质较粗，正面微拱起，正面施釉。长 19、宽 10.6～11、厚 1 厘米。匣钵厚 2.2 厘米（图 3-224，2；彩版一五五，2）。板瓦竖立于匣钵中排烧，板瓦与匣钵之间、板瓦之间在四角处以瓷泥球相隔，板瓦底部两角处以瓷泥条垫起，粘连损毁。

青釉碗　3 件。

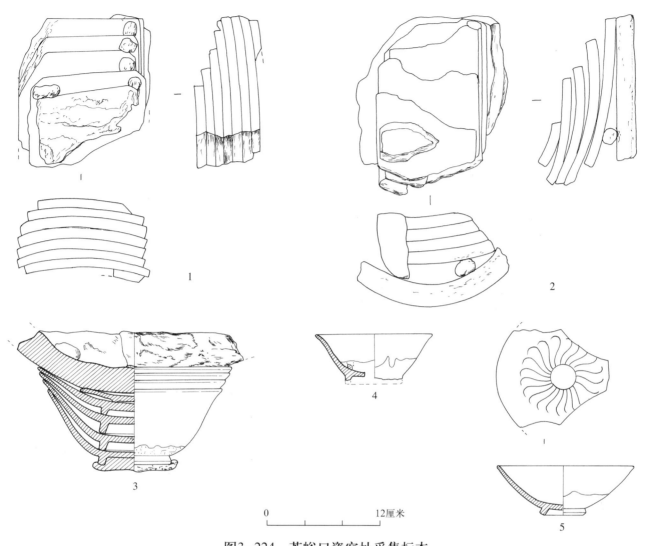

图3-224　苏峪口瓷窑址采集标本
1、2.白釉板瓦2017苏峪口采：20、21　3～5.青釉碗2017苏峪口采：11、13、12

标本 2017 苏峪口采：11，5 件器物叠烧粘连。下面 4 件为大小形状相同的碗，敞口，斜壁微弧，圈足。最下层保存较好者口径 18.6、足径 7.8、高 8.2 厘米，底部粘有残存垫饼。其余变形严重。最上层为 1 件曲腹盘，变形严重。顶部粘连上层匣钵底部残块，其上粘连 2 条长方条形装烧白釉板瓦所用垫条，存 5 道压痕（图 3-224，3）。

标本 2017 苏峪口采：13，可复原，敞口，微撇，斜壁，圈足。外壁有弦状凹槽。口径 12.4、底径 6、高 5.4 厘米（图 3-224，4；彩版一五五，3）。

标本 2017 苏峪口采：12，可复原，敞口，斜壁微弧，小圈足。浅灰色胎，内底刻划花纹，中间为圆形凹坑，四周刻划 "S" 形曲线呈交叠的花瓣状，线条纤细优美。外壁有细弦纹。内壁满釉，外壁施釉近底部，胎釉结合处呈淡火石红色。口径 14.6、底径 5、高 5.4 厘米（图 3-224，5；彩版一五五，4）。

白釉碗　5 件。

标本 2017 苏峪口采：1，可复原，撇沿，斜壁，底部较平。平底，圈足，挖足过肩。釉面不

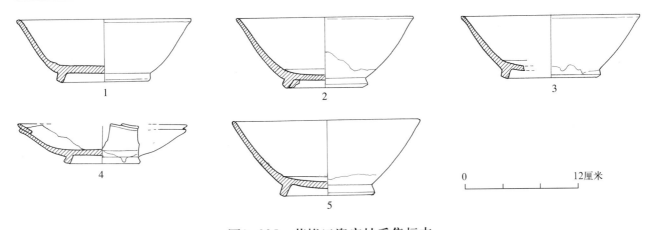

图3-225　苏峪口瓷窑址采集标本

1～5.白釉碗2017苏峪口采：1、2、4、5、3

平。口径18.6、足径10、高6.8厘米（图3-225，1）。

标本2017苏峪口采：2，敞口，沿较厚，斜壁，平底，圈足，挖足过肩。口径18.8、底径9、高7.6厘米（图3-225，2）。

标本2017苏峪口采：4，口沿微撇，斜弧壁，平底，圈足，挖足过肩。釉面多棕眼。口径19、足径10.6、高6.6厘米（图3-225，3；彩版一五五，5）。

标本2017苏峪口采：5，撇口，折腹，平底，圈足，挖足过肩。内底挂釉近折腹处。口径17.8、底径8、高3.6厘米（图3-225，4；彩版一五五，6）。

标本2017苏峪口采：3，敞口，圜底，圈足。口沿外侧修薄，斜壁微弧，内壁有弦纹，内底粘有砂粒。口径20、底径10、高8厘米（图3-225，5；彩版一五六，1）。

青白釉碗　4件。

标本2017苏峪口采：35，微残，敞口，平底，斜弧壁，圈足较矮。底部有脐心。口沿有粘连痕。口径16.2、足径6.3、高6.5厘米（图3-226，1；彩版一五六，2）。

标本2017苏峪口采：6，五件叠烧粘连在一起。敞口，平底，斜弧壁，圈足较矮。釉色闪青。口径约18、底径6.5、高约8厘米（图3-226，2；彩版一五六，3）。

标本2017苏峪口采：7，可复原，内壁满釉，当为叠烧最上部者。敞口，平底，斜弧壁，圈足较矮。口径10、底径4.6、高4厘米（图3-226，3；彩版一五六，4）。

标本2017苏峪口采：8，敞口，口沿外侈。平底，圆弧腹，圈足较高。三件叠烧粘连，釉色烟熏发黑。最下部者口径约11.6、底径4.8、高6.4厘米（图3-226，4；彩版一五六，5）。

青白釉盘　2件。

标本2017苏峪口采：9，可复原，敞口，沿微撇，斜曲腹，圈足。底平。内外壁近足处积釉，清透闪绿，有玻璃质感。口径16.4、底径6.8、高3.4厘米（图3-227，1；彩版一五六，6）。

标本2017苏峪口采：10，可复原，敞口，斜壁，折腹，圈足，内底平。口径12.2、底径5、高2.8厘米（图3-227，2）。

青白釉瓷钩　1件。

标本2017苏峪口采：22，双侧挂钩，"几"字形，中间有圆孔，钩尖残。白瓷胎，青白釉，

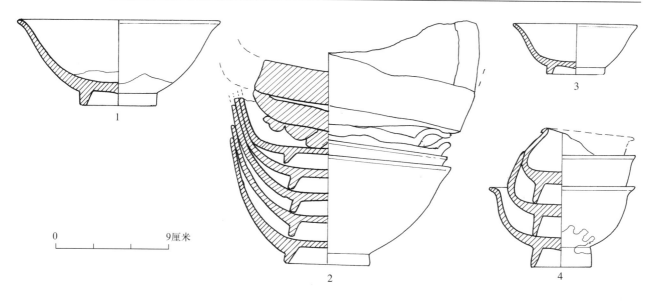

图3-226　苏峪口瓷窑址采集标本

1～4.青白釉碗2017苏峪口采：35、6～8

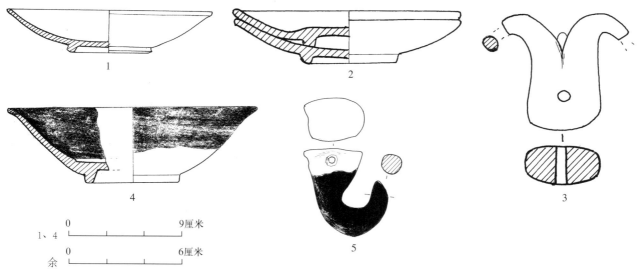

图3-227　苏峪口瓷窑址采集标本

1、2.青白釉盘2017苏峪口采：9、10　3.青白釉瓷钩2017苏峪口采：22　4.褐釉碗2017苏峪口采：16　5.褐釉瓷钩2017苏峪口采：24

顶部及一面施釉，另一面粘有砂粒，推测平置烧造。长6、宽4、厚2厘米（图3-227，3）。

褐釉碗　1件。

标本2017苏峪口采：16，敞口，微撇，斜壁略弧，圈足，平底较薄。褐色釉，内壁满釉，刮出涩圈，外壁半釉，施釉较厚，釉面有棕眼，外壁尤多。口径20、底径7.6、高6厘米（图3-227，4；彩版一五七，1）。

褐釉瓷钩　1件。

标本2017苏峪口采：24，单侧挂钩，鱼钩形，柄部有圆孔。灰白胎，褐色釉，柄部露胎，钩部满釉，施釉较厚。长4.6、宽3、厚1厘米（图3-227，5；彩版一五七，2）。

酱釉碗　1件。

标本2017苏峪口采：18，浅黄色胎，敞口，弧壁，圈足，底部薄厚适中，足沿自外侧修窄。内壁满釉刮出涩圈，外壁施釉近底。口径18.5、足径8.5、高6.2厘米（图3-228，1；彩版一五七，3）。

黑釉碗底　2件。

标本2017苏峪口采：14，弧腹，圈足，挖足过肩，底部厚度与壁中相仿，内壁满釉刮出涩圈，外壁施釉不及底。足沿微撇，鱼脊状。足径9.4厘米（图3-228，2）。

标本2017苏峪口采：15，折腹，圈足，挖足过肩，底部较薄，足墙外撇，足沿方平。灰白色胎，细腻坚致。内壁施白釉，满釉，底部有细砂圈，外壁施酱黑色釉，施釉较厚。足径5.8厘米（图3-228，3）。

瓷棒　1件。

标本2017苏峪口采：36，残断。砂质瓷胎，捏成，表面浅黄色，中间浅灰色。残长7.6、直径3.2厘米（图3-228，4）。

匣钵盖　5件。粗瓷胎质，轮制，圆饼形，上面略小，中间有砂圈，砂圈以外的部分有窑汗。分两型。

A型　4件。上下两面皆为平面。共采集4件残件。

标本2017HSY2：3，直径23.8、厚2.6厘米。砂圈直径17厘米（图3-229，1；彩版一五七，4）。

B型　1件。

标本2017HSY2：4，底部较大面为平面，上面自边缘以内挖下呈池状，深1厘米左右，底平，粘有砂圈。四周有窑汗。直径27、厚2.8厘米（图3-229，2；彩版一五七，5）。

匣钵　白色粗瓷土制，圆桶形，一端开口，一端有底。有轮制弦纹。数量较大。直壁，平底，钵壁近底部有三个等距的圆孔。口沿部刷有砂浆，底部粘有一层细砂，底中间有垫饼装烧痕。有的口微敛、壁略鼓，推测为变形所致。匣钵高矮、大小各不相同。

标本2017HSY：18，底径25.2、口径24.6、高23、壁厚1.8、底厚4厘米，孔径2～2.6厘

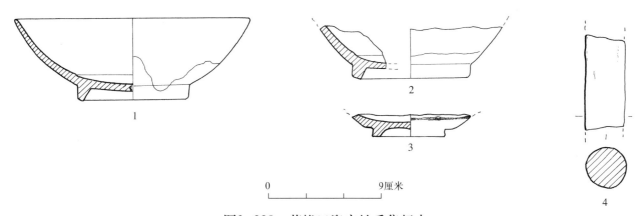

0　　　　　　　9厘米

图3-228　苏峪口瓷窑址采集标本

1.酱釉碗2017苏峪口采：18　2、3.黑釉碗底2017苏峪口采：14、15　4.瓷棒2017苏峪口采：36

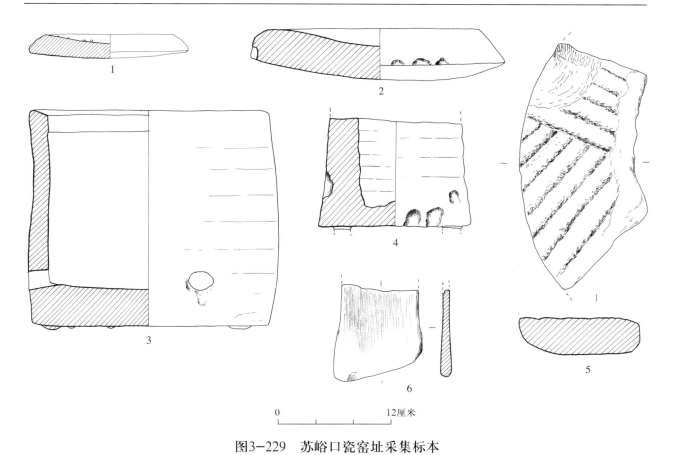

图3-229　苏峪口瓷窑址采集标本

1、2.匣钵盖2017HSY2：3、4　3.匣钵2017HSY：18　4.支烧具2017苏峪口采：34　5.石磨盘残块2017HSY：41　6.磨石2017苏峪口采：19

米（图3-229，3；彩版一五七，6）。

支烧具　1件。壁较厚，中间空间较小，底部尖凸，壁上无孔。

标本2017苏峪口采：34，底径16.2、残高11.2、壁厚3、底厚2厘米（图3-229，4）。外壁近底部有向下抓提的4个指窝。外底有较小匣钵叠烧粘连痕。

石磨盘残块　1件。

标本2017HSY：41，灰砂岩质，正面存两组斜向相对的平行堑刻线纹，堑纹宽约0.4厘米，较浅，间距2厘米左右。残块长26、宽10～13、厚4厘米（图3-229，5）。

磨石　1件。

标本2017苏峪口采：19，残断，细灰砂岩质，双面及两侧边有磨痕，中段已磨薄。残长10、宽8～9、厚0.5～1厘米（图3-229，6）。

第六节　明长城、烽火台

1. 死人沟长城

位于贺兰山井子泉保护区死人沟内约1000米沟北山梁（彩版一五八，1、2），西南侧约1000米处为死人沟烽火台，二者隔沟相望。墙体位于山脊，所在地势南北两侧崖壁陡峭，东西两侧各有冲沟。墙体采用石块砌筑，东西向修筑于山脊之上，地势东高西低，墙体坍塌破坏较重，残存部分长 37.6、宽 0.8 ～ 1、残高 0.2 ～ 1.2 米，残存墙体中间部分有约长 2.6 米坍塌，整体保存一般。

2. 青石沟烽火台

位于沟口西南侧山顶。东南侧下方滩地有一座圆锥形烽火台与其遥相呼应，应是西长城调查时所记录的青石沟烽火台。此烽火台修筑于山顶，地势较高，东侧下方为冲积平原。

烽火台整体保存状况不佳，台体东南、西南角坍塌，现存形状呈梯形，底部平面略呈长方形，石砌台体，外壁采用石块砌筑，较规整，内为石块、碎石夹杂砂土垒筑而成。底部东西长 9.5、南北宽 8.7、残高 4.5 米，台体东侧斜高 4.78、直高 2.4 米，坡度 30.10°，台体北侧斜高 3.98、直高 3.2 米，坡度 53.55°，烽火台东侧山坡地表发现有条砖（图 3-230）。

3. 苏峪口烽火台

（1）苏峪口 1 号烽火台

位于贺兰县苏峪口沟灵光寺西北侧山顶（彩版一五九，1），东侧山坡为苏峪口灵光塔。地表石块、杂草较多。烽火台采用石块、砂土、碎石堆筑而成，整体呈圆锥形，顶部较平，底部山体用石块砌筑修整，其上砌筑台体，台体斜高 8.6、直高 5 米，台体坡度 36.7°，底部平面呈椭圆形，南北长 8.3、东西宽 4 米（图 3-231）。

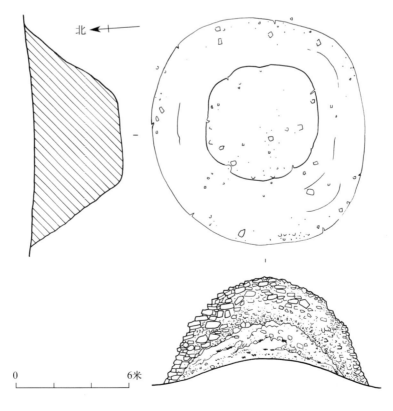

图3-230　青石沟烽火台平、剖面图

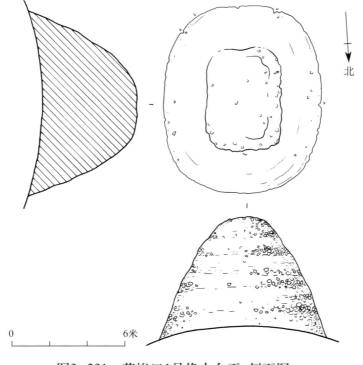

图3-231　苏峪口1号烽火台平、剖面图

（2）苏峪口2号烽火台

位于苏峪口1号烽火台西北侧山顶（彩版一五九，2），地表石块、杂草较多。石砌台体，采用石块、砂土、碎石堆筑而成，整体呈椭圆形，底部用石块砌筑修整，台体斜高12、直高9米，台体坡度28.3°，底部平面呈椭圆形，东西长19.5、南北宽15.9米（图3-232）。

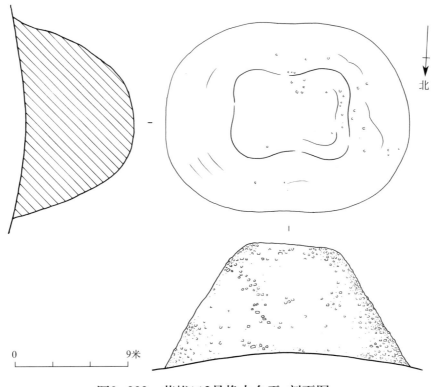

图3-232　苏峪口2号烽火台平、剖面图

（3）拜寺口烽火台

位于拜寺口西侧大冲沟约 2 千米山顶，与山下烽火台、长城墙体隔沟相望，所在位置地势险要。

东西两侧山势陡峭，石砌台体，长方形，台体被盗洞破坏严重，四壁坍塌。烽火台东部砌有护坡，西、北部残存石块垒筑围墙，北墙残长 12.5、西墙残长 9 米，墙宽 0.50 ～ 0.70、残高 0.30 ～ 0.80 米。烽火台底部东西长 7.5、南北宽 5.3 米，直高 2.7、斜高 4.3 米。顶部被盗洞破坏，盗洞从烽火台顶部直通底部，将烽火台西南侧挖开一缺口，盗洞长 3.5、宽 2.5、深 2.6 米（图 3-233）。

4. 镇木关烽火台

镇木关烽火台共有 3 座，其中沟口南侧山脊的烽火台在长城资源调查时已做了记录，本次仅对沟内新发现的两座进行记录，分别位于皇城台子西侧与南侧，均为夯土墙体，采用沙土夹杂碎石夯筑而成，保存较差。

（1）镇木关皇城台子南侧山脊烽火台

位于镇木关沟口内 1.5 千米处的南侧山坡山脊之上，地势较高，地表有少量杂草。整体保存状况不佳，台体坍塌，现存形状呈梯形，底部平面略呈长方形（东西向），台体底部用石块砌筑加固，其上采用砂土夹杂碎石夯筑而成，分两层，向上收分较大，夯层厚 0.2 米，底部夯层内夹有较大石块，东西底长 13、南北宽 8.7 米，斜高 8.6、直高 5.5 米。东侧山梁之上东西向筑有 5 座辅墩，两两之间间距 8 ～ 13 米不等，其中两座有盗挖痕迹。在烽火台西约 8 米处有一依山而建的房址，平面呈喇叭形，南北长 2.3、东西宽 2.2 米，房址现仅存石块砌筑房基遗迹（图 3-234）。

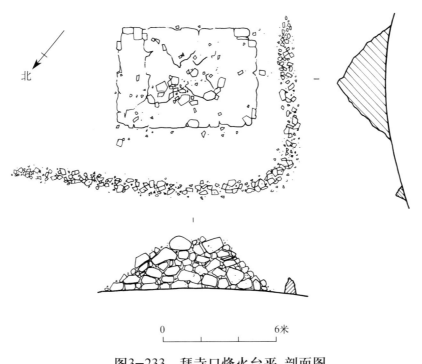

0   6米

图3-233 拜寺口烽火台平、剖面图

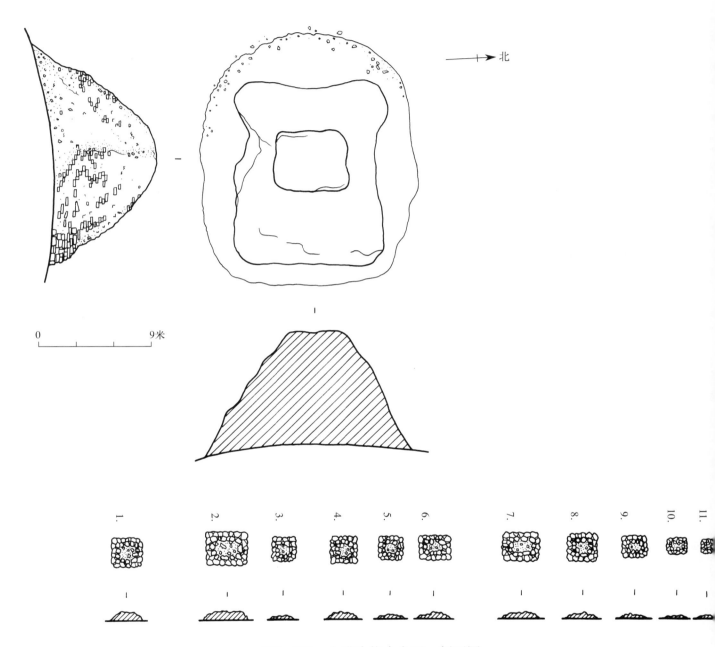

图3-237　山嘴沟烽火台平、剖面图

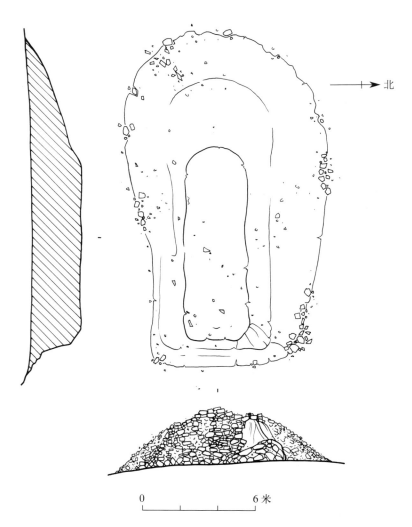

图 3-236　滚钟口烽火台平、剖面图

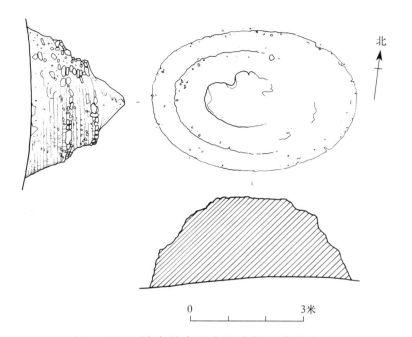

图3-234　镇木关皇城台子南侧山脊烽火台平、剖面图

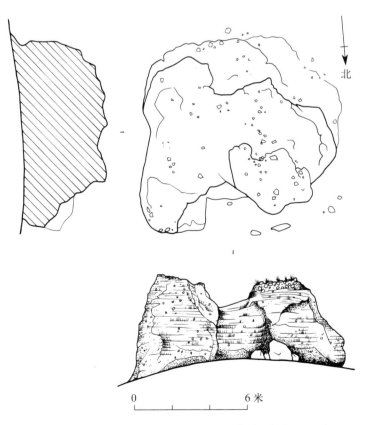

图3-235　镇木关皇城台子西侧山梁烽火台平、剖面图

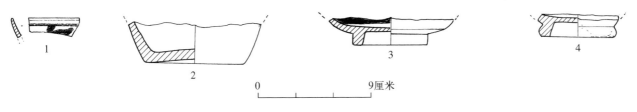

图3-238　山嘴沟烽火台采集标本

1.青釉碗2017HSZG4采：1　2.茶叶末釉盆2017HSZG4采：3　3、4.褐釉碗2017HSZG4采：5、6

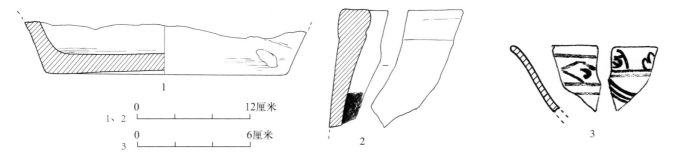

图3-239　山嘴沟烽火台采集标本

1、2.褐釉缸2017HSZG4采：4、7　3.青花瓷片2017HSZG4采：2

（2）镇木关皇城台子西侧山梁烽火台

位于镇木关沟口内 1 千米皇城台子西侧山梁之上。烽火台修筑于山梁中部，地势较高，地表有少量杂草，在其北侧与西北侧山体有现代取土断面。

台体保存状况不佳，遭风雨侵蚀坍塌严重，夯土台体，台基采用黄沙土与碎石夯筑而成，底部平面呈圆形，底径 11、高 3.5 ～ 4 米，台基顶部（烽火台底部）平铺 2 ～ 4 层小石块，垫层厚30 ～ 40 厘米。台体为黄沙土夹杂碎石、砂砾夯筑而成，台体风化坍塌严重，底部平面略呈方形，边长 10 米，残存顶部呈方形，边长 8 米，夯层接缝处风蚀严重，台体东部夯层厚约 20 厘米，西部夯层厚 16 ～ 18 厘米，台体顶部铺垫有一层小石块，厚 20 ～ 30 厘米。在烽火台周围地表采集有酱釉瓷片、厚胎黑瓷，地表有少量残砖。

在此烽火台西侧靠近山体断面挖有一小窑洞，断面修整平整，推测为当时士兵防风避雨场所（图 3-235）。

5. 滚钟口烽火台

位于滚钟口大寺沟南侧山峰，东侧为滚钟口小白塔。烽火台依山势而建，所在位置地势险要。石砌台体，砌筑前先用石块将山顶垒筑平整并砌筑护坡，后用石块砌边，内部填充石块、碎石与沙土，坍塌严重，保存较差。整体呈梯形，残高 2 ～ 2.6 米，底部东西长 14、南北宽 6 米，顶部较平，东西长 10、南北宽 3.5 米（图 3-236）。

6. 山嘴沟烽火台

位于山嘴沟内西夏石窟北侧山顶，冲沟北侧，西南侧山下有毛主席语录碑。石砌台体，保存不佳，在山顶原基础上依山势修筑而成，底部用条石砌边，逐层往上向内回收，内以石块、碎石、沙土垒筑填充，台体呈梯形，底部平面呈长方形，顶部略呈方形。烽火台直高 9、斜高 11 米，底部东西长 14、南北宽 11.6 米，顶部东西宽 4、南北长 6 米，台体西侧坍塌断面可以看到烽火台内夹有两层木头，距底部 1.5 米处及 2.8 米处各夹有一层圆木，直径 10 ～ 15 厘米（图 3-237）。烽火台东部山坡南北向分布 11 座辅墩，南侧 4 座，北侧 7 座，辅墩为石块垒边，内部夹杂沙土砌筑。由南至北依次如下记录。

（1）1 号辅墩

位于烽火台东南，底部方形，顶部较平，边长 2.3、残高 0.7 米。

（2）2 号辅墩

位于 1 号辅墩北侧 5 米，底部呈长方形，顶部较平，东西宽 2.6、南北长 3.5、残高 0.6 米。

（3）3 号辅墩

位于 2 号辅墩北 1.8 米，保存较差，仅残存底部，方形，边长 2 米。

（4）4 号辅墩

位于 3 号辅墩北 2.6 米，底部方形，顶部较平，边长 2.2、残高 0.7 米，辅墩由较大石块垒筑而成。

（5）5 号辅墩

位于 4 号辅墩北 1.5 米，保存较差，仅残存底部，底部呈方形，边长 2 米。

（6）6 号辅墩

位于 5 号辅墩北 1 米，底部长方形，长 2.5、宽 2、残高 0.6 米，顶部较平。

（7）7 号辅墩

位于 6 号辅墩北侧 4 米处，底部长方形，长 3、宽 2.3、残高 0.5 米，顶部较平。

（8）8 号辅墩

位于 7 号辅墩北 2 米处，底部方形，边长 2.3、残高 0.5 米。

（9）9 号辅墩

位于 8 号辅墩北，底部长方形，长 1.9、宽 1.6、残高 0.4 米，顶部较平。

（10）10 号辅墩

位于 9 号辅墩北侧，只残存底部遗迹，长方形，长 1.6、宽 1 米，石块垒筑。

（11）11 号辅墩

位于 10 号辅墩北侧，底部方形，边长 1、残高 0.3 米，顶部较平。

青釉碗　1 件。

标本 2017HSZG4 采：1，口沿残片，尖圆唇，敞口，灰白薄胎，内外施透明釉，釉层稀薄，釉下有黑色彩绘。残宽 4、残高 1.6 厘米（图 3-238，1）。

茶叶末釉盆　1 件。

标本 2017HSZG4 采：3，腹底残片，平底，下腹微弧，黄胎，外底及下腹无釉，内施茶叶末釉，釉面干涩。足径 7.8、残高 3 厘米（图 3-238，2）。

褐釉碗　2 件。碗底，圈足，挖足过肩。

标本 2017HSZG4 采：5，平底，黄胎，内施褐釉，内底有涩圈，外底无釉，外壁有窑汉。底径 6、残高 2.2 厘米（图 3-238，3）。

标本 2017HSZG4 采：6，内壁斜削，灰白厚胎，内底施青釉，有涩圈，圈足及外壁下部施褐釉。底径 5.8、残高 1.8 厘米（图 3-238，4）。

褐釉缸　3 件。

标本 2017HSZG4 采：4，底部残片，平底，下腹斜直，牙黄色厚胎，素烧，有窑汗，外底及下腹呈火石红色，内壁近底部有两周凹弦纹。底径 25.4、残高 5.2、壁厚 1.6 厘米（图 3-239，1）。

标本 2017HSZG4 采：7，口沿，敛口，方唇，折平沿，黄胎，胎体厚重，内外施褐釉，内壁口部未施釉。残宽 6、残高 12.6 厘米（图 3-239，2）。

标本 2017HSZG4 采：8，口沿，敛口，方唇，折平沿，暗黄色胎，胎体厚重，胎质较粗，内壁施褐釉。芒口。残宽 8.6、残高 5.2 厘米。

青花瓷片　1 件。

标本 2017HSZG4 采：2，口沿，尖圆唇，敞口，白胎，内外施青釉，釉面肥厚，釉下有彩绘。残宽 2.5、残高 3.6 厘米（图 3-239，3）。

7. 死人沟烽火台

位于贺兰山井子泉自然保护区死人沟沟口冲沟交汇处西侧山顶。烽火台整体保存较差，夯土墙体，采用沙土、碎石、夹杂少量石块夯筑而成，台体呈梯形。烽火台东、北墙体保存较好，

6.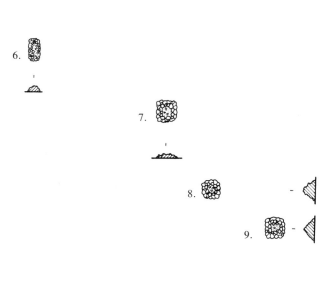

7.

8. –

9. –

10. –

11. –

12. –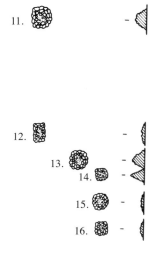

13. –

14. –

15. –

16. –

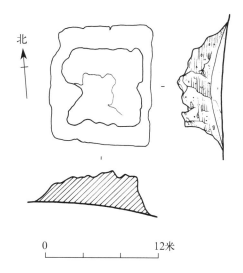

图3-240 死人沟烽火台平、剖面图

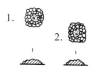

西、南墙体坍塌严重，底部南北长 12、东西宽 10 米，烽火台高 3.5 米，斜高 4.5 米（图 3-240）。烽火台东南侧沿山梁有石块垒筑辅墩 16 个，从烽火台前修筑至山前陡崖边。由北向南依次记录如下。

（1）1 号辅墩

位于烽火台东侧 24 米处，方形，边长 1.8、残高 0.4 米，底部四周石块垒边，中间填充较小石块。

（2）2 号辅墩

位于 1 号辅墩东侧 2.5 米处，底部略呈方形，长 1.9、宽 1.8、残高 0.6 米，顶部呈覆钵形，底部四周采用较大石块垒筑，中间填充碎石、沙土。

（3）3 号辅墩

位于 2 号辅墩东侧 8 米处，底部方形，顶部较平，为小石块垒筑而成，残高 0.5、底部边长 1.4 米。

（4）4 号辅墩

位于 3 号辅墩东侧 5 米处，底部长方形，残高 0.7、底部边长 1.8 米，顶部较平，底部四周采用较大石块，中间填充小石块、碎石，残高 0.6 米，底部长 2.5、宽 2.1 米。

（5）5 号辅墩

位于 4 号辅墩东侧 6 米处，底部呈方形，顶部西高东低，底部四周围筑较大石块，中间填充小石块、碎石。

（6）6 号辅墩

位于 5 号辅墩东侧 20 米，底部长方形，顶部扁圆，底长 2.6、宽 1.6、残高 0.7 米，石块垒筑而成。

（7）7 号辅墩

位于 6 号辅墩东侧 14 米处，略呈方形，顶部较平，残高 0.4、底部边长 2.2 米，底部四周围筑较大石块，中间填充小石块、碎石。

（8）8 号辅墩

位于 7 号辅墩东南侧 7.6 米，整体呈圆锥形，底部直径 2、残高 1.3 米，采用大石块夹杂碎石筑起。

（9）9 号辅墩

位于 8 号辅墩东南侧 5.5 米，辅墩呈圆锥形，底径 2.1、残高 1 米，底部采用较大石块垒筑，上面小石块垒筑。

（10）10 号辅墩

位于 9 号辅墩东南侧 15 米处，扁圆状，底径 1.8、残高 0.4 米，采用较大石块垒筑而成。

（11）11 号辅墩

位于 10 号辅墩南侧 2.8 米，圆锥形，底径 2.3、残高 1.2 米，采用大石块夹杂小石块、碎石垒起。

（12）12 号辅墩

位于 11 号辅墩南侧 10 米处，底部呈长方形，顶部较平，残高 0.5 米，底长 1.8、宽 1.3 米，采用大石块夹杂碎石垒筑。

（13）13 号辅墩

位于 12 号辅墩东南 3.5 米，圆锥形，底径 1.8、残高 1.2 米，采用大石块夹杂碎石垒筑。

（14）14 号辅墩

位于 13 号辅墩东南侧 1 米处，墩体略呈圆锥形，底径 1.3、残高 1.5 米，采用大石块夹杂碎石垒筑。

（15）15 号辅墩

位于 14 号辅墩南侧 1.6 米处，底部圆形，顶部较平，底径 1.5、残高 0.4 米，采用大石块夹杂碎石垒筑。

（16）16 号辅墩

位于 15 号辅墩南侧 1.3 米处，底部呈方形，顶部较平，残高 0.5、底部边长 1.3 米，采用大石块垒筑而成。

褐釉缸　1 件。

标本 2017HSRG 采：3，大平底，微内凹，黄色瓷胎，胎体粗厚，瓷化度低，内含少量砂粒，内外施酱色釉，釉色散发赭红色，釉面粗涩，薄厚不一，有漏胎处。底径 28.6、残高 4.2、底厚 2 厘米（图 3-241，1）。

褐釉瓷片　1 件。

标本 2017HSRG 采：2，黄胎，胎质粗，瓷化度低，表面略带弧度，外壁施褐釉，釉面光洁，釉层均匀，内壁酱色釉，釉面略粗涩。残长 8、残宽 5.4 厘米（图 3-241，2）。

黑釉罐　1 件。

标本 2017HSRG 采：1，下壁斜直，平底，矮圈足。黄色粗胎，胎内含细砂较多，瓷化度较低，外无釉，内施黑釉，釉色光亮，釉层均匀。底径 8.4、残高 2.8 厘米（图 3-241，3）。

8. 闽宁镇烽火台

位于永宁县闽宁镇西侧滩地，东、西、北侧为低矮山丘，西侧约 15 米处为现代坟墓，东侧为现代挖砂坑，南侧地表略有隆起。

夯土台体，采用黄褐色沙土夹杂小砾石夯筑而成，夯层较薄，厚 0.05 ～ 0.10 米，台子上方

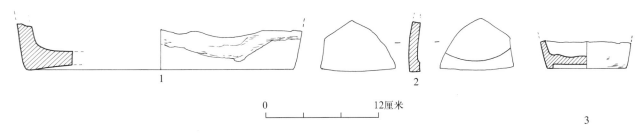

图3-241　死人沟烽火台采集标本

1.褐釉缸2017HSRG采：3　2.褐釉瓷片2017HSRG采：2　3.黑釉罐2017HSRG采：1

下圆，顶部风化坍塌严重，底径约7、残高4米。台基顶部坍塌呈不规则状，东西长2、南北宽1.4米，下部东西宽3、南北长4米。台体东侧采集到一片绳纹陶片，南侧约8米地表隆起处有一盗坑，长2、宽1米，盗坑南侧土堆上有较多残铁片，疑为盗洞内出土（图3-242）。

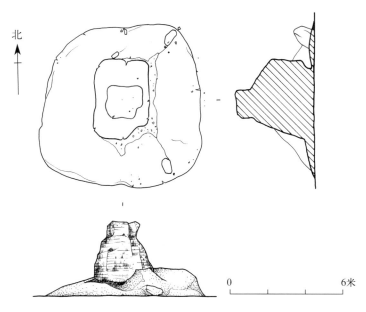

图3-242　闽宁镇烽火台平、剖面图

第四章　吴忠市段古代文化遗存

第一节　建筑遗址

（一）四眼井建筑遗址

遗址外围有夯筑围墙遗迹，围墙四面相连呈长方形（彩版一六〇，1），墙体坍塌严重，仅存地表遗迹，南墙东西长约72、墙宽约2、残高0.3～0.8米，墙体地表遗迹呈土垅状，墙体周围发现少量酱釉瓷片和白瓷片，围墙北部已被平整为农田，现已撂荒，北墙中部留有宽约12米门道，门道附近地表有砖瓦堆积。围墙遗迹长约135、宽约72米，围墙内发现多处建筑基址遗迹。地表采集有灰陶板瓦、筒瓦、灰陶兽面纹瓦当、灰陶花纹滴水、黄釉建筑构件残块与瓷片等。

1. 南部建筑基址

黄土夯筑，基址中部、西部向南凸出，呈不规则状，东西长约42、宽12.4～24.5米，面积约1100平方米，基址东侧距围墙内约9、西侧距围墙约7.2、南侧距南墙约25米。基址地表建筑倒塌堆积较厚，集中于中部、东部、西部，建筑形制已难分辨，堆积厚1～2米，堆积内包含大量筒瓦、板瓦残块及残砖，从堆积内瓦片可看出有大小两种规格，堆积内也包含琉璃建筑构件等遗物，基址盗洞内可见烧土层，推断遗址有过火痕迹，基址东侧发现一残破柱础石，地表有较多石质建筑残件，为红砂岩与灰砂岩。

筒瓦　2件。均残，灰陶与琉璃各1件。

标本2017HSYJ南采：1，筒瓦前段，轮制，瓦身呈半筒状，前端有子口，凸面光滑，凹面有清晰布纹，两侧有切割和掰离痕迹。瓦内有0.5厘米的切割痕迹。残长15.8、厚1.6、前端直径12.8、子口长1.6、子口厚1.1厘米（图4-1，1）。

瓦当　3件。均残。瓦当后接筒瓦残失，当面模印兽面纹。

泥质灰陶　2件。

标本2017HSYJ南采：2，当面兽面清晰，口大张，外露牙齿，嘴角上扬，嘴下胡须卷曲状，当面边缘有一周凸棱纹。残宽6、缘宽0.7～1厘米（图4-1，2）。

标本2017HSYJ南采：3，残，兽面较粗糙，纹饰模糊，当面边缘有一周凸棱纹。残宽10.8、残高5、边缘宽1厘米（图4-1，3）。

琉璃　1件。

标本2017HSYJ南采：4，绿琉璃，当面残存兽鼻部位。残长4.5、残宽4厘米（图4-1，4）。

滴水　4件。灰陶。均残。分两型。

A型　1件。

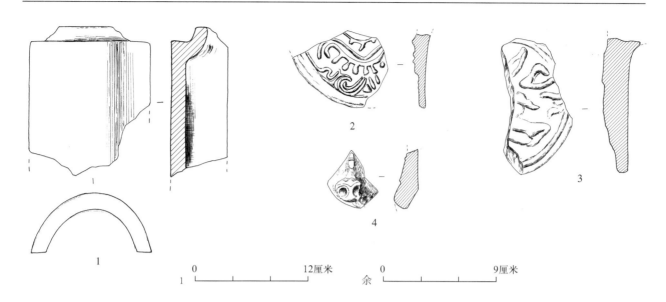

0　　　　　　　　　12厘米

1

0　　　　　　　9厘米

余

图4-1　四眼井南部建筑基址采集标本

1.筒瓦2017HSYJ南采：1　2、3.泥质灰陶瓦当2017HSYJ南采：2、3　4.琉璃瓦当2017HSYJ南采：4

标本 2017HSYJ 南采：5，残，滴水及后附板瓦微残，滴面模印卷草纹，边缘残，凹面有清晰粗布纹，凸面较光滑。滴面宽 19.8、高 6.5、厚 2、后附板瓦长 29 厘米（图 4-2，1；彩版一六〇，2）。

B 型　1 件。

标本 2017HSYJ 南采：6，残，后接板瓦残失，两侧边缘呈连弧状，滴面模印荷花纹。残宽 13、高 9.2、厚 1.3 ～ 2.5 厘米（图 4-2，2）。

套兽残块　5 件。泥质红陶。

标本 2017HSYJ 南采：7，素面，背面较平整，正面一端塑造有齿形图案，齿状造型下端为条状，横向有三道凸棱。残长 8.8、残宽 8 厘米（图 4-2，3）。

标本 2017HSYJ 南采：8，表面施绿色琉璃釉，上有弯曲状纹饰。残长 19.8、残宽 15 厘米（图 4-2，4）。

褐釉碗　7 件。

标本 2017HSYJ 南采：15，口沿，敞口，圆唇，白胎，内外施褐釉，外部口沿下有数道瓦棱纹。残高 4.5 厘米（图 4-2，5）。

褐釉碗底　5 件。圈足，挖足过肩，灰白胎。分两型。

标本 2017HSYJ 南采：9，圜底。胎质粗糙，内含砂粒，内底未施釉，足底内凹。足径 6 厘米（图 4-2，6）。

标本 2017HSYJ 南采：14，圜底。内底施酱釉，内底有圈痕，露出瓷胎，圈足未挂釉。足径 5.3 厘米（图 4-3，1）。

标本 2017HSYJ 南采：12，圜底。内施褐釉，内底有涩圈，露出瓷胎，圈足未挂釉。外施酱釉，足径 7.5 厘米（图 4-3，2）。

标本 2017HSYJ 南采：10，圜底。内施褐釉，内底有圈痕，露出瓷胎，圈足未挂釉。足径 6.9

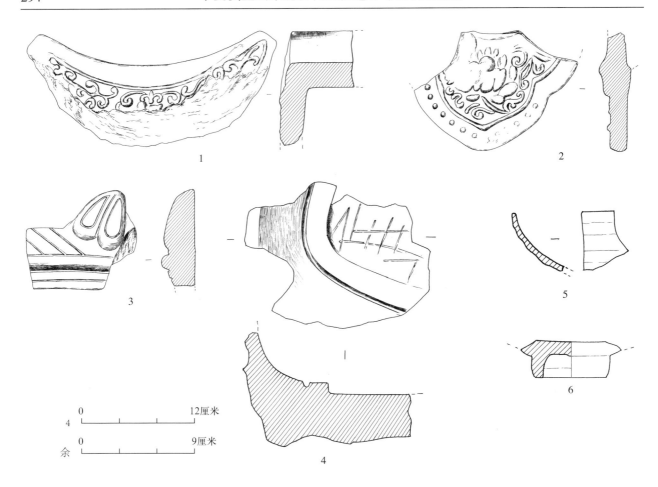

图4-2　四眼井南部建筑基址采集标本

1、2.滴水2017HSYJ南采：5、6　3、4.套兽残块2017HSYJ南采：7、8　5.褐釉碗2017HSYJ南采：15　6.褐釉碗底2017HSYJ南采：9

厘米（图4-3，3）。

标本2017HSYJ南采：11，平底。胎质粗糙，内含砂粒。内外施酱褐色釉，内底有涩圈，露出瓷胎。足径8厘米（图4-3，4）。

2.北部建筑基址

平面长方形，基址北侧与围墙相连，位于北围墙中部，西侧被现代建筑基址破坏，基址地表遗迹南北长14.5、东西宽11.5米，基址上有大量建筑堆积。堆积顶部距地表约1.5米，土质较坚硬，为黄土略泛红，边缘土质松软，有被盗挖遗迹。

图4-3　四眼井南部建筑基址采集标本

1～4.褐釉碗底2017HSYJ南采：14、12、10、11

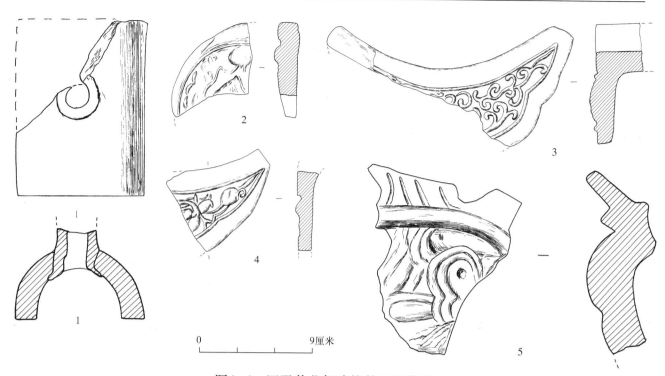

0　　　　　　　9厘米

图4-4　四眼井北部建筑基址采集标本

1.脊瓦2017HSYJ北采：1　2.瓦当2017HSYJ北采：2　3、4.滴水2017HSYJ北采：3、4　5.套兽残块2017HSYJ北采：5

基址地表及堆积内发现大量碎砖瓦和建筑构建残块等，采集有绿釉琉璃瓦残片、白灰墙皮与白瓷片等。

脊瓦　1件。

标本2017HSYJ北采：1，泥质红陶。瓦面施黄釉，釉面光滑，表面有空心柱状支柄，瓦内有布纹，两侧有明显的切割掰离痕迹。残长14、宽10.4、厚1.8厘米（图4-4，1；彩版一六〇，3）。

瓦当　1件。

标本2017HSYJ北采：2，残，泥质灰陶。当面模印兽面纹，兽面外有一道凸弦纹，边缘凸起。残长9.3厘米（图4-4，2）。

滴水　4件。泥质灰陶。均残，滴面模印花卉纹，滴水顶边呈弧形，腰边连弧形。分两型。

A型　1件。

标本2017HSYJ北采：3，残存滴面可见卷草纹饰，后附板瓦残存少部，板瓦前段略宽，凹面有布纹，凸面较光滑，两侧有切割掰离痕迹。滴面残宽19.5、残高7.3、板瓦残长15、宽16～17、厚1.4～1.8厘米（图4-4，3）。

B型　1件。

标本2017HSYJ北采：4，残存滴面可见花蔓纹饰，后附板瓦残失。滴面残宽8、残高6.5厘米（图4-4，4）。

建筑装饰构件　20件。多为鸱吻残块，绿色琉璃，红陶。

套兽残块　10件。泥质红陶。绿琉璃釉。

标本2017HSYJ北采：5，残存背鳍、鳞片。残长15、残宽12厘米（图4-4，5）。

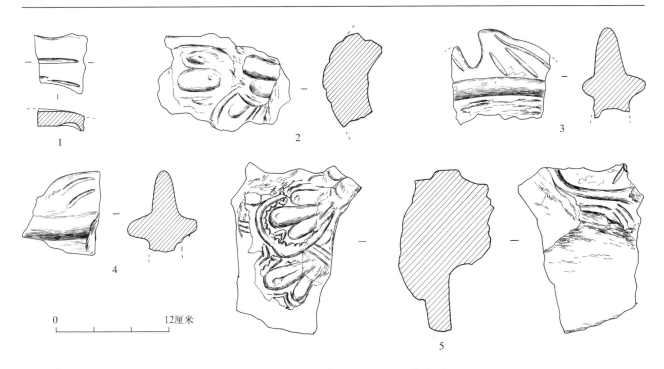

图4-5　四眼井北部建筑基址采集标本

1～5.套兽残块2017HSYJ北采：16、8、13、14、9

标本2017HSYJ北采：6，残存背鳍。残长20.6、残宽10.8厘米（彩版一六○，4）。

标本2017HSYJ北采：16，舌面弯曲状，表面有一道凹槽。残长5、残宽4.6～6.2、厚1.6厘米（图4-5，1）。

标本2017HSYJ北采：8，底部平整，器表有鳞片纹饰及隆起须状纹饰。残长14、残宽10厘米（图4-5，2）。

标本2017HSYJ北采：13，器表存背鳍，鳍下部两侧外凸。残长9、残高10厘米（图4-5，3）。

标本2017HSYJ北采：14，器表存背鳍，鳍下部两侧外凸。残长7.6、残高8.8厘米（图4-5，4）。

标本2017HSYJ北采：9，表面饰鳞片纹。残长17.4、残宽8.8～12厘米（图4-5，5）。

标本2017HSYJ北采：10，表面饰鳞片纹。残长14.4、残宽9.6厘米（图4-6，1）。

标本2017HSYJ北采：11，表面饰鳞片纹，器身有一长方形孔。残长19、残宽18、方孔径长2、宽1.1厘米（图4-6，2；彩版一六○，5）。

标本2017HSYJ北采：12，长圆外鼓。残长10.8、残宽4.6厘米（图4-6，3）。

套兽犄角　1件。

标本2017HSYJ北采：15，釉陶。圆柱形，整体呈"S"形。残长21、直径3.6～5厘米（图4-6，4）。

铁铃顶部残件　1件。

标本2017HSYJ北采：17，残，整体呈圆台形，顶部有孔，器形较厚重。顶径3、底径4.8、残高3.2厘米（图4-6，5）。

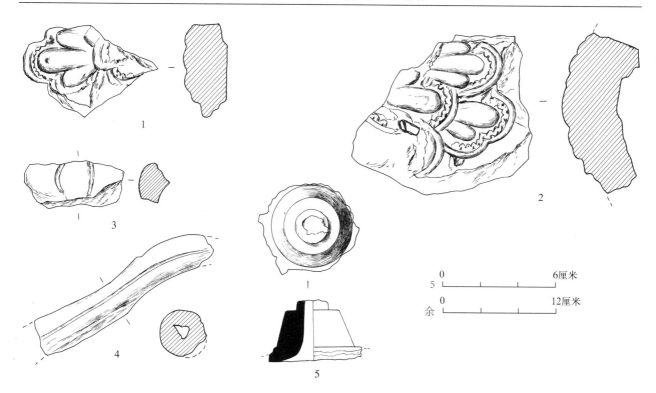

图4-6　四眼井北部建筑基址采集标本
1～3.套兽残块2017HSYJ北采：10～12　4.套兽犄角2017HSYJ北采：15　5.铁铃顶部残件2017HSYJ北采：17

3.中部建筑基址

位于围墙遗迹内中部偏北（彩版一六一，1），距北部建筑基址约 10 米，遗迹平面长方形，南北长 34、北侧宽 15.6、南侧宽 12 米，基址上堆积较厚，南部堆积厚 1.5、北部堆积厚 2.5 米，基址底部为夯土台基，外侧砖铺砌边，南侧堆积内出土一件石柱础，灰砂岩制，顶部方形，柱身圆形，顶面划刻斜射线纹，周身錾刻修整，柱础通高 0.8、顶部边长 0.32、宽 0.28、柱洞直径 0.115、深 0.08 米。基址地表及堆积内发现大量碎砖瓦和建筑构件残块等。

另，此次对该基址盗洞进行了清理。经清理，发现基址堆积下为台基地表，地表有砖铺地面，也发现土坯墙基和砖墙遗迹，土坯墙基采用土坯立置砌筑，墙内抹有草拌泥，墙皮上油彩绘壁画，墙皮厚 4～4.5 厘米，土坯砖尺寸为长 37、宽 7、厚 6.5 厘米。盗洞内发现较多筒瓦、斗拱砖与少量木质建筑构建等残块。

（1）地表采集遗物

手印纹条砖　1 件。

标本 2017HSYJ 中采：1，青灰色，一面破损凹凸不平，一面平整，平整面有制坯留下的手印纹。残长 15.5、残宽 23.2、厚 6 厘米（图4-7，1；彩版一六一，2）。

仿木构砖　1 件。

标本 2017HSYJ 中采：2，青灰色，卷曲状，形状似问号。残长 14.6、厚 5 厘米（图4-7，2）。

瓦当　3 件。均残，后接筒瓦残失，当面均为兽面纹，1 件红褐陶，2 件灰陶。

标本 2017HSYJ 中采：3，泥质红陶。上缘及两侧残。高鼻竖耳，嘴大张，嘴角上翘，尖齿外

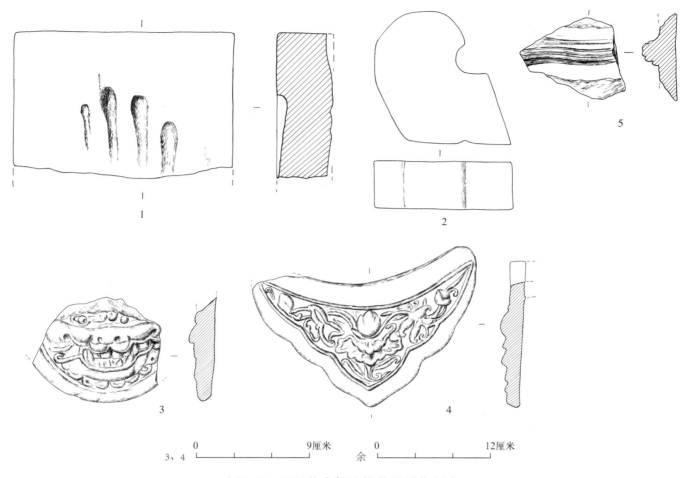

图4-7　四眼井中部建筑基址采集标本

1.手印纹条砖2017HSYJ中采：1　2.仿木构砖2017HSYJ中采：2　3.瓦当2017HSYJ中采：3　4.滴水2017HSYJ中采：4　5.套兽残块2017HSYJ中采：5

露，嘴角及下部胡须卷曲状，周饰一道凸弦纹，下缘工艺较粗糙。残长10、残宽8.5、边缘宽1厘米（图4-7，3）。

滴水　8件。均泥质灰陶。较完整1件，其余全部为碎块，后接板瓦残失。

标本2017HSYJ中采：4，微残，滴面呈三连弧状三角形，模印莲花纹。滴面宽17.7、高9.9、厚1～1.8厘米（图4-7，4）。

套兽残块　4件。绿釉瓷胎，釉色均匀。

标本2017HSYJ中采：5，表面有弧形须毛状纹饰。残长10.4、残宽8.6厘米（图4-7，5）。

标本2017HSYJ中采：6，表面有卷曲状须毛，下端平整。残长10.2、残高5.2厘米（图4-8，1；彩版一六一，3）。

标本2017HSYJ中采：7，绿釉红陶。有尖齿及须毛。残长19厘米（图4-8，2）。

标本2017HSYJ中采：9，颈部须毛残件，灰陶素面。残长13、残高9厘米（图4-8，3）。

鸱吻牙齿　1件。

标本2017HSYJ中采：8，红陶。绿釉。残高11厘米（图4-8，4；彩版一六一，4）。

酱釉碗　1件。

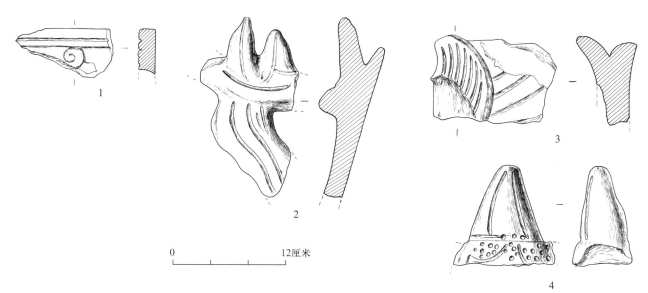

图4-8　四眼井中部建筑基址采集标本

1～3.套兽残块2017HSYJ中采：6、7、9　4.鸱吻牙齿2017HSYJ中采：8

标本2017HSYJ中采：11，碗底，圈足，灰白厚胎，内施酱釉，内底有涩圈，露出瓷胎，圈足未挂釉。足径7.2、足高1.3厘米（图4-9，1）。

酱釉罐　1件。

标本2017HSYJ中采：10，口沿，敛口，平折沿，灰白厚胎，外施酱釉。残宽6厘米（图4-9，2）。

（2）探沟G1出土标本

砖　14件。均残，泥质，青灰色。

仿木构件砖　9件。分六型。

A型　1件。

标本2017HSYJG1：19，整体呈长方形，一面光滑，一面为仿木构雕饰。长27.8、宽21.2、砖厚6、仿木雕饰厚1.5～4.2厘米（图4-9，3；彩版一六二，1）。

B型　2件。一面光滑，一面有凸起仿木雕饰，仿木构端砖角圆弧形，一面砖体有彩绘痕迹。

标本2017HSYJG1：20，长40.8、宽26.6、砖厚6.4、仿木部厚4.2厘米（图4-9，4）。

标本2017HSYJG1：21，长26、砖厚5.5、仿木部厚10.5厘米（图4-9，5）。

C型　1件。

标本2017HSYJG1：22，一面光滑，一面有凸起仿木构雕饰，仿木构端砖角一侧圆弧形，一侧内收形成折角。长33.4、砖厚6、仿木部厚9.4厘米（图4-9，6；彩版一六二，2）。

D型　1件。

标本2017HSYJG1：23，一面光滑，一面有凸起仿木构雕饰，残存部分仿木构凸出部分呈长方形。长28、砖厚4.4、仿木雕饰厚9.2厘米（图4-10，1；彩版一六二，3）。

E型　2件。卷曲状仿木构砖，形状似问号。

标本2017HSYJG1：25，残长16.8、厚5.8厘米（图4-10，2；彩版一六二，4）。

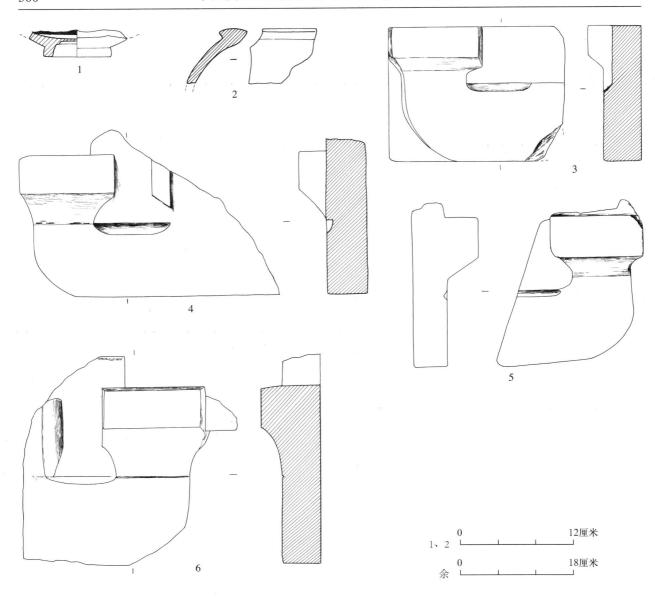

图4-9　四眼井中部建筑基址采集标本

1.酱釉碗2017HSYJ中采∶11　2.酱釉罐2017HSYJ中采∶10　3～6.仿木构件砖2017HSYJG1∶19～22

标本2017HSYJG1∶26，残长18.4、厚5.8厘米（图4-10，3）。

F型　2件。

标本2017HSYJG1∶27，一面光滑，一面有凸起仿木构雕饰，仿木构面呈塔檐状，砖面有红色彩绘。残长21.4、残宽18.6、厚8.5厘米（图4-10，4；彩版一六二，5）。

标本2017HSYJG1∶34，残长26.5、残宽17.5、厚9.3厘米（图4-10，5）。

字母砖　1件。

标本2017HSYJG1∶24，一面光滑，一面粗糙，砖体一端尖突呈三角形。残长26、宽18、砖厚6厘米（图4-11，1；彩版一六二，6）。

手印纹条砖　2件。长方形，一面光滑，一面略粗糙，表面有制坯时留下的手印，手印清晰。

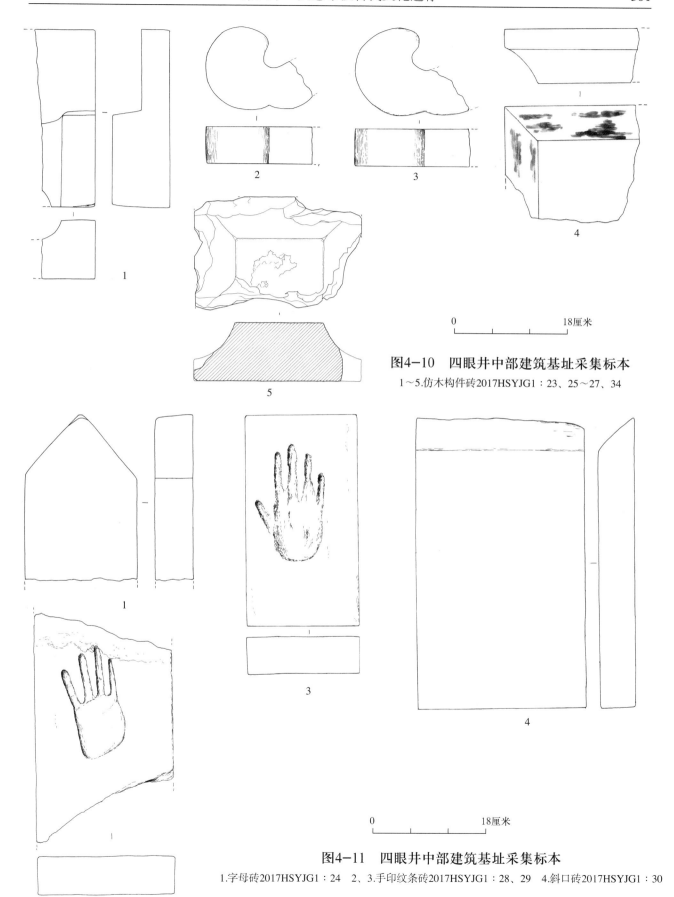

图4-10　四眼井中部建筑基址采集标本
1~5.仿木构件砖2017HSYJG1：23、25~27、34

0　　　　　　　18厘米

图4-11　四眼井中部建筑基址采集标本
1.字母砖2017HSYJG1：24　2、3.手印纹条砖2017HSYJG1：28、29　4.斜口砖2017HSYJG1：30

标本 2017HSYJG1：28，残长 35.8、宽 22、厚 6 厘米（图 4-11，2；彩版一六三，1）。

标本 2017HSYJG1：29，长 33.2、宽 18、厚 5.8 厘米（图 4-11，3）。

斜口砖　1 件。

标本 2017HSYJG1：30，长方形，微残，一面光滑，一面略粗糙，表面有制坯时留下的凹痕，砖一端呈斜面。长 45.8、宽 27、厚 5.8、斜面宽 8 厘米（图 4-11，4）。

瓦当　17 件。较完整 4 件。泥质灰陶。后接筒瓦残失，当面模印兽面纹。兽面清晰饱满，图案凹凸部位明显。凸眼圆睁，双角略粗，高鼻竖耳，嘴微张，嘴角上翘，尖齿外露，嘴角及下部胡须卷曲状，周饰两道凸弦纹。

标本 2017HSYJG1：2，上缘微残，当面直径 11.1、边缘宽 1 厘米（图 4-12，1；彩版一六三，2）。

标本 2017HSYJG1：1，下缘部微残，当面直径 10.5、边缘宽 0.7 ～ 1.5 厘米（图 4-12，2；彩版一六三，3）。

标本 2017HSYJG1：3，上缘及下缘残，当面直径 11.5、边缘宽 1 厘米（图 4-12，3）。

标本 2017HSYJG1：4，残，当面直径 11.8、边缘宽 1.3 厘米（图 4-12，4）。

标本 2017HSYJG1：5，残长 5 厘米（图 4-12，5）。

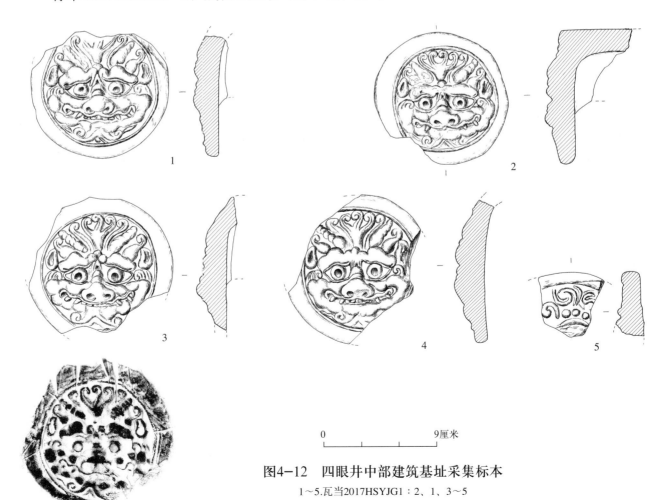

0　　　　　　　9厘米

图4-12　四眼井中部建筑基址采集标本

1～5.瓦当2017HSYJG1：2、1、3～5

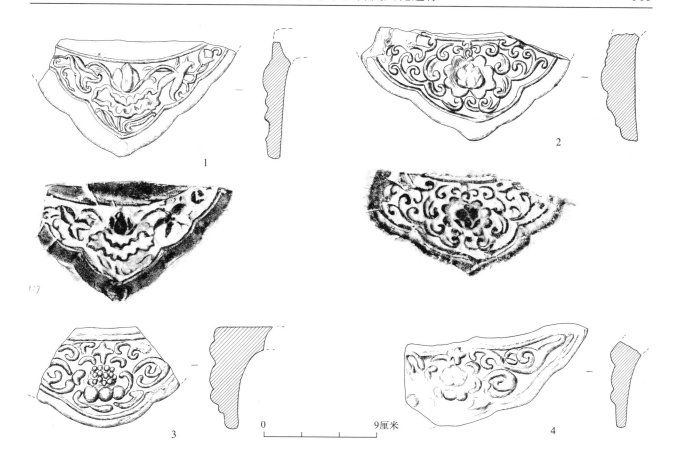

图4-13　四眼井中部建筑基址采集标本

1～4滴水2017HSYJG1：6、7、9、8

滴水　26件。较完整4件。后接板瓦均残失。泥质灰陶。分三型。

A型　1件。

标本2017HSYJG1：6，微残，滴面呈三连弧状三角形，模印莲花纹。滴面残宽14.5、高9.2、厚1.4厘米（图4-13，1；彩版一六三，4）。

B型　1件。

标本2017HSYJG1：7，微残，滴面呈二连弧状三角形，模印菊花纹。滴面残宽16.5、高8.5、厚2.3厘米（图4-13，2；彩版一六三，5）。

C型　2件。均残，滴面模印牡丹花纹。

标本2017HSYJG1：9，滴面两侧残失。滴面残宽11.5、高8、厚2.4厘米（图4-13，3）。

标本2017HSYJG1：8，微残，滴面呈三连弧状三角形。滴面残宽14.5、高6.5、厚1.5厘米（图4-13，4）。

筒瓦　7件。较完整3件。分两型。

A型　2件。残，绿釉红陶。瓦面施绿釉，釉面光滑。

标本2017HSYJG1：10，切割面平整光滑。残长7.5、残宽5.2、厚1.2厘米（图4-14，1；彩版一六三，6）。

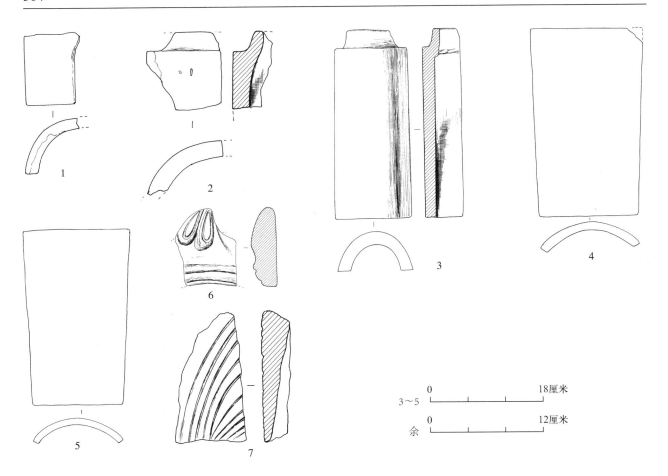

图4-14　四眼井中部建筑基址采集标本

1～3.筒瓦2017HSYJG1：10～12　4、5.板瓦2017HSYJG1：13、14　6、7.建筑装饰构件2017HSYJG1：15、16

标本 2017HSYJG1：11，瓦舌部较规整，凹面有布纹。残长 8.2、残宽 8、瓦舌长 2、瓦舌厚 1 厘米（图 4-14，2）。

B 型　1 件。

标本 2017HSYJG1：12，泥质灰陶。完整，轮制，瓦身呈半筒状，前端略窄于后端，前端有子口，凸面光滑，凹面有清晰布纹，两侧有切割和掰离痕迹。通长 29.8、厚 2、前端直径 11.6、后端直径 12.2、子口长 2.8、子口宽 9、子口厚 1 厘米（图 4-14，3；彩版一六四，1）。

板瓦　3 件。2 件完整。均为四分瓦，略呈梯形状，凸面光滑，凹面有粗布纹，两侧切割、掰离痕迹明显。

标本 2017HSYJG1：13，微残，泥质灰陶。外表工具刮削痕迹明显，宽端口部切割较平，窄端口稍圆滑。瓦长 30、宽端宽 17.8、窄端宽 15.6、厚 1.2 厘米（图 4-14，4）。

标本 2017HSYJG1：14，完整，泥质红陶。外表有工具刮削痕迹，宽端口部切割较平，窄端口薄尖圆。瓦长 28、宽端宽 17、窄端宽 14.5、厚 1 厘米（图 4-14，5；彩版一六四，2）。

建筑装饰构件　4 件。泥质红陶。

标本 2017HSYJG1：15，背面较平整，有白灰痕，正面一端塑造有齿形图案，一端横向有三道凸棱。长 8、宽 5.6 厘米（图 4-14，6）。

标本 2017HSYJG1：16，表面施绿釉，上有数道刻划凹槽。残长 14、残宽 7.4 厘米（图4-14，7）。

标本 2017HSYJG1：17，表面施绿釉。残长 7.8 厘米（图 4-15，1）。

标本 2017HSYJG1：18，绿釉。残长 4.6 厘米（图 4-15，2；彩版一六四，3）。

白釉碗　1件。

标本 2017HSYJG1：31，碗底，圈足，灰白胎，胎质细腻，内施白釉，外素面，足径 6 厘米（图 4-15，3）。

黑釉瓷片　1件。

标本 2017HSYJG1：32，内外皆施黑釉，灰褐胎，夹杂细砂颗粒。残长 3.8、残宽 1.7 ～ 2.3 厘米（图 4-15，4）。

（3）探沟 2 出土标本

褐釉碗　1件。

标本 2017HSYJG2：1，可复原，圆唇，敞口，弧腹，圈足，挖足较浅。胎色略发红，内外壁施半釉。口径 18、足径 7、高 6 厘米（图 4-16，1；彩版一六四，4）。

黑釉盘　1件。

标本 2017HSYJG2：2，口沿，尖圆唇，弧腹，灰白胎，内外施黑褐釉，内壁有道凸棱。残宽 2.6、高 2.8 厘米（图 4-16，2）。

4. 东侧建筑基址

位于围墙遗迹内南部建筑基址东北侧约 7 米处，东端与南部建筑基址东侧处于同一直线，基址南侧有一条东西向现代道路将基址与南部建筑基址隔开，东侧距围墙遗迹约 6.2 米，地表遗迹呈长方形，南北长 23、东西宽 10.8 米，地表堆积呈土垄状，中间高，顶部堆积厚约 2.5 米，南部被现代道路截断，堆积表面可见大量板瓦、瓷片遗物。

滴水　1件。

标本 2017HSYJ 东采：1，残，泥质灰陶。滴面呈月牙形，模印莲花纹，上沿凹弧形，下沿连弧形，后端连接板瓦残断。滴面宽 18、残高 5.6、后接板瓦残长 22、宽 14、厚 2 厘米（图 4-16，3）。

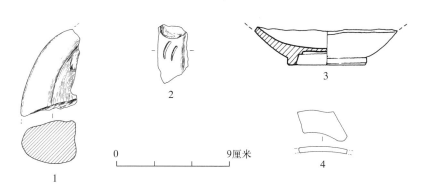

0　　　　　　　　　9厘米

图4-15　四眼井中部建筑基址采集标本

1、2.建筑装饰构件2017HSYJG1：17、18　3.白釉碗2017HSYJG1：31　4.黑釉瓷片2017HSYJG1：32

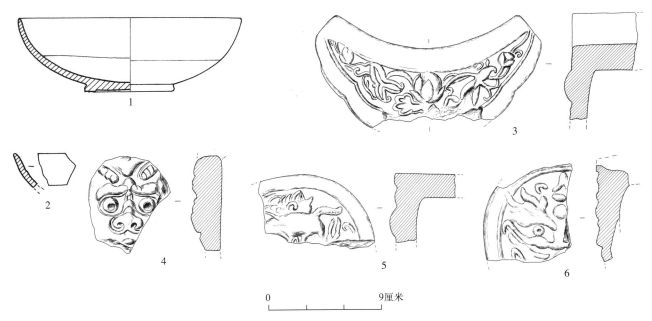

0　　　　　　　　9厘米

图4-16　四眼井中部等建筑基址采集标本

1.褐釉碗2017HSYJG2：1　2.黑釉盘2017HSYJG2：2　3.滴水2017HSYJ东采：1　4～6.瓦当2017HSYJ西采：1～3

5.西侧建筑基址

位于围墙遗迹内南部建筑基址西北侧约7米处，西端与南部建筑基址西侧处于同一直线，基址南侧有一条东西向现代道路将基址与南部基址隔开，东侧距围墙遗迹约7.5米，地表遗迹呈长方形，南北长20、东西宽11.6米，地表堆积呈土垅状，中间高，边缘渐低，顶部堆积厚约2.5米，南部被现代道路截断，地表及堆积表面可见大量筒瓦、瓦当等遗物。

（1）采集标本

瓦当　5件。均残。后接筒瓦残失，当面模印兽面纹，分三型。

A型　1件。

标本2017HSYJ西采：1，泥质灰陶。当面脸部残，兽面规整、清晰。兽角粗短上扬，眉毛波浪状，双眼圆瞪，高凸鼻。残高7.5、残宽6.5厘米（图4-16，4）。

B型　1件。

标本2017HSYJ西采：2，残，泥质灰陶。后接筒瓦，兽角平直，双眉较粗，边轮略凸，瓦当、筒瓦较厚，制作粗糙。当面残宽10.1、厚2.3、后接筒瓦残长6、厚1.8～2.1厘米（图4-16，5）。

C型　1件。

标本2017HSYJ西采：3，残，泥质红陶。兽面清晰饱满，弯眉圆眼，高凸鼻，颧骨高突，毛发卷曲，兽面外有一周凸棱。当面残宽6.6、边缘宽1厘米（图4-16，6）。

滴水　5件。均为泥质灰陶。分两型。

A型　3件。均残，滴面腰边连弧形，顶边为弧形，中部一莲花，周围饰蔓枝卷叶纹。

标本2017HSYJ西采：4，滴面残宽11、残高7.5、厚1.4厘米（图4-17，1；彩版一六四，5）。

标本2017HSYJ西采：7，附带板瓦残断，制作较粗糙、厚重。滴面残宽13.3、板瓦残长

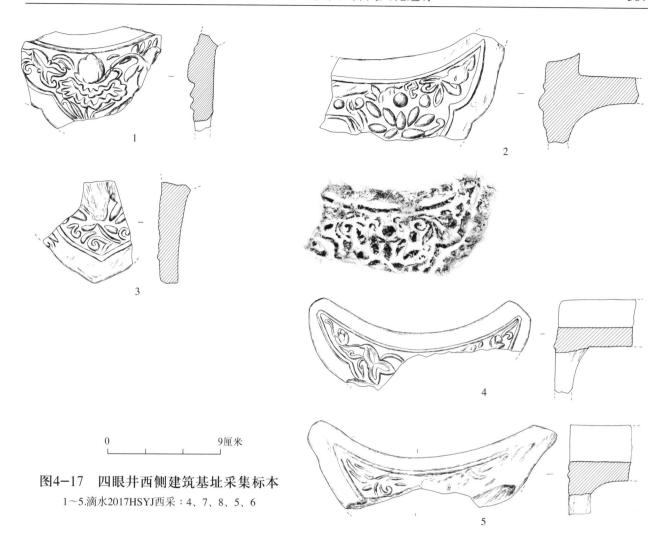

图4-17 四眼井西侧建筑基址采集标本

1～5.滴水2017HSYJ西采：4、7、8、5、6

10.6、厚 1.8 ～ 2.3 厘米（图 4-17，2；彩版一六四，6）。

标本 2017HSYJ 西采：8，滴面残宽 7、残高 8、厚 1.4 ～ 2.3 厘米（图 4-17，3）。

B 型 2 件。均残，滴面下部残失，后接板瓦残断。滴面月牙形，模印花卉纹。后部板瓦凹面有清晰布纹。

标本 2017HSYJ 西采：5，凸面较光滑，板瓦两侧有切割、掰离痕迹。滴面残宽 17.5、板瓦残长 12.8、宽 16、厚 1.7 厘米（图 4-17，4）。

标本 2017HSYJ 西采：6，整体用料厚实，做工粗糙，凸面凹凸不平，滴水、板瓦粘接处粗糙厚实，滴面宽 19.8、板瓦残长 25、后端宽 16.5、厚 1.8 ～ 2.2 厘米（图 4-17，5）。

陶罐 1 件。

标本 2017HSYJ 西采：9，泥质灰陶。类似罐口沿部位，口外有涩圈，整体较厚，近口处较厚，器表较光滑。残长 14、残宽 6.4、厚 2、口部残宽 7 厘米（图 4-18，1）。

瓦状饰残块 1 件。

标本 2017HSYJ 西采：10，黄釉，瓷胎。残件似瓦状，表面施黄釉，一端凸起，表面有两道带状凸起。残宽 18、残高 6、厚 1 ～ 1.3 厘米（图 4-18，2）。

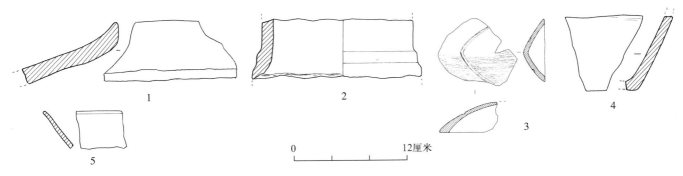

图4-18　四眼井西侧建筑基址采集标本

1.陶罐2017HSYJ西采：9　2.瓦状饰残块2017HSYJ西采：10　3.脊状饰残块2017HSYJ西采：11　4.黄釉残块2017HSYJ西采：12　5.白釉碗2017HSYJ西采：13

脊状饰残块　1件。

标本2017HSYJ西采：11，瓷胎，表面施黄釉，器表隆起中间呈脊状，表面有一道凹弦纹。残长8.4、宽6.6、厚0.4～0.6厘米（图4-18，3）。

黄釉残块　1件。

标本2017HSYJ西采：12，黄釉，瓷胎，釉色均匀，器表圆弧形，一端有残口，口部略厚。残宽7.8、厚0.8～1厘米（图4-18，4）。

白釉碗　1件。

标本2017HSYJ西采：13，口沿，敞口，尖圆唇，白釉，灰白胎，外侧未施满釉。残宽5、残高4厘米（图4-18，5）。

褐釉瓷片　1件。

标本2017HSYJ西采：14，口沿，敞口，圆唇，内外施褐釉，内口下有两道凹弦纹。残宽2.6、残高2.8厘米（图4-19，1）。

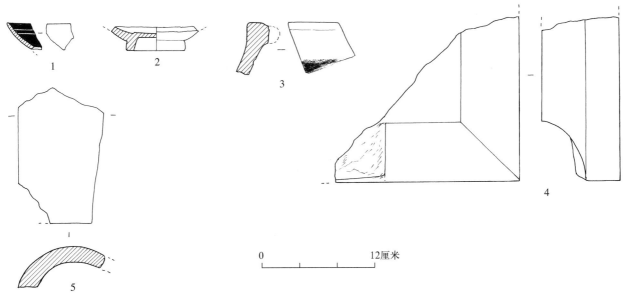

图4-19　四眼井西侧建筑基址采集标本

1.褐釉瓷片2017HSYJ西采：14　2.褐釉碗底2017HSYJ西采：16　3.酱釉罐2017HSYJ西采：15　4.仿木构砖2017HSYJ采：1　5.筒瓦2017HSYJ采：2

褐釉碗底　1件。

标本2017HSYJ西采：16，圈足，灰白厚胎，内施褐釉，内底有圈痕，露出瓷胎，足底内凹，圈足未挂釉。足径6.2、足高1.4厘米（图4-19，2）。

酱釉罐　1件。

标本2017HSYJ西采：15，残片，酱釉，灰白厚胎，近底处未施釉，内壁有一道凹弦纹。残高5.6、残宽5.8厘米（图4-19，3）。

（2）周围地表采集遗物

仿木构砖　1件。

标本2017HSYJ采：1，残，底面较粗糙，正面呈塔檐状，表面残留红色彩绘痕迹。残长19.6、残宽17.4、塔状边厚3.8、整体厚8.2厘米（图4-19，4）。

筒瓦　5件。

绿釉红陶　3件。

标本2017HSYJ采：2，残，瓦面施绿色琉璃釉，釉面光滑，一侧可见切割掰离痕迹，瓦内有粗布纹。残长14.2、残宽9、厚1.7厘米（图4-19，5）。

黄釉瓷胎　2件。

标本2017HSYJ采：3，残，瓷胎，瓦面施黄釉，釉面光滑，瓦内有粗布纹。残长8.4、残宽5、厚1.7～2.1厘米（图4-20，1）。

套兽残块　2件。绿釉红陶。

标本2017HSYJ采：4，表面有卷曲状须毛。残长14.6、宽8厘米（图4-20，2）。

标本2017HSYJ采：5，中部空心。残长18.6、宽13.8厘米（图4-20，3）。

青釉碗　1件。

标本2017HSYJ采：6，碗底，圈足，略外撇，挖足过肩，灰黄色胎，内施青釉，内底有涩圈，圈足及外腹下未挂釉。足径4.6、残高2.4厘米（图4-20，4）。

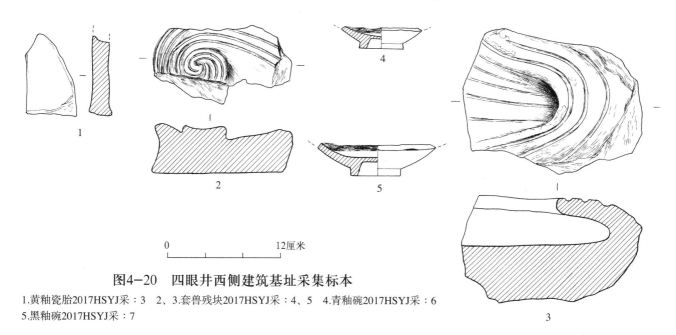

0　　　　　　12厘米

图4-20　四眼井西侧建筑基址采集标本

1.黄釉瓷胎2017HSYJ采：3　2、3.套兽残块2017HSYJ采：4、5　4.青釉碗2017HSYJ采：6
5.黑釉碗2017HSYJ采：7　　　　　　　　　　　　　　　　　　　　　　　3

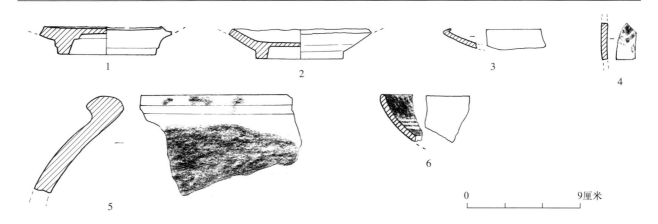

图4-21　四眼井西侧建筑基址采集标本

1、2.褐釉碗2017HSYJ采：8、9　3.白釉碗2017HSYJ采：10　4.褐釉瓷片2017HSYJ采：12　5.褐釉缸2017HSYJ采：13　6.酱釉碗2017HSYJ采：11

黑釉碗　1件。

标本2017HSYJ采：7，碗底，圈足，略外撇，挖足过肩，灰白厚胎，内施黑釉，内底有涩圈，圈足及外腹下未挂釉。足径5.4、残高3.2厘米（图4-20，5）。

褐釉碗　2件。碗底，矮圈足，挖足过肩，灰白厚胎，内施褐釉，内底平齐有涩圈，圈足未施釉。

标本2017HSYJ采：8，足径7.8、残高2厘米（图4-21，1）。

标本2017HSYJ采：9，圈足较宽，大平底有涩圈。足径7、残高2.4厘米（图4-21，2）。

白釉碗　1件。

标本2017HSYJ采：10，口沿，尖圆唇，沿部内折，白胎，内施白釉，外壁仅口沿挂釉。宽4.8、高1.8厘米（图4-21，3）。

褐釉瓷片　1件。

标本2017HSYJ采：12，灰白厚胎，外施褐釉，有剔刻花纹，内光素。残长3厘米（图4-21，4）。

褐釉缸　1件。

标本2017HSYJ采：13，口沿，广口，圆唇，溜肩，器表粗糙，牙黄色厚胎，胎质粗糙，内含砂粒，口沿内侧及外壁施褐釉。残宽12.8、高8.4厘米（图4-21，5）。

酱釉碗　1件。

标本2017HSYJ采：11，口沿，敞口，圆唇，白胎略厚，内外施酱釉，内壁有三道凹弦纹。残宽3.4、残高3.7厘米（图4-21，6）。

（二）四眼井山坡房址

1. 房址

位于四眼井建筑遗址西南侧山顶，共发现房址五处。由北至南记录如下：

（1）F1

坐北朝南，略呈半圆形（彩版一六五，1），仅存地表遗迹，铺筑有石块，北部对山体进行修整，两壁有石块砌筑护墙，护墙现已倒塌，长约6.2、宽约3、残高0.2～0.4米。

（2）F2

位于F1南侧（彩版一六五，2），对山体修整后用石块砌筑地表，平面长方形，长6.7、宽2.9米，仅残存西墙，残高0.3～0.5米，其余已坍塌，有两级台地，边缘有石块砌筑护坡。

（3）F3

位于F2南侧（彩版一六六，1），平面长方形，长7、宽6.5米，残存墙基为石块夹杂泥土砌筑，二层台位于南墙北侧，东侧有石砌护坡。

（4）F4

位于F3南侧（彩版一六六，2），建于山坡修整平整的台地之上，仅存部分墙基遗迹。

（5）F5

位于F4西侧，仅残存部分墙基。

2. 石龛

（1）K1

位于F1西北侧山顶（彩版一六七，1），系对山顶石块进行凿挖，将石块底部掏空并对底部修整形成，龛高约1.4、宽约1.8、进深约0.5米。

（2）K2

位于F3西北侧山顶（彩版一六七，2），形制与K1相同，顶部岩面磨刻有岩画，龛高1.1、宽1.7、进深0.6～1.5米。

第二节　石堆

四眼井石堆

（1）1号石堆

位于四眼井F1西北侧山梁之上（彩版一六八，1）。石堆略呈圆形，顶部较平，采用红色砂岩石块、石片垒筑，底部石块略小于顶部，底径2.4～2.7、高约0.8米。

（2）2号石堆

位于四眼井F5西北侧山顶。仅存底部，地表遗迹呈圆形，采用红色砂岩石块、石片垒筑，略高出地表0.2米，底径2.2～2.4米。

第三节　塔基

四眼井塔基

位于四眼井遗址北侧山丘之上，地表植被稀疏、砾石较多，共有塔基2座，保存较差。

（1）四眼井1号塔基

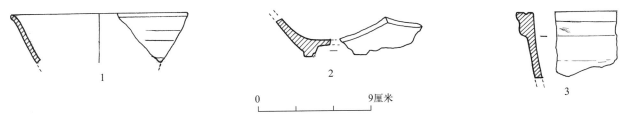

0　　　　　　　　9厘米

图4-22　四眼井1号塔基采集标本

1.青釉碗2017HSYJ塔1采：1　2.白釉碗2017HSYJ塔1采：2　3.褐釉罐2017HSYJ塔1采：3

略呈覆钵状（彩版一六八，2），底径约10、顶部直径3.5米，塔基为黄色黏土夯筑，土色泛粉，中间及底部有砖红色夯土层，夯层厚0.12～0.17米，塔基周围散布瓦片、残砖、少量琉璃瓦残片，塔基东侧中部有一长方形盗洞，东西长1.5、南北宽0.6、深约1.4米，盗洞未挖至夯台底部，盗洞底部可见红色夯土层，盗洞处发现红色彩绘白灰皮残块。塔基东南部有一直径约1.5米的盗坑，盗坑内土质松软，包含大量彩绘白灰皮碎渣，过于残碎无法提取，分析南侧为倒塌堆积区域。

青釉碗　1件。

标本2017HSYJ塔1采：1，口沿，尖唇，敞口，沿略外卷，褐色胎，内外施青釉。口径14.2、高3.8厘米（图4-22，1）。

白釉碗　1件。

标本2017HSYJ塔1采：2，腹底，黄胎，内底有砂圈，施白釉，外腹下施红褐色化妆土。残宽6.6厘米（图4-22，2）。

褐釉罐　1件。

标本2017HSYJ塔1采：3，口沿，尖唇，敞口，宽沿斜折，口沿有道凹槽，唇下有一周凹弦纹，灰白胎，外施青釉，釉下施化妆土，内饰褐釉。残宽5、残高5.2厘米（图4-22，3）。

（2）四眼井2号塔基

东距1号塔基约80米，塔基已被破坏，地表遗迹不太清楚，仅在地表散布有大量碎砖块、红色黑白灰皮残块。

第五章 结语

宁夏贺兰山东麓古代文化遗存主要分布于各山口、山谷内及山前洪积扇上，从文献记载和历次考察结果来看，贺兰山东麓有近 40 个沟口，其中较大者 27 个。本次调查范围为贺兰山东麓文化遗存分布比较集中的石嘴山市至青铜峡市段，主要文化遗存有岩画、石刻、建筑遗址、墓葬、瓷窑址、长城与烽燧等。此次调查实地踏查记录文物点 102 个，其中建筑遗址 27 处、瓷窑窑址 3 处、墓地 2 处、墓葬 60 余座、烽火台 38 座、长城遗迹 11 处、岩画遗迹 2 处、摩崖石刻 4 处、石堆遗迹 21 处、塔基遗迹 2 处。其中新发现文物点 55 处。本次对发现的重要遗迹进行了测绘与航拍，获得较多重要的发现与认识。

一 新发现文物点

本次调查新发现的文物点有建筑遗址、岩画、石堆、长城与烽火台、墓地及瓷窑址，其中长城与烽火台发现的数量最多。

建筑遗址有道路沟遗址、大武口沟石城子遗址、大武口沟口遗址、大西峰沟沟口 1 号房址、大西峰沟沟口 2 号房址、大西峰沟沟内 1 号房址、大西峰沟内 2 号房址、大西峰沟内 3 号房址。

石堆有圈窝子石堆、大武口沟石城子遗址石堆、大枣沟沟口建筑遗址石堆、大水沟自然台子石堆、大水沟南沟门石堆、苏峪口石堆、拜寺口石堆、拜寺口殿台子石堆、大水渠沟石堆。

岩画有道路沟岩画与大武口沟岩画。

长城有麻黄沟长城墙体、白虎洞沟南侧石墙、小王泉沟石墙、北岔沟石墙及敌台、大枣沟石墙、韭菜沟石墙、汝箕沟长城、大武口沟内榆树沟石墙、小水沟长城、敌台、死人沟长城；烽火台有麻黄沟烽火台、柳条沟烽火台、正义关沟烽火台、麦如井烽火台、圈窝子烽火台、边沟烽火台、旧北长城南侧烽火台、小王泉沟烽火台、惠农区黄崩愣头烽火台、大武口沟西白疙瘩烽火台、大枣沟山顶烽火台、汝箕沟烽火台、高富沟烽火台、小水沟沟口烽火台、大水沟烽火台、青石沟烽火台、苏峪口烽火台、拜寺口烽火台、镇木关烽火台、滚钟口烽火台、山嘴沟烽火台、死人沟烽火台。

墓地为大窑沟墓地。

瓷窑址为苏峪口瓷窑址。

二　各段古代文化遗存分布

（一）石嘴山市

石嘴山市包括今大武口区、惠农区与平罗县，本次调查记录文物点 54 处，其中岩画 2 处、建筑遗址 16 处、墓地 1 处、石堆 8 处、石刻塔 2 处、长城墙体 9 处、烽火台 16 处。时代有青铜时代的岩画、秦汉时期的长城、唐代的墓地、西夏的建筑遗址与石刻塔、明代的长城与烽火台。

（二）银川市

银川市主要集中于今贺兰县与西夏区，本次调查记录文物点 41 处，其中建筑遗址 20 处、墓地 1 处、石堆 4 处、摩崖石刻 2 处、瓷窑址 3 处、长城 1 处、烽火台 10 处。时代主要为西夏与明代两朝。

（三）青铜峡市

青铜峡市本次调查记录文物点 4 处，其中建筑遗址 2 处、石堆 1 处、塔基 1 处。时代主要为西夏。

三　文化遗存性质

（一）建筑遗址

建筑遗址可分寺庙与宫殿建筑两类。

1. 寺庙类

主要有插旗口鹿盘沟、贺兰口沟口 1 号台地、贺兰口皇城台子、拜寺口大寺台子、镇木关皇城台子与青铜峡四眼井遗址等，时代上均始建于西夏，其中拜寺口双塔遗址在蒙元时期仍在延续使用。

贺兰山，西夏语称之为"兰山"[1]。西夏定都立国后，贺兰山与河西走廊的积雪山、焉支山被西夏人奉为三大"神山"，贺兰山则为"神山"之首[2]。西夏王朝沿贺兰山东麓大兴土木，建寺院、修离宫、驻军营，把它作为与京畿平原地区相呼应的山林佛教活动的场所和皇家林苑、军塞要地。西夏统治者把修建寺院作为推行和传播佛教的重要举措。一方面，对境内原有的寺宇大加修葺，"……至于释教，尤所重奉，近自畿甸，远及荒要，山林溪谷，村落坊聚，佛宇遗址，只椽片瓦，但仿佛有存者，无不必葺……"[3]，另一方面，则由皇室出面在京畿大兴土木，修建了许多规模宏大的皇家寺院，在贺兰山东麓建寺最多。"山口内各有寺，多少不一，大抵皆西夏时旧址，元昊宫殿遗墟，断甓残甃，所在多有……"[4]。

[1]　聂鸿音：《大度民寺考》，《民族研究》2003年第3期，第94～98页。
[2]　克恰诺夫、李范文、罗矛昆：《圣立义海研究》，宁夏人民出版社，1995年，第58、59页。
[3]　陈炳应：《西夏文物研究》，宁夏人民出版社，1985年，第108页。
[4]　（清）张金成修，（清）杨浣雨纂，陈明猷点校：《乾隆宁夏府志》卷三，宁夏人民出版社，1992年，第86页。

　　插旗口鹿盘沟建筑遗址未见于古代文献著录，但从以往考古调查工作来看，贺兰山东麓各大沟口及沟内台地，多存有西夏建筑遗址，经过考古发掘证明拜寺口双塔、拜寺口沟口塔群和沟内方塔区遗址均建于西夏。插旗口鹿盘寺遗址中出土的绿釉琉璃建筑构件如鸱吻、脊兽残块与西夏陵出土的比较接近，出土的相轮残件与拜寺口塔群出土 A 型宝盖相似，遗址出土的兽面影塑与拜寺口双塔中西塔塔身装饰兽面影塑相似；遗址出土的火焰宝珠纹装饰，与拜寺口塔群出土塔身残块相似，也与拜寺口双塔中西塔塔身转角处装饰相似；另外，遗址还出土了西夏遗址中常见的手印纹砖，这些均可说明插旗口鹿盘沟遗址的始建时间应当为西夏。

　　插旗口鹿盘沟遗址中出土铜钱共计 46 枚，其中有 2 枚"开元通宝"钱，其余为宋代钱币，铸造年代从"太平通宝"到"政和通宝"，种类繁多，时间跨度大。西夏社会主要流通货币为北宋铜钱，由此可见一斑，从出土钱币来看，插旗口鹿盘沟遗址的修建和使用，也不会晚于北宋政和七年（1117 年，即西夏雍宁四年）。

　　遗址中出土西夏文榜题白灰泥块，汉译文"庚寅年五月二十三日"，西夏时期共历三次庚寅年，分别为西夏延嗣宁国元年（1050 年，也称天祐垂圣元年）、西夏贞观十年（1110 年）、西夏乾祐元年（1170 年）。

　　插旗口鹿盘沟遗址虽然毁坏严重，但从出土大量绿釉装饰建筑构件和佛教文物来看，这是一处西夏官式佛教寺院建筑遗址。建筑以宏伟的高台为基，前筑三间佛殿，后置八座佛塔。佛殿建筑进深大于面宽，底部夯土奠基，地面铺砖，屋顶覆瓦，屋檐装饰瓦当、滴水，屋脊饰以鸱吻、套兽、脊兽等。

　　佛塔塔基仅塔一为八边形，其余为四边形，塔基直径或边长在 1.2 ～ 2.5 米范围，推测塔身体积较小，其中四座佛塔塔身内存有擦擦遗存，推测这些佛塔属于墓塔。佛塔以石块垒砌塔基，从出土白灰泥块内侧砖印痕来看，塔身或以砖砌，外侧涂抹较厚的白灰泥用以造型，表面装饰影塑或彩绘壁画，塔身最多经过三次粉装绘画。

　　遗址中四座塔基存有擦擦。擦擦作为佛教圣物，多是作为佛塔内或佛像腹腔的填充物。擦擦多出土于藏传佛教流行之地，西夏中晚期藏传佛教传布发展，擦擦在西夏遗址中多有出土，如内蒙古黑水城、甘肃武威亥母寺及宁夏青铜峡 108 塔、拜寺口方塔、拜寺口塔群、贺兰宏佛塔等。藏传佛教中有一种擦擦名"布擦"，以活佛的骨灰和泥土掺混在一起制作而成，即所谓的佛身舍利。遗址中塔 7 出土擦擦与拜寺口北寺塔群出土擦擦形制基本相同，且擦擦胎土中肉眼可辨掺有骨渣，是目前出土西夏擦擦中首见。

　　贺兰口与镇木关两处皇城台子从建筑形制上来看，遗址基本上继承了中原汉族寺院建筑的传统，形制大体与唐宋时期建筑相仿：第一，如朝向均坐北朝南，以中轴线上主体建筑为中心的均衡对称的布局手法，以瓦当、滴水、脊兽、鸱吻等建筑构件组成的屋顶等，这些都体现了中原汉族寺院建筑的主要特点。第二，两处皇城台子遗址北侧台地建筑基址均较小，位置最高，出土有佛教遗物等，很可能是寺院建筑中四台之一的高台建筑，主要用来供奉寺内主要佛像。第三，两处遗址出土的白瓷板瓦、槽形瓦、造像残块等，在西夏陵北端建筑遗址也有出土，发掘者推测该遗址是西夏祖庙，反映了党项族视祖为佛、佛祖合一的观念[1]；从出土的泥塑人像分析，有学者

[1] 宁夏文物考古研究所：《西夏陵园北端建筑遗址发掘简报》，《文物》1988年第9期，第57～66页。

认为西夏陵北端建筑遗址出土的人像反映了回鹘僧人的形象，进而指出该遗址应是类似佛寺性质的建筑[1]。无独有偶，两处皇城台子无论从建筑形制还是出土遗物，与西夏陵北端建筑遗址有较多的相似。因此，本次调查发现的两处皇城台子遗址，具有明显的寺院性质，而且是级别较高的西夏皇家寺院。

从遗址规模来推测，面积约在 2000 平方米，当时在建筑的设计与实践上，也有较高的技术水平。如地面铺手印纹砖、夯土墙垣、彩绘墙皮、琉璃脊兽、白瓷板瓦等表明，其外部装饰较为华丽，"百工技巧，圬者缋者，是墁是饰，丹腹具设，金碧相间，辉耀日月，焕然如新，丽矣壮矣，莫能名状"[2]。由此可见当时的宗教建筑技术水平也是相当可观的。

从位置来分析，本次调查的三处遗址与西夏陵北端建筑遗址均位于兴庆府西侧的贺兰山东麓，距兴庆府约 40 千米。除上述寺院遗址外，沿贺兰山东麓还有西夏时期的拜寺口双塔、拜寺沟方塔等遗址，塔、寺林立，反映了西夏统治者大力推行佛教、修建寺院的盛况。

《弘治宁夏新志》记载："避暑宫：贺兰山拜寺口南山之巅，伪夏元昊建此避暑，遗址尚存，人与朽木中，尝有拾铁钉一二尺者。"[3]结合"西夏地形图"，有学者认为镇木关沟的"皇城台子"为西夏元昊避暑宫旧址，贺兰口沟内的"皇城台子"为木栅行宫故址[4]。而本次考古调查，则认为上述两处"皇城台子"遗址为西夏时修建的皇家寺院遗址，并不是单纯的行宫遗址。

青铜峡四眼井从遗址周围采集的瓷片与建筑构件判断，与贺兰山东麓其他建筑遗址采集的极为相似。其中莲花纹滴水、兽面瓦当与拜寺口殿台子、贺兰口皇城台子、镇木关皇城台子的基本一致，灰陶筒瓦、板瓦与西夏 3 号陵、6 号陵及北端建筑遗址出土的大体相同，应是西夏时期的一处建筑遗址。

同时，在该遗址东北侧残存两座塔基，一座已经残毁，一座仅存高约 5 米左右，呈锥体状，采用夹砂黄土夯筑而成，塔基上部呈圆形。在塔基周围散落有大量的建筑残件和青砖，其形制、规格与该遗址的相同。因此，结合大体量的建筑构件与塔基，初步推测四眼井遗址应是西夏时期的一座寺院遗址。

此外，该遗址出土的仿木结构形砖，在西夏遗址中属于首次发现，这对于研究西夏时期的建筑结构提供了极为重要的实证，也证明了该处遗址在西夏时期应是极为重要的一座寺院，级别相对较高，属于西夏时期的皇家寺院。

该遗址在西夏时期属于灵州管辖范围，西夏统治者为推崇佛教，大量翻译佛典，大兴土木广建寺院。寺院是收藏佛典、招来众僧、讲经说典和从事其他佛教活动的重要场所。因此，西夏统治者把修建寺院作为推行和传播佛教的重要举措。一方面，对境内原有的寺宇大加修茸，另一方面，则由皇室出面在京畿大兴土木，修建了许多规模宏大的皇家寺院。《嘉靖宁夏新志》在记述"广武营"的二十六烽堠中，有"大佛寺里口墩"，在"祠庙"条有"大佛寺"的记载，注为"元昊时所建。在外边，迄今栋宇尚存"[5]。所述大佛寺即为今广武西贺兰山东麓的四眼井遗址，

[1] 杨蕤：《浅析西夏陵北端建筑遗址出土的泥塑人像》，《宁夏社会科学》2005年第4期，第95～98页。
[2] 陈炳应：《西夏文物研究》，宁夏人民出版社，1985年，第108页。
[3] 范宗兴签注：《弘治宁夏新志》，宁夏人民出版社，2010年，第55页。
[4] 牛大生、许成：《贺兰山文物古迹考察与研究》，宁夏人民出版社，1988年，第38、39页。
[5] （明）胡汝砺编，（明）管律重修：《嘉靖宁夏新志》，宁夏人民出版社，1982年，第238页。

至于"元昊时所建"可能系泛指西夏，因为，从出土的建筑构件分析，其始建年代应该在西夏中晚期。而两座塔基属于覆钵式塔的塔基，属于藏传佛教，在西夏也流行于西夏中期。《万历朔方新志》"寺观"条也有记载："大佛寺，在西路边外，元昊时建。"[1]"西路边外"指明代沿贺兰山修筑的长城沿线，而且"大佛寺"的上下条分别为"一百八塔寺"和"牛首寺"，证明"大佛寺"的地理范围在今青铜峡市地区。这与在四眼井发现的西夏建筑遗址相合。清代《康熙朔方广武志·古迹志》中记载："大佛寺，在城西三十里，元昊所建。昔有樵子，在址中撅皂，得一铜钵，大径二尺余"[2]。《乾隆宁夏府志》记载："山口内各有寺，多少不一，大抵皆西夏时旧址，元昊宫殿遗墟，断甓残甃，所在多有……。卷四《地理》'古迹'条记载：元昊故宫，在贺兰山之东，有遗址。又振武门内，有元昊避暑宫，明洪武初遗址尚存，后改为清宁观。广武西大佛寺口，亦有元昊避暑宫。"[3]这里"大佛寺"指广武西四眼井西夏建筑遗址，该寺附近再未发现西夏建筑遗址。"大佛寺口"可能指大佛寺门口两侧的建筑，应是佛寺和避暑宫合一的建筑。在本志卷六《建筑》"坛庙"条中，有"牛首寺""一百八塔寺"，但没有"大佛寺"，说明该寺在清代已废弃。因此，结合本次调查测绘，认为四眼井遗址即是西夏皇室修建的沿贺兰山东麓分布的皇家寺院之一大佛寺。

在寺院的选址上，四眼井遗址也基本契合藏传佛教寺院风格，建于贺兰山前平缓地带，与灵州城有一定的距离，不与村镇混杂，减少俗界的影响。在建筑形制上，四眼井遗址基本上继承了中原汉族寺院建筑的传统，形制大体与唐宋时期建筑相仿。如朝向坐西北朝东南，以中轴线上主体建筑为中心的均衡对称的布局手法，以夯筑墙垣和四合院组成的内向封闭的总体格局，以瓦当、滴水、脊兽、鸱吻等建筑构件组成的屋顶等，这些都体现了中原汉族寺院建筑的主要特点，与西夏陵北端建筑遗址也比较接近[4]。在布局上，则为自由发展式的建筑结构，以主体建筑为中心，向四周发展，利用低矮的次要建筑，衬托出主体建筑，前有寺院，后有佛塔，在建筑艺术上使统一和变化有机结合。在建筑规模上，面积约10000平方米，当时在建筑的设计与实践上，也有较高的技术水平。如地面铺手印纹砖、夯土墙垣、彩绘墙皮、琉璃脊兽等表明，其外部装饰较为华丽。由此可见当时的宗教建筑技术水平也是相当可观的。从位置来分析，四眼井遗址位于贺兰山东麓的最南端，距灵州城约50千米。除该遗址外，沿贺兰山东麓还有西夏时期的插旗口鹿盘寺、拜寺口双塔、拜寺沟方塔等遗址，塔、寺林立，反映了西夏统治者大力推行佛教、修建寺院的盛况。对于研究西夏时期的寺庙结构、建筑布局方面提供了重要的实物遗存。

2. 宫殿建筑类

主要有大枣沟沟口遗址、大水沟遗址、大口子沟遗址、青羊沟遗址等，也始建于西夏。结合本次调查测绘，上述遗址均位于沟口台地上，将沟口坡地进行平整成多级台地，在其上进行建筑，各台地之间有踏道或漫道相通。现地表仅存砖瓦，其中大口子遗址地表残存数块莲花纹石柱础，可见遗址当时建筑规模较大。

---

[1] 胡玉冰校注：《万历朔方新志》，中国社会科学出版社，2015年，第237页。

[2] 吴怀章校注：《康熙朔方广武志》，宁夏人民出版社，1993年，第71页。

[3] （清）张金成修，（清）杨浣雨纂，陈明猷点校：《乾隆宁夏府志》卷三，宁夏人民出版社，1992年，第86、116、191页。

[4] 宁夏文物考古研究所：《西夏陵园北端建筑遗址发掘简报》，《文物》1988年第9期，第57～66页。

（二）摩崖石刻类

摩崖石刻类中大枣沟、涝坝沟石刻塔为西夏开凿；苏峪口摩崖石刻造像、朱峰沟摩崖石刻为清代所凿。

大枣沟与涝坝沟石刻塔大小略异，造型相同，均为覆钵式，由塔座、塔身、塔顶三部分组成。塔座为三层须弥座，第三层的中间开龛，原供佛像；塔身呈覆钵式，向上层层内收；塔顶由刹座、刹身、刹顶三部分组成，宝珠衬托天盘的刹座，上置三重宝珠形相轮为刹身，刹尖以"十三天"收顶。整个塔体呈三角形，外侧用阴刻线构画背光。从石刻塔的形制来分析，两处石塔形制与西夏的佛塔相近，应开凿于西夏至蒙元时期，明清时期一直有维修。

苏峪口摩崖造像始凿年代不详，但从凿刻痕迹推测，刻迹清晰，自然侵蚀轻微，凿刻时间大约在清代初期。佛像头部两侧均刻有两个圆形饰物，这种佛像形制在汉地元明以前佛像中极为少见，最早出现在清朝康熙年间，两边的圆圈表示日月，在清代藏传佛教的唐卡或壁画中佛像上方饰有日月形象[1]，而在贺兰山发现的西夏佛像中未有此类型，因此将苏峪口石刻摩崖造像判定为清代。

（三）墓葬

归德沟4处墓地共45座墓葬，均采用石块垒砌成石圈，有长方形与圆形两种。初步推测为唐代时期墓葬；大窑沟则是西夏时期墓葬。

归德沟4处墓地的石圈墓，与内蒙古北部边疆部分地区的"石头墓"比较相似，墓葬地表无封土，用大小不等不同形状的石头块，在地表摆砌成圆形圈或长方形圈。根据内蒙古对这类墓葬的试掘情况，清去石块后，下面是长方形竖穴土坑墓，单人直肢葬，绝大多数为男性。此种墓葬在地表摆砌的石头圈，并不是墓葬的主要建筑结构，而只是起到标志、像封土一样的作用。此外，这种石头圈墓，尤其是分布在广大草原上和阴山以北地区的大型石头圈等遗迹，反映出了突厥人的丧葬习俗，那就是"表木为茔，立屋其中，图画死者形依及其生时所经战阵之状。尝杀一人，则立一石，有至千百者"。此次调查发现的45座石圈墓，突出反映了突厥人这种死后立杀石人的丧葬习俗。这种同类型的墓葬，除了内蒙古北部、还有在我国的新疆、中亚的哈萨克斯坦和蒙古国境内等地，均有发现。

大窑沟发现的30座墓葬，从形制和出土物看为西夏时期墓葬，皆有墓园，个别有碑亭。其中一域一墓五组，共5座；一域二墓五组，共10座；一域三墓五组，共15座；结构类似西夏陵区内的Ⅱ型陪葬墓。而且据西夏陵较近，位于西夏陵西南侧，应该属于陪葬墓。

（四）瓷窑遗址

贺兰山东麓3处瓷窑遗址在时代上均为西夏所建。插旗口缸沿子瓷窑址地表现无窑炉，仅存废品堆积；贺兰口贵房子瓷窑址地表残存2座窑炉；苏峪口瓷窑址地表发现13座窑炉，废品堆积较厚。3处瓷窑址周围均有煤矿，应以煤为燃料，器物使用匣钵装烧，器物之间为涩圈叠烧，匣

---

[1]　样葳、许成：《宁夏贺兰山苏峪口沟摩崖石刻调查及其相关问题》，《草原文物》2011年第2期，第23页。

钵底部覆一层细砂，其上装烧器物，最下层器物底部垫有垫饼，以上器物依次叠压在涩圈上，最上层器物可施满釉。常见叠烧器物为碗、盘等广口器，叠烧3～8件，大多为同型器物叠烧，也有碗盘叠烧者。白瓷板瓦为竖立排烧，底部垫以垫条，瓦与匣钵、瓦与瓦之间以泥球间隔。窑内常常以多个匣钵叠烧，匣钵之间以泥片固定。匣钵变形或倒塌，是烧造失败的主要原因。烧窑失败的情况有倒塌损毁、器物变形或粘连、蹿烟变色、窑汗附着等。

目前已知的西夏瓷窑分别有宁夏灵武磁窑堡窑与回民巷窑、银川缸瓷井窑和武威塔尔湾窑，磁窑堡窑出土多座窑炉及大量剔花扁壶、经瓶、瓷铃、秃发人像、碗、盘等[1]；回民巷窑发现2座窑炉及2000多件文物，出土瓷器以白、青、黑釉盘、碗为主[2]；缸瓷井窑位于西夏王陵东侧，主要为皇陵建造烧制建筑构件[3]。甘肃武威塔尔湾窑发现有大瓮、扁壶、碗、盘等，还发现了"光定四年四月卅日"墨书款纪年瓷，装饰技法有印花、刻花、剔刻花与白釉褐彩等[4]。以上4处窑址的发现使西夏瓷器的研究有了较深的发展，引起了对西夏官窑遗址的讨论。

通过对比贺兰山3处瓷窑址标本器形及材质，发现此3处瓷窑址产品与西夏陵、贺兰山地区的西夏离宫遗址等区域出土的精细白瓷基本一致，其中高圈足的碗，无论是器形还是釉色，均于湖田窑的接近[5]，同时在宋辽金的纪年墓中也出土了相似的器形[6]，时代在北宋晚期（西夏中晚期）。而与灵武窑、回民巷窑、塔尔湾窑白釉瓷区别较大，胎釉精细程度要高于以上3窑，很可能是西夏官府文思院管理的窑场。尤其是苏峪口瓷窑址，规模较大，据此推测此处窑址应为西夏时期专为皇室烧造瓷器的御窑遗址，这对研究中国古代陶瓷史及西夏手工业发展具有重要意义。

宁夏地区宋金时期最著名的是灵武窑，产品的胎呈灰或灰黑胎，胎质较粗，釉为化妆土白釉和黑釉，器形包括扁壶、棒槌状的梅瓶，流行粗刻花装饰，具有浓郁的草原粗犷豪放的风格。而贺兰山东麓3处瓷窑址的产品主要为不施化妆土的精细白瓷，基本不见纹饰装饰，以造型与釉色取胜，其文化面貌与审美迥异灵武窑，也与北方地区的定窑等白瓷窑场有巨大差异，是一个全新的窑业类型。

（五）长城、烽火台

长城中除麻黄沟长城属于秦汉时期所修筑外，其余均为明代所修筑。

惠农区麻黄沟长城墙体与烽火台与已经调查刊布的《宁夏明代长城·北长城调查报告》中的长城墙体在走向、砌法、结构上皆区别较大，此段长城墙体就地取材，采用毛石砌筑，保存较差，多数仅存底部墙基。在长城沿线的四座烽火台基本等距离分布，烽火台周围地表均散布有少量的泥质灰陶绳纹陶片，根据墙体走向、砌筑结构、保存状况、陶片等与内蒙古自治区乌海市秦长城比较一致，初步判定该段长城应为秦长城。

根据《内蒙古长城资源调查报告·鄂尔多斯—乌海卷》，乌海—鄂托克旗秦长城中的凤凰岭

[1]　中国社会科学院考古研究所：《宁夏灵武窑发掘报告》，中国大百科全书出版社，1995年。
[2]　宁夏回族自治区考古所：《宁夏灵武市回民巷西夏窑址的发掘》，《考古》2002年第8期。
[3]　宁夏回族自治区博物馆：《银川缸瓷井窑西夏窑址》，《文物》1978年第1期。
[4]　王琦：《甘肃武威塔儿湾遗址出土西夏瓷器初探》，《文物天地》2019年第3期。
[5]　江西省文物考古研究所：《江西湖田窑址H区发掘简报》，《考古》2000年第12期。
[6]　刘涛：《宋辽金纪年瓷器》，文物出版社，2004年，第106页。

秦长城段，自宁夏回族自治区石嘴山市惠农区过黄河后由南向北进入乌海市海南区巴音陶亥镇东风农场十队，该点既为凤凰岭秦长城的南端起点，也是乌海市秦长城的南端起点[1]。墙体就地取材，采用毛石干垒，直接砌筑于山体岩基上，坍塌严重。底宽 1.1 ～ 1.3、残高 0.35 ～ 0.8 米。其墙体砌筑方法、走向与惠农区长城基本一致。

关于秦始皇修筑长城的文献记载，《史记·秦始皇本纪》云："三十三年（公元前 214 年），……西北斥逐匈奴。自榆中并河以东，属之阴山，以为三十四县，城河上为塞。又使蒙恬渡河取高阙、陶山、北假中，筑亭障以逐戎人。徙谪，实之初县。[2]"《史记·蒙恬列传》记载："秦已并天下，乃使蒙恬将三十万众北逐戎狄，收河南。筑长城，因地形，用险制塞，起临洮，至辽东，延袤万余里。于是渡河，据阳山，逶蛇而北。暴师于外十余年，据上郡。[3]"《史记·匈奴列传》记载："后秦灭六国，而始皇帝使蒙恬将十万之众北击胡，悉收河南地。因河为塞，筑四十四县城临河。徙谪戍以充之。而通直道，自九原至云阳，因边山险堑溪谷可缮者治之，起临洮至辽东万余里。又渡河据阳山北假中[4]。"宁夏贺兰山东麓与内蒙古乌海市在秦朝时均属北地郡，此段长城沿贺兰山东麓向东北方向，过黄河后北上，与乌海秦长城相接，应是秦朝最西北端的一道防御设施，属于秦始皇修筑的万里长城的一部分。

秦始皇所筑的长城在宁夏境内怎样东渡黄河以前仅为推测，没有实物遗存可证。这次麻黄沟发现的这段长城，确定了秦时版图应是当达到其地的。因为这里沿黄河两岸地势低平，水缓易渡，如果当时匈奴仍然稽留未去，则隔河秦国的土地便难以得到安定保障。"何况秦始皇驱逐匈奴，一定要控制阴山山脉，怎能独留下贺兰山东麓这块广漠平滩，不再闻问？"[5]这段长城的发现证实了贺兰山东麓在秦时属于其控制的版图之内。

此外，内蒙古乌海秦长城在汉代继续沿用，惠农区麻黄沟长城有无使用现在不清，但是在该段长城西南侧约 9 千米处的正谊关沟口有一名为老关疙瘩的遗址，该遗址位于正义关沟内 6 千米处的冲积扇滩地上，处于出入正义关沟的必经之路，遗址呈圆锥形，土石夯筑，底座周长 100、高 2、顶直径 10 米，占地面积约 120 平方米，但是破坏相对严重。20 世纪 60 年代，在遗址内部挖筑防空洞，后用混凝土将洞口填堵，在遗址附近还挖有数十条散兵壕。致使现在该遗址的形制与分布范围多已不清。本次在调查过程中，在遗址周围发现有较多的陶片等遗物，纹饰多绳纹、抹断绳纹，具有秦代和西汉早期的特征，据此推断该遗址应建于秦代或西汉早期，与麻黄沟秦长城在修筑年代及使用上应有一定的联系。

宁夏石嘴山市惠农区麻黄沟秦长城的发现对于研究秦朝时期的长城防御体系提供了极为重要的实物遗存。宁夏境内已经调查刊布的长城调查报告有《宁夏早期长城调查报告》《宁夏明代长城北长城调查报告》《宁夏明代长城固原内边长城调查报告》与《宁夏明代长城河东长城调查报告》，《宁夏明代长城西长城调查报告》。时代有战国秦长城、宋长城与明长城。其中战国秦长

---

[1]　内蒙古自治区文化厅（文物局）、内蒙古自治区文物考古研究所：《内蒙古自治区长城资源调查报告·鄂尔多斯—乌海卷》，文物出版社，2016年，第43页。

[2]　（汉）司马迁：《史记》第1册，中华书局，1959年，第253页。

[3]　（汉）司马迁：《史记》第8册，中华书局，1959年，第2565、2566页。

[4]　（汉）司马迁：《史记》第9册，中华书局，1959年，第2286页。

[5]　史念海：《黄河中游战国及秦时诸长城的探索》，《陕西师范大学学报（哲学社会科学版）》1987年第2期，第64页。

城主要位于固原市的原州区、西吉县与彭阳县，宋长城位于固原市原州区，明长城从宁夏石嘴山到固原市均有，但秦长城目前仅发现于贺兰山东麓的石嘴山市惠农区麻黄沟，这段长城的发现确定了秦始皇修筑的长城沿贺兰山东麓是如何修筑及东渡黄河的，也证实了在阴山山脉与贺兰山之间的广阔的黄河缺口当时并没有因稍事疏忽而不予以堵塞的。

本次调查新发现的明代长城与烽火台，是在《宁夏明代长城西长城调查报告》基础上的补充，对已调查登记的不再做记录。通过本次调查，发现在贺兰山东麓的各个沟口，除了这道主要沿贺兰山分布的西长城外，在沟内的山脊上，多有用石块砌筑的长城墙体，只是现在塌毁严重。在修筑方式上，有沙土夯筑的，如汝箕沟山脊发现的夯土长城；有石块砌筑的，如韭菜沟、小王泉沟山脊石砌墙体；有沙石混筑的，如北岔沟墙体；有石块砌筑与壕堑相结合的，如白虎洞沟墙体。在修筑方式上多是就地取材，根据地形、地貌等实际情况，采取灵活多样的修筑方式，也反映了贺兰山当时在军事防御上的重要性。

（六）石堆类

本次调查发现的石堆，根据所在位置及规模大小可分为以下几种。

1. 墓葬

大水沟山顶自然台子5座石堆，尤其是1号石堆还有围墙，初步推测此处石堆应是墓葬的封土，虽然没有对其进行试掘，但是从其所处位置、采集的标本推测，此类石堆应是秦汉时期墓葬。

2. 玛尼堆

大武口沟口建筑遗址石堆、大枣沟沟口建筑遗址石堆、大枣沟南沟门山顶石堆与拜寺口殿台子石堆，均位于西夏遗址附近，推测此类石堆应是玛尼堆，为藏传佛教的一种古老的传统建筑形式，是藏民信仰和文化传承的象征。由于西夏统治者在境内大力推行和传播藏传佛教，因此属于藏传佛教的这种玛尼堆也随之传入西夏境内，成为除了佛塔之外的另一种建筑形式。原本藏民堆砌的玛尼堆，或在石头内埋藏着写经卷等宗教物件，或在石头上绘画佛像、法器等，一般为圆形或方形，位于山顶、山口、路口、湖边或寺庙、墓地等处，用于祈福，成为当地人们的保护神。本次调查发现的此类石堆虽然没有发现佛像之类的绘画，但是从所在位置、大小、堆砌方式等来分析，推测此类石堆应是玛尼堆，是当时西夏佛教信众宗教信仰的一种反映。

3. 烽火台附墩

本次调查在烽火台附近发现有较多的小石堆，数量不等，多采用石块堆砌，有长方形与椭圆形两种，分布于烽火台周围，应是作为烽火台的附属墩台，根据敌情轻重传递军情的配套建筑。

后　记

本报告是贺兰山东麓古代文化遗存考古调查的资料集。2017 年 4 月受原宁夏回族自治区文化厅的委托，在宁夏财政的支持下，宁夏回族自治区文物考古研究所组建考古调查队对贺兰山东麓古代文化遗存进行考古调查，2019 年 11 月田野调查结束，其间进行资料整理，并对部分遗址进行补充调查，至 2023 年完成了报告的编写和校对工作。本次考古调查由朱存世负责，主要调查人员有柴平平、白婷婷、王静竹及李万利、吕强、王宁、佘保全等技术人员，考古所马晓玲、王宇、郭家龙、高雷、车建华等同志也协助参与了部分遗址的调查工作。

本报告主编朱存世，副主编柴平平、白婷婷，由朱存世、柴平平、白婷婷共同执笔完成。其中，朱存世负责统稿，柴平平负责第一章第一节、第二章第一、四、五、六节，第三章第一节（四）、（五）、（七）、（一一），第四、五、六节，第四章、第五章的编写，白婷婷负责第一章第二节、第二章第一、二、三、四节，第三章第一节（一）、（二）、（三）、（四）、（六）、（七）、（八）、（九）、（一〇），第二、三、五节，第四章的编写。地貌环境、遗迹拍摄工作由柴平平、白婷婷完成，文物标本由边东冬拍摄，重要遗址、遗迹由陕西十月文物保护有限公司、宁夏坤博测绘地理信息技术有限公司测绘，文物标本由徐永江、沈刚绘制。

本次调查和报告编写得到原宁夏回族自治区文化厅、宁夏回族自治区文化和旅游厅（文物局）、石嘴山市文物管理所、银川市文物管理处、青铜峡市文物管理所、宁夏贺兰山国家级自然保护区管理局的大力支持，尤其卫忠副厅长多次亲临调查现场指导工作。文物出版社和责编秦彧为本报告出版付出了很多努力，使得本项工作得以完成。在此一并感谢！

本次考古调查对岩画和长城仅涉及新发现或原来专项调查遗漏部分，有不完整之嫌，对其他文化遗存的调查，由于缺乏地层学依据，所获取文化遗存信息和所采集文物标本具有片面性或偶然性，可能会导致编写者的认知出现偏差，望学界同仁和读者予以批评指正。

编　者
2023 年 11 月

1.道路沟石砌遗址（西南—东北）

2.道路沟1号辅墩

彩版一　道路沟遗址

1.道路沟2号辅墩

2.道路沟3号辅墩

彩版二　道路沟遗址

1.麦如井遗址航拍图

2.石城子石堆（西—东）

彩版三　麦如井遗址与石城子遗址

1.石城子遗址二级台地

2.石城子遗址石墙

彩版四　石城子遗址

1.大武口沟口遗址

2.大武口沟口岩画

彩版五　大武口沟口遗址

1.大枣沟沟口遗址

2.大枣沟沟内遗址（西—东）

彩版六　大枣沟沟口与沟内遗址

1.大西峰沟西北侧防火便道山顶建筑遗址南侧房子（东南—西北）

2.大西峰沟西北侧防火便道山顶建筑遗址（西—东）

彩版七　大西峰沟遗址

1.大西峰沟1号房址

2.大西峰沟2号房址

彩版八　大西峰沟遗址

1.大西峰沟3号房址

2.涝坝沟遗址

彩版九　大西峰沟、涝坝沟遗址

1.大西峰沟蓄水池

2.大西峰沟蓄水池北侧小道

彩版一〇　大西峰沟遗址

1.板瓦2017HLBG采：7

2.筒瓦2017HLBG采：6

3.陶罐2017HLBG采：1

4.青釉碗2017HLBG采：2

5.青釉碗2017HLBG采：4

6.铁片2017HLBG采：3

彩版一一　涝坝沟遗址采集标本

1.大水沟南沟门房址（南—北）

2.大水沟山顶石砌房址（东—西）

彩版一二　大水沟沟内南沟门房址

1.归德沟1号墓地墓葬（南—北）

2.归德沟2号墓地墓葬（南—北）

彩版一三　归德沟墓地

1.归德沟3号墓地墓葬（南—北）

2.归德沟4号墓地墓葬（北—南）

彩版一四　归德沟墓地

1.正义关沟石堆（西—东）

2.正义关沟南侧石堆（西南—东北）

彩版一五　正义关石堆

1.陶罐2020HZYG采：2

2.陶罐2020HZYG采：5

3.陶盆2020HZYG采：3

4.陶盆2020HZYG采：6

5.陶盆2020HZYG采：7

6.陶盆腹片2020HZYG采：8

彩版一六　正义关石堆采集标本

1.圈窝子石堆

2.圈窝子烽火台西壁

彩版一七　圈窝子石堆

1.大枣沟1号石堆

2.大枣沟2号石堆

彩版一八　大枣沟沟口建筑遗址石堆

1.自然台子1号石堆（东北—西南）

2.自然台子2号石堆

彩版一九　大水沟遗址中心区北侧自然台子石堆

1.自然台子3号石堆（西南—东北）

2.自然台子4号石堆

彩版二〇　大水沟遗址中心区北侧自然台子石堆

1.沟底东北侧台地石堆（东—西）

2.沟底石圈（西—东）

彩版二一　归德沟石堆

1.涝坝沟石刻塔

2.涝坝沟石刻塔（东—西）

彩版二二　涝坝沟石刻塔

1.大枣沟1、2号石刻塔

2.大枣沟3号石刻塔

彩版二三　大枣沟石刻塔

1.道路沟岩画

2.道路沟岩画

彩版二四　道路沟岩画

1.白虎洞沟南侧石墙山坡段墙体（东—西）

2.白虎洞沟南侧石墙山前段墙体（南—北）

3.白釉碗2020HBHD采：1

4.黑釉罐2020HBHD采：2

彩版二五　白虎洞沟南侧石墙及采集标本

1.小王泉沟石墙（西—东）

2.小王泉沟石墙（东—西）

彩版二六　小王泉沟石墙

1.北岔沟敌台

2.北岔沟石墙北面墙体

彩版二七　北岔沟石墙及敌台

1.北岔沟石墙剖面

2.板瓦2020BCG采：1

3.筒瓦2020BCG采：2

4.褐釉缸2020BCG采：3

5.褐釉缸2020BCG采：5

彩版二八　北岔沟石墙及采集标本

1.大枣沟石墙与烽火台

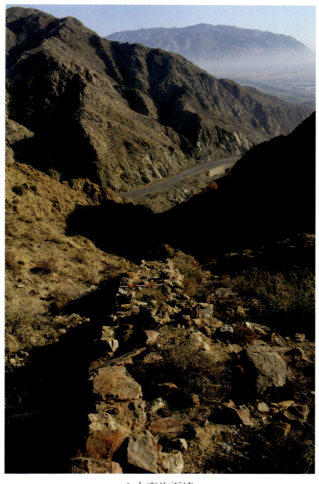

2.大枣沟石墙

彩版二九　大枣沟石墙

1.韭菜沟石墙

2.韭菜沟石墙局部

彩版三〇　韭菜沟石墙

1.汝箕沟土长城（东—西）

2.汝箕沟夯土墙体

彩版三一　汝箕沟长城夯土墙体

1.汝箕沟石砌墙体（北—南）

2.汝箕沟石砌墙体（西—东）

彩版三二　　汝箕沟长城石砌墙体

1.榆树沟石墙

2.榆树沟石墙

彩版三三　大武口沟内榆树沟石墙

1.榆树沟石墙

2.榆树沟石墙台地

彩版三四　大武口沟内榆树沟石墙

1.小水沟长城

2.小水沟长城南端墙体（西—东）

彩版三五　小水沟长城

1.小水沟长城1号敌台（东—西）

2.褐釉瓷片2017HXSG采：2

3.黑褐釉碗2017HXSG采：1

彩版三六　小水沟长城敌台及采集标本

1.柳条沟烽火台（东南—西北）

2.柳条沟烽火台

3.柳条沟烽火台房址

彩版三七　柳条沟烽火台

1.柳条沟1号辅堆

2.柳条沟2号辅堆

彩版三八　柳条沟辅堆

1.麦如井1号烽火台

2.麦如井1号烽火台（西—东）

彩版三九　麦如井1号烽火台

1.麦如井2号烽火台

2.麦如井2号烽火台东壁

3.青釉盘2017HMRJ2采：3　　　　4.青白釉碗2017HMRJ2采：1　　　　5.青白釉碗2017HMRJ2采：2

彩版四○　麦如井2号烽火台及采集标本

1.边沟烽火台

2.旧北长城南侧烽火台（东—西）

彩版四一　边沟与旧北长城南侧烽火台

1.小王泉沟1号烽火台

2.小王泉沟1号烽火台（西—东）

彩版四二　小王泉沟烽火台

1.小王泉沟2号烽火台

2.小王泉沟3号烽火台

彩版四三　小王泉沟烽火台

1.大王泉沟1号烽火台

2.大王泉沟1号烽火台（东—西）

彩版四四　大王泉沟烽火台

1.大王泉沟2号烽火台

2.大王泉沟2号烽火台（西—东）

彩版四五　大王泉沟烽火台

1.大武口沟西白疙瘩烽火台

2.大武口沟西白疙瘩烽火台内部荆条

彩版四六　大武口沟西白疙瘩烽火台

1.大枣沟山顶烽火台

2.青釉碗2020DZGF采：1

3.褐釉缸口沿2020DZGF采：2

4.褐釉缸口沿2020DZGF采：3

彩版四七　大枣沟山顶烽火台及采集标本

1.汝箕沟1号烽火台

2.汝箕沟1号烽火台（西南—东北）

彩版四八　汝箕沟烽火台

1.汝箕沟2号烽火台

2.汝箕沟2号烽火台（西—东）

彩版四九　汝箕沟烽火台

1.汝箕沟3号烽火台

2.汝箕沟3号烽火台（东—西）

彩版五〇　汝箕沟烽火台

1.高富沟烽火台

2.高富沟烽火台（西—东）

彩版五一　高富沟烽火台

1.小水沟沟口东北侧烽火台

2.小水沟沟口烽火台（北—南）

彩版五二　小水沟沟口烽火台

1.大水沟1号烽火台

2.大水沟1号烽火台（西南—东北）

彩版五三　大水沟烽火台

1.大水沟2号烽火台

2.大水沟2号烽火台（西南—东北）

彩版五四　大水沟烽火台

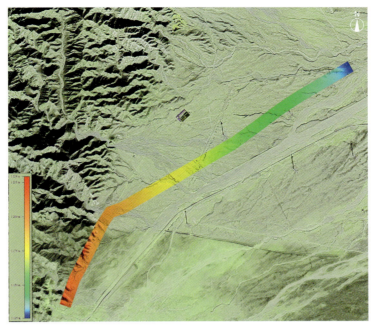

1.石嘴山DEM高程晕渲图

2.麻黄沟长城遗址1 正射影像图

3.麻黄沟长城遗址2 正射影像图

彩版五五　麻黄沟长城墙体

1.陶罐2019HNFHT1：1

2.陶盆2019HNFHT1：2

3.陶盆2019HNFHT1：3

4.器底2019HNFHT1：8

5.陶盆2019HNFHT2：4

6.陶盆2019HNFHT2：2

彩版五六　麻黄沟1、2号烽火台采集标本

1.麻黄沟2号烽火台

2.麻黄沟3号烽火台

彩版五七　麻黄沟烽火台

1.陶片2019HNFHT2：5

2.陶罐2019HNFHT3：1

3.陶罐2019HNFHT4：1

4.陶片2019HNFHT4：2

5.陶片2019HNFHT4：3

6.器底2019HNFHT4：4

彩版五八　麻黄沟烽火台采集标本

1.二号台地护坡及踏道

2.二号台地发掘后

彩版五九　鹿盘沟二号台地建筑基址

1.发掘前台地俯瞰（北—南）

2.排水沟及F3

彩版六〇　鹿盘沟二号台地建筑基址

1.F1东侧石墙

2.F1房址倒塌堆积

彩版六一　鹿盘沟二号台地建筑基址F1

1.F1地面南侧铺砖及倒塌堆积

2.F1东南角垫土解剖

彩版六二　鹿盘沟二号台地建筑基址F1

1.二号台地建筑基址F2

2.二号台地建筑基址F4石灶

彩版六三　鹿盘沟二号台地建筑基址F2、F4

1.二号台地建筑基址F3瓷器出土现场

2.二号台地建筑基址F3火烧遗迹

彩版六四　鹿盘沟二号台地建筑基址F3

1.二号台地T1台基及塔基残砖

2.二号台地塔基T2

彩版六五　鹿盘沟二号台地塔基T1、T2

1.二号台地塔基T3

2.二号台地塔基T3出土擦擦剖面

彩版六六　鹿盘沟二号台地塔基T3

1.二号台地T3地宫

2.二号台地T3地宫内部

彩版六七　鹿盘沟二号台地塔基T3

1.二号台地T4

2.二号台地T4南侧擦擦

彩版六八　鹿盘沟二号台地塔基T4

1.二号台地T5

2.二号台地T6

彩版六九　鹿盘沟二号台地塔基T5、T6

1.二号台地T7出土擦擦

2.二号台地T8

彩版七〇　鹿盘沟二号台地塔基T7、T8

1.手印纹砖2015HCLT0101②：95

2.树叶纹砖2015HCLT0102②：23

3.刻字砖2015HCLT0302②：24

4.榫卯砖2015HCLT0303②：7+8

5.素面板瓦2015HCLT0101②：94

6.绳纹板瓦2015HCLT0104②：15

彩版七一　鹿盘沟二号台地出土遗物

1.绳纹板瓦2015HCLT0104②：18

2.绳纹板瓦2015HCLT0204②：44

3.重唇板瓦2015HCLT0304②：4

4.白釉板瓦2015HCLT0202②：20

5.槽形瓦2015HCLT0104②：1

彩版七二　鹿盘沟二号台地出土遗物

1.素面筒瓦2015HCLT0303②：5

2.素面筒瓦2015HCLT0303②：4

3.素面筒瓦2015HCLT0202②：28

4.绳纹筒瓦2015HCLT0104②：17

5.宝相花纹滴水2015HCLT0101②：17

6.莲花纹滴水2015HCLT0204②：2

彩版七三　鹿盘沟二号台地出土遗物

1.莲花纹滴水2015HCLT0102②：13

2.莲花纹滴水2015HCLT0202②：23

3.菊花纹滴水2015HCLT0102②：3

4.牡丹花叶纹滴水2015HCLT0102②：4

5.垂花纹滴水2015HCLT0202②：2

彩版七四　鹿盘沟二号台地出土遗物

1.兽面纹瓦当2015HCLT0101②：1

2.兽面纹瓦当2015HCLT0101②：6

3.兽面纹瓦当2015HCLT0304②：1

4.兽面纹瓦当2015HCLT0202②：1

5.兽面纹瓦当2015HCLT0101②：11

6.兽面纹瓦当2015HCLT0304②：2

彩版七五　鹿盘沟二号台地出土遗物

1.兽面纹瓦当2015HCLT0204②：40

2.兽面纹瓦当2015HCLT0204②：1

3.兽面纹瓦当2015HCLT0103②：18

4.鸱吻口部2015HCLT0101②：69

5.鸱吻眼部2015HCLT0204②：31

6.鸱吻身部2015HCLT0101②：63

彩版七六　鹿盘沟二号台地出土遗物

1.鸱吻毛发2015HCLT0204②：37

2.鸱吻毛发2015HCLT0204②：47

3.鸱吻毛发2015HCLT0101②：76

4.鸱吻尾部2015HCLT0103②：15

5.鸱吻中部2015HCLT0101②：81

6.套兽头部2015HCLT0101②：85

彩版七七　鹿盘沟二号台地出土遗物

1.套兽头部2015HCLT0204②：46

2.套兽头部2015HCLT0204②：49

3.套兽眼部2015HCLT0204②：48

4.套兽眼部2015HCLT0204②：33

5.套兽舌部2015HCLT0102②：9

6.套兽左侧颈部2015HCLT0101②：68

彩版七八　鹿盘沟二号台地出土遗物

1.脊兽上颌残块2015HCLT0101②：86

2.脊兽底部2015HCLT0102②：8

3.海狮残件2015HCLT0202②：79

4.龙形墙面饰2015HCLT0304②：11

5.龙形墙面饰2015HCLT0304②：12

6.题记2015HCLT0202②：32

彩版七九　鹿盘沟二号台地出土遗物

1.彩绘佛像残块2015HCLT0202②：53

2.彩绘佛像残块2015HCLT0202②：54

3.彩绘佛像残块2015HCLT0202②：55

4.莲台2015HCLT0202②：61

5.菊花纹2015HCLT0202②：56

6.组合花纹2015HCLT0202②：69

彩版八〇　鹿盘沟二号台地出土遗物

1.佛像头部2015HCLT0202②：33

2.佛像身部2015HCLT0202②：34

3.兽面2015HCLT0202②：39

4.莲瓣2015HCLT0202②：43

5.卷云纹2015HCLT0202②：49

6.莲花宝珠火焰纹2015HCLT0202②：36

彩版八一　鹿盘沟二号台地出土遗物

1.拱形残块2015HCLT0202②：83

2.折尺形残块2015HCLT0202②：84

3.折尺形残块2015HCLT0202②：84

4.八角形残块2015HCLT0202②：85

5.四角形残块2015HCLT0202②：86

彩版八二　鹿盘沟二号台地出土遗物

1.佛像螺发2015HCLT0204②：50

2.佛像衣纹2015HCLT0202②：17

3.佛像眼部2015HCLT0304②：8

4.莲瓣2015HCLT0101②：91

5.影塑花草纹2015HCLT0304②：13

6.佛塔残块2015HCLT0202②：47＋48

彩版八三　鹿盘沟二号台地出土遗物

1.擦擦2015HCLT0303②：11

2.擦擦2015HCLT0303②：75

3.擦擦2015HCLT0303②：78

4.擦擦2015HCLT0202②：72

5.擦擦2015HCLT0202②：73

6.擦擦2015HCLT0202②：76

彩版八四　鹿盘沟二号台地出土遗物

1.青釉盘2015HCLT0204②：41

2.青釉盆腹片2015HCLT0204②：18

3.青釉插器2015HCLT0202②：5

4.青釉器底2015HCLT0204②：11

5.白釉碗2015HCLT0203②：16

6.茶叶末釉碗2015HCLT0203②：9

彩版八五　鹿盘沟二号台地出土遗物

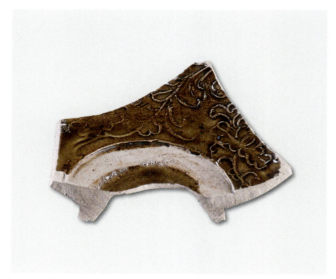

1.青黄釉碗2015HCLT0104②：7

2.酱釉瓜棱罐2015HCLT0104②：4

3.酱釉罐2015HCLT0103②：7

4.酱釉罐2015HCLT0101②：53

5.酱釉罐2015HCLT0203②：7

6.酱釉罐肩部2015HCLT0204②：17

彩版八六　鹿盘沟二号台地出土遗物

1.酱釉罐肩部2015HCLT0101②：55

2.黑釉碗2015HCLT0104②：10

3.黑釉钵2015HCLT0204②：14

4.黑釉罐2015HCLT0204②：12

5.黑釉罐2015HCLT0203②：8

6.匣钵2015HCLT0104②：3

彩版八七　鹿盘沟二号台地出土遗物

1.砚台2015HCLT0103②：9

2.花叶纹铜片2015HCLT0203②：14

3.咸平元宝2015HCLT0203②：25

4.祥符元宝2015HCLT0302②：9

5.景祐元宝2015HCLT0203②：23

6.宣和通宝2015HCLT0202②：30

7.政和通宝2015HCLT0204②：51

8.大定通宝2015HCL采：1

彩版八八　鹿盘沟二号台地出土遗物

1.磨石2015HCLG1：5

2.铜镀残片2015HCLG1：6

3.太平通宝2015HCLG1②：9

4.咸平元宝2015HCLG1②：35

5.酱釉罐口沿2015HCLF5：2

6.碗底2015HCLF5：3

彩版八九　鹿盘沟二号台地出土遗物

1.灵芝纹青花碗2015HCLM1：1

2.灵芝纹青花碗2015HCLM1：1

3.灵芝纹青花碗2015HCLM1：1

4.银耳环2015HCLM1：2

5.银耳环2015HCLM1：2

6.银耳环2015HCLM1：2

彩版九〇　鹿盘沟二号台地出土遗物

1.沟口1号台地1号长方形遗迹

2.沟口1号台地1号房址（西—东）

3.沟口1号台地2号房址（东—西）

彩版九一　贺兰口沟口1号台地建筑遗迹

1.板瓦2017HHLK1Ⅰ采：1

2.板瓦2017HHLK1Ⅰ采：4

3.板瓦2017HHLK1Ⅰ采：5

4.筒瓦2017HHLK1Ⅰ采：3

5.瓦当2017HHLK1Ⅰ采：6

6.滴水2017HHLK1Ⅰ采：7

彩版九二　　贺兰口沟口1号台地建筑遗迹采集标本

1.建筑构件2015HHLK采：13

2.琉璃宝瓶2017HHLK1Ⅰ采：8

3.白釉碗2017HHLK1Ⅰ采：9

4.酱釉碗2017HHLK1Ⅰ采：11

5.黑釉缸2017HHLK1Ⅰ采：14

6.黑釉缸2017HHLK1Ⅰ采：15

彩版九三　贺兰口沟口1号台地建筑遗迹采集标本

1.贴塑佛像2015HHLK采：1

2.贴塑佛像2015HHLK采：2

3.贴塑佛像2017HHLK1Ⅰ采：16

4.贴塑佛像2017HHLK1Ⅰ采：17

5.贴塑佛像2017HHLK1Ⅰ采：18

6.贴塑佛像2017HHLK1Ⅰ采：19

彩版九四　贺兰口沟口1号台地建筑遗迹采集标本

1.贴塑佛像2017HHLK1Ⅰ采：26

2.贴塑残块2015HHLK采：8

3.团花形装饰2015HHLK采：4

4.佛坐残块2017HHLK1Ⅰ采：23

5.重层覆莲台2017HHLK1Ⅰ采：37

6.重层覆莲台2017HHLK1Ⅰ采：38

彩版九五　贺兰口沟口1号台地建筑遗迹采集标本

1.装饰残块2017HHLK1Ⅰ采：27

2.衣褶残块2015HHLK采：10

3.菩萨花冠2017HHLK1Ⅰ采：41

4.菩萨花冠2017HHLK1Ⅰ采：43

5.菩萨花冠2017HHLK1Ⅰ采：50

6.佛像螺发2017HHLK1Ⅰ采：45

彩版九六　贺兰口沟口1号台地建筑遗迹采集标本

1.佛像背光2017HHLK1 I 采：22

2.忍冬纹残块2017HHLK1 I 采：29

3.卷草纹残块2017HHLK1 I 采：30

4.佛像右足2017HHLK1 I 采：31

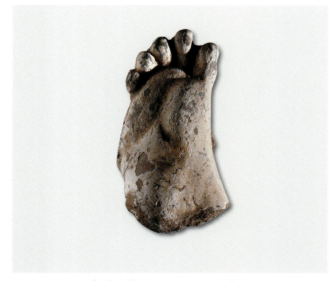

5.跏趺坐右足2017HHLK1 I 采：32

6.衣结2017HHLK1 I 采：49

彩版九七　贺兰口沟口1号台地建筑遗迹采集标本

1.板瓦2017HHLK1Ⅱ采：1

2.白釉碗2017HHLK1Ⅱ采：5

3.褐釉碗2017HHLK1Ⅱ采：4

4.白釉碗2017HHLK1Ⅲ采：1

5.白釉碗2017HHLK1Ⅲ采：2

6.褐釉碗2017HHLK1Ⅲ采：3

彩版九八　贺兰口沟口2、3号台地建筑遗迹采集标本

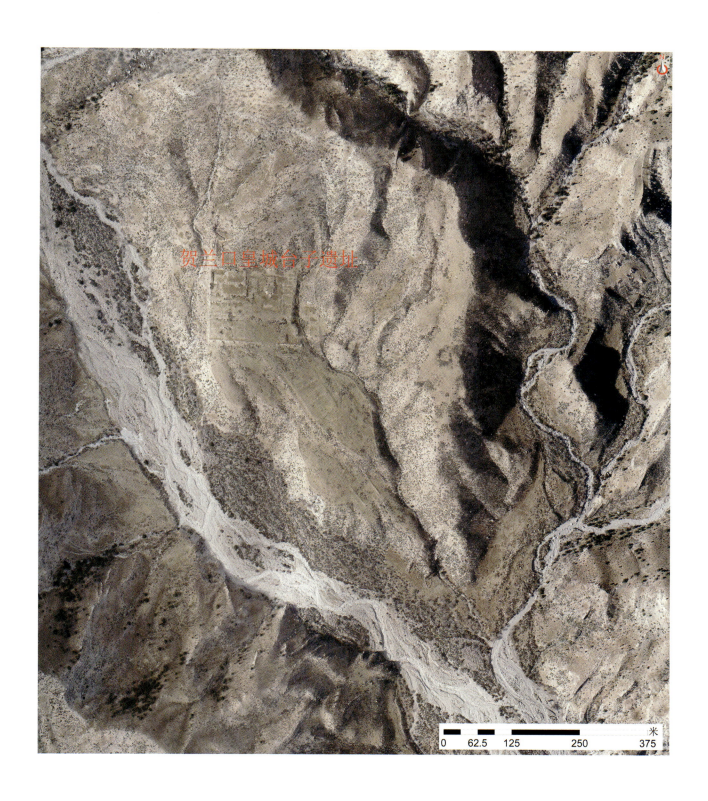

贺兰口皇城台子遗址

彩版九九　贺兰口东麓皇城台遗址

1.白釉板瓦2017HHLK2采：3

2.槽形瓦2017HHLK2采：1

3.槽形瓦2017HHLK2Ⅰ采：1

4.滴水2017HHLK2Ⅰ采：7

5.瓦当2017HHLK2Ⅰ采：4

6.瓦当2017HHLK2Ⅰ采：6

彩版一○○　贺兰口皇城台子一号建筑基址采集标本

1.筒瓦2017HHLK2Ⅱ采：3

2.筒瓦2017HHLK2Ⅱ采：4

3.滴水2017HHLK2Ⅱ采：2

4.瓦当2017HHLK2Ⅱ采：6

5.白釉碗2017HHLK2Ⅱ采：11

6.青白釉碗2017HHLK2Ⅱ采：12

彩版一〇一　贺兰口皇城台子二号建筑基址采集标本

1.莲瓣纹残块2017贺兰口皇城台子：1

2.菩萨头像2017贺兰口皇城台子：2

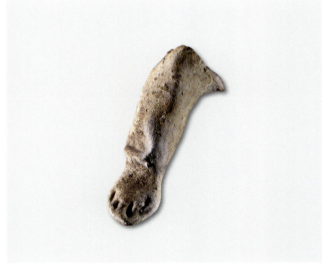

3.佛像腿部2017贺兰口皇城台子：4

4.佛像手部2017贺兰口皇城台子：5

5.佛像手部2017贺兰口皇城台子：6

6.佛像手指2017贺兰口皇城台子：7

彩版一○二　贺兰口皇城台子二号建筑基址采集标本

1.一级台地1号建筑遗址（东南—西北）

2.二级台地8号建筑遗址（西—东）

彩版一〇三　贺兰口贵房子建筑遗址

1.二级台地10号建筑遗址（西—东）

2.二级台地10号建筑遗址砖瓦残块

3.筒瓦2017HHLK3采：1

4.瓦当2017HHLK3采：2

彩版一〇四　贺兰口贵房子建筑遗址及采集标本

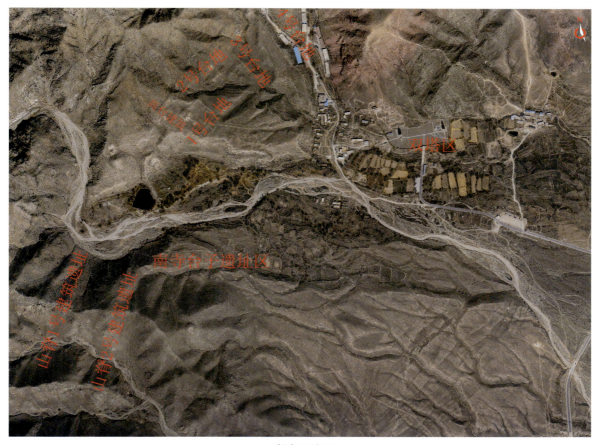

1.拜寺口遗址

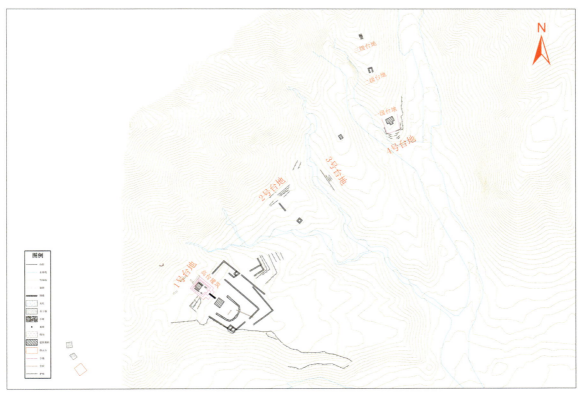

2.拜寺口遗址

彩版一〇五　拜寺口建筑遗址

1.槽形瓦2015HBD采：15

2.滴水2015HBD采：5

3.滴水2015HBD采：3

4.琉璃瓦当2015HBD采：1

5.琉璃筒瓦2015HBD采：7

6.黄釉瓶2015HBD采：9

彩版一○六　拜寺口大寺台子遗址采集标本

1.套兽2015HBN采：1

2.套兽2015HBN采：2

3.套兽2015HBN采：3

4.鸱吻尾部2015HBN采：5

5.琉璃舌部2015HBN采：6

彩版一〇七　拜寺口南寺台子建筑遗址采集标本

1.南寺台子西南侧山脊1号建筑基址（西—东）

2.南寺台子西南侧山脊2号建筑基址（西—东）

彩版一〇八　拜寺口南寺台子西南侧山脊建筑基址

1.板瓦2015HBDG1：15

2.筒瓦2015HBDG1：1

3.筒瓦带瓦当2015HBDG1：7

4.筒瓦带瓦当2015HBDG1：10

5.筒瓦带瓦当2015HBDG1：9

6.筒瓦带瓦当2015HBDG1：14

彩版一〇九　拜寺口2015G1出土遗物

1.琉璃筒瓦2015HBDG1：25

2.琉璃建筑构件2015HBDG1：26

3.脊兽眼部2015HBDG1：29

4.土坯砖2015HBDG1：38

5.白灰块2015HBDG1：39

6.白釉碗底2015HBDG1：31

彩版一一〇　拜寺口2015G1出土遗物

1.条砖2016HBDG1②：23

2.条砖2016HBDG1②：24

3.方砖2016HBDG1②：25

4.滴水2016HBDG1②：3

5.滴水2016HBDG1②：4

6.瓦当2016HBDG1②：1

彩版一一一　拜寺口2016G1出土遗物

1.瓦当2016HBDG1②：2

2.脊兽残块2016HBDG1②：21

3.白釉碗底2016HBDG1②：7

4.酱釉碗底2016HBDG1②：8

5.酱釉盘2016HBDG1②：9

6.黑白套色瓷碗底2016HBDG1②：6

彩版一一二　拜寺口2016G1出土遗物

1.花纹砖2016HBDG2②：64

2.板瓦2016HBDG2②：7

3.白釉板瓦2016HBDG2②：8

4.白釉板瓦2016HBDG2②：11

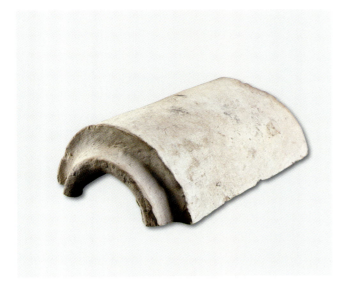

5.筒瓦2016HBDG2②：1

6.筒瓦2016HBDG2②：4

彩版一一三　拜寺口2016G2出土遗物

1.滴水2016HBDG2②：21

2.瓦当2016HBDG2②：6

3.瓦当2016HBDG2②：24

4.建筑装饰残块2016HBDG2②：20

5.琉璃建筑构件残块2016HBDG2②：27

6.绿釉宝瓶残块2016HBDG2②：30

彩版一一四 拜寺口2016G2出土遗物

1.陶片2016HBDG2②：59

2.青釉碗2016HBDG2②：52

3.白釉碗2016HBDG2②：53

4.白釉碗2016HBDG2②：55

5.青白瓷片2016HBDG2②：38

6.酱釉缸底2016HBDG2②：50

彩版一一五　拜寺口2016G2出土遗物

1.筒瓦2016HBDG3②：3

2.滴水2016HBDG3②：5

3.滴水2016HBDG3②：6

4.瓦当2016HBDG3②：2

5.建筑构件2016HBDG3②：33

6.擦擦2016HBDG3②：1

彩版一一六　拜寺口2016G3出土遗物

1.板瓦2016HBDH1：9

2.琉璃筒瓦2016HBDH1：5

3.琉璃滴水2016HBDH1：6

4.琉璃滴水2016HBDH1：7

5.灰陶滴水2016HBDH1：10

6.瓦当2016HBDH1：13

彩版一一七　拜寺口2016HBDH1出土遗物

1.瓦当2016HBDH1：14

2.瓦当2016HBDH1：18

3.瓦当2016HBDH1：20

4.装饰条形残块2016HBDH1：1

5.装饰条形残块2016HBDH1：19

6.装饰条形残块2016HBDH1：23

彩版一一八　拜寺口2016HBDH1出土遗物

1.装饰条形残块2016HBDH1：29

2.装饰条形残块2016HBDH1：3

3.套兽残块2016HBDH1：2

4.联珠纹样2016HBDH1：39

5.衣褶纹样2016HBDH1：42

6.蔓草纹样2016HBDH1：43

彩版一一九　拜寺口2016HBDH1出土遗物

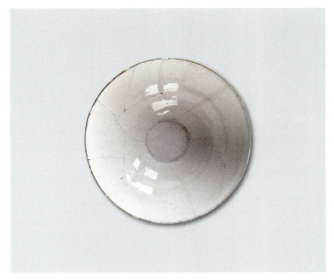

1.白釉碗2016HBDH1：45

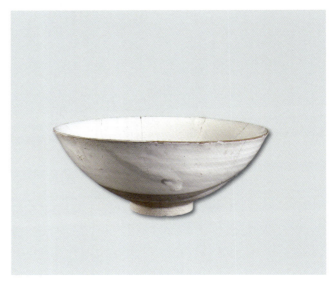

2.白釉碗2016HBDH1：45

3.白釉碗2016HBDH1：45

4.白釉碗2016HBDH1：46

5.白釉碗2016HBDH1：46

6.白釉碗2016HBDH1：46

彩版一二〇　拜寺口2016HBDH1出土遗物

1.白釉碗2016HBDH1：68

2.白釉碗2016HBDH1：71

3.白釉碗2016HBDH1：71

4.白釉盏2016HBDH1：57

5.白釉盏2016HBDH1：67

6.白釉盏2016HBDH1：69

彩版一二一　拜寺口2016HBDH1出土遗物

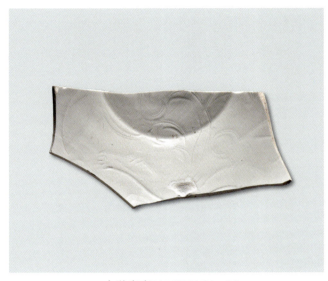

1.白釉盘底2016HBDH1：96

2.白釉盘底2016HBDH1：99

3.白釉盘底2016HBDH1：119

4.白釉盘底2016HBDH1：122

5.白釉盘底2016HBDH1：120

6.白釉盘底2016HBDH1：123

彩版一二二　拜寺口2016HBDH1出土遗物

1.青白釉碗2016HBDH1：48

2.青白釉碗2016HBDH1：48

3.青白釉碗2016HBDH1：48

4.青白釉碗2016HBDH1：47

5.青白釉碗2016HBDH1：84

6.青白釉碗2016HBDH1：52

彩版一二三　拜寺口2016HBDH1出土遗物

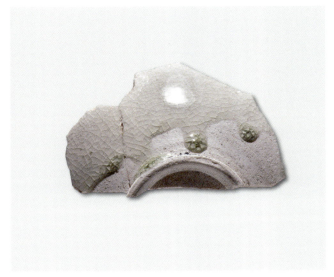

1.青白釉碗底2016HBDH1：65

2.青白釉瓶2016HBDH1：79

3.青白釉瓶2016HBDH1：85

4.青白釉碗2016HBDH1：107

5.青白釉碗2016HBDH1：157

6.青白釉碗2016HBDH1：105

彩版一二四　拜寺口2016HBDH1出土遗物

1.青白釉碗2016HBDH1：118

2.青白釉碗2016HBDH1：129

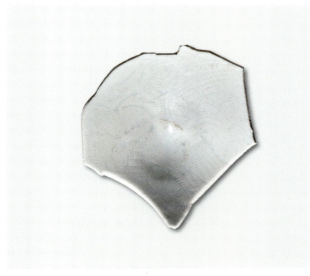

3.青白釉碗2016HBDH1：128

4.青白釉碗2016HBDH1：194

5.青白釉碗2016HBDH1：197

6.青白釉碗底2016HBDH1：108

彩版一二五　拜寺口2016HBDH1出土遗物

1.青白釉碗底2016HBDH1：159

2.青白釉口沿2016HBDH1：113

3.青白釉口沿2016HBDH1：116

4.青白釉口沿2016HBDH1：136

5.青白釉口沿2016HBDH1：137

6.青白釉碗底2016HBDH1：127

彩版一二六　拜寺口2016HBDH1出土遗物

1.青白釉腹片2016HBDH1：195

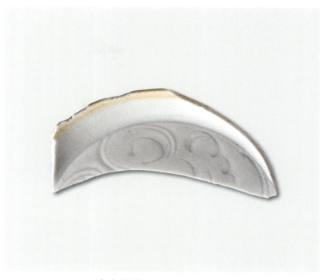

2.青白釉盘2016HBDH1：160

3.酱釉碗2016HBDH1：77

4.酱釉罐2016HBDH1：59

5.酱釉瓮2016HBDH1：75

6.匣钵2016HBDH1：88

彩版一二七　拜寺口2016HBDH1出土遗物

1.拜寺口殿台子遗址

2.板瓦2018HDTZ采：1

3.板瓦2018HDTZ采：2

4.槽形瓦2018HDTZ采：15

5.筒瓦2018HDTZ采：8

彩版一二八　拜寺沟殿台子遗址及采集标本

1.滴水2018HDTZ采：11

2.滴水2018HDTZ采：12

3.瓦当2018HDTZ采：7

4.瓦当2018HDTZ采：9

5.黄釉建筑装饰构件2018HDTZ采：16

6.琉璃宝相花纹残块2018HDTZ采：17

彩版一二九　拜寺沟殿台子遗址及采集标本

1.琉璃花卉纹砖2018HDTZ采：22

2.白釉花口瓶2018HDTZ采：38

3.褐釉罐2018HDTZ采：35

4.黑釉罐2018HDTZ采：33

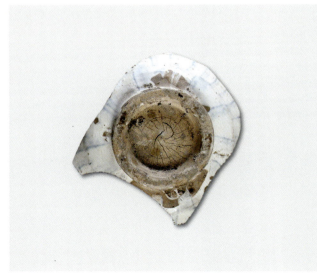

5.青花碗底2018HDTZ采：23

6.青花碗底2018HDTZ采：25

彩版一三〇　拜寺沟殿台子遗址及采集标本

1.琉璃筒瓦2017HZMG2采：13

2.黄褐釉筒瓦2017HZMG2采：15

3.滴水2017HZMG2采：24

4.滴水2017HZMG2采：26

5.滴水2017HZMG2采：27

6.滴水2017HZMG2采：100

彩版一三一　镇木关建筑遗址采集标本

1.宝相花纹脊饰残件2017HZMG2采：29

2.团花图案脊饰2017HZMG2采：32

3.花叶纹建筑装饰构件2017HZMG2采：38

4.花叶纹建筑装饰构件2017HZMG2采：44

5.瓦当2017HZMG2采：16

6.绿釉琉璃2017HZMG2采：21

彩版一三二　镇木关建筑遗址采集标本

1.绿釉琉璃瓦当2017HZMG2采：111

2.建筑装饰构件2017HZMG2采：56

3.建筑装饰构件2017HZMG2采：83

4.鸱吻腮部2017HZMG2采：46

5.脊兽2017HZMG2采：47

6.琉璃兽耳2017HZMG2采：49

彩版一三三　镇木关建筑遗址采集标本

1.套兽2017HZMG2采：91

2.脊饰残块2017HZMG2采：51

3.套兽2017HZMG2采：53

4.褐釉爪纹建筑装饰构件2017HZMG2采：95

5.褐釉爪纹建筑装饰构件2017HZMG2采：96

6.片状残块2017HZMG2采：103

彩版一三四　镇木关建筑遗址采集标本

1.青釉瓷片2017HZMG2采：11

2.白釉碗2017HZMG2采：1

3.褐釉碗2017HZMG2采：3

4.褐釉碗2017HZMG2采：8

5.褐釉盏2017HZMG2采：7

6.石磨盘2017HZMG2采：104

彩版一三五　镇木关建筑遗址采集标本

1.板瓦2017HZMG3Ⅲ采：1

2.筒瓦2017HZMG3Ⅱ采：1

3.筒瓦2017HZMG3Ⅲ采：2

4.瓦当2017HZMG3Ⅲ采：3

5.莲瓣2017HZMG3Ⅰ采：1

6.酱釉器座2017HZMG3Ⅰ采：2

彩版一三六　镇木关皇城台子东北侧台地建筑遗址采集标本

1.大水渠沟房址（西北—东南）

2.大水渠沟内石堆北侧（北—南）

彩版一三七　大水渠沟房址

1.滚钟口延福寺遗址

2.滚钟口延福寺遗址柱础石

彩版一三八　滚钟口延福寺遗址

1.青羊溜山遗址

2.筒瓦2017HQYL2采∶1

3.滴水2017HQYL2采∶3

4.白釉碗2017HQYL2采∶7

5.褐釉罐2017HQYL2Ⅱ采∶1

彩版一三九　滚钟口青羊溜山遗址及采集标本

1.筒瓦2017HDKZⅡ采：1

2.瓦当2017HDKZⅡ采：3

3.槽形瓦2017HDKZⅢ采：1

4.建筑装饰构件2017HDKZⅢ采：6

5.瓦当2017HDKZⅣ采：1

6.墨书贺兰石2017HDKZⅤ采：9

彩版一四〇　大口子建筑遗址采集标本

1.筒瓦2017HSZG1采：5

2.花纹砖2017HSZG2采：1

3.套兽上颌2017HSZG2采：3

4.黑釉瓷片2017HSZG2采：13

5.黑釉瓷片2017HSZG2采：15

6.木牌饰2017HSZG2采：21

彩版一四一　山嘴沟建筑遗址采集标本

1.瓦当2017HSZG3采：1

2.滴水2017HSZG3采：4

3.滴水2017HSZG3采：5

4.斗拱砖2017HSZG5采：1

5.异形条砖2017HSZG5采：2

6.异形条砖2017HSZG5采：5

彩版一四二　山嘴沟建筑遗址采集标本

1.仿木构砖2017HSZG5采：3

2.斜边手印纹砖2017HSZG5采：8

3.脊饰2017HSZG5采：14

4.砖雕底座2017HSZG5采：22

5.筒瓦2017HSZG5采：31

6.筒瓦2017HSZG5采：32

彩版一四三　山嘴沟建筑遗址采集标本

1.佛像2017HSZG6采：1

2.佛像2017HSZG6采：3

3.佛像2017HSZG6采：8

4.佛像2017HSZG6采：11

5.佛像2017HSZG6采：2

6.佛像2017HSZG6采：21

彩版一四四　山嘴沟建筑遗址采集佛教遗物

1.佛像2017HSZG6采：6

2.佛像2017HSZG6采：20

3.佛像2017HSZG6采：9

4.佛像头部2017HSZG6采：24

5.榜题2017HSZG6采：12

6.榜题2017HSZG6采：13

彩版一四五　山嘴沟建筑遗址采集佛教遗物

1.苏峪口1号摩崖造像

2.苏峪口2号摩崖造像

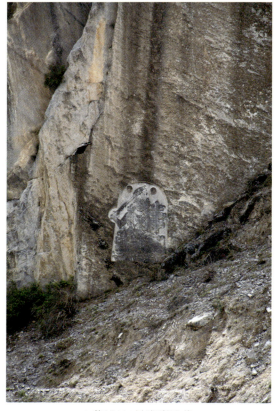

3.苏峪口3号摩崖造像

彩版一四六　苏峪口摩崖石刻

1.青白釉碗2017HGYZY采：22

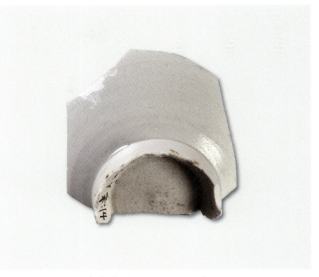

2.青白釉碗2017HGYZY采：14

3.青白釉碗2017HGYZY采：15

4.茶叶末釉罐口沿2017HGYZY采：29

5.酱釉碗2017HGYZY采：27

6.酱釉器座2017HGYZY采：52

彩版一四七　插旗口瓷窑遗址采集标本

1.匣钵2017HGYZY采：3

2.匣钵2017HGYZY采：11

3.顶碗2017HGYZY采：1

4.支烧具2017HGYZY采：5

5.垫条2017HGYZY采：7

6.垫饼2017HGYZY采：6

彩版一四八　插旗口瓷窑遗址采集标本

1.贺兰口瓷窑址Y1（东—西）

2.贺兰口瓷窑址Y2西壁

彩版一四九　贺兰口瓷窑址

1.青白釉碗2017HGFZY1采：5

2.青白釉斗笠碗2017HGFZY1采：7

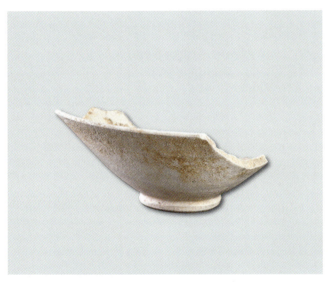

3.青白釉斗笠碗2017HGFZY1采：6

4.青釉碗2017HGFZY2采：6

5.青白釉碗2017HGFZY2采：7

6.青白釉碗2017HGFZY2采：4

彩版一五〇　贺兰口瓷窑址采集标本

1.青白釉碗2017HGFZY采：7

2.青白釉碗2017HGFZY采：8

3.青白釉瓶2017HGFZY2采：18

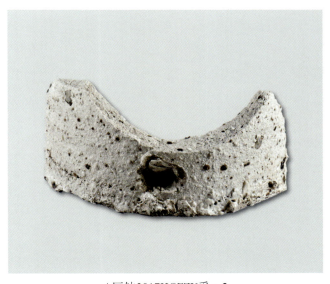

4.匣钵2017HGFZY采：2

5.装烧残块2017HGFZY采：5

6.烧结残块2017HGFZY采：6

彩版一五一　贺兰口瓷窑址采集标本

1.苏峪口Y2西侧房址（西—东）

2.苏峪口Y5西壁

彩版一五二 苏峪口瓷窑址

1.苏峪口Y7（西—东）

2.苏峪口Y8（南—北）

彩版一五三　苏峪口瓷窑址

1.苏峪口Y12东壁

2.苏峪口Y13东壁

彩版一五四　苏峪口瓷窑址

1.白釉板瓦2017苏峪口采：20

2.白釉板瓦2017苏峪口采：21

3.青釉碗2017苏峪口采：13

4.青釉碗2017苏峪口采：12

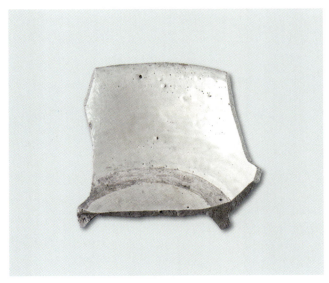

5.白釉碗2017苏峪口采：4

6.白釉碗2017苏峪口采：5

彩版一五五　苏峪口瓷窑址采集标本

1.白釉碗2017苏峪口采：3

2.青白釉碗2017苏峪口采：35

3.青白釉碗2017苏峪口采：6

4.青白釉碗2017苏峪口采：7

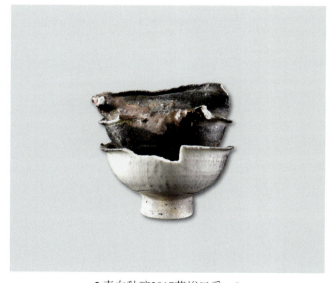

5.青白釉碗2017苏峪口采：8

6.青白釉盘2017苏峪口采：9

彩版一五六　苏峪口瓷窑址采集标本

1.褐釉碗2017苏峪口采：16

2.褐釉瓷钩2017苏峪口采：24

3.酱釉碗2017苏峪口采：18

4.匣钵盖2017HSY2：3

5.匣钵盖2017HSY2：4

6.匣钵2017HSY：18

彩版一五七　苏峪口瓷窑址采集标本

1.死人沟长城（西—东）

2.死人沟长城断面（北—南）

彩版一五八　死人沟长城

1.苏峪口1号烽火台（北—南）

2.苏峪口2号烽火台（西—东）

彩版一五九　苏峪口烽火台

1.四眼井建筑遗址

2.滴水2017HSYJ南采：5

3.脊瓦2017HSYJ北采：1

4.套兽2017HSYJ北采：6

5.套兽2017HSYJ北采：11

彩版一六〇　四眼井建筑遗址及采集标本

1.中部建筑基址（东—西）

2.手印纹条砖2017HSYJ中采：1

3.套兽2017HSYJ中采：6

4.鸱吻牙齿2017HSYJ中采：8

彩版一六一　四眼井中部建筑基址及采集标本

1.仿木构件砖2017HSYJG1：19

2.仿木构件砖2017HSYJG1：22

3.仿木构件砖2017HSYJG1：23

4.仿木构件砖2017HSYJG1：25

5.仿木构件砖2017HSYJG1：27

6.字母砖2017HSYJG1：24

彩版一六二　四眼井建筑遗址采集标本

1.手印纹条砖2017HSYJG1：28

2.瓦当2017HSYJG1：2

3.瓦当2017HSYJG1：1

4.滴水2017HSYJG1：6

5.滴水2017HSYJG1：7

6.筒瓦2017HSYJG1：10

彩版一六三　　四眼井建筑遗址采集标本

1.筒瓦2017HSYJG1：12

2.板瓦2017HSYJG1：14

3.建筑装饰构件2017HSYJG1：18

4.褐釉碗2017HSYJG2：1

5.滴水2017HSYJ西采：4

6.滴水2017HSYJ西采：7

彩版一六四　四眼井建筑遗址采集标本

1.四眼井1号房址（东—西）

2.四眼井2号房址（东—西）

彩版一六五　四眼井山坡房址

1.四眼井3号房址（南—北）

2.四眼井4号房址（西—东）

彩版一六六　四眼井山坡房址

1.四眼井1号石龛（东—西）

2.四眼井2号石龛（东—西）

彩版一六七　四眼井建筑遗址石龛

1.四眼井1号石堆（东—西）

2.四眼井1号塔基（北—南）

彩版一六八　四眼井建筑遗址石堆与塔基